일리아스의 거의 모든 것

| 시와 해설로 읽는 신화 인문학 |

002
고전
아틀리에

일리아스의
거의 모든 것

| 시와 해설로 읽는
신화 인문학 |

최기재 지음

인간사랑

<스틱스 강물에 아들 아킬레우스를 담그는 테티스>
(페테르 파울 루벤스 1630~35년 작품, 로테르담 보이만스 반 뵈닝겐 미술관)

아킬레우스가 죽지 않도록 테티스는 아킬레우스의 왼쪽 발을 잡고 스틱스 강물에 거꾸로 담그고 있다. 어머니가 잡았던 왼쪽 발이 스틱스 강물에 닿지 않아 아킬레우스는 훗날 그곳에 파리스가 쏜 화살을 맞고 죽는다. 여기에서 치명적인 약점을 뜻하는 아킬레스건이라는 말이 유래한다. 치명적인 약점인데도 불구하고 아킬레우스는 발이 빠른 영웅이란 뜻의 준족(俊足) 아킬레우스라 불린다.

1
2

1 <파리스의 심판>
　(페테르 파울 루벤스 Peter Paul Rubens, 1636년 작품, 런던 내셔널 갤러리)

파리스가 황금 사과의 주인으로 아프로디테(가운데)를 선택하고 있다. 펠레우스와 테티스의 결혼식에 초대받지 못한 불화의 여신 에리스는 '가장 아름다운 여신에게'라는 글을 새긴 황금 사과를 결혼식장에 던진다. 제우스는 이데 산의 미남 목동 파리스에게 심판을 맡긴다. 헤라는 권력을, 아테나는 전쟁의 승리를, 아프로디테는 아름다운 여자를 파리스에게 약속하는데 파리스는 아프로디테를 선택한다. 왼쪽부터 아테나, 아프로디테, 헤라 여신이다. 아테나는 아이기스 방패를 갖고 있고, 아프로디테 뒤에는 에로스가 있다. 헤라는 아르고스의 눈이 달린 공작을 거느리고 있다. 지팡이를 들고 개를 데리고 다니는 양치기 파리스의 손에 황금 사과 들려 있고, 옆에서 모자를 쓴 전령의 신 헤르메스가 이들을 지켜보고 있다. 1638년 작품은 파리스의 발이 아프로디테를 향하고 있다.

2 <비너스가 헬레나를 파리스와 사랑에 빠지게 하다>
　(앙겔리카 카우프만 Angelica Kauffmann 1790년 작품, 상트페테르부르크 에르미타주미술관)

수많은 화가들이 그린 파리스의 심판은 납치와 도피로 나누어진다. 아프로디테(비너스)가 에로스(큐피드)를 시켜 파리스에게 헬레나를 끌고 가게 한다. 둘의 사랑은 아프로디테 신의 계략이다. 헬레나가 납치되었는지 사랑의 도피를 했는지 보는 관점에 따라 화가들의 그림이 달라진다.

<아킬레스를 찾아낸 율리시스와 디오메데스>
(페테르 파울 루벤스 Peter Paul Rubens 1617-18년 작품, 마드리드 프라도미술관)

오뒷세우스(율리시스)가 아킬레우스(아킬레스)를 찾아내는 장면이다. 테티스는 아킬레스가 전쟁에 참여해 명예를 얻으면 죽고, 명예 없이 살면 오래 산다는 신탁을 얻는다. 테티스는 아들이 전쟁에 나가지 않게 하려고 스키로스 섬의 리코메데스(Lycomedes) 왕의 딸들 속에서 빨간 옷의 여자 복장을 하고 지내게 한다. 이곳에 방물장수로 변장한 오뒷세우스가 찾아와 무기를 고르는 아킬레우스를 전쟁에 참여하게 한다. 그곳에서 아킬레우스는 리코메데스의 장녀 데이다메이아 공주와 사랑에 빠져 아들 네옵톨레모스를 낳는다. 네옵톨레모스는 『일리아스』에는 등장하지 않는다. 아킬레우스의 머리가 붉어서 아들을 붉은 머리란 뜻의 피로스 또는 네옵톨레모스라 이름 지었다. 아가멤논의 이종사촌인 팔라데메스가 전쟁에 나가지 않으려 미친 짓을 하는 오뒷세우스를 찾아낸 것처럼, 오뒷세우스가 여자로 변장하여 숨어 지내는 아킬레우스를 찾아낸다. 결국 이 둘은 전쟁에 참여하게 된다.

<이피게네이아의 희생>
(17C, 프랑수아 페리에 Frnacois Perrier. 1632~33년 작품, 디종 보자르 박물관).

아르고스인들의 연합군이 아울리스 항구에서 신탁에 따라 총사령관 아가멤논의 딸 이피게네아를 제
물로 바치고 있다. 하늘에서 아르테미스가 이피게네이아를 사슴으로 바꾸어 데리고 가고 있고, 이피
게네이아 뒤에 두 손을 들고 애원하는 모습의 어머니 클리타임네스트라가 있다. 이와 관련한 비극 작
품으로 에우리피데스의 「타우리케의 이피게네이아」「아울리스의 이피게네이아」「오레스테스」 아이
스킬로스의 「아가멤논」 등이 있다.

1 <렘노스 섬에 버려지는 필록테테스>
(프랑스 기욤 기용 르티에르 Guillaume Guillon Lethiere 18C, 파리 루브르미술관)

필록테테스는 트로이로 가던 중 뱀에 물려 렘노스 섬에 남게 된다. 필록테테스의 아버지가 헤라클레스의 화장용 장작더미에 불을 붙여준 대가로 헤라클레스에게 받은 활과 화살로 필록테테스는 사냥하며 섬에서 버틴다. 뒷날 프리아모스의 아들 헬레노스는 전쟁을 끝내려면 렘노스 섬에 버려진 필록테테스가 가진 헤라클레스의 활이 필요하다고 예언한다. 필록테테스를 버리고 간 오뒷세우스가 아킬레우스의 아들 네오프톨레모스와 함께 와서 그를 데려온다. 필록테테스는 활로 파리스를 죽인다.

2 <헥토르와 아킬레우스>
(루벤스 Peter Paul Rubens, 1630년 작품, 프랑스 포미술관).

아킬레우스가 헥토르의 쇄골을 창으로 쳐서 목을 꿰뚫고 들어가는 장면이다. 아킬레우스는 친구 파트로클로스를 죽인 헥토르를 가장 야만적인 방법을 생각해 내어 헥토르의 다리 힘줄을 잘라 가죽끈으로 묶은 다음에 전차에 매어 12일 동안 머리를 끌고 다니며 분풀이를 한다.

<파트로클로스의 장례식>
(자크 루이 다비드 Jacques Louis David 18~19C 작품, 아일랜드 더블린 국립미술관).

아킬레우스가 화장을 준비하는 동안 죽은 파트로클로스를 끌어안고 있다. 아킬레우스는 자신의 금
발 머리카락을 잘라 파트로클로스의 손에 놓아준다. 파트로클로스 시신 아래에는 헥토르의 시신이
전차에 매달려 있고, 사방 백 보의 장작더미 위에 트로이아 전사 12명을 청동으로 죽여 함께 화장하
려 올리고 있다.

<프리아모스와 아킬레우스>
(알레산드로 파도바니노 Alessandro Padovanino 17세기 작품, 하바로브스크 극동미술관).

프리아모스가 아킬레우스 앞에 무릎을 꿇고 손에 입을 맞추면서 아들 헥토르의 시신을 돌려달라고 애원하고 있다.

<아킬레우스의 죽음>
(개빈 해밀턴 Gavin Hamilton, 18세기 작품, 로마 로마노 국립 박물관).
아킬레우스가 파리스의 화살에 왼쪽 발목을 맞고 쓰러진다.

<트로이의 목마>
(후안 데 라 코르테 Juan de la Corte 17세기 작품, 마드리드 프라도미술관)

오뒷세우스의 제안으로 만들어진 목마를 트로이아인들이 성안으로 끌고 간다. 기록에 따르면 목마에는 50명 또는 23명이 무장한 채 들어가 있었다.

<아가멤논을 죽이는 클리타임네스트라>
(19C, 피에르 나르시스 게렝. Pierre-Narcisse Guerin, 1817년 작, 파리 루브르 박물관)

아이기스토스가 칼을 든 클리타임네스트라에게 아가멤논을 죽이라고 부추기고 있다. 트로이아 전쟁에서 승리한 총사령관 아가멤논은 트로이아 공주 캇산드라를 전리품으로 데려왔으나 정부 아이기스토스와 클리타임네스트라에게 살해당한다. 아폴로도로스는 클리타임네스트라가 아가멤논에게 소매도 목도 없는 셔츠를 주어 그가 그것을 입는 동안 그를 살해했다고 한다. 아가멤논 가문의 비극은 오이디푸스 비극과 함께 가장 많은 작품으로 공연되었다.

<트로이아를 탈출하는 아이네이아스>
(페데리코 피오리 바로치 Federico Fiori Barocci 16C 작품, 로마 보르게세 미술관)

아이네이아스가 아버지 앙키세스를 업고 트로이아를 탈출하고 있다. 아이네이아스는 로마 건국 신화의 시조가 되고 그 어머니 아프로디테는 비너스 신으로 로마에서 가장 추앙받는 여신이 된다.

차 례

이 책을 읽기 전에

이 책은 『일리아스』 원전 번역본 읽기 도움서이다. 『일리아스』를 읽기 전에 이 책을 읽으면 본문 내용을 쉽게 파악할 수 있다. 호메로스를 읽은 후에 이 책을 읽으면 방대한 이야기를 체계화하여 이해할 수 있다. 바쁜 이들은 이 책만 읽어도 『일리아스』의 윤곽을 알 수 있다.

원전 번역본 『일리아스』는 방대한 분량, 낯섦, 신화, 수많은 에피소드 등으로 읽기 쉽지 않다. 10년 전쟁 중 4일의 전쟁 이야기로 『일리아스』의 전후 맥락을 이해하기가 쉽지 않다. 전쟁의 원인도 나오지 않고 전쟁이 어떻게 끝났는지에 관한 서술도 없다. 누구나 아는 트로이아 목마를 서사 속에서 찾을 수 없다. 왜 신들이 편을 나누어 인간을 돕고 응원하는지도 알 수 없다. 더구나 서양 문화권이 아닌 우리에게는 기본적인 배경지식이 없는 경우가 많다. 『일리아스』가 서양 인문학의 출발이라고 하는데 막상 실제로 읽으려면 기본 배경지식이 부족하여 읽기가 어렵다. 이를 위해 『일리아스』의 이전과 이후, 그리고 신화와 비극 등 관련 내용을 담은 도움서가 필요하다.

이 책에서 원전 번역본 대상 도서는 천병희 번역 『일리아스』(숲)이다. 꼭 이 책이 아니어도 서사시를 원본에 가깝게 번역한 책이라면 관계없다. 모든 책은 원전 또는 원전 번역본을 읽어야 한다.

내용 전개는 『일리아스』 이전, 『일리아스』, 『일리아스』 이후 등으로 구성하였다. 각 이야기마다 서사의 이해를 돕는 현대 서정시로 출발한다. 서정시 다음에는 서사의 전개를 살펴본다. 플라톤이나 아리스토텔레스, 니체 등이 언급한 내용도 『일리아스』를 읽는 데 도움이 되도록 언급하였다. 고대에서 현대까지 희랍에 대해 언급한 내용도 빼놓지 않으려 노력하였다. 대표적인 관련 그림들도 소개하였다. 특히 신들의 계보를 작성한 표는 신화를 이해하는 데 큰 도움이 되리라 기대한다.

　이 책에서는 아카이오이족, 다나오스 백성, 아르고스인 등을 지칭하는 말을 헬라스라 표현한다. 『일리아스』에서 아카이오이족으로 불리던 헬라스 민족의 현재 영어의 정식 국호는 Hellenic Republic이다. Hellas, Hellenes는 그들의 시조 헬렌에서 유래한다. 헬레네스는 헬렌의 후손들이란 뜻이며, 헬라스는 그들의 나라를 뜻한다. 헬라스 외에 엘라스, 엘라다 등으로도 불린다. 한자로는 희랍(希臘)이라 표기한다. 그리스라는 이름은 로마가 헬라스 가까운 지역의 이름 그라시아를 따서 그리스라 부르기 시작한데서 유래하며, 이를 영어권에서 현재까지 써 오고 있다. 곧, 그리스란 명칭은 남들이 붙인 별명과 같은 이름이다. 자신이 짓고 쓰는 이름이 있는데도 남들이 부르는 이름으로 부르는 것이 온당할까라는 물음에서 이 책에서는 헬라스라 표현한다. 또한 로마의 지배를 받을 때나 오스만 제국 통치 시절에 그들이 부정적으로 사용하던 용어라는 점도 고려하였다.
　이와 함께 이 책에서 고유명사는 맞춤법 규정에 어긋나더라도 헬라스 발음에 가깝게 표현한다. 이는 일부 희랍신화 연구자들이 표현하는 방식이다. 책 이름 영어의 오딧세이는 헬라스어 오뒷세이아, 영웅 이름 오디세우스는 오뒷세우스, 책이름 일리아드는 일리아스, 도시 이름 아테네는 아테나이(여신 이름은 단수 아테나이며 도시 이름은 복수형 아테나이라 부른다), 테베는 테바이, 트로이는 트로이아로 표기한다. 『일리아스』를 읽을 때만이라도 그들의 발음을 따르는 것이 옳다고 생각한다. 이는 고유명사를 영어식으로 표현한 것보다 당시의 발음, 아니면 지금 그 지역 발음으로 읽어야 그 분위기를 더 잘 느낄 수 있을 것이란 기대를 반영한 결과이다. 원전 직역 번역본 선택은 이를 고려한다. 의역이나 문맥상의 의미 파악은 원전 또는 직역본 읽기 이후의 독자의 몫이다.

서양 인문학의 출발, 유럽 예술 기행의 시작이라 할 『일리아스』는 명예롭게 죽는 법을 말한다. 영웅들의 분노를 통해 반전평화를 노래한다. 그 『일리아스』에서 헬라스 비극이 나오고, 헤로도토스의 『역사』가 시작되며, 소크라테스와 플라톤과 아리스토텔레스가 이로부터 철학을 논한다. 그림과 조각과 음악이 이를 중심으로 발전한다. 서양 인문학, 유럽 예술 기행의 출발이 『일리아스』이다.

　우리 조상들은 사서삼경을 아예 외웠다. 읽은 내용을 천천히 음미하고 토론한 후 일상에서 활용하여 말하고 글을 쓰며 실천했다. 서양에는 반복 독서의 출발이자 중심에 호메로스가 있다. 그 출발이 인류 문화의 오래된 기록 『일리아스』이다. 기술과학서가 최근의 것을 읽어야 한다면 인문학은 오래된 과거를 읽어야 한다. 오래된 과거 속에 우리의 미래가 고스란히 담겨 있기 때문이다. 아직도 고민하고 번민하는 인간의 모습이 놀랍게도 고스란히 담겨 있기 때문이다.

2022년 12월
꽃심 도서관에서

정말일까?

10년 전쟁의 원인이 여자 약탈 때문일까? 헤로도토스는 『역사』 첫머리에서 그의 책이 헬라스인들과 비헬라스인들이 서로 전쟁을 하게 된 원인을 밝히는 데 있다고 기록한다. 『역사』에서 페르시아 학자들에 따르면 반목의 계기가 여자 약탈이다. 포이니케(페니키아)인들이 아르고스에서 물건을 팔다가 이나코스의 딸 이오를 아이귑토스로 납치한 것이 범죄행위의 시작이었다고 한다. 그 뒤 몇몇 헬라스인들이 포이니케의 튀로스에 상륙해 에우로페 공주를 납치한다. 다시 헬라스인들이 콜키스(흑해 동안의 한 지역)로 가서 메데이아 공주를 납치한다. 콜키스 왕이 딸을 보내주고 보상금을 지불하라고 요구한다. 헬라스인들은 당신들이 아르고스 공주 이오를 납치하고 보상금을 지불하지 않았으니 우리도 그렇게 하겠다고 대답한다. 그로부터 한 세대 뒤 프리아모스 아들 알렉산드로스가 이 이야기를 듣고 헬라스에서 헬레네를 납치해 온다. 헬라스인들이 사절단을 보내 헬레네를 돌려달라며 납치 보상금까지 청구하지만 메데이아 사례를 들면서 거절한다. 이후에 헬라스인들의 군대가 먼저 아시아로 진격한다.

페르시아인들의 주장에 따르면, 아시아 측 사람들은 여자 납치를 대수롭지 않게 여겼는데 헬라스인들은 아시아로 와서 프리아모스 군대를 궤멸시켰다고 한다. 헤로도토스는 페르시아인들이 트로이아 전투로 아시아가 피해를 보았기 때문에 훗날 페르시아가 헬라스인들을 침공한 것이라고 전한다. 이에 따르면 여자 납치로 대륙 간 전쟁이 일어난 셈이다.

정말 사람 하나 때문에 전쟁이 일어난 것일까? 영토, 정치, 경제, 외교, 문화 등에서 국가 간의 갈등이 전쟁의 원인이 아닐까? 문명의 충돌이 아닐까? 여자는 표면상의 빌미가 아닐까?

한 나라의 왕이나 왕비의 납치는 국가 간에 전쟁의 원인이 될 수 있다. 그러나 헬라스 민족 전체가 전쟁에 참여한다면 이는 쉽게 수긍이 가지 않는다. 정말 10년이나 이어지는 전쟁이 왕비 하나 때문이었을까?

그러나 우리는 헤로도토스의 『역사』, 투퀴디데스의 『펠로폰네소스 전쟁사』의 기록을 무시할 수 없다. 아폴로도로스의 신화는 제우스가 자기의 딸 헬레네를 유명해지도록 에우로페와 아시아를 전쟁에 끌어들였다는 설을 소개하고 있다. 『일리아스』를 읽다보면 이러한 주장도 무시할 수 없다.

전쟁의 진정한 원인은 무엇일까?

이것도 정말일까?

고대의 여신이나 영웅들에 나체 조각, 나체 그림들이 많다. 정말 옷을 입지 않고 생활했을까?

헤로도토스는 충격적인 뤼디아 왕비 이야기를 전한다. 헤라클레스 가의 자손들은 어떤 신탁 덕분에 뤼디아의 왕권을 위임받았다가 아예 왕권을 차지한다. 그 후손 칸다울레스는 아내를 너무 사랑한 나머지 자기 아내가 세상에서 가장 아름다운 여자라고 왕이 총애하던 경호원 귀게스에게 자랑한다. 왕은 귀게스에게 자기의 말을 믿지 않는 것 같다며 왕비의 알몸을 보여주겠다고 한다. 귀게스는 여자는 옷을 벗으면서 수치심도 벗어 던진다며 제발 불의한 짓을 하지 말아달라고 왕에게 요청한다. 그러나 결국 귀게스는 왕의 뜻을 거스르지 못한다.

왕이 시키는 대로 귀게스는 취침 시간에 침실 문 뒤에서 왕비의 벗을 몸을 본 후 몰래 나간다. 이때 왕비는 문을 나서는 귀게스를 침대에서 보고 만다. 왕비는 날이 새자 충실한 하인들을 대령시킨 후 귀게스를 부른다. 왕비는 귀게스에게 자신의 남편인 왕 칸다울레스를 죽이고 자신과 뤼디아 왕권을 차지하든지, 칸다울레스가 시키는 대로 아무 생각 없이 보아서는 안 될 것을 보는 일이 없도록 지금 당장 죽든지 선택하라고 강요한다. 전자를 선택한 귀게스는 뤼디아 왕이 된다. 예언녀 퓌티아는 귀게스의 5대손에게 헤라클레스의 자손들이 복수하게 될 것이라고 예언한다. 비헬라스인들은 남자라도 알몸을 보이는 것을 큰 치욕이라고 헤로도토스는 『역사』에서 언급한다.

이와 달리 올림픽 경기에 참석하는 고대 희랍인, 곧 아르고스인 남자들은 아무것도 걸치지 않고 경기에 참석한다. 그들은 단련된 남성의 균형 잡힌 육체가 가장 아름답다고 생각했다. 조각이나 그림도 이를 반영한다. 그러나 비헬라스인들과 마찬가지로 헬라스인 곧 아르고스인 여자들이 알몸으로 지내는 모습은 기록에서 찾을 수 없다.

여자들이 벗은 몸으로 그림에 등장하는 것은 여자의 아름다움을 표현하기 위한 시대의 결과물이다.

헬레니즘 시대에는 육체의 아름다움을 여성 누드 조각상으로 표현한다. 그 대표적인 조각상이 〈밀로의 비너스〉이다. 유럽의 중세 르네상스 시기에 누드화가 등장한다. 보티첼리의 〈비너스의 탄생〉이 대표적인 작품이다. 수많은 누드화의 이름은 미의 여신 아프로디테, 곧 비너스이다. 여신의 알몸이 아름다움의 대명사이다. 그 중 조르조네의 〈잠자는 비너스〉, 티치아노의 〈우르비노의 비너스〉, 아뇰르 브론치노의 〈비너스의 알레고리〉, 디에고 벨라스케스의 〈거울을 보는 비너스〉 등이 유명하다. 인간 여성의 누드화는 중세 이후에 등장한다. 고야의 〈옷을 벗은 마하〉, 앵그르의 〈오달리스크〉, 마네의 〈올랭피아〉 등이 대표적이다.

화가들은 여신 비너스에서 미를 찾는다. 마네의 〈풀밭 위의 점심〉 속에는 야외의 풀밭에서 두 남자 옆에 여인이 나체로 앉아 있다. 화가의 상상 속에나 존재하는 그림이다. 어느 시대를 막론하고 어느 여인이 나체로 두 신사 사이에 앉아 야외에서 점심을 먹겠는가?

여성의 옷을 벗긴 사람들은 미를 찾아 표현하려는 화가들이었다. '가장 아름다운 여신에게'가 새겨진 황금사과로 가장 아름다운 여신 아프로디테가 가장 아름다운 제우스의 딸 헬렌을 알렉산드로스에게 맺어주면서 대륙 간의 20년 전쟁이 일어난 일을 보면 여성의 미는 신화 속에서부터 관심의 대상이 되었음을 본다. 화가들은 끝내 남성에서 육체미를, 여성에서 관능미를 화폭에 담는다.

예술이라는 이름으로 사람들의 옷을 벗기지 않을 날이 올 것인가? 육체의 아름다움에서 빠져 나올 날이 있을 것인가?

주요 인명, 신명, 지명

[주요 인명]

- **아킬레우스(뮈르미도네스족 왕)** 펠레우스와 바다의 여신 테티스의 아들. 가장 용감한 장수. 헥토르를 죽인다. 친구 파트로클로스가 헥토르에게 죽자 전투에 참가한다.

- **큰 아이아스(살라미스 왕)** 아킬레우스 다음으로 용감한 장수. 아킬레우스의 사촌.

- **아가멤논(뮈케네 왕)** 아트레우스 아들. 아카이오이족 총 사령관. 아킬레우스와 불화.

- **메넬라오스(스파르테 왕)** 아가멤논 동생. 헬레네 남편. 파리스와 결투에서 승리한다.

- **디오메데스(아르고스 왕)** 튀데우스의 아들. 전쟁의 신 아레스 부상, 글라우코스와 무구 교환, 트로이아 정탐 등 무훈담으로 유명하다.

- **오뒷세우스(이타케 왕)** 라에르테스의 아들. 헬레네의 사촌 페넬로페와 결혼. 『오뒷세이아』의 주인공으로 지혜롭고 언변에 탁월한 인물이다. 트로이아 정탐 등 활약.

- **헬레네(스파르테 왕비)** 제우스와 스파르테 왕 튄다레오스의 아내 레다 사이에서 태어나 메넬라오스와 결혼한다. 파리스와 트로이아로 가게 되자 전쟁의 발단이 된다.

- **프리아모스(트로이아 왕)** 라오메돈의 아들. 왕비 헤카베. 전쟁의 원인인 헬레네를 다정하게 대한다. 헥토르가 아킬레우스에게 죽자 아들의 시신을 찾으러 적진에 홀로 간다.

- **헥토르(트로이아 왕가의 장남)** 트로이아 최고의 장수. 파트로클로스를 죽이고 아킬레우스에게 죽는다. 아내 안드로마케 사이에 아들 아스튀아낙스가 있다. 고귀한 품성.

- **파리스(트로이아 왕자)** 황금 사과의 심판자. 파리스가 아프로디테를 선택하자 아프로디테가 헬레네를 아내로 삼게 한다. '지키는 남자'란 뜻의 알렉산드로스라고도 부른다.

● **아이네이아스(프리아모스 왕가의 집안)** 앙키세스와 여신 아프로디테의 아들. 베르길리우스의 『아이네이아스』에서 로마의 건국자로 등장한다.

[주요 신명]

● **제우스** 신들의 왕. 제우스는 '번개 치는 자'라는 뜻.

● **아카이오이족 지원하는 신들** 헤라(제우스 부인. 결혼 생활의 수호 여신), 아테나(아테네 수호신, 전쟁과 지혜의 여신, 처녀 신), 헤파이스토스(대장간의 신), 헤르메스(전령의 신) 등

● **트로이아를 지원하는 신들** 포세이돈(바다의 신), 아프로디테(미의 여신), 아레스(전쟁과 살육의 신), 아폴론(예언, 시와 음악의 신)과 아르테미스(순결의 수호 여신) 등

[주요 지명]

● **올림포스** 2,917m로 희랍에서 가장 높은 산. 12신의 거처.

● **아르고스** 펠로폰네소스 반도의 북동부. 희랍인 전체를 뜻하는 용어로도 쓰인다.

● **뮈케네** 펠로폰네소스 반도의 아르골리스 도시. 아가멤논이 다스리던 도시.

● **스파르테(라케다이몬)** 펠로폰네소스 반도의 남부 도시. 헬레네 아버지의 도시.

● **아카이오이족, 아르고스인, 다나오스 백성** 희랍인의 명칭으로 B.C. 7세기 이후 헬라스라 부르게 된다.

● **이타케** 희랍 본토의 중서부에 있는 이오니아 해의 작은 섬. 오뒷세우스의 나라.

● **퓔로스** 펠로폰네소스 반도 서남부 지역으로 네스토르가 다스리는 왕국의 수도.

● **트로이아** 헬레스폰토스 해협 남쪽에 있는 도시. 지금의 튀르키예(터키)의 서부 해안.

● **이데산** 높이 1,767m. 트로이아 동남부에 있는 산으로 제우스 신전이 있었다.

● **트라케** 보스포러스 해협에서 유럽 쪽의 지역. 희랍인들은 그들을 야만족이라 하였다.

| 제1장 |
『일리아스』를 읽기 위한 준비

『일리아스』의 가치와 전체 서사시 속 위치

『일리아스』의 가치

1. 『일리아스』는 인간의 모습 그대로의 반영이며 인간 삶을 상징적으로 서술해 놓은 신화 인문학의 출발이라는 점에 중요한 가치가 있다. 희랍신화의 가장 오래된 기록이 호메로스의『일리아스』와 헤시오도스의『신들의 계보』이다. 이 두 작품은 서양의 가장 영향력 있는 신화의 기록이다.『일리아스』에서는 불사와 필멸, 명예와 분노, 잔인성과 폭력, 고상함과 동정을 동시에 볼 수 있다. 단군신화에 우리 민족의 정신, 홍익인간이 들어 있듯 서양 신화에는 서양 사람들의 문화가 담겨 있다.

『일리아스』속 신들의 모습은 인간 욕망의 세포들이다. 우리 인간 한 사람 한 사람 속에는 제우스 같은 성질도 있고, 헬레네처럼 사랑을 따라 떠나고자 하는 마음도 있다. 헬라스인은 가장 절실한 필요성에 의해 신들을 창조했다고 니체는『비극의 탄생』에서 말한다. 인간의 삶에 활력을 넣기 위해 인간의 삶을 살아가는 신들을 희랍인들은 창조했다. 우리는 신화를 통해 당시 희랍인들의 세계관을 엿볼 수 있다. 그 세계관은 지금과 크게 다르지 않기에 지금도 살아 있는 인문학의 고전으로서 지위를 지키고 있다.

2. 『일리아스』는 서양 문화 예술의 모든 출발점이라는 중요한 가치를 지닌다. 유럽 여행은 미술관 여행이라 해도 될 정도다. 미술관에는 『일리아스』를 소재로 한 많은 작품들이 명화로 걸려 있다. 희랍과 터키에 산재한 『일리아스』 관련 유적은 관광 명소이다. 소크라테스나 플라톤, 아리스토텔레스 철학은 『일리아스』와 헬라스 비극을 불러낸다. 헤로토토스의 『역사』, 투퀴디데스의 『펠로폰네소스 전쟁사』 등 역사도 『일리아스』를 언급한다. 『일리아스』는 이후에 수많은 문학 작품의 소재가 된다. 건축과 조각, 음악, 영화뿐만 아니라 서양 모든 문화의 출발이 『일리아스』이다. 『일리아스』의 등장인물이나 사건은 현재까지 전 세계 문화에 반영되어 있다. 각종 상표들이나 게임들에는 『일리아스』 속 인물들이 많다. 서양의 2대 서사시 『일리아스』, 『오뒷세이아』와 동양의 인도와 중국 신화 전설은 다른 문화에까지 큰 영향을 미쳤다. 그 중에 『일리아스』가 끼친 영향이 가장 크다고 할 수 있을 것이다.

3. 표면적인 의미와 우의적인 해석 등으로 문학 해석학의 출발이 되어 왔다는 점에서 『일리아스』는 그 가치가 높다. 『일리아스』 속의 인간과 신들의 행위를 어떻게 해석할 것인가는 기독교의 신과 관련하여 해석학의 문제를 낳았다. 유일신의 입장에서 다신교인 헬레니즘 문화를 어떻게 해석하느냐의 고민이 해석학으로 이어지고 이는 문학해석학으로 나아간다. 바람둥이 제우스신을 어떻게 해석해야 할 것인가? 신들도 인간처럼 싸우고 시기하고 질투하는가? 이러한 해석의 문제는 지금도 유효하다. 이러한 해석의 방법은 『일리아스』 외의 현대 다른 작품 해석에 도움을 준다.

전체 서사시 속 「일리아스」의 위치

고대 헬라스 서사시는 트로이아 서사시권과 테바이 서사시권으로 나누어진다. 토로이아 서사시권은 트로이아 함락 이야기이고, 테바이 서사시권은 오이디푸스 이야기이다. 트로이아는 지금의 터키 지역으로 동양이고 테바이는 지금의 아테나이 위 지역으로 서양이다. 모두 우리에게 잘 알려진 이야기이다.

트로이아 서사시권 서사시는 총 8편이다. 『퀴프리아(Kypria)』는 파리스 심판에서 아카이오이족 연합군의 트로이아 도착 이야기이다. 『일리아스(Ilias)』는 아킬레우스의 분노 이야기이며, 『아이티오피스(Aithiopis)』는 아킬레우스가 아마조네스 여왕 펜테실레이아, 아이티오페스 왕 멤논을 죽이고 파리스의 화살에 맞아 전사하는 이야기이다. 『소(小) 일리아스』는 오뒷세우스와 아이아스의 무구 재판 이야기, 『일리오스의 함락』은 오뒷세우스의 목마로 트로이아를 함락한 이야기, 『귀향』은 오뒷세우스를 제외한 아카이오이족 장수들의 귀국 이야기, 『오뒷세이아』는 오뒷세우스의 귀국 이야기, 『텔레고노스(Telegoneia)』는 오뒷세우스가 아들 텔레고노스에게 살해되는 이야기이다. 이 중에 온전하게 전해오는 서사시는 『일리아스』와 『오뒷세이아』이다.

테바이 서사시권 서사시는 총 3편이다. 『오이디푸스 이야기(Oidipodeia)』는 오이디푸스의 운명에 관한 이야기이며, 『테바이 이야기(Thebais)』는 오이디푸스의 추방된 아들 폴뤼네이케스 등 일곱 장수들이 테바이의 일곱 성문을 공격한 이야기이다. 『후예들』은 일곱 장수들의 성문 공략 실패 후 그 아들들이 테바이 공략에 성공한 이야기이다. 테바이 서사시권 서사시는 모두 오이디푸스와 그 아들들 이야기이다. 이들 이야기는 아이스킬로스, 소포클레스, 에우리피데스 등 작가들의 고대 희랍 비극으로 전해진다. 이 비극들은 대부분 모두가 읽어야 할 고전 목록에 포함된다.

인문학의 출발

파멸의 길에서 헤매는 인간의 운명

노래하소서, 무사(이) 여신(들)이여!

타오르는 불에 날아드는 나방처럼

파멸의 운명으로 돌진하는 인간들을,

멈출 수 없는 질주 속에서 자신을 잃어버리면서도

욕망과 명예를 자신의 관으로 삼는 이들을!

신이 낳은 인간의 운명은 끝없이 날뛰는 것,

하늘의 뜻은 태초부터 이루어지기 시작했도다.

인공지능 로봇 황금 하녀의 부축은 반도체 시대에 얼굴을 내밀고

전투 장면의 묘사는 현대보다 더 핏빛 선명한 심장 박동소리의 영상으로 살

아난다.

싸움이 싸움을 부르는 전쟁 창끝이 적군 뼈를 바수어 골을 깨고,

아버지의 아들이며 아내의 남편이면서 아들의 아버지, 그의 엉덩이에서 긴

창끝이 방광을 지나 치골 밑을 뚫고 지나간다.

그렇듯 전쟁 속에서 창은 사람의 살을 먹기를 갈망하고

활은 울타리 밖으로 나가면 약탈할 수도 없는 목숨에서 검은 피를 솟게 한다.

인간의 전투는 길러준 부모님의 은공을 갚을 기회마저 빼앗아 대지에 그들의

사지를 풀어버린다.

신의 손가락과 아랫배에까지 상처를 남기는 인간들은

그예 하늘에 저항하면서 하늘의 길에서 날뛰다가 제풀에 쓰러진다.

평화로운 고향은 숨을 거두면서 그리워하는 곳,

살아남은 자를 위해 검은 죽음은 오히려 명예가 되는 일,

때론 쓰러져 널브러져서야 인간은 시신으로서 명예롭다.

인간은 인간임을 버리고서야

인간다운 삶을 좇는다.

더 처절해야 더 인간은 소중해지고

더 분노해야 더 인간은 평화로워진다.

죽은 자는 산 자를 위해 죽고

산 자는 죽은 자를 위해 산다.

태초에 부조리로 잉태한 인간은

죽으려고 살고, 살려고 죽는다.

그저 인간은 몸부림치면서 자신을 증명하는 존재이다.

영웅 아킬레우스처럼!

[인문학의 출발, 일리아스]

호메로스의『일리아스』는 끔찍한 묘사가 두드러진 서사시이다. 창이 인간의 육신을 뚫는 장면을 세세하게 묘사하는 일은 다른 문학에서 찾아보기 쉽지 않다. 이러한 끔찍한 묘사를 통해 호메로스는 인간의 삶이 어떠해야 하는지를 이야기하고자 한다. 이 서사시는 한 여인으로 촉발된 전쟁을 통해 인간의 존재를 이야기하고 인간들의 삶을 어떻게 구성해야 나가야 할지를 인간들에게 묻는다. 이 서사시는 신들이 만들어 놓은 운명을 헤쳐나가는 인간의 이야기로 볼 수 있다. 인간의 삶은 어떠한가, 인간의 삶은 어떠해야 하는가라는 질문은 태초부터 인간이 묻고 있는 진지한 질문이다.

인문학을 달리 인간주의, 인문주의, 인본주의, 휴머니즘(Humanism)이라 한다. 인간주의는 인간성 존중의 태도, 인간을 인간답게 하려는 자세를 말한다. 좁게는 신 중심의 세계관에서 인간 중심의 세계관으로 관심을 돌리려는 중세 문예부흥의 중심 사상이다. 문예 부흥기에는 인간다움을 고대 희랍에서 찾는다. 인간의 존엄성이 위협받는 시대일수록 인간의 존엄성 회복을 강조하는 인문학이 조명을 받는다. 전쟁이 일상이 된 중국의 춘추전국시대에 공자가 조명 받았듯이.

문명이 발달하고 화폐의 가치가 높아지면서 인간이 상대적으로 기계나 돈보다 못한 대접을 받는다. 인간을 위해 만든 자동차가 사람을 죽인다. 더 편리하게 인간다운 삶을 누리려고 만든 수많은 기계가 사람을 해친다. 더 쉽게 돈을 벌려고 노동자를 위험한 환경에 내보낸다. 사람이 노동의 가치로 평가되어 노동자가 되고, 의사나 변호사가 된다. 지위와 돈으로 인간의 존엄성이 차별받는다. 인간의 구원을 위한 종교가 인간을 구속하고 인간다운 삶을 파괴한다. 이러한 인간불평등의 시대, 인간 존엄성 상실의 시대에 인문학은 인간 구원의 학문이다.

인간은 인간답게 살려고 일을 하고 돈을 번다. 그런데 많은 사람들이 그 일과 돈 때문에 인간답지 못한 삶을 산다. 일과 돈이 삶을 지탱하는 바탕이어서 일과 돈을 벗어날 수는 없다. 인문학은 이러한 상황에서 인간다운 삶, 인간 존중의 세계에서 살 수 있는 삶의 방향을 제시한다. 인문학은 각 개인이 가진 것이 적더라도 기계 또는 인간의 노예가 아니라 자율적으로 인간이 근본임을 알고 살아가는 방법을 알려주려 한다.

이를 의식한 사례가 휴먼 테크(Human-Tech)이다. 굳이 번역하자면 인간 기술이다. 인간을 위한 기술, 인간성을 존중하는 기술, 인간다운 삶을 위한 기술이다. 이 용어는 기술이 인간을 해쳐왔음을 전제로 한다.

인문학의 바탕은 문(文)·사(史)·철(哲)이다. 그 첫째가 문학이다. 문학이 인간의 문제를 가장 잘 드러내 보여주기 때문이다. 문학은 인간 삶을 다양하게 해석할 수 있는 기회를 제공하고, 인간에게 있을 법한 개연적인 문제를 다룬다. 그 다음이 역사이다. 실제로 존재했던 인간 행동의 기록이 역사이다. 역사를 통해 인간 삶을 살펴볼 수 있다. 철학은 인간이 무엇이고 어떻게 살아야 할지를 학문적으로 정리하는 분야이다. 문학은 언제 어디에서나 일어날 수 있는 개연성 있는 인간의 삶을 드러내고, 역사는 실제 있었던 구체적인 사건을 통해 인간들의 모습을 보여주며, 철학은 인간과 인간이 살고 있는 세계에 대한 근본 원리와 삶의 본질을 연구하여 우리에게 알려준다.

문(文)·사(史)·철(哲)의 대표적인 작품을 살펴보자. 서양 문학의 출발은 『일리아스』이다. 인간은 영웅조차 반드시 죽는다는 사실, 분노와 명예, 연장자를 공경하고 부모에 효도하는 일, 사랑과 우정, 조상들의 삶을 훼손시키지 않으려는 사람들 등을 통해 인간이란 무엇이고 어떤 삶이 아름답고 인간다운 삶인지를 우리에게 보여준다. 『일리아스』는 『오뒷세이아』로 이어지고, 『아이네이스』로 발전한다. 서양 역사의 대표작은 헤로도토스의

『역사』이다. 우리는 『역사』에서 수많은 인간 군상의 모습을 다양한 일화로 읽을 수 있다. 고대 철학의 중심에 플라톤의 『국가』가 있다. 서양철학은 소크라테스의 사상을 담은 플라톤의 저작에 대한 주석에 불과하다는 말이 있을 정도이다. 플라톤의 정의의 문제는 지금도 이어진다. 문사철의 첫 번째 위치에 『일리아스』가 있다.

동양의 문학은 고르기 쉽지 않다. 공자가 편집한 『시경』과 굴원의 『초사』를 골라야 할까? 아니면 후대에 나온 『삼국지연의』, 『수호지』, 『서유기』, 『홍루몽』 중 하나일까? 서양처럼 쉽게 하나로 수렴되지 않는다. 역사서로는 사마천의 『사기』, 철학은 동양의 양대 산맥으로 『논어』와 『도덕경』, 『장자』가 있다.

한국의 인문학은 어떨까? 문학은 인간 중심, 인간 해방의 『춘향전』이 아닐까? 역사는 일연의 『삼국유사』, 또는 신채호의 『조선상고사』를 떠올릴까? 철학은 유교, 불교, 도교 사상이 다양하게 전개되어 중국의 철학의 범주를 크게 벗어나지 않는다. 이런 점에서 조선 후기 실학사상과 최한기의 『기학』이 한국 철학의 범주에 중요한 위치에 있지 않을까?

인문학은 인간의 인간다운 삶, 삶과 죽음의 문제와 실존의 이유, 삶의 목표와 인간의 궁극적 목적 등을 다룬다. 주로 문(文)·사(史)·철(哲)에서 사람들은 삶의 방향을 찾는다.

신화와 『일리아스』 읽는 방법

위대한 저서(Great Books), 고전(古典)을 읽는 이유

고전은 우리가 누구이며 어디에서 왔는지 그리고 무엇을 해야 하는지를 이해할 수 있게 도와주는 책이다. 고전은 인간에 대한 통찰력, 당대의 삶의 기록으로서의 가치, 탁월한 문학성 등을 담고 있다.

한자어 고전(古典)은 예로부터 손으로 떠받드는 책, 항상 책상 위에 올려

놓아야 할 책이란 뜻이다. 고전에 해당하는 영어 클래식(classic)은 라틴어 클라시쿠스(Classicus)에서 나온 말로 로마의 최고 계급인 클라시쿠스가 읽어야 하는 책이다. 16세기에 이르러 classicus(고전적)는 최상급의 작가뿐만 아니라 우수한 작품을 뜻하는 말로 사용되었다. 따라서 고전은 현재도 살아 숨 쉬는, 높이 평가받는 예술작품이다. 가장 대표적인 고전은 성경, 불경 등 종교의 경전이다. 전(典)이라는 글자는 법전(法典), 사전(辭典), 고전(古典) 등 전범(典範)이 되는 책들에 붙는다.

우리가 고전을 읽는 좀 더 구체적인 이유는 무엇인가?

첫째, 우리가 고전을 읽는 이유는 고전 속에서 인간을 이해하는 지적 탁월함을 공유할 기회를 얻기 때문이다. 고전을 읽으면 고대부터 현대까지 다양한 인간들의 사유에 동참하고, 그 사유에서 통찰을 얻을 수 있는 기회를 갖게 된다. 곧, 고전을 통해 불가사의한 인간이라는 동물을 조금이나마 이해하는 기회를 얻게 되는 것이다. 이러한 인간의 이해는 고전이 아니라도 가능하지만 특히 고전은 인간이 끊임없이 고민해 온 문제를 탁월하게 드러내고 있다는 점에서 고전 이외의 책보다 읽어야 할 가치가 훨씬 높다. 다만, 사상의 깊이 때문에 쉽게 읽히지 않는 책들이 있음은 극복해야 할 과제이다.

고전은 인류의 지혜를 모아 놓은 책으로 검증이 된 책이다. 현재 인류가 생산한 수많은 책들 중에서 검증된 일부만 전해 내려온다. 과거부터 현재까지 전해 내려오는 책들은 그런 면에서 모두가 고전이라 할 수 있다. 오늘날에도 여전히 살아남은 책이기 때문이다. 그 중에서도 더 항구적으로 논의가 되고 반복적으로 읽히는 책을 읽는다면 우리는 인류의 정신의 꽃을 즐기는 기쁨을 누리게 된다. 호메로스나 플라톤, 공자나 장자, 그리고 니체를 통해 피어난 사상의 열매를 한 입씩 베어 먹음으로써 우리는 사유의 맛을 즐기며 동시에 사상의 영양을 섭취한다. 이렇듯 고전은 미지의 세계를 헤쳐 나가며 새로운 세상을 알아가는 기쁨을 우리에게 준다. 인류가 고민하고 공감하는 이야기를 고전을 통해 알 수 있다. 그 지적 탁월함의 곳간, 즐거움의 통장이 고전이다.

『일리아스』 속에는 현재 인간의 변함없는 모습, 고민하는 인생문제를 당시의 사건으로 보여준다. 『길가메시 서사시』를 통해 삶과 죽음의 문제에 대한 인간의 물음은 지금도 유효한 셈이다. 또한 호라티우스의 카르페디엠은 현재를 살아가는 경구로 우리에게 다가온다. 『장자』나 『열자』 속에 등장하는 우화에서 우리는 인간 삶에 대한 통찰을 얻을 수 있다. 사랑, 정의, 영혼 등 오래 전부터 논의되어오던 고전의 주제는 아직도 여전히 진행 중인 문제이거나 질문이거나 답변이다. 한 시대에 유행하는 사상과 이론들 중에서 오랜 시련을 겪고 살아남은 고전은 항상 현재진행형이다.

둘째는 고전을 통해 도덕적 탁월성을 경험할 수 있기 때문이다. 이러한 경험은 우리를 품격 있는 삶으로 이끈다. 문학 작품이나 역사책을 통해 우리는 도덕적으로 훌륭한 삶의 모습에 감동한다. 그 감동은 좀 더 나은 삶을 살려는 인간에게 인격을 도야하고, 교양인으로 거듭나게 한다. 독자는 인물들의 행동을 객관적으로 경험하면서 완성된 인간, 선한 인간성을 발현하는 교양인에 가까워질 수 있다. 이렇게 우리는 고전을 읽으면서 선과 악을 구분하며, 선한 삶을 살도록 도움을 받는다. 전쟁을 일삼던 중국의 춘추전국시대의 패도 정치 속에서도 공자의 왕도 정치가 생명력을 유지하고 극기복례가 전쟁보다 더 인간의 가슴 밑바닥을 움직이고 있음을 본다. 불경이나 성경 등 종교의 경전은 도덕적 탁월성의 정점이라 할 수 있다. 고전이 아닐지라도 도덕적 탁월성이 드러나지 않는 것은 아니지만 그 영향력 면에서 고전이 비교할 수 없을 만큼 월등하다고 할 수 있다.

셋째는 심미적 경험을 통해 행복한 삶을 누릴 수 있기 때문이다. 인간은 다른 동물과 달리 예술을 통해 삶의 풍요를 누린다. 삶의 기본 욕구를 넘어서는 미적 경험이야말로 인간을 차원 높게 만드는 문화의 근간이다. 더나아가 고전작품들 중에는 영화나 음악, 미술 작품으로 재탄생하는 경우가 많다. 하나의 예술 작품이 또 다른 예술 작품을 생산하면서 새로 탄생한 미적 경험으로 삶은 더 풍요로워진다. 예술의 중심에 있는 고전 작품을 원전 번역본으로 읽는다면 시대를 뛰어넘는 심연의 심미적인 경험을 할 수도 있다. 언어 예술, 조각 예술, 선과 색의 예술, 음과 선율의 예술 등에서 과거 인간이 향유한 예술은 지금도 우리에게 미적 즐거움을 준다.

고전 읽기가 주는 현실적 이점

1. 고전은 지적 활용도가 높다. 시대를 초월하여 고전으로 등극한 책들은 독자들의 검증을 통과한 책이다. 이런 이유로 고전은 다른 도서에 비해 어려울 수 있지만 모두가 읽는 책이어서 오히려 서로 소통이 가능한 책이다. 독자는 검증된 고전의 내용을 활용하여 자신의 생각을 수준 높은 글로 전개할 수 있고, 품격 높은 대화를 할 수 있다. 학생들의 논술문, 독서 감상문, 자기 소개서, 독서 경험담, 기타 다양한 글쓰기, 연설이나 대화 등에서 고전은 차별화를 가져다준다. 이를 위해서는 고전을 분야에 맞게 선택하여 반복해서 읽는 것이 좋다.

행복이나 우정을 이야기하려면 헤로도토스나 아리스토텔레스를 인용하면 된다. 인공지능로봇은 이미 『일리아스』속에 등장한다. 유전공학을 이야기하려면 『멋진 신세계』나 『프랑켄슈타인』을 언급할 때 수준 높은 논의가 이루어지고, 사랑을 이야기하려면 『안나카레리나』나 『오만과 편견』에서 도움을 얻을 수 있다. 나 자신을 위해 살려면 『달과 6펜스』나 『희랍인 조르바』에서 교훈을 얻을 수도 있다.

2. 학생들에게 고전은 교과학습의 주요 부교재가 된다. 상당수의 고전은 초중고 학습내용과 밀접하게 관련되어 있다. 학습내용의 최정점에서 언급하는 책이 고전이다. 따라서 고전 읽기는 그 자체가 학교 수업 내용의 학습이라 할 수 있다. 이때 교과서에 소개된 고전을 자신의 진로와 연계하면 좋다. 서양고전의 경우 플라톤의 『국가』, 토마스 모어의 『유토피아』 등은 교과서에서 소개하는 대표적인 고전이다. 한국고전의 경우 박지원의 『열하일기』, 정약용의 『목민심서』, 유성룡의 『징비록』 등도 지속적으로 소개되는 책들이다.

고전은 책의 내용이나 전개 방법에서도 학습 교재가 된다. 호메로스의 『일리아스』에 나오는 연설문, 설득의 글은 상대를 감동시키는 글을 쓰는 데 도움이 된다. 박지원의 『열하일기』에서는 새로운 문물을 받아들이는 자세를 배울 수 있다.

고전 중에는 나만의 고전이 있을 수 있다. 모두의 고전일지라도 나의 고전이 아닐 수도 있다. 이는 자신의 취향, 자신의 진로와 깊은 관계를 갖는다. 남들의 세계를 이해하는 노력이 필요하지만 남들의 삶을 굳이 따를 필요까지는 없다.

신화를 읽는 방법

1. 신화는 인간과 우주의 신비를 은유와 상징 기법으로 표현한다. 그러므로 신화 읽기에서는 그 원관념과 상징 의미를 파악하려는 노력이 필요하다. 세계는 신들로 가득 차 있다고 고대 희랍 철학자 탈레스는 말했다. 그 신들에 대한 적절한 해석을 찾아가는 일이 신화를 읽는 출발점이다.

2. 신화는 해당 신화에 속한 사람들의 삶의 또 다른 표현이다. 신화는 원형적인 꿈이라고 조지프 캠벨은 말한다. 그에 의하면 신화는 인간의 어마어마한 문제를 상징적으로 현몽(現夢)하고 있는 원형적인 꿈이다. 신화는 내가 어디에 있는지를 가르쳐준다고 그는 말한다.

3. 조지프 캠벨이 말하는 신화의 기능은 신화를 읽는 데 도움을 준다. 첫째 신비주의와 관련한 기능이다. 신화는 인간과 우주 등 만물의 신비를 깨닫게 하는 세계의 문이다. 우리는 신비로부터 메시지를 받으며 산다. 둘째 우주론적 차원을 여는 기능이다. 과학은 우주의 과학적인 모습을 보여주지만 신화는 신비의 샘으로서의 우주를 보여준다. 신화 이후에 과학이 있다. 셋째 사회적 기능이다. 신화는 사회의 질서를 만들고 그 질서는 우리 세계를 지배한다. 신화는 보이지 않는 불문율이다. 넷째 교육적 기능이다. 신화는 우리에게 주어진 이 삶을 어떻게 살아갈 것인가를 가르쳐 준다. 단군신화는 우리에게 홍익인간을 통해 인간답게 살아가야 함을 보여

준다. 신화를 읽을 때는 이러한 기능들을 되새겨 볼 필요가 있다.

4. 신화는 어떻게 영생 불사하는지, 어떻게 죽는지를 보여준다. 필멸의 인간은 불사의 꿈을 꾼다. 신화를 통해 지금 인간은 무엇을 어떻게 해야 하는지 깨닫는다. 신화를 통해 우리는 현재의 삶을 더 충만하게 사는 법을 고민한다.

5. 신화에는 인간의 근원에 대한 질문과 답이 들어 있다. 신화는 인간의 무의식에 대한 표현이다. 삶과 죽음, 영혼과 영생 등을 비유적으로 설명한다. 고대 헬라스 신화 속 다양한 신들은 다양한 인간의 상징적 표현이다. 제우스를 바람둥이로만 볼 것이 아니라 당시 사회, 정치, 경제 등 다양한 문화의 상징이나 인간의 숨겨진 욕망으로 이해하는 노력이 필요하다.

6. 신화는 궁극적으로 인간 자신의 이야기이다. 신화를 종교로 접근하면 불편하다. 특히 종교인들이 자신의 종교와 다른 신화를 읽을 때 그 신화를 미신으로 폄하한다. 우리는 신화를 통해 인간과 우주를 살피는 기회를 얻어야 한다. 현대에 오면 신화는 종교가 아니라 문학이다.

7. 신화는 인간의 부정적 속성을 드러내고 이를 바로 잡게 한다. 캠벨의 한탄을 들어보자. "인류는 자기 내부에 식인종적이고, 색정적인 열정을 지니고 있는데도 이러한 존재가 있음을 인정하지 않는다."(『신화의 힘』, 조지프 캠벨·빌 모이어스, 이윤기 옮김). 인간은 이를 인정하고 이러한 인류의 전염병을 고치려는 자세를 갖추도록 훈련해야 한다. 플라톤이 언급한 국가의 수호자처럼 인간은 교육 받고 수련해야 혼란스런 세계에서 올바르게 살아갈 수 있다.

서사시 『일리아스』를 읽는 방법

『일리아스』의 독창성과 위대성은 작품의 소재를 다루는 솜씨, 인간의 탁월성에 있다. 작품을 다루는 솜씨란 구성, 생생한 문체, 다양한 비유, 인생에 대한 통찰력 등이다. 이 점에 주의를 기울이며 다음 방법으로 읽을 때 서사시의 가치를 더 잘 이해할 수 있다.

1. 소리 내어 읽어보자. 『일리아스』는 서사시이다. 청각에 의존해 입으로 구연되던 시이다. 당시의 언어가 갖는 율격 구조를 모른다 해도 서사시의 분위기를 느끼면서 소리 내어 읽는다면 더 효과가 있다. 원전 번역본은 운율에 따라 시행을 번역해 배열한다. 글자가 반복되는 것은 운율 때문인 것으로 보인다. 경우에 따라서는 운율을 살리기 위해 여러 시행 전체를 반복하고, 달리지 않을 때에도 준족의 아킬레우스라 하고, 정박해 있는 배를 이야기할 때도 빨리 달리는 함선이라 표현한다.

다만 원전의 언어와 우리의 언어 배열이 다르기 때문에 번역 내용의 배열이 우리의 의미 내용과 일치하지 않아 읽기에 불편함이 있음을 이해해야 한다.

2. 누가 어디에서 어떤 장면을 감상했을까 상상하며 읽자. 『일리아스』는 장면 장면을 음유시인들이 입으로 암송하던 신과 영웅들의 이야기 시이다. 어떤 상황에서 누가 어떤 장면을 음유시인들에 요청해서 들었을지 생각하며 읽는다면 당시의 감정과 분위기를 느끼는 데 도움이 될 수 있을 것이다.

3. 작품의 구조, 플롯을 통일성 차원에서 파악하며 읽자. 플롯은 인과관계에 따른 서술 방법이다. 이를 바탕으로 간단하게 줄거리를 요약할 수 있어야 한다. 서양에서 훌륭한 작품은 통일성 있는 행동을 다루지 주인공에게 일어난 사건을 모두 다루지 않는다. 호메로스는 10년 동안의 트로이아 전쟁 중 『일리아스』에서 단 4일 간의 전투에 집중한다. 아리스토텔레스가 언급한 개연성과 적절한 길이의 조건을 갖춘 플롯인지도 살핀다. 『일리아스』는 아킬레우스의 분노와 그 분노의 해소에 대한 이야기이다. 아니면 유한한 영웅이 자신의 운명을 선택한 이야기인지 모른다. 호메로스는 끊임없이 불사신과 필멸의 인간을 대립시킨다. 인간의 영원한 숙제인 죽음을 다른 서사시와 마찬가지로 이 서사시도 노래한다. 구성은 통일성 있게 여기에 맞춰져 있다.

4. 작품의 문체를 잘 관찰하며 읽자. 생생한 감각적인 표현, 구체적인 묘

사, 독창적인 비유 등이 읽는 재미를 준다. 마치 ~ 듯이 등의 비유는 당시의 자연 현상을 우리에게 알려준다. 목자, 맹수, 사냥의 비유가 반복해서 등장한다. 해양을 끼고 전개되는 서사라서 홍수, 파도, 암벽 등도 자주 등장하는 비유이다. 죽음에 대한 표현이 다양하고 창에 찔리는 장면 묘사가 끔찍할 정도로 생생하다.

5. 독자는 작품 모두를 인정해야 한다. 문학 작품은 좋아하거나 싫어하는 것이지 동의하거나 반대하는 것이 아니다. 좋아하거나 싫어하는 이유를 책 속에서 찾아 말할 수 있으면 된다. 문학은 당시의 모습을 재현한 것이기 때문이다.

6. 신들이 인간 욕망의 세포라 생각하고 읽어보자. 신이 꿈속으로 다른 인물을 보내서 시키는 일은 순간순간 변하는 인간 생각의 표현으로 볼 수 있다.

7. 인생에 대한 통찰을 살펴보자. 예전이나 지금이나 변함없는 인간의 모습이 서사시에 잘 드러나 있다. 고전은 오래된 미래이다. 오래된 과거 속에서 미래의 모습을 볼 수 있다. 『일리아스』에서 변함없는 인간의 모습에 주의를 기울여 보면 인간의 현재와 미래를 엿볼 수 있다. 살아 있는 고전은 언제나 우리의 현재이다.

8. 이상적인 삶, 이상적인 자연이란 무엇인지 정리하며 읽어보자. 당시에 이상적인 삶은 무엇인지 영웅들의 행위나 연설, 장례 경기에서 엿볼 수 있다. 아킬레우스의 방패에는 이상적인 세계가 상세히 새겨진다. 전사들의 고향도 그런 삶의 하나이다. 이를 통해 그 당시 인간이 꿈꾸는 세상을 엿볼 수 있다.

9. 신과 영웅, 인간의 공통점을 찾아보자. 과거로 거슬러 올라갈수록 신과 영웅에게 초점이 모아진다. 신과 영웅이 지금의 인간과 같은 점은 무엇이고 다른 점은 무엇인지 살펴보는 일이 인간의 본성을 아는 방법일지 모른다. 호메로스가 등장시킨 인간은 가능성 안에서 최선을 다하며 현세주의적인 특성을 지닌다.

10. 전사들의 명예와 부에 대해 살펴보자. 당시 전쟁에 나가서는 패해서 돌아오느니 죽어서 돌아가야 부모들은 명예로워한다. 이를 통해 우리의 삶이 무엇을 추구해야 할 것인지 생각해 볼 수 있다. 이름 없이 죽어가는 이들은 왜 전쟁에 참여했는지, 전쟁에서 무엇을 얻었는지 생각해 보자. 나라가 위기에 처해 있을 때 우리는 무엇을 해야 하는가? 병역의 의무를 배반한 자들은 명예로운가? 배반해서 행복한가?

11. 여인들의 운명, 여인들의 삶을 추리해 보자. 『일리아스』에는 여인들의 고민이나 갈등이 표면에 드러나 있지 않다. 수많은 궁금증이 인다. 이 궁금증을 헬라스 3대 비극작가들의 희랍 비극에서 만날 수 있다. 플라톤의 『국가』, 소크라테스의 대화편 등을 읽는다면 그 궁금증이 풀리면서 또 다른 새로운 의문이 들 것이다.

12. 『일리아스』와 관련해서 글을 써 보자. 줄거리 요약, 감상, 다른 장르로 다시 쓰기, 현재의 의미, 인간의 본성, 관련 상표, 관련 게임 속 인물, 관련 작품 등등 쓸거리는 다양하다. 쓰기는 읽기의 완성이다. 읽는 것만으로는 매우 부족하다. 독후감, 서평, 비평문 등에도 도전해 보자. 영화 소개처럼 서평을 작성해볼 수도 있다. 이러한 글쓰기에서 최상은 자신의 삶에 적용한 내용이 들어 있는 글이다.

원전이나 원전번역본을 읽어야 하는 이유

고전은 원전, 또는 원전 번역본을 먼저 읽어야 한다. 요약본, 평역, 해설 등은 원작자가 아니라 이 책들을 쓴 글쓴이의 시각이 반영된 글이다. 원전을 읽고 각자의 방식대로 이해하고 해석한 글은 독자가 원전 또는 원전 번역본을 읽은 다음에 자신의 생각과 비교하면서 읽어야 할 글이다. 아무런 편견 없이 다른 사람의 도움 없이 사전을 참고하면서 원전 또는 원전 번역본을 읽는 일이 우선이다.

요약본은 차라리 읽지 않는 편이 나을 때가 있다. 『춘향전』을 요약본으로 읽어 보면 그 책의 구체성이 주는 감동을 얻을 수 없다. 요약하는 사람이 수많은 화소들에서 자신이 취하고 싶은 내용들 중심으로 요약하는 경우가 많다. 남성주의 시각에서 요약할 경우 춘향의 정절에 초점을 맞출 수 있다. 어느 시각에서 바라보느냐에 따라 요약한 내용의 주제가 달라진다. 결과적으로 원전의 의도가 왜곡되어 독자에게 전달될 가능성을 지닌다. 더구나 요약본을 읽은 이들은 원전 또는 원전 번역본을 읽지 않고 흔히 읽은 것으로 생각한다. 이도령이 춘향이를 한양으로 데리고 가지 않는다는 것을 알게 되자 춘향이 하는 행동은 요약본으로는 자세히 알 수 없다. 이별 장면은 매우 사실적이어서 춘향의 성격을 잘 보여준다. 요약본은 요약한 사람이 이해한 내용의 요약일 뿐이다. 차라리 요약본을 읽지 않는다면 언젠가 『춘향전』을 원전으로 읽게 될 날이 있어 그 편이 나을지도 모른다. 과실나무는 나뭇잎이 우거지고 가지에 열매가 풍성하게 맺는데 나무줄기만을 이야기한다면 나뭇잎의 아름다움이나 열매의 풍성함은 알 길이 없다.

평역본을 읽을 경우에는 평역이란 점을 고려해야 한다. 평역은 번역자가 재해석하여 번역한 것으로 원본에 없는 내용을 넣기도 하고 삭제하기도 한다. 원전 이해가 어려울 경우 평역본이 읽기 좋을 수 있다. 그러나 번역자가 원저자의 글을 자신이 이해한 것을 바탕으로 내용을 넣거나 빼기도 한다는 점을 독자가 알고 읽어야 한다. 『평역 삼국지』, 『평설 열국지』 등은 번역자의 재해석이 반영된 저서들이다. 편저의 경우는 저자가 원래의 책을 자신의 시각에 따라 글의 순서를 바꾸거나 일부를 빼는 등의 방식으로 편집한 책이다. 편저의 경우에도 원전을 그대로 번역한 것이 아니라는 점을 고려하며 읽어야 한다. 원전 번역본 대신 편저자의 기준으로 일부만을 번역한 사마천의 『사기열전』이나 『장자』 등이 그러한 책들이다. 이들을 읽는 독자는 원본의 내용을 제대로 알 수 없다. 중요도나 관심도가 평역자, 편저자마다 다르기 때문에 이러한 책들을 읽은 독자는 원전의 내용을 제대로 평가할 기회가 차단된다. 더 나아가 원저자의 집필 의도가 독자에게 달리 전달되는 문제가 발생한다. 책의 내용에 대한 평가는 독자의 몫이다.

48

그럼에도 평설, 편저의 형식을 띠는 경우는 내용이 어렵거나 방대하기 때문인 경우가 대부분이다. 책 전체를 원전 또는 원전 번역본으로 읽지 못할 경우 평설, 편저의 책을 읽을 수 있다. 이러한 평역본이나 편저본을 읽은 후에는 원전 번역본을 읽어 본래의 저서가 갖는 의미를 읽어내는 것이 바람직하다. 더 나아가 원전을 원어로 그 문화를 이해하면서 읽는다면 작품에 대해 더 잘 이해하는 기회가 될 것이다.

해설은 원전 또는 원전 번역본을 읽은 후에 읽는 것이 좋다. 완벽한 해설은 없기 때문에 해설이 오히려 자신의 자유분방한 이해를 방해할 수 있다. 기존의 굳어진 사고를 입력한 후 원전 또는 원전 번역본을 읽는 것은 창조적 읽기를 방해할 수 있다. 읽고 나서 이해가 안 되는 부분이 있거나 다른 이들의 생각을 살펴보기 위해 해설이 필요하다. 해설부터 읽다 보면 책을 읽는 능력이 향상되지 못한다. 해설을 꼭 읽어야 한다면 다양한 시각의 해설을 찾아 읽어야 한다. 해설을 보아야 할 정도의 글이라면 해석은 다양하다. 이 경우 해석은 다양한 해석의 하나일 뿐이다. 이는 자신의 해석도 추가할 수 있음을 의미한다. 오히려 자신이 해석해보려는 노력이 독서능력 향상을 위해 낫다.

원전은 다양한 해석을 낳기 마련이다. 특히 고전은 해석이 무한히 열려 있다. 대부분의 고전은 읽을 때마다 새로운 해석이 가능하며 언제 읽어도 다시 읽는 느낌을 주는 책이다. 그러기 때문에 고전은 반복해서 읽어야 한다. 탁월한 해석은 창조적 읽기가 된다. 지금도 『논어』는 재해석된다. 언제 어디서나 『논어』 속 구절들을 자기 상황에 끌어와서 인용하고 글을 쓴다. 고전이 현재 우리 속에 살아 있는 책이 되려면 원전 또는 원전번역본을 반복해서 읽는 것이 좋다.

희랍신화 최초의 기록, 『일리아스』의 계승

희랍신화와 로마신화, '그리스로마신화'의 관계

희랍신들은
텟살리아 올림포스 산 신들의 궁전에 산다.
로마가 희랍을 식민지로 삼아도
신들과 신의 문화는 어쩔 수 없어
신들의 이름만 라틴어로 바꾸어 부르고
더하여 그들의 조상신을 떠받든다.
로마인들은 카이사르를 아프로디테의 후손이라고 신으로 부르고
어느덧 희랍신화는 그리스로마신화가 된다.
현대 미국도 그렇게 로마를 이어받는다.

[희랍신화 기록물의 계보]

희랍신화에 대한 책들은 크게 여섯 권으로 정리할 수 있다.

가장 오래된 기록은 BC 8세기경 호메로스의 『일리아스』와 헤시오도스의 『신들의 계보』이다. 『일리아스』에는 이야기 속에 신들이 등장한다. 『신들의 계보』는 신들의 족보를 간결하게 서술한다. 이 두 저작물에 등장하지 않는 것들이 비극작가들의 작품에 등장한다. 이들을 종합하여 기원전 2세기에 쓰여진 아폴로도로스의 『비블리오테케』(번역본으로는 『원전으로 읽는 그리스 신화』)가 있다. 희랍신화를 가장 체계적으로 정리한 책이다.

희랍 세계에서 남쪽 바다 가장자리에는 에티오피아인이 산다. 그곳은 행복하고 덕 있는 사람들이 사는 곳으로 신들이 자주 그곳에 가서 그들과 향연을 함께 한다. 서쪽 끝 바다 가장자리에는 엘리시온의 들판이 있다. 이 들판은 복된 땅으로 신들이 총애하는 인간이 영원히 행복을 즐기는 축복 받은 사람들의 땅이다. 헬레네와 메넬라오스가 이곳으로 갔다고 아폴로도로스는 기록하고 있다. 테살리아 올림포스 산 꼭대기에는 제우스 궁

전이 있다. 그곳에서는 신들이 매일 암브로시아와 넥타르를 마시며 향연이 펼쳐진다. 여신 헤베가 시중을 들고, 아폴론이 수금 연주를 하며 뮤즈 여신들이 노래를 한다.

현대 희랍신화는 로마신화를 많이 따르고 있다. 희랍 로마신화의 대표적인 책이 기원전 43~기원후 19년 로마 시인 오비디우스의 『변신 이야기』와 기원전 70~19년 로마 시인 베르길리우스의 『아이네이아스』이다. 이들 신화는 희랍신화의 신들의 이름을 라틴어로 바꾸고 그들의 신들을 일부 포함한다. 두 권의 책을 정리한 책이 토마스 불핀치(1796~1867)의 『전설의 시대』(1855)이다. 이 책의 저자는 머리말에서 희랍 로마신화 대부분을 위의 두 책에서 가져왔다고 밝힌다. 원문의 모든 느낌을 충실히 옮긴다는 것은 힘든 모험이라며 먼저 산문으로 서술하고 언어가 바뀌어도 가능하면 시적 생각을 살리는 방향으로 옮기겠다고 말한다. 불핀치는 이 책에서 신화와 관련한 여러 시인들의 시를 중간중간에 삽입한다.

우리나라에 소개된 대부분의 초기 '그리스로마신화'는 불핀치의 책을 바탕으로 한다.

로마신화에는 희랍신화에 없는 신들이 있지만 유명지지는 않다. 로마의 고유한 신들은 다음과 같다.

사투르누스는 고대 이탈리아 신으로 희랍의 크로노스 신과 동일시한다. 신화에서 황금시대를 통치한다.

파우누스는 사투르누스의 손자로 목자의 신, 예언의 신이다. 복수형 파우니는 희랍의 사티로스와 같이 익살스런 신의 한 무리를 말한다.

카리누스는 전쟁의 신으로 로물로스가 죽어서 된 신이다. 벨로나는 전쟁의 여신이며 테르미누스는 토지의 경계를 표시하는 신, 팔레스는 가축과 목장을 맡아보는 여신, 포모나는 과일나무를 다스리는 신, 플로라는 꽃을 다스리는 여신, 루키나는 출산의 여신이다.

리베르는 바쿠스의 라틴 이름이며, 물키베르는 불카누스의 라틴 이름이다. 야누스는 하늘의 문지기 신이며, 페나테스는 가족의 안녕과 부유함을 지켜주는 신, 라레스는 가정을 지키는 신으로 자손들을 감독하고 보호하는 영혼이다.

다시 정리하면 최초에 희랍신화를 호메로스, 헤시오도스가 기록하기 시작하여 아폴로도로스가 체계적으로 정리하였다.

로마에 와서 오비디우스와 베르길리우스가 희랍 신들의 이름을 로마식으로 바꾸고 로마 토착신들을 포함하여 새롭게 정리한다. 이들 신화를 19세기에 와서 불핀치가 일반인들이 친근하고 쉽게 접근할 수 있게 정리하였다.

12신 인간 너머의 인간, 신화 다시 내려오다

신은 인간 너머의 인간이다.

신은 인간이 만들고

인간의 소망처럼 죽지 않는다.

영원한 수수께끼 인간은

전지전능한 신을 만들고

그 신에게서 답을 찾으려 한다.

필멸의 인간은

바람둥이 신과 질투의 신을 만들고

우주의 질서로써 근친결혼과 존비속 싸움의 신을 만든다.

신들의 세계, 카오스는 혼돈 속 질서이다.

열둘의 신들이 질서를 나누어 가진다.

[서사의 전개]

우주의 처음은 카오스 공간이다.

카오스에서 아들인 어둠의 에레보스, 딸인 밤의 닉스가 태어난다.

가슴 넓은 대지의 신 가이아와 지하세계 타르타로스와 에로스가 카오스에서 주연으로 등장하며 신화가 탄생한다. 이들이 카오스의 자식인지는

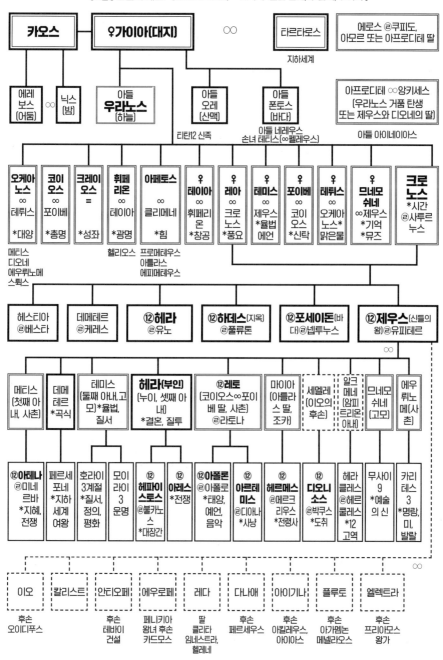

[표_1] 신들의 계보 *[..점선은 인간, ∞는 부부 결합 관계, ♂ 남자, ♀ 여자]

카오스

♀가이아(대지)   ∞   타르타로스
                        지하세계

에로스 ⓔ쿠피도,
아모르 또는 아프로디테 딸

에레보스(어둠)   ∞   닉스(밤)   아들 우라노스(하늘)   아들 오레(산맥)   아들 폰토스(바다)
아들 네레우스
손녀 테티스(∞펠레우스)

아프로디테 ∞앙키세스
[우라노스 거품 탄생
또는 제우스와 디오네의 딸]

아들 아이네이아스

티탄12 신족

오케아노스 ∞ 테튀스 *대양
코이오스 ∞ 포이베 *총명
크레이오스 = *성좌
휘페리온 ∞ 테이아 *광명
아페토스 ∞ 클리메네 *힘
♀테이아 ∞ 휘페리온 *창공
♀레아 ∞ 크로노스 *풍요
♀테미스 ∞ 제우스 *율법에언
♀포이베 ∞ 코이오스 *신탁
♀테튀스 ∞ 오케아노스 *맑은물
♀므네모쉬네 ∞제우스 *기억 *뮤즈
크로노스 *시간 ⓔ사투르누스

메티스
디오네
에우뤼노메
스튁스

헬리오스   프로메테우스
아틀라스
에피메테우스

헤스티아 ⓔ베스타
데메테르 ⓔ케레스
⑫헤라 ⓔ유노
⑫하데스(지옥) ⓔ플류톤
⑫포세이돈(바다)ⓔ넵투르
⑫제우스(신들의왕)ⓔ유피테르

∞

메티스 [첫째 아내, 사촌]
데메테르 *곡식
테미스 [둘째 아내, 고모] *율법, 질서
헤라(부인) [누이, 셋째 아내] *결혼, 질투
⑫레토 [코이오스∞포이베 딸, 사촌] ⓔ라토나
마이아 (아틀라스 딸, 조카)
세멜레 [이오의 후손]
알크메네 [암피트리온 아내]
므네모쉬네 (고모)
에우뤼노메(사촌)

⑫아테나 ⓔ미네르바 *지혜, 전쟁
페르세포네 *지하세계 여왕
호라이 3계절 *질서, 정의, 평화
모이라이 3 운명
⑫헤파이스토스 ⓔ불카노스 *대장간
⑫아레스 *전쟁
⑫아폴론 ⓔ아폴로 *태양, 예언, 음악
⑫아르테미스 ⓔ디아나 *사냥
⑫헤르메스 ⓔ메르크리우스 *전령사
⑫디오니소스 ⓔ박쿠스 *도취
헤라클레스 ⓔ헤르쿨레스 *12고역
무사이 9 *예술의 신
카리테스 3 *명랑, 미, 발랄

∞

이오   칼리스트   안티오페   에우로페   레다   다나에   아이기나   플루토   엘렉트라

후손 오이디푸스
후손 테바이 건설
페니키아 왕녀 후손 카드모스
딸 클리타임네스트라, 헬레네
후손 페르세우스
후손 아킬레우스, 아이아스
후손 아가멤논 메넬라오스
후손 프리아모스 왕가

불분명하다.

태초에 가이아는 홀로 잉태한다. 가이아는 아들 우라노스, 산맥 오레, 바다의 노인 폰토스를 낳는다. 하늘의 주재자 우라노스가 높지만 그 하늘은 대지의 아들이다. 생명의 근원은 대지이며 어머니이고 여자이다. 아들들은 어머니 가이아와 결혼하여 자식들을 낳는다.

우라노스는 어머니 가이아와 혼인하여 남녀 여섯 쌍을 낳아 그들끼리 짝을 지은 티탄 12신을 낳고, 퀴클롭스와 헤가톤케이레스도 낳는다. 바다의 노인 폰토스는 어머니 가이아와 사랑하여 괴물 메두사와 아킬레우스를 낳은 님프 테티스 등 여러 후손을 남긴다.

가이아는 막내아들 크로노스를 시켜 남편 우라노스의 남근을 낫으로 베게 한다. 우라노스가 자기 자식들이 강하고 흉하다고 햇빛 속으로 나오지 못하게 가두었기 때문에 가이아는 막내를 시켜 남편에 복수한다.

그 아비에 그 자식인 크로노스는 누이 레아를 아내로 삼아 자식을 낳는 족족 집어삼킨다. 아버지의 자리를 빼앗은 크로노스는 아들에게 자기 자리를 빼앗기고 싶지 않다. 그러나 제 자식에게 제압될 운명이라는 우라노스의 말은 숙명이다. 레아가 막내 제우스 대신 크로노스에게는 돌덩이를 싸서 건넨다. 레아는 다 자란 제우스를 부추겨 아버지 크로노스를 제압한다.

이로써 제우스는 신들의 신이 된다. 신들의 왕이다. 제우스는 할아버지 우라노스, 아버지 크로노스의 전철을 밟지 않는다. 누이이며 첫 아내인 메티스와 제우스 사이에서 제우스를 능가할 아들을 낳을 것이라는 예언에 따라 제우스는 아테나를 임신하고 있던 메티스를 삼켜 버린다. 아테나는 제우스의 머리에서 태어난다. 제우스를 능가할 아들을 낳을 것이라는 예언을 제우스는 원천적으로 차단한다. 아테나가 딸이었기에 제우스의 사랑을 받을 수 있었지 아들이었다면 제우스에게 죽었을 것이다. 두 번째 아내인 헤라와 제우스 사이에서 헤파이스토스와 아레스가 태어나지만 제우스를 능가할 것이라는 예언은 없다. 아들이 아버지를 능가할 것이라는 예언을 모두 제거함으로써 신들의 세계는 제우스 시대에 와서 평화롭다. 고대 희랍신화는 이제 영원하다. 아버지를 물리칠 자식을 아예 만들지 않는 제우스는 올림포스의 영원한 주인이 된다.

신과 신의 결혼, 초기의 신들은 직계 존비속과 근친결혼을 한다. 그래서 자식들은 드세고 흉측하다. 신들은 자식들이 무서워 제 자식들을 제압하고 자기를 낳아준 아버지를 몰아낸다.

가장 본능적인 삶을 사는 인간들이 고대 헬라스 신들이다. 힘이 센 신일수록 수많은 여자와 결혼하고 아내 몰래 바람을 핀다. 어쩌면 오늘날 성범죄자들은 제우스 신의 정통한 후예인지도 모른다.

희랍 12신은 제우스 중심이다. 제우스, 제우스의 누나이며 아내인 헤라, 제우스와 헤라에서 태어난 아레스와 헤파이스토스, 제우스의 형 포세이돈, 제우스의 누나이자 그의 여자 데메테르, 제우스의 누나이자 첫 부인 메티스에게서 난 딸 아테나, 우라노스의 거품에서 태어난 아프로디테, 제우스와 누이 레토 사이에서 낳은 아폴론과 쌍둥이 여동생 아르테미스, 제우스와 님프 마이아의 아들 헤르메스, 제우스와 세멜레의 아들 디오뉘소스 등 12신은 아프로디테를 제외하고는 모두 제우스의 형제자매나 아들딸이다. 본 부인에게서 탄생한 적자는 아테나, 헤파이스토스, 아레스 셋이다. 첫 부인 아테나의 어머니는 아들을 낳으면 자신을 능가한다는 예언 때문에 제우스가 먹어치우고, 두 번째 부인 헤라에게서 헤파이스토스와 아레스가 탄생한다. 나머지 제우스의 수많은 자식들은 서자이다.

제우스(라틴어 유피테르/영어 주피터)는 '빛나는 자', '번개 치는 자'로 신들의 왕이다. 제우스는 수많은 여신, 여인과 사랑을 나눈다. 하늘과 날씨를 관장하며 천둥과 벼락이 그의 무기이다. 가정의 보호자, 손님들의 보호자, 탄원자들의 보호자이다. 독수리나 황소가 제우스의 상징이다. 티탄 신족과 싸움에서 10년 만에 승리하여 신과 인간의 패권을 쥔다. 호메로스는 맏아들이라 하고 헤시오도스는 막내라 한다. 올림피아에서 희랍에서 가장 큰 제전인 제우스 제전이 열린다.

헤라(유노/주노)는 제우스의 아내로 신들의 여왕이다. 아레스, 헤파이스토스, 헤베, 에일레이튀이아(출산의 여신)의 어머니다. 결혼과 출산을 담당한다. 헤라는 제우스가 바람을 피울 때마다 질투한다. 죽은 아르고스의 눈 백 개를 꼬리에 달고 있는 공작이 헤라의 상징이다. 종종 여성과 풍요의 상징인 석류나 양귀비 씨앗을 든 모습이다.

아레스(마르스/마스)는 싸우기를 좋아하는 공격적인 전쟁의 신이다. 공포의 대상으로 투구, 칼, 방패를 갖추고 있다. 형수 아프로디테와 사랑하는 장면이 발각되는 장면은 신들의 웃음거리가 된다. 키가 크고 잘생겼다. 아프로디테와 하데스 외에는 모두가 싫어하는 신이다.

헤파이스토스(불카누스/불칸)는 대장간과 불의 신이다. 절름발이로 헤라에게 버림받아 테티스, 에우뤼노메가 9년간 키운다. 그의 아내는 아프로디테이다. 인공지능 심부름꾼 로봇을 만들어 사용하는 장면이 서사시에 등장한다. 상징은 망치, 모루, 집게이다. 아킬레우스의 무구, 아레스와 아프로디테의 밀애를 가둔 그물, 신들의 청동 저택, 황금 하녀, 알키노오스 궁전의 개, 제우스의 아이기스 등을 만든 최첨단 과학자이다.

포세이돈(넵투누스/넵튠)은 '대지를 흔드는 자'로 바다의 지배자이다. 지진의 신이며 삼지창을 들고 다닌다. 트로이아 왕가에서 성을 쌓으며 약속한 보수를 지불하지 않아 감정이 쌓여 있지만 늘 아르고스인들을 미워하지는 않는다. 말, 돌고래, 물고기, 소 등이 상징이다. 아내와 자식애가 넘치는 신이다. 코린토스의 이스트모스 제전이 있다.

데메테르(케레스/세레스)는 농업과 곡식의 신이다. 계절의 변화, 결혼 유지에 힘쓴다. 밀 이삭의 관을 쓰고 횃불이나 곡물을 들고 있다.

아테나(미네르바/미네르바)는 지혜와 전쟁의 여신이다. 제우스의 첫 부인의 무남독녀 딸로 제우스를 딸 바보로 만드는 여신이다. 아테나이에 올리브 나무를 주어 아테나이의 수호신이 된다. 아테나이에 처녀신의 신전이라는 파르테논 신전이 유명하다. 트로이아의 수호여신이기도 하여 아테나의 여신상 팔라디온을 모신다. 오뒷세우스와 디오메데스가 이를 가져가 트로이아는 함락되고 이후 아테나이, 아르고스, 스파르테, 로마 베스타

신전으로 가져갔다고 한다. 메두사의 머리가 달린 아이기스 방패, 투구, 갑옷, 창을 들고 있다. 아이기스 방패는 제우스와 아테나만이 가진다. 별명은 부엉이 또는 올빼미의 눈의 소녀이다.

아프로디테(베누스/비너스)는 미의 여신으로 다산을 관장하며 인간 앙키세스의 외모에 반해 그와 사랑한다. 그 아들이 트로이아의 왕가 아이네이아스이다. 아레스와 밀애, 미소년 아도니스와 사랑, 앙키세스와 사랑 등 이쁜 만큼 스캔들이 많다. 후기 문학에서는 에로스의 어머니가 된다. 시칠리아섬 북서부 에뤽스산에 아프로디테 신전이 있다. 로마 건국 신화 아이네이아스의 어머니라서 로마에서 중시한다.

아폴론(아폴로/아폴로)은 광명(포이보스), 예언, 음악과 시, 궁술, 역병과 치유의 신이다. 남성미, 도덕성, 문명의 시혜자로 남신들 가운데 가장 많은 조각품의 대상이었다. 의술(醫術) 신의 어머니 코로니스, 프리아모스의 딸 캇산드라, 요정 퀴레네, 월계수가 된 다프네, 미소년 휘아킨토스, 인간 이다스를 선택한 마르펫사, 퀴메의 무녀 시뷜라 등에게서 최고의 미남신 아폴론은 사랑을 얻지 못했다. 월계수 잎을 머리에 쓰고 리라를 연주하거나 활을 들고 있으며 델포이 신탁소가 있다.

아르테미스(디아나/다이아나)는 사냥, 처녀, 달의 여신이다. 주로 활을 들고 수사슴이나 사냥개와 함께 등장하며 잔인하다.

헤르메스(메르쿠리우스/머큐리)는 신의 뜻을 인간에게 전하는 전령의 신이다. 혼백의 인도자이며 여행자, 목동, 상업, 도둑과 거짓말 등을 주관한다. 숨은 의미를 해석하는 학문인 해석학이 여기에서 유래했다. 어원 Herma는 '경계석, 경계점'을 뜻한다. 그의 모자와 발목에 전령의 상징인 날개가 달려 있으며 황금 샌들과 지팡이를 지닌다.

디오뉘소스(바쿠스/바쿠스)는 술의 신, 풍요의 신, 죽음과 재생의 신이다. 어머니 세멜레는 테바이 왕 카드모스의 딸로 제우스 사이에서 아들을 얻는다. 그는 인간이어서 신이 될 수 없지만 마지막으로 12신에 오른다. 후대에 와서 디오뉘소스 신은 중요한 역할을 한다. 그의 행렬에는 분장한 사튀르소, 광란하는 여인 마이나스가 춤추며 따라다닌다. 도취와 쾌락의 신으로 예술의 발전과 깊은 관련이 있다. 솔방울과 담쟁이 넝쿨의 지팡이, 술잔, 풍요의 뿔을 들고 있다.

신에 관한 기록은 책마다 다르다. 헤시오도스의 『신들의 계보』에서는 아들 크로노스에게 잘린 우라노스의 남근 정액이 바다에 닿자 일어난 거품에서 아프로디테가 태어났다고 한다. 호메로스는 아프로디테가 제우스와 디오네의 딸이라고 전한다. 또 다른 기록에서는 천지 창조 당시 가이아, 우라노스, 아프로디테가 함께 태어났다고 한다.

『일리아스』계승의 역사, 이야기의 반복과 재생산

이야기는 이야기를 낳고

이야기는 비극을 노래하고

이야기는 자신을 살찌운다.

이야기는 반복하면서 청중을 향해 뻗어 나가고

이야기는 재생산하면서 제 흥에 겨워 형제를 만든다.

세월이 흐르면 버려졌던 소소함도

제 자리 한 자리를 차지한다.

전해오는 이야기는 문자로 자리 잡으며

지워지지 않는 영원을 향한다.

그러다가 카이사르는 신이 되고

우리는 그들 서사 속으로 들어간다.

[이야기의 반복과 재생산의 힘]

이야기의 힘은 크다. 이야기는 반복과 재생산을 반복하면서 확대된다. 헤시오도스의 『신들의 계보』는 1,022행으로 이루어져 있어 『일리아스』 24권 중 1권 877행보다 조금 길다. 『일리아스』는 이야기이다.

『일리아스』가 문자로 정착된 이후 희랍에서는 서사시 암송 경연대회가 이어지고, 높은 인기 속에 비극이 공연된다. 3대 비극 작가인 아이스퀼로스, 소포클레스, 에우리피데스 등의 작품은 오이디푸스 등 일부를 제외하고는『일리아스』속 인물들의 비극을 다루고 있다.

플라톤의『국가』,『향연』,『파이돈』,『프로타고라스』,『고르기아스』등에도『일리아스』의 내용이 중요한 자리를 차지한다.

이후 기원전 2~3세기경 딕튀스의『트로이 전쟁 이야기』, 다레스의『트로이 함락 이야기』, 1165년경 브누아 드 생트모드의『트로이 이야기』, 1450년경 자크 미예의 희곡『위대한 트로이 패망 이야기』등은 대단한 인기를 끌었다(이진성,『그리스 신화의 이해』, 아카넷)고 한다. 르네상스 시대에 와서는 희랍과 로마로 돌아가자는 운동으로『일리아스』는 더 큰 관심의 대상이 된다.

『일리아스』와 관련한 신화는 희랍에서 아폴로도로스에 의해 정리되며, 로마에서는 베르길리우스의『아이네이스』, 오비디우스의『변신 이야기』로 이어진다. 아폴로도로스의『희랍신화』는 헤시오도스와 호메로스의 저작에 없는 내용들이 체계적으로 정리되어 있다. 이 신화는 신들의 탄생, 데우칼리온의 자손들, 이아손과 아르고호, 아르고스 지방의 초기 신화, 헤라클레스의 자손들, 크레테와 테바이 신화, 테바이 전쟁, 아르카디아 지방의 신화, 라코니케와 트로이아 지방의 신화, 하신 아소포스의 자손들, 아테나이의 왕들, 펠롭스의 자손들, 트로이아 전쟁, 영웅들의 귀향 등의 내용을 구체적으로 서술하고 있다.

『변신 이야기』는『아이네이스』와 함께 라틴문학의 대표작이다. 15권으로 이루어진『변신 이야기』는 신, 영웅, 인간으로 나누어 희랍신화에 나오는 변신 관련 이야기들의 모음집이다. 희랍 문화를 동경했던 로마인의『변신 이야기』는 베누스 신, 아이네이아스가 중심이며 희랍신화 후반부에 카이사르를 신격화하였다는 점이 특징이다.

이런 측면에서 서양의 모든 문화의 출발은 호메로스의『일리아스』이다.『일리아스』는 이를 반복하며 재생산하고 확장하면서 서양의 문화 예술을 이끌어 왔다. 다만 영웅과 인간 이야기가 없이 신화로만 존재했다면 후대에 끼친 영향이 크지 않았을지도 모른다. 이야기의 힘이다.

현대 일상 상표 속 희랍 신들의 등장

신화 속 신들은
인터넷 게임에서 전투를 하고
아폴로로 하늘을 난다.
흰 팔의 헤라는 화장품에 적격이고
비너스는 몸매에 맞게 아름다운 여성에 달라 붙는다.
술에 취해 다음날까지 흔들리면
박쿠스를 마신다.
미네르바에서 올빼미 눈으로 지혜를 찾고
니케는 승리를 구한다.
모두가 다 아는 신,
선택된 상표는 이미 우주의 광고이다.

[신들과 상품의 관계]

흰 팔의 헤라, 화장품

헤라는 여성 화장품 상표로 등장한다. 헤라는 제우스의 아내로 여신들의 왕이며 결혼을 수호하는 신이다. 헤라는 살결이 백옥같이 희어서『일리아스』에서 헤라의 별명이 '흰 팔의 헤라'이다. 미의 여신 아프로디테가 많은 남자들과 염문을 뿌리지만 헤라는 오로지 제우스만을 바라보며 제우스가 바람피우는 것을 쫓아다니며 막는 여신이다. 아프로디테의 타고난 아름다움은 유혹을 향하지만 백설 같은 하얀 피부의 헤라는 화장품으로 자신의 아름다움과 가정을 지킨다.

미의 여신 비너스, ♀ 여성심벌과 아름다운 여성 의류

아프로디테는 사랑과 미의 여신이다. 아프로디테는 『일리아스』에서 제우스와 디오네의 딸이다. 헤시오도스의 『신들의 계보』에서는 우라노스의 잘려나간 생식기에서 떨어진 거품에서 태어난다. 아프로디테는 이성의 성적 욕망을 자극하는 미의 소유자이다. 후대에 화가들이 그린 그림에는 비너스의 벗은 모습이 많다. 아프로디테는 절름발이 헤파이스토스와 결혼한다. 그렇지만 시동생 아레스와 육체적 사랑을 하다가 들킨다. 아프로디테는 헤르메스와 정을 통해 헤르마프로디토스를 낳고, 인간 앙키세스를 유혹하여 아들 아이네이아스를 낳는다. 아프로디테는 포세이돈, 디오니소스, 아도니스와도 사랑을 한다. 미의 여신 아프로디테는 미에 대해서는 누구보다도 질투심이 강하다. 『아이네이스』에서는 로마인들이 그들의 시조 아이네이스의 어머니 비너스 신을 가장 중요한 신으로 떠받든다. 로마인들에게 비너스는 로마의 수호신이 된다. 아름다운 여성의 미를 잘 드러내는 의류 등에 비너스 상표가 많다.

여성을 표현하는 심벌인 ♀은 아프로디테, 비너스의 거울에서 유래한다. 비너스의 그림 중에는 거울을 보며 얼굴을 단장하는 것들이 많다. 여성 심벌에서 ○은 비너스의 둥근 거울을 뜻하고, 그 아래 + 모양은 거울의 손잡이 부분을 형상화한 것이다.

가장 아름다운 남성의 신 아폴론, 우주선 아폴로

아폴론은 가장 아름다운 남신이다. 예언의 신, 의료의 신이며 질병을 퍼뜨리기도 한다. 아폴론은 헬리오스 신 다음으로 2세대 햇빛의 신이다. 음악과 시를 주관하며 활을 쏘고 신탁을 내리는 신 등 역할이 많다. 제우스의 뜻으로 예언을 하는 신이라서 제우스 다음으로 힘을 가진 신으로 받들었다. 델포이의 아폴론 신전은 매우 유명하다. 아폴론은 아홉 명의 뮤즈들을 관리하며, 칼리오페 사이에서 최고의 시인 오르페우스를 낳는다. 미남의 신 아폴론은 여성들의 사랑을 받지 못했다. 다프네는 아폴론의 사랑을 거절하고, 자신의 아들을 임신하고 다른 사람과 결혼하려는 코로니스를 화살로 쏘아죽인다. 프리아모스 왕의 딸 캇산드라에게 예언력을 주지만 캇산드라는 아폴론의 사랑을 거부한다. 아폴론은 미소년 휘아킨토스, 퀴파리소스 등을 사랑하지만 불행에 빠진다. 연주로 도전하는 마르쉬아스를 죽이고, 니오베의 아들딸들을 아르테미스와 함께 모두 죽이는 잔인함도 가지고 있다. 우주선 이름 아폴로는 이 신의 이름에서 유래한다.

지혜의 여신 아테나, 교육 관련 상표

아테나는 지혜의 여신이다. 헤파이스토스가 제우스의 머리를 깨자 그 속에 태어난 신이다. 아테나는 무적의 방패 아이기스를 가지고 다니는 전쟁의 여신이지만 정의를 실천하는 이성적인 여신이다. 처녀의 신으로 '젊은 처녀의 신전'이라는 뜻의 아테나이 파르테논 신전이 있다. 도시의 수호신이라서 트로이아 신전에는 팔라디온이라는 아테나 신상이 있다. 이를 오뒷세우스가 훔쳐서 트로이아는 함락된다. 가장 유명한 것은 지혜의 신이다. 올빼미 눈을 가진 아테나는 예술과 문학의 수호 여신이다. 로마의 미네르바 여신은 여러 곳에서 인용된다. 유명한 미네르바 대학도 그 중의 하나이다.

아레스의 창, 남성 상징 ♂

아레스는 전쟁의 신으로 살육과 파괴를 담당한다. 같은 전쟁의 신이지만 아테나는 정의로운 전쟁을 후원하는 반면에 아레스는 물불 가리지 않는 파괴의 신이다. 남성 상징 ♂에서 둥근 부분은 아레스의 방패, ╱은 아레스의 창을 형상화한 것이다. 곧, 아레스의 방패와 창을 남성의 상징으로 삼았다. 스웨덴의 볼보 자동차 로고가 바로 이 남성 상징이다. 볼보 로고는 방패 모양으로 안전함을 강조하려는 의도가 보인다. 볼보 자동차의 헤드라이트는 북유럽 신화 속에 등장하는 토르의 마법의 망치 묠니르 모양을 본떴다.

대장장이 장인의 신 헤파이스토스, 로봇

제우스의 적장자로 절름발이 신이다. 헤라의 황금 의자, 올림포스 신들의 궁전 장식, 황금 로봇 하녀, 아킬레우스의 갑옷과 방패, 판도라 등을 만들었다. 불의 신으로 로마의 불카누스 신은 남성들의 속옷 상표가 있다.

제우스의 전령 헤르메스, 여행 가방의 상표

헤르메스는 제우스의 전령으로 여행자와 상인의 신이다. 현대인들에게 가장 어울리는 신이다. 꾀가 많아서 상업의 신이 되고, 발이 빨라서 제우스의 전령이 되는 신이 된다. 전령의 신은 죽은 자의 영혼을 저승으로 데려가는 영혼의 동반자가 된다. 리라를 만들어 아폴론의 소 떼와 바꾸었던 헤르메스는 '판(Pan)의 피리'를 만들어 아폴론의 황금 지팡이와 교환한다. 헤르메스 지팡이는 두 마리의 뱀이 휘감고 있으며, 이 지팡이는 전령과 유사한 임무인 대사(大使), 군사(軍使)의 표장으로 사용되었다. 헤르메스 지팡이는 대기만 하면 잠이 드는 마법의 지팡이다. 전령의 상징은 날개 달린 신발이다. 헤르메스 신은 전령의 신으로 가방의 상표로 나타난다. 포드 자동차의 머큐리는 헤르메스의 로마식 신의 이름으로 전령의 의미를 반영한다.

술의 신 디오뉘소스, 박카스 음료

가장 특별한 신이다. 제우스와 인간 세멜레 사이에서 태어났지만 신으로 등극하고 12신에 포함된다. 세멜레는 제우스에게 신이라는 것을 보여달라고 한다. 제우스가 자신의 모습을 보이자 번개와 벼락으로 세멜레는 죽는다. 6개월 된 아이를 제우스는 자신의 넓적다리에 넣고 꿰매어 기르다가 낳는다. 디오뉘소스는 '두 번 태어난 자'라는 뜻이다. 성인이 된 디오뉘소스는 포도주 만드는 법을 알게 된다. 디오뉘소스 숭배자인 마이나데스 중에는 늙은 실레노스, 요정들, 하반신이 동물인 사튀로스, 생식력이 왕성한 프리아포스 등이 있다. 어머니 세멜레의 고향 테바이의 펜테우스 왕은 디오뉘소스 신앙을 금지시킨다. 왕은 가혹한 벌을 받고 자신의 어머니와 다른 신자들에게 사자로 오인되어 찢겨 죽는다. 이후 디오뉘소스 숭배는 더 확산된다. 디오뉘소스는 술과 축제의 신, 연극의 신이다. 디오뉘소스 신앙은 삶의 활력소를 제공한다. 이 신앙은 희랍의 문화를 예술적으로 승화한다. 니체는 이러한 디오뉘소스 신앙이 사라지면서 희랍 문화가 소멸했다고 비판한다. 오르페우스 신앙에서 디오뉘소스는 디오뉘소스 신앙과 정반대이다. 디오뉘소스를 로마신화에서는 박쿠스라 한다. 음료 상표 박쿠스는 이를 따른 것이다.

이외에 스타벅스의 인어 세이렌, 승리의 나이키 상표, 힘이 센 타이탄 트럭, 하늘을 떠받치는 힘을 가진 아틀라스 등은 신화 속 특정 능력을 이름에 반영한다. 신화 속 신이거나 인물들은 전 세계인들의 머릿속에서 유명한 상표로 쉽게 이해되고 기억된다.

역사와 문학, 헬레네와 트로이아 전쟁

『역사』와 문학『일리아스』, 헬레네 납치와 트로이아 전쟁
문학과 역사는 시선이 머무는 곳이 다르다.
문학은 이야기의 그럴듯함에 꽂히고
역사는 사실의 기록에 충실하다지만
문학이나 역사 모두가 취사선택을 사랑한다.
호메로스는 헬레네를 자신의 서사시 속에 살게 하고
헤로도토스는 자신이 직접 들었다는 이야기를 하고 있으니
나도 내 방식대로 헬레네 이야기를 취사선택하련다.

[정말 헬레네는 어디에 있었는가]
헬레네는『일리아스』3권에서 성채에 올라 프리아모스의 물음에 아카이오이족 장수들을 설명한다. 그러나 헤로도토스의『역사』에는 트로이아에

헬레네와 보물이 없다고 기록하고 있다.

『역사』2권 113에는 헤로도토스가 헬레네에 관해 무슨 일이 일어났는지 묻자, 사제들이 했다는 이야기를 전한다. 그 기록에 의하면 알렉산드로스가 헬레네를 스파르테에서 납치하여 출항하지만 아이가이오스 해에서 강풍으로 아이깁토스(이집트) 해에 도착한다. 아이깁토스의 헤라크레스 신전으로 피신한 하인들이 헬레네에 관한 일과 메넬라오스에 대한 부당한 행위들을 사제들과 관리인들에게 고발한다. 자신을 환대한 주인을 속여 주인의 아내를 빼앗고 막대한 재물과 함께 여자를 데려가다가 강풍에 떠밀려 온 사람들이라고 관리인은 아이깁토스 왕 프로테우스에게 보고한다. 왕은 외국인을 죽이지 않는다는 방침 때문에 그를 추방하며 여자와 재물은 헬라스인들이 올 때까지 맡아 둘 것이라 말한다.

헤로도토스는 호메로스가 이 이야기를 알고 있었다고 생각한다며 이 이야기가 서사시에 그렇게 적합한 것이 아니어서 택하지 않았다고 밝힌다. 『일리아스』6권 289~292행에서 알렉산드로스가 유랑하며 포이니케의 시돈에 갔다고 말하고 있으며 호메로스가 이 사실을 알고 있었다고 역사가는 말한다. 『일리아스』에는 '넓은 바다를 항해하면서'로 표현하고 있다. 포이니케인들이 살고 있는 시리에는 아이깁토스와 접경해있다. 그러나 『키프리아』서사시에는 스파르테를 출항한 지 3일째 되는 날에 알렉산드로스는 순풍과 평온한 바다를 이용하여 헬레네를 데리고 일리온에 도착하는 것으로 되어 있다. 호메로스는 서사시 전개에 도움이 된다고 판단해서 후자를 선택한다.

헬레네가 납치된 후 헬라스인들의 대군이 테우크로스의 땅으로 진군하여 일리온에 사절을 보낸다. 그들은 자신들이 헬레네도 재물도 갖고 있지 않으며 아이깁토스 왕의 수중에 있다고 말한다. 헬라스인들은 자신들이 우롱당하고 있다고 생각하여 트로이아를 점령하고 헬레네를 찾았으나 보이지 않고 전과 같은 말을 했다고 한다. 그래서 헬라스인들은 메넬라오스를 아이깁토스에 보냈다. 그는 극진한 환대를 받고 헬레네와 재물을 돌려

받았다. 날씨 때문에 출항이 계속 미뤄지자 현지 주민들의 아이 둘을 제물로 바친다. 이 때문에 그는 아이깁토스 주민들의 미움을 받아 추방되어 리뷔에로 도망친다. 사제들이 여기까지 이야기해 준 것이라고 헤로도토스는 말한다.

이어서 헤로도토스는 자신의 견해를 덧붙인다. 그의 의견에 따르면 만약 헬레네가 일리온에 있었다면 알렉산드로스가 원하지 않았더라도 프리아모스나 헥토르가 헬라스인들에 헬레네를 반환했을 것이다. 그러나 사실 트로이아인들에게 헬레네가 없었다. 이를 헬라스인들이 믿지 않았는데 이는 신령이 큰 부정을 저지르면 신들로부터 엄청난 보복을 당한다는 것을 명확하게 보여주려고 계획한 것이라고 헤로도토스는 서술한다.

에우리피데스의 비극 「헬레네」는 파리스를 따라 트로이아로 간 것은 헬레네 환영(幻影)이라고 전해오는 전설을 바탕으로 하고 있다. 진짜 헬레네는 헤르메스 신에 의해 이집트 궁전에서 남편이 오기를 기다린다는 설정이다. 전쟁이 끝나고 메넬라오스가 이집트 해안에 표류하여 헬레네를 만나자 동굴에 숨겨두었던 헬레네가 대지 속으로 사라진다. 에우리피데스 비극에서는 메넬라오스가 헬레네를 만나 이집트를 탈출한다.

아카이오이족이 헬레네도 없고 알렉산드로스가 가지고 간 보물도 없는데 20년에 걸쳐 전쟁을 했다. 그리고 얻은 것도 없다. 다만 헬레네와 보물을 빼앗아 간 알렉산드로스의 나라 트로이아를 멸망시킨 것뿐이다.

『일리아스』의 주제를 헤로도토스는 인과응보로 파악하고 있다. 이 서사시는 벌을 받아야 할 사람들 이야기를 잔혹한 전쟁으로 참혹하게 보여준다. 전쟁이 끝난 후 수많은 사람들이 받는 벌에 주목할 필요가 있다. 전쟁이 끝난 후 행복한 자는 없다. 전쟁은 심판이며 재앙일 뿐이다.

『일리아스』의 재미와 줄거리

어떤 재미로 읽을까?

재미란 무엇일까? 재미있던 일들을 떠올리면 재미가 무엇인지 알 수 있을까?

국어사전에 재미를 다음과 같이 정의하고 있다. 1) 아기자기하게 즐거운 기분이나 느낌, 2) 안부를 묻는 인사말에서, 어떤 일이나 생활의 형편을 이르는 말, 3) 좋은 성과나 보람 등이다. 2)의 예로 '자네 요즈음 재미가 어떤가?' 3)의 예로 '그가 새로 시작한 식당은 밀려오는 손님으로 재미가 쏠쏠했다' 등을 들고 있다. 1)의 재미는 기분이나 느낌이라서 구체적으로 설명하기 쉽지 않다. '화초는 보는 재미와 더불어 가꾸는 재미가 또한 각별하다', '이 놀이는 재미가 있어 중간에 떨치고 일어서기가 어렵다' 등에서 재미는 기분이나 느낌이라서 사람마다 다르다. '아기자기하게 즐거운 기분이나 느낌'에서 '즐겁다'를 국어사전에서는 '마음에 거슬림이 없이 흐뭇하고 기쁘다'라고 정의하고 있다.

『일리아스』에서 참혹한 장면의 묘사를 볼 때 마음에 거슬림이 없이 흐뭇하거나 기쁜 느낌을 가질 수 있을까? 적군이 죽으면 흐뭇하고 기쁠 수 있다. 그러나 인간적인 측면에서는 그렇지 못하다. 아킬레우스가 헥토르를 죽이는 장면은 재미가 있을까 없을까? 사람을 죽이는 전쟁은 재미가 있을까? 모두가 아니라면 누가 재미를 느낄까? 전쟁광들이라면 영웅들이 잘 싸우는 모습에서 마음에 거슬림이 없이 흐뭇하고 기쁜 느낌을 가질 수 있다.

국어사전에 있는 재미의 측면에서 볼 때『일리아스』에서 무엇이 우리에게 재미를 줄까? 올림포스 신들이 인간과 유사하다는 점에서 재미를 느낄 수 있다. 시적인 묘사에서는 음악적인 즐거움을 느낄 수 있을 것이다. 영웅들의 감동적인 연설이 많은 독자들에게 읽는 즐거움을 준다. 전쟁 중에 상대를 칭찬하는 것도 그렇다. 적군끼리 싸우다가 무구를 교환하고, 싸우기도 전에 그들의 조상 이야기를 하다가 싸움 대신 무구를 교환하는 것도 큰 재미를 준다. 프리아모스 왕이 아킬레우스를 찾아가는 장면은 많은 이들에게 감동을 준다.

『일리아스』라는 서양 인문학의 출발이 되는 작품의 내용을 알게 된다는 점도 읽는 재미를 준다. 영웅들도 평범한 인간과 다를 바 없이 갈등하고 고민하는 모습에서 재미를 느낄 수 있다. 전체 구조가 하나로 모아지는 서사란 점도 재미를 준다. 갈등이 만들어지고 갈등이 고조되다가 갈등이 해소되면서 전쟁이 막바지로 치달을 때 재미를 느낀다.

묘사를 활용한 비유로 당시의 생활상을 알 수 있다는 점에서도 즐거움을 얻는다. 아킬레우스의 방패에 그려진 당시 생활상의 묘사도 재미가 있다.

『일리아스』를 읽으면서 나는 어디에서 재미를 느끼는지 살펴보는 일도 해봄직하다.

『일리아스』 줄거리

어떤 이는

헬레네가 트로이아로 가고 나서

첫 번째 원정에서 엉뚱한 곳으로 갔던 10년을 언급한다

그로부터 10년 동안 다시 원정을 준비하고

10년 동안 트로이아를 공격하는 중

호메로스는 50일을 노래한다

그 중에 대부분의 날들을 단 몇 줄로 묘사하며

무더기로 휴지통에 구겨서 넣어버리고

나머지 상세하게 언급하는 전투는 단 4일,

그 나흘간의 전투는 분노의 자극과 폭발이다

분노의 노래는 언어의 놀이가 되어

드라마처럼 펼쳐지고

개개의 인생사는 서사처럼 반복되며 더 큰 반복을 반복한다

싸움도 죽음도 죽어가면서 그리는 고향도

계절처럼 반복한다

[실감 나는 비유와 서사의 반복 구조]

『일리아스』는 10년 전쟁 중 50일간을 노래한다. 그 중에서 전투는 단 4일이다. 역병이 만연하던 9일, 올륌포스 신 등이 아이티오페스족의 잔치에 가 있던 12일, 아킬레우스가 헥토르의 시신을 욕보인 12일, 헥토르의 장례를 치르고 무덤을 만들어 주는 11일은 간결하게 처리한다. 전투와 전투 사이에 전사자를 매장하기 위해 전투를 쉬는 2일이 있다. 호메로스는 24권 중 단 4일 간의 전투를 2권부터 22권까지에 할애한다.

4일간의 전투는 적절히 균형을 이룬다. 10년 동안 이어진 전투가 어느 한쪽에 일방적으로 전개되기 어려움을 4일간의 전투에서 보여준다. 전투 첫째 날은 양군의 혼전으로 많은 전사자를 낳자 휴전한다. 파리스가 패하고 다나오스 백성이 트로이아 진영에 더 큰 피해를 준 날이다. 전투 둘째 날은 트로이아가 승리한다. 전투 셋째 날은 서로 밀리고 밀리는 싸움이다. 전투 넷째 날은 아킬레우스의 참전으로 희랍군이 승리한다. 두 번은 서로 많은 희생자를 내는 싸움이며 두 번은 양군이 한 번씩 승리한다. 그렇다고 전투 넷째 날이 10년 전쟁의 승리는 아니다.

이러한 내용이 『일리아스』 속에서 어떻게 전개되는지 줄거리를 따라가 보자.

10년째 전쟁에서 트로이를 상대하고 있는 다나오스 백성들에게 질병이 닥친다. 9일 동안 역병이 돌자 아킬레우스가 회의를 소집하고 예언자 칼카스가 역병의 원인을 말한다. 이 질병은 딸 크뤼세이스를 아가멤논에게 돌려받지 못해 아폴론을 섬기는 사제 크뤼세스가 기도를 올렸기 때문이란다. 아가멤논은 크뤼세이스를 돌려주는 대신 아킬레우스의 전리품인 브리세이스를 빼앗는다. 아킬레우스는 분노한다. 서사시 첫 행에 나오는 구절 '노래하소서, 여신이여! 펠레우스의 아들 아킬레우스의 분노를'이 나타나는 부분이다.

아킬레우스는 어머니인 여신 테티스에게 탄원한다. 테티스가 제우스에게 아가멤논의 군대가 아킬레우스에게 큰 경의를 표할 때까지 트로이아인들에게 승리를 내려달라고 호소한다. 앞으로의 전투는 이러한 호소를 이루어주려는 제우스의 뜻대로 전개된다.

전투를 위해 배 1,186척을 끌고 온 병사들이 도열한다. 학자들은 이들 군사를 대체로 약 10만 명쯤으로 추산한다.

전투 첫날은 4권에서 시작한다. 파리스가 메넬라오스에게 일대일 대결을 제안한다. 성벽에서 프리아모스는 헬레네에게 다나오스 장수들에 대해 묻고 대답한다. 양군은 이기는 자가 헬레네와 그녀에게 딸린 보물을 갖기로 맹약을 하고 둘은 대결한다. 파리스가 패했지만 신들의 개입으로 맹약은 거품이 되고 전투는 재개된다. 판다로스가 메넬라오스를 활로 쏘아 상처를 입힌다. 본격적으로 첫날의 전투가 시작된다. 전투 전반에는 디오메데스가 판다로스를 죽이고 디오메데스에게 아프로디테가 부상당한다. 제우스의 아들 사르페돈이 제우스의 손자이며 헤라클레스의 아들인 틀레폴레모스의 목에 창을 꽂아 죽인다. 디오메데스에게 전쟁의 신 아레스가 부당을 당한다. 다나오스 백성들의 승리가 계속된다. 디오메데스가 글라우코스와 맞대결을 하려다가 가문을 묻고 서로 선물을 교환한다. 디오메데스는 청동으로 된 것이어서 소 아홉 마리의 값어치에 해당하는데 글라우코스의 황금 갑옷은 소 백 마리 값에 해당한다. 헥토르와 알렉산드로스는 아르고스인들을 도륙한다. 이때 여신들의 개입으로 헥토르가 대표끼리 대결하자는 제안에 아카이오이족에서는 아이아스가 뽑힌다. 아이아스의 창이 헥토르의 목을 스친다. 어둠이 오자 전투를 중단하고 양군은 회의를 한다. 트로이아 진영에서는 헬레네를 제외하고 아르고스에서 가져온 재물과 자신의 재물까지 얹어 줄 의향이 있다는 파리스의 제안에 아르고스 측에서는 헬레네를 돌려줘도 받지 않겠다고 디오메데스가 답한다. 다음 날 시신을 거두어 화장을 하고 무덤을 만들자는 트로이아의 제안에 아카이오이족이 동의한다. 아카이오이족은 화장한 다음날 무덤을 만든 후 방벽을 쌓는다.

전투 두 번째 날은 8권에서 신들의 회의로 시작된다. 제우스가 테티스에게 한 약속이 실현되는 날이다. 아카이오이족은 패주하여 그들이 쌓은 호 안에 갇히게 된다. 아카이오이족을 응원하는 헤라가 전투에 개입하려다 실패하고 트로이아군은 아카이오이족이 도주하지 못하게 화톳불을 피우며 야영한다. 아카이오이족 지휘관들이 회의를 하고 사절들이 아킬레우스를 설득하기 위해 그의 막사를 찾아간다. 오뒷세우스가 설득하지만 아킬레우스가 거절한다. 포이닉스가 설득하려 하지만 아킬레우스가 도리어 포이닉스를 설득한다. 마지막으로 아이아스가 말하지만 아킬레우스는 요지부동이다. 아킬레우스가 화해를 거절하자 아가멤논은 주요 지휘관들을 깨워 정탐꾼을 파견하기로 한다. 디오메데스와 오뒷세우스가 정탐을 하러 가는 도중에 트로이아 정탐꾼 돌론을 잡는다. 돌론에게 정보를 얻은 디오메데스와 오뒷세우는 레소스 진영에서 군사들을 죽이고 노획물을 가지고 돌아온다. 돌아오면서 돌론을 죽인다.

셋째 날은 다나오스 백성의 공세-헥토르의 반격-헥토르 후퇴-트로이아 보병의 방벽 공격-헤라의 도움으로 트로이아군이 호에서 퇴각-파트로클로스의 공격 등으로 이어진다. 점심때쯤 되자 다나오스인들의 공세가 시작된다. 아가멤논이 이피다마스의 목을 베고 그의 형 코온이 아가멤논의 팔에 부상을 입히자 아가멤논이 그의 목을 벤다. 헥토르가 반격을 가하여 많은 장수를 죽인다. 디오메데스의 창이 헥토르의 투구에 충격을 주자 헥토르는 무릎을 꿇고 주저앉았다가 전차에 올라 후퇴한다.

디오메데스가 전리품을 챙기는 사이 파리스가 활을 쏘아 디오메데스의 발바닥을 꿰뚫는다. 그는 오뒷세우스의 보호를 받으며 물러난다. 오뒷세우스는 다섯 명의 적을 쓰러뜨리고 카롭스를 구하러 온 형제 소코스의 창에 옆구리 부상을 당하자 그를 죽인다. 메넬라오스와 아이아스가 오뒷세우스를 구한다. 파리스는 의사 마카온에게 부상을 입히고, 네스토르는 마카온을 후송한다. 헥토르를 피해 아이아스는 물러난다. 아킬레우스가 마카온의 부상을 본다.

아카이오이족은 방벽 안으로 쫓겨 들어온다. 트로이아군은 방벽 앞의 호를 폴뤼다마스의 충고에 따라 전차 대신 보병으로 공격한다. 헥토르의 공격을 두 아이아스가 막아낸다. 사르페돈과 글라우코스가 방벽을 공격할 때 테우크로스가 글라우코스의 어깨를 맞히자 그는 전열에서 후퇴한다. 다른 쪽에서 헥토르가 돌로 방벽의 문을 부순다. 아카이오이족은 배 있는 쪽으로 달아난다. 포세이돈이 칼카스의 모습으로 영웅들을 격려하고 함선에 가서 아카이오이족의 군사들을 격려한다. 양군은 밀집대형으로 돌진한다. 테우크로스가 프리아모스의 사위 임브리오스를 창으로 쓰러뜨린다. 헥토르의 창에 맞아 죽은 포세이돈의 손자 암피마코스를 후송한다. 시신 쟁탈전이 벌어진다. 포세이돈은 토아스의 모습으로 나타나 이도메네우스를 격려한다. 이도메네우스와 아이네이아스가 대결한다. 데이포보스가 메리오네스에게 팔에 부상을 입고 후송된다. 메넬라오스의 창에 헬레노스는 손을 부상당한다. 메리오네스가 하르팔리온의 방광을 뚫는다. 트로이아의 주요 장수들이 부상을 당한다.

헤라가 아카이오이족을 응원하려 애욕을 이용해 제우스를 속여 잠들게 한다. 이 기회를 이용해 아카이오이족이 반격한다. 아이아스 돌에 맞아 헥토르는 실려 간다. 트로이아군은 호를 건너 후퇴한다. 이 때 제우스가 깨어나 헤라에게 속았음을 안다. 제우스는 이리스를 보내 아카이오이족을 돕는 포세이돈을 돌려보낸다.

헥토르가 전장으로 복귀하고 아카이오이족은 퇴각한다. 말을 몰아 트로이아군이 함선까지 밀고 오자 아카이오이족은 배에 올라가 싸운다. 헥토르는 프로테실라오스 배를 태우기 위해 불을 가져오라고 외친다. 서로 배를 포기하지 않는다. 아이아스는 완강히 대항한다. 최악의 전세 상황에서 파트로클로스는 아킬레우스의 막사로 돌아온다.

배에 불이 붙는 것을 보자 아킬레우스는 파트로클로스의 출전을 재촉한다. 아킬레우스의 무장을 입은 파트로클로스를 보자 트로이아군은 퇴각한다. 파트로클로스가 사르페돈을 쓰러뜨리자 시신 쟁탈전이 벌어진다. 파트로클로스가 헥토르의 창에 죽는다. 아킬레우스가 파트로클로스의 시신을 구한다. 테티스의 부탁으로 헤파이스토스가 아킬레우스의 무구를 만든다.

전투 넷째 날은 아킬레우스의 날이다. 19권에서 22권에 그려진다. 아킬레우스가 아가멤논과 화해하고 무구를 갖추어 입고 나선다. 아킬레우스가 출전하자 제우스는 신들을 불러 모아 신들에게 마음껏 전투에 참여하라고 말한다. 헤라, 아테나, 포세이돈, 헤르메스, 헤파이스토스가 함대를 향해 달려가고, 아레스, 아폴론, 아르테미스, 레토, 아프로디테, 스카만드로스 강의 신이 트로이아 쪽으로 달려간다. 신들의 개입으로 아킬레우스와 아이네이아스가 대결한다. 아킬레우스가 헥토르와 마주치나 아폴론이 개입하여 헥토르를 놓치게 한다. 아킬레우스는 스카만드로스 강의 여울에서 프리아모스의 아들 뤼카온을 죽여 강에 쳐 넣으며 강을 모욕한다. 아킬레우스의 살육으로 강의 흐름이 막히자 스카만드로스가 아킬레우스를 공격한다. 헤파이스토스가 개입하여 스카만드로스를 공격한다.

아킬레우스는 도시를 향해 방향을 돌린다. 아킬레우스가 헥토르와 최후의 대결에서 헥토르의 쇄골을 찔러 죽인다. 아킬레우스는 헥토르의 시신을 끌고 온다.

아킬레우스의 꿈속에서 파트로클로스의 혼령이 장례를 치러달라고 한다. 파트로클로스 장례식을 치르고 추모 경기를 연다. 전차 경기, 권투 경기, 레슬링 경기, 투척경기. 창던지기 경기, 활쏘기 경기 등이다.

마지막 장에서는 제우스가 헥토르의 시신을 돌려주라 명한다. 프리아모스가 선물을 싣고 헥토르의 시신을 찾으러 떠난다. 아킬레우스에게 아들의 시신을 돌려받은 프리아모스는 트로이아로 돌아와 헥토르의 장례를 치른다.

| 제 2 장 |

『일리아스』 이전 이야기

트로이아 전쟁의 원인, 미인들의 황금 사과 다툼

자존심의 털끝도 건드리지 마라

미인이란 보는 것이지 결혼할 상대는 아니다.

유태인 속담은 헬레네를 말하는지 모른다.

아름다운 여인은 실용적인 시인이다.

거친 남자를 길들이고

가까이 하는 모든 사람에게 온유함과 희망을 준다.

에머슨에게 여인은 시이다.

왜 미인은 늘 쓸모없는 사람과 결혼하는 것일까?

현명한 남자는 미인과 결혼하지 않기 때문이다.

서머셋 몸은 이렇게 미인을 안다.

메넬라오스는 서른 한 명의 구혼자들을 제치고

헬레네의 남자가 된다.

파리스는 그 헬레네를 유혹한다.
미남에 넘어가는 미녀,
그들은 각자에게 맞는 짝이다.
톨스토이가 안나카레니나의 첫 문장에서 말한 것처럼
불행도 각각 짝이 있기 마련이다.

누가 더 이쁘다면
누구는 덜 이쁘다.
미인에게는 더와 덜이 자존심의 털이다.
그 터럭을 흔든 자,
파리스에게 미운 털이 심장에 파고든다.
헤라와 아테나가 보낸 터럭이 파리스를 뚫는다.
털끝도 건들지 말아야 할 것을
우주보다 큰 예쁨의 털을 흔들어
끝내 모두를 소멸시킨다.

모두가 이쁘다는 판결만이 정당한 심판이다.

[서사의 전개]

제우스: 테티스는 숨 막히게 아름다운 여자란 말이야! 당연히 신들의 왕인 내 아내가 되어야 해!

포세이돈: 테티스는 바다의 노인 네레우스의 딸로 바다의 님프야. 그러니 바다의 신인 나, 포세이돈이 차지해야지!

프로메테우스: 미리 보는 자 프로메테우스가 말하노니 발이 아름다운 은빛 발의 테티스와 결혼하면 아들이 아버지보다 더 위대해질 것이다.

테미스: 예언 능력을 가진 신 테미스가 예언하노니 테티스가 아버지보다 더 강력한 아들을 낳을 것이다.

제우스: 아들이 나를 엎어먹을 수 있다고? 안 되지. 크로노스가 아버지 우라노스를 제거하고, 나 제우스가 아버지 크로노스를 제거했는데 그 일이 반복되면 끔찍하지. 테티스가 아무리 예뻐도 그렇지. 내가 테티스와 결혼해서 자식을 낳으면 안 돼. 그러면 인생, 아니 신생은 끝장이야!

포세이돈: 테티스와 결혼하면 안 되겠네. 나는 지금 이 자리가 더 좋아. 제우스가 하늘을 다스리고 하데스가 지하 세계를, 내가 바다를 다스리는데 이 자리를 아들에게 빼앗길 순 없지. 이쁘면 처음 볼 때 이쁘지, 매일 보는 얼굴이 얼마나 이쁘겠어! 포기하자.

제우스: 테티스를 신과 결혼시키면 신들의 세계에서 문제가 되겠는데? 나에게 달려들지도 몰라. 테티스가 이쁘지만 어쩔 수 없어. 언젠가는 반드시 죽는 필멸의 인간에게 시집을 보내버리자. 그러면 안심이지. 고모이면서 나의 첫 아내 메티스 사이에 낳은 아들이 아버지를 제거한다는 말에 내가 메티스를 먹어 버렸잖아. 나를 제거할 능력을 가진 강력한 아들은 무서워. 아테나가 딸이니까 망정이지, 아들이었다면 나는 지금 이 자리를 유지하지 못했을 거야. 아이아코스의 아들 펠레우스와 결혼을 시켜야겠다.

테티스: (혼잣말) 제우스! 기분 나쁘게 여신인 나에게 인간을 남편으로 삼으라고? 아휴~! 나는 너무 이뻐서 내 삶이 꼬이는 거야. (펠레우스에게) 신의 도움 없이는 펠레우스 당신이 나를 안을 수 없었을 것이오. 신들이 원해서 당신의 아이를 가졌지 내 뜻이 아니오. 당신하고 결혼하는 것도 마찬가지라오. (혼잣말) 인간하고 결혼하면 신의 자식일지라도 인간이 되지. 인간은 언젠가는 죽게 되는데 어미보다 자식이 일찍 죽는 것을 어떻게 보고 산단 말이냐. (먼 훗날 아들 아킬레우스가 트로이아 전쟁에서 죽는다.)

펠레우스: 꿈같은 일이야! 이 우주에 인간이 여신을 아내로 맞이하는 것은 나뿐이야. 아니, 아프로디테 여신을 아내로 삼아 아이네이아스를 낳은 미남 앙키세스도 있긴 있구나. 그런데 그건 여신이 바람을 피운 것이

지. 여신인데다 제우스와 포세이돈도 탐내는 미인을 내 아내로 삼다니. 내 복이 터졌네. 제우스의 손자인 나는 신들의 선택을 받은 유일한 인간이야. 나는 엄청난 복권에 당첨됐어. 신들의 복권에 내가 당첨됐다구! 테티스는 신과 인간들 모두를 합쳐 최고의 선물이야!

(여신 테티스와 인간 펠레우스의 결혼식장, 펠리온Pelion 산)

에리스: (혼잣말) 결혼식에 불화와 질투와 증오의 여신이라고 나를 초대하지 않아? 괘씸한! 내 능력을 모두 발휘하겠어!

(에리스는 식탁에 '가장 아름다운 여신에게'라는 글씨가 새겨진 황금사과를 굴린다.)

아테나: 황금사과는 아빠 제우스의 사랑을 받는 내 거야!

아프로디테: 미의 여신은 나니까 내가 갖는 것이 당연하지.

헤라: 신들의 왕인 제우스의 아내, 여신들의 왕인 내가 황금사과를 차지해야 맞아.

아테나, 아프로디테, 헤라: 황금사과가 누구의 것인지 제우스 신께서 판결해 주세요.

제우스: 난처하군. 제일 사랑하는 딸 아테나, 닦달하는 아내 헤라, 미의 여신 아프로디테 중 누구를 선택해? 신들의 왕이 함부로 사사롭게 결정할 수도 없고 후환이 두렵군! (이데 산의 목동을 내려다보며) 가장 잘 생긴 남자가 가장 아름다운 여자를 고르게 하라. 전령의 신 헤르메스가 이데 산의 파리스를 데려와 심판하게 하라!

파리스: (혼잣말) 내 인생 꼬이게 생겼네. 제우스의 명령이니 피할 수도 없고 고민이군. 여신들의 미모를 인간인 내가 어떻게 판단한단 말인가? 누구를 선택해도 나는 나머지 두 여신의 미움을 받을 것이 뻔해. 선택을 아예 하지 않으면 제우스의 미움에다 세 여신의 미움까지 덤으로 받겠지.

헤라: 파리스, 나를 선택하면 부와 권력을 주겠다.

아테나: 남자들은 명예를 위해 산다. 너에게 전쟁의 영웅이 되게 해 주겠다.

아프로디테: 나를 선택하면 절세미인을 아내로 삼게 하겠다.

파리스: (혼잣말) 목동으로도 난 행복해. 내 행복은 절세미인 아내야. 지금 아내가 있지만 더 예쁜 여자를 주면 더 좋겠지. 그것도 절세미인을 준다는 데 어떤 남자가 신경 안 쓰겠어? (세 여신에게) 아프로디테가 황금사과의 주인이오!

아테나, 헤라: 괘씸한 목동! 두고 보자!

(오랜 시일이 지난 후)

아프로디테: 이제 파리스에게 한 약속을 지켜야지. 내가 보기에 어렸을 때부터 이뻐서 문제가 되었던 메넬라오스 아내 헬레네를 파리스가 아내로 삼도록 해야겠다. 유부녀면 어때? 파리스도 이데 산의 요정 오이노네와 사랑에 빠져 살고 있으니 유부남에 유부녀가 맞춤이네! 크크! 총각에게 유부녀를 소개하면 도덕성에 문제가 있어. 내 선택이 탁월해! 나는 미모에 능력도 뛰어나니 어쩌면 좋아! 오이노네는 사람이 입은 상처를 말끔히 낫게 해 주는 능력이 있어. 만약 파리스가 상처 입으면 낫게 해 줄까? 자기를 버린 남자를 누가 치료해 주겠어? 아니지, 내가 치료해 주게 해야지. 나는 신이잖아!

※ 사과 이야기는 아탈란타와 힙포메데스, 세 개의 황금사과(오비디우스 『변신』), 에리스의 황금사과, 뉴턴의 사과, 빌헬름 텔의 사과가 있다.

※ 요정 오이노네와 파리스 사이에 아들 코리토스가 있다. 오이노네가 파리스의 마음을 돌리게 하기 위해 아들 코리토스를 보낸다. 코리토스가 헬레네를 보자 연정을 품는다. 파리스는 분노하여 그가 자신의 아들인 것을 모르고 죽인다. 이렇듯 고대 헬라스 서사에는 상상할 수 없는 일들이 벌어진다. 아마도 수많은 시인들의 충격적인 상상력이 만든 결과인 듯하다. 아버지가 아들을 죽여 만든 음식을 먹는 이야기라든지, 아버지를 죽이고 어머니와 결혼한다든지 등등 모르고 한 일

의 결과가 상상을 초월한다. 아버지의 여자를 어머니의 사주로 아들이 가로 채게 하는 것도 일상의 일을 벗어난다. 인육을 먹는 이야기 등 이와 유사한 이야기들은 헤로도토스의 『역사』에도 등장한다.

※ 〈황금 사과를 던지는 에리스〉, 〈파리스의 심판(17C 페테르 루벤스 작)〉 등의 그림이 있다.

황금사과, 신들의 질투

홀로라면 그 스스로의 아름다움이
둘이 기대어 서면 그 홀로는 짧고 길며 가볍고 무겁다.
모자란 것은 남는 것을 시샘하고
더 예쁘다고 고개를 높이 세울 때 예쁨은 미움이 된다.
두 번째도 예쁘고 세 번째도 예쁘다.
사람에 따라서는 마지막도 예쁘다.
쌓아놓은 사과 한 알도 더 예쁜 것을 고르는 게 인간 심리,
신들의 여왕 헤라의 미모,
제우스가 가장 아끼는 딸 아테나,
이들은 얼마나 이쁜가!
미인 뇌물 예약으로 아프로디테에게 황금사과가 건네지자
전쟁의 씨앗이 잉태한다.
미인과 영웅은 사람과 시대에 따라 달라진다.
오뒷세우스와 아이아스 중 누가 더 위대한 영웅인가?
홀로 스스로 존재할 때 미인이고 영웅인 자들을
한 자리 한 곳에 세우면 높고 낮음으로 질투가 솟는다.
명예의 질투, 미의 질투, 승패의 질투
질투는 분노의 샘물이며 미움의 꽃이다.

[전쟁의 원인, 황금사과]

　신들의 질투로부터 『일리아스』는 시작한다. 미에 대한 질투가 동양과 서양의 대륙 간 전쟁 발발의 원인이다. 기원전 12세기, 지금으로부터 3,200여 년 전 신의 딸 헬레네를 두고 신들과 인간들이 각자 편을 나누어 싸운다. 그 원인이 아름다움이다.

　미의 경연대회 승자는 아프로디테이다. 로마식 이름으로는 베누스, 영어식으로는 비너스이다. 지금도 비너스는 여자의 아름다움의 대명사이다. 제우스의 아내 헤라는 여신들의 왕이고, 딸 아테나는 신들의 왕인 제우스가 가장 사랑하는 딸이다. 여신들 각자의 입장에서 보면 자신이 미의 경연대회에서 황금 사과를 받을 만하다. 이로써 전쟁이 일어난다. 전쟁은 아프로디테가 지원하는 트로이아가 패한다. 전쟁은 패했어도 비너스란 이름은 영원하다. 얼마나 역설적인가!

　호메로스는 인류사에서 가장 놀라운 전쟁 이야기를 기원전 800여 년 전에 정리하여 전해 준다. 3,000년 전의 서사가 허구가 아니라 역사로 살아서 걸어 나온다. 1,800년대 말에 독일의 고고학자 하인리히 슐리만이 트로이아와 미케네의 전설을 발굴한다.

　신화와 전설과 역사가 섞인 이 서사는 황금사과에서 시작한다.

　사과에는 수많은 이야기가 있다. 그 중 우리에게 잘 알려진 이야기로는 한 입 베어 먹은 스티브 잡스 애플의 사과, 백설 공주와 일곱 난쟁이의 사과, 내일 지구가 멸망해도 오늘 한 그루의 사과나무를 심겠다는 스피노자의 사과, 만유인력을 발견한 뉴턴의 사과, 오스트리아 총독의 명령으로 아들의 머리 위에 놓고 화살을 쏘았던 스위스의 빌헬름 텔의 사과, 성경의 창세기에 나오는 아담의 사과 등이다. 그 중 가장 유명한 사과는 불화의 여신 에리스가 미르미돈족 펠레우스 왕과 바다의 님프 테티스의 결혼식에 '가장 아름다운 여인에게'라는 글을 새겨 던진 황금사과이다. 이 사과가 바로 토로이아 전쟁의 원인이자 『일리아스』 서사시의 근원이 된다. 동서양의 거대한 충돌의 사과이다.

황금사과를 차지하려는 여신들 앞에서 난처한 제우스는 이데 산의 목동 파리스에게 심판을 맡긴다. 파리스에게 헤라는 부와 권력을, 아테나는 지혜를, 아프로디테는 최고의 미녀를 약속한다.

파리스를 잉태했을 때 헤카베 왕비의 꿈은 불길하다. 태어날 아이가 트로이아를 불바다로 만들 것이라는 신탁이 있었기 때문이다. 파리스는 오이디푸스처럼 버려진다. 그러나 종국에는 신탁이 예언한 불행의 운명을 완성한다. 고대 희랍의 관심사는 이처럼 운명이다. 누가 운명을 벗어날 수 있겠는가!

잘생겼지만 버려진 목동 파리스는 아름다운 여인을 약속한 아프로디테에게 황금사과를 건넨다. 선택 받지 못한 두 여신 헤라와 아테나는 가슴에 칼을 키운다.

파리스의 선택에 의해 황금사과를 받은 아프로디테는 약속한 미녀를 주기 위해 파리스를 왕궁으로 돌아가게 한다.

이때 스파르테의 공주 헬레네가 결혼한다. 절세미인 헬레네는 아테나의 영웅 테세우스가 납치한 적이 있다. 수많은 구혼자 중에 헬레네는 미케네 왕 아가멤논의 동생 메넬라오스를 선택하고, 메넬라오스는 얼마 후 스파르테의 왕이 된다. 이때 아프로디테는 트로이아 왕의 마음을 움직여 파리스를 메넬라오스에게 사절단으로 보낸다. 메넬라오스 왕이 크레테에 가 있는 동안 파리스는 헬레네를 유혹하여 트로이아로 돌아온다. 딸 헤르미네오도 버리고 잘 생긴 파리스를 따라 절세미인 헬레네는 유혹에 넘어간다. 여자는 사랑을 위해 살고 남자는 자신을 알아주는 사람을 위해 산다는 중국의 옛말은 서양에서도 예외가 아닌 듯하다.

고대 왕가의 결혼은 대부분 정략결혼이다. 그들의 결혼은 많이 가진 자가 많이 가진 자를 선택한다. 그렇게 선택된 것이 메넬라오스이다. 펠로폰네소스 반도에서 가장 강력한 도시국가 미케네 왕의 동생 메넬라오스와 가장 강력한 군사력의 스파르테의 공주 헬레네는 사랑 때문에 결혼한 것이 아니라 지위에 걸맞은 결혼을 한 것이다. 지참금이 부족한 오뒷세우스는 헬레네가 위험에 처하면 구혼자 모두가 함께 지켜내자는 제의를 하면서 헬레네의 사촌 페넬로페를 아내로 얻고자 한다. 이 제의가 받아들여지자 스파르테의 왕은 그의 딸 헬레네의 남편으로 메넬라오스를 선택하여 결혼시킨다. 이로써 헬레네에게 구혼하였던 모든 사람들은 전쟁에 참여하게 된다.

파리스 곧, 트로이의 왕자 알렉산드로스에게 헬레네를 빼앗긴 아카이오이족은 메넬라오스의 형 아가멤논을 사령관으로 연합군을 만들어 토로이아를 공격한다. 1차 전쟁 준비와 트로이아를 잘못 찾아 간 10년, 다시 출전한 전쟁이 10년 동안 이어진다. 그리고 귀향까지 길게는 10년이 걸린다. 황금사과 하나로 오뒷세우스는 30년의 세월을 허비한다. 메넬라오스가 헬레네를 데려올 때까지 28년이 걸린다. 20대에 전쟁에 나가기 시작하여 50 전후에 귀향했을 터이니 그들의 인생은 누가 보상할 것인가!

파리스에 대한 누이 캇산드라의 경고

주의와 경고가 유혹에 복종한다
미리 주의를 주어도
유혹이 주의(注意)를 흘겨보면
그 주의는 유혹의 육체에 복종한다.

오라버니라지만
나라를 망치는 미래를 보면서
캇산드라는 예언으로 파리스를 막는 방패를 삼는데
아버지는 자신의 핏줄인 아들을 반겨한다.
그 아들 파리스가 헬레네를 유혹하여
트로이아 들판으로 대규모 연합군의 십 년 전쟁을 불러낸다.

전쟁의 막바지에

목마를 들이지 말라는 주의를 캇산드라가 전령처럼 보내도

신에게 바치는 선물이라고

인간들은 믿고 싶은 대로 복종한다.

사기꾼의 말도 믿을 때는 가슴까지 훈훈하다.

불바다가 되고

핏빛 그림이 펼쳐질 때

주의는 쓰러진 자들의 입에서 웅성댄다.

한 사람이

수많은 죽음을 불러내고

왕 중의 왕 아가멤논 영웅마저

일이 터진 뒤에서야 주의를 찾고

예언녀마저 경고에 복종시키지 못할 때

그 주의는 칼에 쓰러진다.

[서사의 전개]
트로이아 왕궁

프리아모스: 왕비 헤카베가 불붙은 나무 조각을 낳았는데 그것이 온 도시를 유린하고 불태우는 꿈을 꾸었단다. 나의 전처소생 아들 아이아코스야, 외조부에게 배운 해몽을 해 보거라!

아이아코스: 예, 아버지. 왕비의 꿈은 태몽입니다. 뱃속의 아이가 태어나면 그 아이가 나라를 망하게 할 것입니다.

프리아모스: 뭐라고? 나라를 망하게 해? 있어서는 안 되는 일이지.

헤카베 아들 출산

프리아모스: 하인 아겔라오스는 이 아이를 이데 산에 내다 버려라. 이 아

이가 나라를 망하게 한다.

(아이를 이데 산에 버린 지 5일째)

아겔라오스: 아이가 어떻게 되었는지 가 볼까? (이데 산에 오른다) 아니, 닷새가 지났는데 암곰이 아이를 키우고 있네. 이는 신의 계시일 거야. 아이를 내 자식으로 키워야겠어. 이름을 파리스라 해야지.

청년 파리스

파리스: 내 별명은 알렉산드로스야. 목동이지만 미모와 체력으로 많은 사람을 능가하고, 도둑들을 물리치고 양떼를 지켜주니까 당연히 '보호해 주는 자, 알렉산드로스'지.

(왕자들이 파리스의 소를 훔쳐간다. 이후 트로이아에 왕자들이 참가하는 경기가 열린다.)

파리스: 경기에서 이겨 잃어버린 소를 찾아야지.

(트로이아 축제 경기에 참여한 파리스가 프리아모스 다른 아들들을 이긴다. 프리아모스의 부하들이 훔친 파리스의 소를 상으로 내놓는다. 이때 아프로디테는 파리스가 어머니 헤카베 왕비를 만나 왕궁으로 돌아가게 계략을 꾸민다.) 내가 이겼어! 드디어 내 소를 찾았어.

캇산드라: 보세요, 파리스가 버려진 오라버니예요. 프리아모스 아버지의 아들이라니까요. 그렇지만 틀림없이 오라버니가 이 나라를 망하게 할 거예요.

(왕은 하인을 불러 버린 아들인지 확인한다.)

하인 아겔라오스: 파리스는 제가 이데 산에 버린 왕자입니다.

캇산드라: 파리스는 트로이아를 불바다로 만들 거예요. 쫓아내세요! 내 예언을 왜 안 믿어요? 내가 아폴론에게 받은 예언 능력인데 아폴론이 자기 사랑을 받아주지 않는다고 예언 능력에서 설득력을 빼앗았을 뿐이에요. 예언 능력은 그대로이거든요. 예언 능력을 얻고 아폴론을 바라보니까 아폴론이 나쁜 신이에요. 내가 늙고 병들면 아폴론이 다른 여자를 찾

아갈 사람이라 결혼하지 않았어요. 그렇다고 한 번 주어진 예언 능력이 떨어지지는 않아요. 앞으로도 남들이 믿지 않을지 몰라도 내 예언은 언제나 맞을 거예요.

(트로이아 성의 목마)

캇산드라: 트로이아 목마를 들이지 마시오. 트로이아가 멸망할 것이오. (이후 목마를 성안으로 받아들여 트로이아는 멸망한다.)

(아가멤논 왕궁)

캇산드라: 아내 된 몸으로 남편을 죽이다니! 이 집이 피가 뚝뚝 듣는 살인의 입김을 내뿜고 있네요. (얼마 후 욕조에는 수놓은 큰 옷에 덮인 채 아가멤논의 시신이 누워 있다. 바로 그 옆으로 캇산드라의 시신이 누워 있다.)

※ **이데 산:** 이디산 또는 이데산, 터키 북서부에 위치한 1,767m의 산이다. 제우스가 탄생하고 헤라와 결혼한 산이며, 파리스가 황금사과의 주인을 심판한 곳의 산이다. 트로이아 전쟁을 이 산봉우리에서 신들이 지켜보면서 서로 응원한다.

※ **올림포스 산:** 헬라스 북쪽 텟살리아 지방과 마케도니아 지방의 경계에 있는 2,917m의 가장 높은 산이다. 이곳 눈 덮인 봉우리에 열둘의 신이 산다고 믿었다. 올림픽 경기는 기원전 776년경부터 올림피아에서 열린다. 올림피아는 펠로폰네소스 반도 서북부 엘리스 지방이다. 올림포스 산은 신들이 사는 산 정상이고, 올림피아는 올림픽 경기가 열리던 도시이다. 그렇다고 이 둘이 가까이 있는 것은 아니다.

※ 〈캇산드라(19C 존 콜리어)〉, 〈아이아스에 붙잡히는 캇산드라(요한 하인리히 빌헬름 티슈바인 작)〉, 〈아테나이 신전에서 아이아스에게 겁탈당한 캇산드라(게롬 마르탱 랑글루아 작)〉 등의 그림이 있다.

헬레네 공주, 사랑의 배를 타고 떠나는 미인

신분의 계단을 밟고 사랑의 계층에 들어선다
사랑은 신분과 경제력으로 이루어진다.
계급을 뛰어넘는 사랑은
소설이고 드라마이다.
춘향전의 이도령과 춘향처럼
홍명희 소설 임꺽정의 이장곤과 봉단처럼
세상에 지진을 일으킨다.
사랑은 주고 받는 것,
염소와 소가 없으면
제 몸의 노동력으로 사랑을 산다.
남자는 여자를 사고
여자는 남자를 산다.
지참금은 사랑의 지위,
신분은 결혼 지참금이다.
상사병은 지참금이 명약이다.
사랑은 분수를 알아야 하는 일,
오뒷세우스는 페넬로페가 자기 분수이고
페넬로페는 아버지의 자리를 물려준대도
면사포를 내리고 자신의 분수처럼 오뒷세우스를 따라 나선다.

미인은 계급의 자궁으로 출산하고
경제력의 대문으로 들어간다.
때로는 경제력의 자궁에서 출산하여
계급의 저택에 입주한다.
신분과 돈은 형제라서

형님 아우 서로 친근하게 부른다.
형님도 아니고 아우도 아닐 때
인생은 드라마이다.

공주는 언제나 미인이고
왕비는 여자들 아름다움의 꽃이다.
벗겨보면 다름없는 맨살이지만
옷과 지위를 입혀보면 공주이고 부잣집 외동딸이다.

이타케 섬의 왕 오뒷세우스,
왕이라지만 세상처럼 섬은 척박하다.
척박해야 풍요로움을 갈망하지
오뒷세우스와 페넬로페에게 사랑의 분수가 풍요이다.
왕은 여신을
왕비는 더 젊은 재산가를
거들떠보지도 않고
유혹을 단지 유혹으로 안다
오뒷세우스와 페넬로페에게는 사랑이 사랑을 안다

서른 한 명의 구혼자들에서
헬레네에 맞는 계급과 경제력으로 메넬라오스,
다시 더 잘 맞는 파리스 왕자,
사랑은 신분이고
사랑은 먹여 살리는 경제력이다.

보잘 것 없는 사람들이 더 자주 더 많이 사랑을 하지만.

[헬레네에 대한 사랑]

헬레네와 페넬로페의 결혼

오뒷세우스: (생각) 헬레네가 이뻐. 하지만 나는 이타케 섬의 변변찮은 재산으로는 헬레네 부모를 흡족하게 할 지참금을 마련할 수 없어. 결혼 지참금을 들고 구름처럼 밀려든 청년들을 어떻게 이길 수 있겠어? 헬레네 대신 사촌 페넬로페와 결혼해야겠어. 구혼자와 관련한 불화를 막을 방도를 헬레네 아버지 튄다레오스에게 제안하자. (스파르테의 왕 튄다레오스에게) 신랑을 정하기 전에 모든 구혼자들에게 헬레네가 타인의 피해를 받게 되면 돕겠다는 서약을 하게 하시오. 그러면 누구든 헬레네의 결혼을 훼방 놓을 경우 근심을 덜 것이오. 내가 앞장서겠소. 그 대신 사촌 페넬로페를 내 아내로 삼도록 주선하시오.

튄다레오스: 좋소. 잘 생기고 부자인 메넬라오스를 딸 헬레네와 결혼시킬 것이오. 페넬로페를 그대 아내로 삼도록 주선하겠소. (헬레네는 메넬라오스와 오뒷세우스는 페넬로페와 결혼한다.)

황금사과 사건 이후

아프로디테: 파리스에게 한 약속을 이행해야지. 파리스가 프리아모스 왕의 아들이라는 것을 내가 벌써 알게 해 줬으니까 이제는 왕자의 자격으로 메넬라오스 스타르테 궁으로 방문하게 해야지. 남녀가 함께 있으면 사랑의 화살을 쏘는 에리스의 도움을 받기가 쉽지. 둘의 사랑은 불붙게 되어 있어. 미남 왕자와 미녀 왕비에게 에로스(로마어 큐피드, 아모르)의 화살을 쏘게 했으니 그들에게서 사랑이 솟을 거야.

오이노네: 여보, 파리스 왕자님. 배를 타고 스타르테에 가지 마세요. 헬레네가 당신을 망칠 거예요. 레아 신으로부터 배운 예언 능력으로 말하는 거예요.

파리스: 여자 때문에 가는 것이 아니오. 두 나라의 친선 외교 사절로 가는 것이오.

(메넬라오스는 튄다레오스를 이어 스파르테 왕이 된다. 스파르테 왕궁, 메넬라오스왕은 파리스가 왕궁을 방문한 상태에서 조문을 위해 크레타에 간다.)

파리스: 헬레네, 당신은 내 삶의 빛이요. 나와 함께 갑시다. 행복하게 해 주겠소.

헬레네: (아프로디테가 헬레네를 지원한다) 좋아요.

트로이아 궁전

파리스: 아버지, 어머니. 제가 사랑하는 여자 헬레네입니다.

캇산드라: 헬레네가 트로이아를 불바다로 만들 거예요. 보내세요.

프리아모스: 먼 데서 오느라 고생했구나.

아르고스 왕궁

아가멤논: 아카이오이족 명예를 위해서 헬레네를 찾아 와야 하오. 헬레네 결혼 전에 서약을 한 모든 구혼자들은 군대를 끌고 아울리스 항구에 집결하시오. 프리기아 지방 트로이아에 쳐들어가서 그들을 무너뜨리고 헬레네를 되찾아 올 것이오. 다나오스 백성들의 동맹의 힘을 보여 줍시다.

(『일리아스』에서 헬레네는 메넬라오스와 파리스가 싸우는 장면을 보면서 다양한 심리 세계를 보여준다.)

※ 헬레네의 탄생 신화

헬레네는 제우스의 딸이다. 레다는 라케다이몬(스파르테) 왕의 아내이다. 레다는 같은 날 밤에 제우스와 사랑을 하고 남편 튄다레오스와도 사랑한다. 레다는 제우스에게서 폴뤼데우케스와 헬레네를 낳고, 남편과의 사이에서 카스트로와 클뤼타임네스트라를 낳는다. 후에 클리타임네스트라는 아가멤논의 아내가 되고, 헬레네는 아가멤논의 동생 메넬라오스의 아내가 된다. 아가멤논은 클뤼타임네스트라의 남편과 아들을 죽이고 그녀를 아내로 삼는다. 헬레네의 사촌 페넬로페는 오뒷세우스의 아내가 된다.

또 다른 이야기로 헬레네는 제우스와 밤의 여신 닉스의 딸 네메시스 여신과 사이에서 탄생한다. 제우스가 네메시스와 사랑을 하려 하자, 네메시스는 거위로 변신한다. 제우스가 끈질기게 네메시스를 찾아 백조로 변신해 사랑을 나눈다. 네메시스가 알을 낳자 어떤 목자가 그 알을 레다에게 가져다준다. 알에서 헬레네가 나오자 레다는 친딸처럼 키운다.

헬레네가 제우스와 레다의 딸이라면 헬레네는 인간이다. 인간은 죽는다. 헬레네가 제우스와 네메시스의 딸이라면 헬레네는 신이다. 신은 영원하다. 헬레네가 죽었다는 이야기와 죽지 않았다는 이야기가 공존하는 이유이다.

헬레네는 절세미인으로 자라 테세우스가 납치하지만 쌍둥이 오빠 폴뤼데우케스와 카스토르가 찾아온다.

헬라스 왕들이 헬레네와 결혼하려고 스파르테로 몰려든다. 구혼자들은 라에르테스의 아들 오뒷세우스, 튀데우스의 아들 디오메데스, 네스토르의 아들 안틸로코스, 포이아스의 아들 필록테테스, 아트레우스의 아들 메넬라오스, 텔라몬의 아들들인 아이아스와 테우크로스, 메노이티오스의 아들 파트로클로스 등을 포함한 31명의 왕이다. 이 기록은 『일리아스』와 아폴로도로스의 『헬라스 신화』가 일치한다. 헬레네의 아버지 튄다레오스는 선택되지 못한 구혼자들이 어떻게 나올지 두려웠다. 이때 오뒷세우스가 자기를 헬레네의 사촌 페넬로페와 결혼하게 해 주면 불화를 막을 방도를 알려주겠다고 제안한다. 오뒷세우스의 제안대로 선택된 신랑이 결혼과 관련하여 타인에게 피해를 볼 경우 돕겠다는 서약을 받는다. 훗날 이 서약으로 헬라스 왕들은 트로이아 전쟁에 참여한다. 구혼자 중에 아킬레우스는 없다. 그는 아직 나이가 어리다.

헬레네는 메넬라오스 사이에 딸 헤르미오네가 있다. 일설에 따르면 아들 니코스트라토스를 낳았으며 계집종의 아들이라는 주장도 있다. 헬레네와 파리스 사이에 자식은 없다.

※ 〈헬레네와 파리스(18~19C 자크 루이 다비드 작)〉, 〈트로이아의 헬레네(에블린 드 모르간 작)〉, 〈헬레네의 영혼이 파리스에게서 떠나는 장면(리처드 웨스톨 작)〉 등의 그림이 있다.

팔라메데스에게 들켜버린 오뒷세우스

헛똑똑이, 자신의 무게만큼만
지나침도
모자람도
짊어져야 할 짐이다.
아리스토텔레스에게
탁월성은 중용이다.
마땅한 것을, 마땅히 그래야 할 목적을 위해, 마땅히 그래야 할 방식과 마땅히 그래야 할 때가, 한 가운데 중용이다.
석가에게
낙행도 고행도 극단이니
깨달음은 집착과 분별을 떠난 중도(中道)이다.
비어야 새롭게 채울 수 있다.
공자의 손자 자사에게는
지나침도
미치지 못함도
절도에 어울리지 않는다.
제 자리 제 모습으로 운행하려면 중용이다.

팔라메데스의 똑똑함이 오뒷세우스를 넘고 디오메데스를 넘어

그는 중용을 넘어 죽음으로 헛똑똑이가 된다.

오뒷세우스의 헛 지혜와 아킬레우스의 헛 용맹함이

그들을 전쟁으로 불러내

하나는 삼십 년의 세월을 보내고

또 하나는 명예와 죽음을 삶과 교환한다.

많은 이들은 헛산다.

중도를 넘어 자신의 짐의 무게에 쓰러진다.

헛똑똑이가 진정 바보다.

군대에서는 중간만 가라 하지 않던가!

모난 돌이 정을 맞은 후에야 몽돌이 된다.

[서사의 전개]

메넬라오스: 헤르미오네 딸까지 버리고 파리스를 따라 가다니. 파리스가 납치한 것이 틀림없어. 아가멤논 형님, 헬레네로 불행한 일이 생기면 도와주기로 한 구혼자들을 불러야 합니다.

아가멤논: 우리 아카이오이족의 명예를 위해서라도 헬레네를 찾아 와야 한다. 다나오스 모든 왕들은 여기 미케네 아가멤논의 궁전으로 들라 하라. (왕들 중에 오뒷세우스, 아킬레우스가 없다.)

아가멤논: 우리의 사촌인 에우보이아 왕 팔라메데스는 오뒷세우스와 아킬레우스를 데려 오시오.

팔라메데스: 그 두 사람을 꼭 트로이아 원정에 참여하게 하겠습니다. (이타케 섬 오뒷세우스의 나라)

오뒷세우스: (혼잣말) 사랑하는 페넬로페와 헤어지기 싫어. 장인이 스파르테 왕위까지 물려준다며 함께 살기를 바랐지. 그런데도 페넬로페가 나를 따라 왔는데 지금 내가 전쟁에 참여해? 더구나 아들 텔레마코스가

태어난 지 얼마 되지도 않는데. 내가 헬레네를 위해 제안했지만 그건 페넬로페와 결혼하기 위한 전략이었어. 아가멤논이 현명한 팔라메데스를 보내 나를 전쟁에 참여하라고 설득하러 올 거야. 알파벳, 숫자, 무게와 도량을 재는 법, 화폐, 체스, 하루 세 끼 먹는 법 등을 만들었다고 하는 사람이잖아. 마침 저기 오는군. 미친 척해야지. 농부차림으로 나귀와 소를 쟁기에 메고 소금을 뿌리며 밭을 갈아야겠다.

팔라메데스: 아들이 귀엽고 훌륭한 장군 같소. 어디 한 번 안아 봅시다.

페넬로페: 그러시구려.

(팔라메데스는 오뒷세우스의 아들 텔레마코스를 오뒷세우스 쟁기 앞에 내려놓는다. 오뒷세우스는 아이를 피해 쟁기질을 한다. 이로써 오뒷세우스가 미치지 않았음을 팔라데메스가 증명한다.)

팔라메데스: 오뒷세우스 왕이시여, 미치광이 행세 그만 하시오. 자, 아카이오이족의 명예를 위해 전쟁에 참여합시다. 왕께서 제안하신 일 아닌가요?

오뒷세우스: (할 수 없이) 내가 졌소! 갑시다.

[트로이아 전쟁]

팔라메데스의 기록은 아폴로도스르의 『희랍(그리스) 신화』에 나온다. 호메로스의 『일리아스』, 『오뒷세이아』, 오비디우스의 『변신 이야기』에는 등장하지 않는다.

후일 트로이아에 가서 오뒷세우스는 팔라데미스를 돌에 맞아 죽게 한다. 신혼의 단꿈을 빼앗기고 전쟁에 나온 오뒷세우스는 프뤼기아인을 생포하여 팔라데메스에게 보내는 듯한 역모의 편지를 쓰게 한다. 팔라메데스의 막사에 황금을 묻고 그 편지를 진중에 떨어뜨린다. 아가멤논이 편지를 보고 황금을 발견하고는 팔라메데스를 전우들한테 내 주자 팔라데메스는 돌에 맞아 죽는다.

오뒷세우스의 복수에는 여러 설이 있다. 하나의 이야기는 팔라메데스가 낚시하고 있을 때 오뒷세우스와 디오메데스가 그의 재주와 인기를 시기하여 물에 빠뜨려 죽인다. 또 다른 이야기로는 오뒷세우스와 디오메데스가 팔라메데스를 우물로 내려가게 한 다음 바윗돌을 던져 묻는다. 오뒷세우스를 지혜로운 자라고 할 때 그 지혜 속에 섬뜩함이 있다.

※ 〈페넬로페를 데리고 고향으로 돌아가는 오뒷세우스(장 자크 프랑수아 르 바르비에 작)〉 등의 그림이 있다.

아킬레우스, 상인으로 변신한 오뒷세우스가 찾다

여장 남자, 바꿔도 그대로
어느 여성 국회의원이 남자처럼 살았다.
베니스 상인의 포셔처럼
십이야의 바이올라처럼
남장 여성이다.
벗기면 그대로인 것을
고대 올림픽 경기는 먼저 알아
경기 선수는 나체이다.
경기는 공평해야 하므로
똑같이 지닌 몸으로 아무것도 지니지 않은 채 겨루어야 정당하다.
때로 때때로
지닌 것은 달라도
남장은 남자로 남자와 부딪힌다.
남자가 지닌 것이 망측하다고 발레리나는 여자가 남장을 한다.
남자에게 짓밟히지 않으려
조선시대 소설 속 길을 나서는 소녀는 남장을 한다.

남장 부인도 있으니 이춘풍전이다.

전쟁에 나가려

뮬란처럼 남장을 하고

고려시대 설죽화,

프랑스 잔 다르크도 남자가 된다.

정은궐의 소설 『규장각 각신들의 나날』에서

대물 김윤희는 남장여자로 로맨스를 휘젓는다.

여장 남자는 여자여야 할 곳에 있다.

여성 사이에서 남장 여자는 여자처럼 가까워진다.

테티스가 아킬레우스를 공주 데이다메이아와 남장 여자로 지내게 하니

옷은 언제나 껍데기, 그들의 사랑이 알맹이다.

조선시대 책 읽어주는 남자, 전기수에는

여장 남자로 양반댁 귀부인을 찾아다니며

여인들을 이야기 속에 빠뜨려

귀부인이 호의로 딸과 하룻밤 지내게 한 기록도 있으니

그 말로가 비극보다 처참하다.

옷은 껍데기,

더 나아가면 살갗도 껍데기,

아킬레우스는 오뒷세우스 방물 장수 앞에서 칼을 고른다.

자신을 선택한다.

[서사의 전개]

테티스의 궁전

여신 테티스: 내 아들 아킬레우스는 제 스스로 삶을 선택할 수 있지. 인간이라서 장수하지만 명성 없는 삶과, 단명하지만 명성을 얻는 삶 가운

데 하나를 선택할 수 있어. 남자가 명성 없이 오래 살면 뭐하나? 명성을 얻지만 바로 죽으면 그것도 못할 일이지. 여신인 내가 인간 펠레우스를 남편으로 맞이해서 그래. 아들 아킬레우스가 트로이아 전쟁에 참여하지 못하게 해야겠어. 남의 아내 찾아주러 가서 내 아들이 죽으면 어떻게 해! 아들을 소녀로 변장시켜서 스퀴로스 섬에 있는 뤼코메데스 왕의 궁전에 숨겨두어야겠어. 빼앗긴 남의 여자 찾아주는 게 무슨 명예라고?
(아킬레우스에게) 아들아, 너는 오늘부터 소녀로 변장해서 빨간 머리 여자, 퓌르라라고 부르게 하겠다. 전쟁에 나가면 명성은 얻지만 죽게 된다.

뤼코메데스 궁전
퓌르라(아킬레우스): 공주들과 함께 지내니까 좋구나. 오늘은 데이다메이아와 함께 자야겠어.
데이다메이아: 퓌르라, 너는 내가 좋으니?
퓌르라(아킬레우스): 공주 향기가 좋아요.
데이다메이다: 퓌르라, 당신이 남자였어? 아! 놀라워라!
퓌르라(아킬레우스): 난 당신 찾아 여기까지 왔어. 공주, 사랑해요.
(둘은 사랑을 나눈다)
데이다메이아: 아들을 낳았어요.
퓌르라(아킬레우스): 오, 내 아들. 아름다운 공주가 나에게 아들을 선물했구려. 고맙소. 아들을 네옵톨레모스라 합시다. 빨간 머리 여자 퓌르라가 빨간 머리 남자 네옵톨레모스를 낳았구려.
칼카스 처소
칼카스: 나는 아카이오이족 최고의 예언자야. 태양신 아폴론이 나에게 예언 능력을 주었지. 나보다 뛰어난 예언자가 나오면 나는 죽을 거야. 지금 살아 있으니 내가 최고의 예언자야.
(예언을 하는 의식을 차리면서) 지금부터 중요한 예언을 하겠소. 곧 트로이아 전쟁이 발발하오. 이 전쟁에서 아킬레우스와 헤라클레스 활과 화살

을 가진 필록테테스가 참전해야 이길 수 있소.

오뒷세우스, 팔라메데스: 아킬레우스가 참전해야 전쟁에서 이길 수 있다고 칼카스가 예언했으니 아킬레우스를 찾아 갑시다.

(뤼코메데스 궁전, 오뒷세우스가 아킬레우스 있는 곳을 알아냈다.)

오뒤세우스, 팔라메데스(상인으로 변장한 모습): 여자들을 더 아름답게 하는 장신구들을 가져 왔습니다. 골라보세요. 여자는 꾸며야 더 예쁘지요. 공주님들을 위한 최고의 선물들입니다. 부담 없이 구경하세요.

공주들: 거울, 반지, 목걸이, 머리 장식 다 갖고 싶어.

퓌르라(아킬레우스): 야! 칼도 있다. 나는 칼이 멋있어. 칼을 사겠어.

오뒷세우스: 퓌르라 공주님, 아킬레우스 왕자시군요. 아카이오이족 명예를 찾으러 참전합시다.

퓌르라(아킬레우스): 숨어도 피할 수 없는 게 내 운명인가 보오. 명예를 얻지 못하면 오래 살아 무엇 하겠소. 그래, 갑시다.

※ 헬라스 북부 텟살리아 지방의 프티아 왕 아킬레우스는 스퀴로스 섬의 뤼코메데스 왕궁에서 여자로 변장하여 숨어 지낸다. 오뒷세우스가 상인으로 변장하여 찾아가 참전하게 한다. 전쟁에 참여한 헬라스 최고의 장군 아킬레우스는 헥토르를 죽이고 파리스의 화살에 맞아 죽는다.

아킬레우스는 헬레네가 결혼하려 할 때 소년이었기에 구혼할 수도 없었고, 구혼자들이 하는 맹세도 하지 않았다. 테티스는 아들의 운명을 알기에 변장하여 숨긴다. 오뒷세우스가 아킬레우스를 찾아 그는 명성을 위해 원정에 참가한다.

* 아킬레우스는 뤼코메데스의 장녀 데이다메이아와 사랑에 빠져 아들 네오프톨레모스를 낳는다. 아들은 후에 메넬라오스와 헬레네의 딸 헤르미오네와 결혼한다.

※〈여장 남자로 밝혀지는 아킬레우스(바로크 미술, 페테르 루벤스 작)〉 등
의 그림이 있다.

20년 전쟁의 서막, 뮈시아 공격 후 아카이오이족 재집결

도둑 못 잡는 주인
트로이아가 헬레네를 도둑질 하고
뺨은 엉뚱하게 뮈시아인들이 맞는다.
아카이오이족 십 년은 허송세월인데
파리스는 단번에 배를 타고 오간다.
도둑은 언제나 빠른 길을 찾고
주인은 남의 집에서 허둥댄다.
갈팡질팡 젊어서 출발한 전쟁,
살아남은 자는 늙어서 돌아온다.
목적지를 잘못 찾아서 십 년
다시 출항하여 십 년
그동안 헬레네는 20살의 나이를 더 먹어
'내가 고향을 떠나온 지도 어언 스무 해가 되었어요'라고
헥토르 시신 앞에서 호곡한다.
오뒷세우스 아들 텔레마코스는 스무 살이 되고
테티스 결혼식에서 불화의 여신이 황금 사과를 던진 후
펠레우스가 낳은 아들 아킬레우스가 스무 살이 되어 간다.
늙어버린 헬레레는 늙지 않는지 여전히 빼앗아야 할 여인이다.

[서사의 전개]
보이오티아 아울리스 항구를 떠난 아카이오이족 함선은 항로를 잘못 들

어 뮈시아를 트로이아로 알고 약탈한다. 뮈시아인들의 왕은 헤라클레스의 아들 텔레포스로 폴뤼네이케스 아들 테르산드로스 등을 죽이며 함선들이 있는 곳까지 쫓아낸다. 아킬레우스가 반격하자 왕은 쫓기던 중 포도덩굴에 걸려 넘어지며 창에 넓적다리를 찔려 부상을 입는다. 아카이오이족은 바다로 나가 각자 고향으로 돌아간다. 이때부터 계산하면 전쟁은 20년 동안 이어진다. 헬레네가 납치되고 나서 2년 동안 전쟁 준비를 하고, 뮈시아로 첫 원정길에 오르고 나서 다시 아울리스 항구에 집결하기까지 8년이 걸린다. 오뒤세우스의 아들, 펠레우스의 아들이 스무 살이 되고 헬레네는 스무 살이나 늙었다. 20년의 전쟁을 여인 때문이라고 말하는 것은 문학이다. 역사라면 흑해의 무역권을 쟁탈하기 위한 전쟁이라 할 것이다.

뮈시아 왕 텔레포스의 상처는 부상을 입힌 자가 낫게 할 것이라고 아폴론이 말한다. 텔레포스는 넝마를 걸치고 아킬레우스를 찾아가 도움을 요청하며 트로이아로 가는 항로를 알려주겠다고 약속한다. 아킬레우스는 자신의 창에서 녹을 긁어내어 그를 치료한다. 칼카스는 예언술로 그 항로가 맞다고 확인한다.

파리스는 스파르테를 쉽게 찾아 간다. 그러나 다나오스 백성들은 파리스의 나라 트로이아로 향하는 항로조차 모른다. 뮈시아를 트로이아로 잘못 알고 공격하여 약탈하고 돌아간다. 부상을 입은 뮈시아 왕 텔레포스가 항로를 알려 주어 트로이아를 공격한다.

아울리스 항구의 이피게네이아 인신공양

인신공양, 누가 사람을 바치라 했나

오, 나의 사랑!

영웅 아킬레우스 아내가 된다길래 이피게네이아 내 가슴은 뛰었지.

더 향기로운 꽃으로 피고 싶어 궁궐을 뛰쳐 나왔다네.

축하 인파가 없는 길에 꽃다발이 없으면 어쩌나.
아버지 아가멤논이 전쟁에 나가기 전
결혼을 시킨다는 말에 내 몸이 날아오르네.

아, 나의 사랑하는 딸!
아버지는 너를 신에게 바친다.
노여운 파도를 달래려 너를 아르테미스 여신에게 보낸다.
인간은 신의 뜻을 어길 수 없고
너는 신을 위한 선택받은 영광이다.

으악, 아가멤논이여!
그대는 저주 받으라.
딸을 가슴 부풀게 결혼한다고 속여 제물로 바치다니
그대는 아버지도 아니고 사람도 아니다.
내 몸으로 낳은 딸을 나는 보낼 수 없다.
인간도 아닌 그대, 내 손으로 복수하리.

짐승들도 거역하는 일, 제가 낳고 제가 죽인다.
심청이 아버지 몰래 인신공양으로
아버지를 모시려 한 일도 불효라 하는데
아버지는 딸을 속여 인신공양으로 제 삶을 떠받든다.
버려야 얻고
내려가야 오를 수 있다.
큰 것을 버리면 큰 것을 얻고
작은 것을 버리면 작은 것을 얻는다.

세상에 가족이 가장 크다.

제 잘못으로 아버지가 딸을 제물로 바치니

어머니는 남편의 몸에 칼을 꽂는다.

아버지를 살해한 어머니를 그 아들이 살해한다.

자신이 낳은 딸을 버리고

자신을 낳은 어머니를 죽이니

자기가 자기를 살해하는 일이다.

자기가 자기를 찌르니

그 후손까지 그 칼, 그 가시에 찔린다.

[서사의 전개]

아가멤논은 1183척의 함선을 보이오티아 섬의 아울리스 항구에 집결하여 출항을 준비한다. 출항에 앞서 장수들이 사냥을 즐긴다. 아가멤논이 수사슴 한 마리를 활로 쏘아 잡는다. 아가멤논은 자신의 활솜씨를 아르테미스 여신도 못 따를 것이라 뽐낸다. 아폴로도로스는 『희랍신화』에서 아트레우스가 여신에게 황금 새끼 양을 제물로 바치지 않았던 탓이라고 기록한다. 사냥의 수호신이며 짐승의 수호신인 아르테미스 여신은 이 일로 화가 난다. 여신은 전염병을 돌게 하고 함선이 출항하지 못하게 한다. 아가멤논은 긴급회의를 열어 예언자 칼카스에게해답을 얻으려 한다. 아폴론이 준 예언 능력으로 새가 나는 모습을 보며 점을 치는 칼카스는 전에 아킬레우스와 필록테테스가 참전해야 전쟁에서 승리를 거둘 수 있다고 예언한바 있다. 또한 함대가 출항하기 전에는 뱀이 여덟 마리 새끼 참새를 잡아먹고 아홉 번째로 어미 참새를 잡아먹는 것을 보고 9년 동안 공격하여 10년째 트로이아 성을 함락한다고 예언했다.

이번에 칼카스는 섬뜩한 답을 한다. 출항할 수 없는 것은 아가멤논이 쏘아 죽인 수사슴 때문에 아르테미스 여신이 노하여 내린 벌 때문이니 죄지은 사람의 딸을 제물로 바쳐야 한다는 것이다.

아가멤논은 딸을 아킬레우스 아내로 주기로 했다며 데려오게 한 후 제물로 바친다. 이피게네이아를 제물로 바치려 하자 아가멤논의 왕비 클리타임네스트라는 오늘 일을 결코 잊지 않겠다고 다짐한다. 이피게네이아를 제물로 바치려는 순간 아르테미스 여신은 구름으로 이피게네이아를 싸서 데려간다. 훗날 이피게네이아는 타우리스의 아르테미스 신전 여사제가 된다. 제물을 바치려던 이피게네이아가 있던 곳에는 암사슴 한 마리가 피를 흘리고 있다.

※ 클리타임네스트라는 트로이아 전쟁이 끝나고 귀향한 아가멤논을 죽인다. 아가멤논이 데려온 캇산드라 역시 죽인다. 클리타임네스트라는 아가멤논의 사촌 아이기스토스와 부정한 관계로 아가멤논에게 아이기스토스를 끌어 들여 복수한다. 딸 엘락트라는 남동생 오레스테스를 시켜 어머니를 죽인다. 그 전에 아가멤논은 클리타임네스트라의 남편 탄탈로스와 갓난아이를 죽이고 그녀와 결혼했다. 부정한 관계로 생긴 아이기스토스는 튀에스테스와 그의 딸 사이에서 낳은 아들이다. 아이기스토스 아버지 튀에스테스에게 아가멤논의 아버지 아트레우스가 그 아들을 죽여 만든 고기를 먹게 한다. 튀에스테스는 아트레우스의 동생이다. 꼬이고 꼬인 집안이다. 비극이 겹겹이 쌓인 가문이다. 충격적인 이 소재는 고대 희랍극의 주요 소재가 된다. 소포클레스의 「엘렉트라」, 아이스퀼로스의 「아가멤논」, 「제주를 바치는 여인들」, 「자비로운 여신들」, 에우리피데스의 「엘렉트라」, 「타우리케의 이피게네이아」, 「오레스테스」, 「아울리스의 이피게네이아」 등으로 이 소재는 희랍비극에서 가장 많은 작품을 만들어 냈다. 그 다음으로 『일리아스』에는 등장하지 않는 인물이지만 오이디푸스가 비극의 소재로 자주 등장한다.

아가멤논, 오이디푸스, 프리아모스 등의 불행은 조상의 행위가 원인이다. 인과응보로 조상들의 잘못이 후대에 비극으로 나타난다. 선행은 선행의 씨앗을 낳고 불행은 불행의 열매를 맺는다.

※ 신에게 도전하지 말라. 신을 경배하라. 신을 화나게 하지 마라. 신 앞에서 자랑하지 말라. 자식 자랑은 더 치명적이다. 자신보다 강한 자에게 항거하지 말라. 신을 화나게 한 자들은 파멸의 계곡으로 추락한다. 자신에게 재앙이 내리고 후손에게 파멸이 이어진다. 레토 여신보다 자신이 자식이 더 많다고 자랑한 니오베 왕비는 자식을 모두 잃는다. 레토의 자식인 아폴론과 아르테미스가 레토 여신의 복수를 한다. 마지막에 니오베는 바위가 된다. 신 앞에서 사냥 솜씨를 자랑한 아가멤논은 아르테미스의 벌을 받는다. 아르테미스는 딸을 바치게 하고, 딸을 바치자 그의 아내는 남편을 죽인다. 아버지를 죽인 어머니를 아들이 누이와 협력하여 죽인다. 아르테미스 여신의 복수는 끝이 없다. 물론 조상들의 저주스런 행동도 포함되었기 때문에 처참한 결과로 이어진다고 볼 수 있다.

※ 〈제물로 바쳐지는 이피게네이아(샤를 르 브룅 작)〉, 〈이피게네이아의 희생(17C 프랑수아 페리에 작)〉 등의 그림이 있다.

※ 희랍 비극은 아가멤논의 가족들의 불행을 여러 작품에서 다루고 있다. 그 중심 원인에 이피게네이아 인신공양이 있다.

테네도스 섬에서 필록테테스가 뱀에 물리다

때론 자리에 없어야 귀한 줄 안다
때로 한 번쯤 자리에 없어야 귀한 줄 안다.
밥상에 한 번쯤 없어야 찾는다.
술자리에 없어도 될 사람은 없지만

잔 부딪는 소리가 맑게 나는 친구는 불러내야 한다.

나 없을 때

무언가 좋은 일이 일어날 것을 염려하여

매번 함께 자리할 일은 아니다.

스스로 버려졌어도

남들이 버렸어도

나를 찾을 날이 있다.

잔 부딪치는 맑은 소리 낼 줄 알면

나를 찾아내는 이 있다.

버리고 떠난 자의 뻔뻔함은

찾으러 올 때가 더 뻔뻔하다.

버리고 떠난 자,

오뒷세우스는 뻔뻔함을 거짓으로 덮으려 한다.

훗날 함께 찾아온 아킬레우스의 아들, 네옵톨레모스는

거짓의 그늘에서 눈부신 햇빛으로 튀어나간다.

[서사의 전개]

아울리스 항구를 떠난 함대는 테네도스 섬에 들른다. 테네도스는 테네스가 다스리고 있다. 그는 아폴론의 아들로 추방되어 이곳에 산다.

포세이돈의 아들 퀴크노스는 라오메돈의 딸 프로클레이아 사이에서 아들 테네스, 딸 헤미테아를 낳는다. 퀴크노스는 아내가 죽자 트라가소스의 딸 필로노메와 재혼한다. 필로노메는 전처의 아들 테네스에 반해 그를 유혹하지만 거절당하자 그의 아버지이며 자신의 남편인 퀴크노스에게 피리 연주자를 증인으로 내세워 거짓 고발한다. 퀴크노스는 아내의 말을 믿고 아들과 누이를 상자에 넣어 바다로 떠내려 보낸다. 이들이 레우코프뤼스에 도착하여 자기 이름을 따서 테네도스라 이름한다. 진실을 알게 된 퀴크노스는 피리 연주자를 돌로 쳐 죽이고 아내를 생매장한다.

테네스는 아카이오이족을 돌팔매질로 물리치려 한다. 테티스는 테네스를 죽이면 그 아버지 아폴론의 손에 죽게 될 것이라고 경고하지만 아킬레우스는 테네스의 가슴을 칼로 찔러 죽인다. 아킬레우스의 죽음은 여기에서도 잉태한다.

아폴론에 제물을 바치는 동안 물뱀이 제단에서 다가와 필록테테스를 문다. 이 일로 그는 10년 가까이 섬에 버려져 활로 사냥하며 고통을 견딘다.

소포클레스의 비극「필록테테스」에서는 렘노스 가까운 작은 섬 크뤼세에서 신전의 독사에 물려 치명상을 입었다고 필록테테스가 말한다. 다른 기록에는 렘노스 섬에서 물려 그곳에 남겨졌다고 한다. 그를 문 뱀을『일리아스』에서는 물뱀이라고 한다. 물뱀이면 독이 없고, 독사라면 독이 금세 퍼져 죽었을 것이다. 물뱀과 독사의 중간에 있는 뱀에게 물렸으려나? 뱀에 물린 그는 죽지도 않고 오래도록 고통 속에 살았다.

※〈렘노스 섬의 필록테테스(18C 기욤 기욤 르티에르 작)〉의 그림이 이다.

프로테실라오스의 죽음과 아킬레우스의 활약

저승까지 부창부수
먼저 배에서 내리는 자에게
죽음을 예언해도
예언보다 본분과 명예를 따르더니
프로테실라오스의 아내 라오메디아,
죽은 남편을 밀랍으로 만들어 사랑을 호흡한다.
올륌포스의 신들마저
사랑의 숨결에 들숨 날숨으로 여인의 심장에 들락거리고
격앙된 맥박으로

헤르메스는 프로테실라오스를 저승에서 데려온다.

잠깐의 기쁨의 약은

더 큰 슬픔의 고름,

그녀는 하데스로 돌아간 낭군 따라간다.

남편은 앞장서서 쏟아지는 창과 칼을 맞고

아내는 뒤따라서 저승으로 사랑을 동행한다.

[함선에서 맨 먼저 하선한 사람의 죽음]

아카이오이족은 오뒷세우스와 메넬라오스를 먼저 보내 헬레네와 재물을 반환하라고 요구한다. 트로이아인들이 반환을 거절하고 사절들을 죽이려 한다. 안테노르가 이들을 구해준다. 이후 본격적으로 전쟁이 벌어진다.

맨 먼저 배에서 내린 사람은 프로테실라오스이다. 그는 많은 트로이아인들을 죽였지만 어떤 다르다니에 전사의 손에 죽는다. 아폴로도로스『희랍 신화』의 기록에는 그가 헥토르의 손에 죽는다. 테티스는 아들 아킬레우스에게 먼저 상륙하는 자가 죽게 되니까 먼저 배에서 내리지 말라고 말한다.

프로테실라오스 아내 라오다메이아는 남편이 죽자 밀랍으로 남편을 만들어 놓고 동거한다. 신들이 그녀를 불쌍히 여겨 헤르메스에게 저승에서 남편을 데려오게 한다. 일설에는 아내가 세 시간만이라도 볼 수 있게 해달라고 기도했다고 한다. 기쁨도 잠시 남편이 저승으로 돌아가자 그녀는 자살한다.

아킬레우스는 상륙한 다음 퀴크노스를 죽인다. 그는 또 프리아모스 아들 트로일로스를 죽이고 도시를 공격하여 뤼카온을 생포한다. 후에 그는 뤼카온을 렘노스 섬에 노예로 팔지만 도망친 지 열 이틀째 되는 날 뤼카온을 다시 만나자 아킬레우스가 죽인다. 아킬레우스는 이데 산으로 가서 프리아모스 아들 메스토르를 죽이고 소 떼를 훔친다. 그는 또 레스보스, 포카이아, 아이길알로스, 테노스 등 수많은 도시를 함락한다.

9년이 지나자 트로이아를 동맹군이 돕는다. 앙키세스의 아들 아이네이아스, 안테노르의 아들 아르켈로코스와 아카마스가 다르다니에인들을 이끌고 온다. 트라케, 키코네스족, 파이오니아인, 파플라고니아인, 젤레이아, 아드라스테이아, 아리스베, 라릿사, 뮈시아, 할리조네스족, 프뤼기아인, 마이오이나인, 뤼키아인 들이 동맹군으로 참전한다.

※ 〈남편의 죽음 소식에 슬퍼하는 라오다메이아(윌리엄 조이 작)〉 등의 그림이 있다.

|제3장|
『일리아스』날짜별 서사의 전개

아킬레우스의 분노, 50일간의 기록

호메로스는 트로이아 이야기, 『일리아스』에서 아킬레우스의 분노에 초점을 맞춘다.

"노래하소서, 여신이여 펠레우스의 아들 아킬레우스의 분노를,"
[제1권] 1행~53행

호메로스 이야기 1일째, 아가멤논이 명예의 전리품으로 얻은 크뤼세이스를 그 아버지 아폴론의 사제 크뤼세스가 돌려달라고 사정한다. 아가멤논이 이를 거절하자 9일 동안 크뤼세스의 기도를 들은 아폴론이 역병과 화살을 아카이오이족 진영에 쏟아붓는다.

[제1권] 423행
9일째, 제우스는 모든 신들과 함께 아이티오페스족의 12일 동안의 잔치에 참석하고자 오케아노스로 떠난다.

[제1권] 54행~476행

10일째, 예언자 칼카스는 역병이 사제의 딸 때문이라 말한다. 아가멤논은 오뒷세우스를 통해 사제의 딸을 돌려주고 아킬레우스의 여인 브뤼세이스를 빼앗는다.

[제1권] 477행~492행

11일째, 여인을 빼앗긴 아킬레우스는 분노하여 어머니 테티스에 명예를 지키게 해달라고 빈다.

[제1권] 493행~611행

21일째, 아킬레우스 어머니 테티스가 12일간의 잔치에서 돌아온 제우스에게 아들의 명예를 높여 달라고 간청한다.

[제2권] 전쟁 참여 함선 목록 나열

22일째, 전투에 앞서 동맹군이 열병한다. 희랍군은 총 1,186척의 배를 이끌고 왔다. 트로이아 연합군은 육로로 와서 그 숫자를 알기 어렵다.

[제3권] 전투 첫날

22일째, 메넬라오스와 파리스가 일대일로 대결하여 전쟁을 끝내기로 한다. 메넬라오스가 승리한다.

[제4권] 전투 첫날, 맹약의 위반

22일째, 신들의 참여로 전쟁을 끝낸다는 약속이 지켜지지 않는다.

[제5권] 전투 첫날, 디오메데스의 무훈

튀데우스의 아들 디오메데스가 아프로디테의 손끝을 창끝으로 찌르고, 아테나의 도움으로 디오메데스가 아레스의 아랫배를 창으로 찔러 상처를 남긴다.

[제6권] 전투 첫날, 디오메데스와 글라우코스가 무구를 교환한다.

[제7권] 전투 첫날, 헥토르와 아이아스가 무구를 교환한다.

[제7권] 381행~432행

23일째, 전사자들의 시신들을 묻는다.

[제7권] 433행~482행

24일째, 아카이오이족이 방벽을 쌓는다.

[제8권] 아카이오이족의 참패

25일째, 두 번째 전투에서 아카이오이족이 참패한다.

[제9권] 아킬레우스에 대한 설득 실패

25일째, 오뒷세우스와 포이닉스 노인이 아킬레우스의 참전을 설득하지만 아킬레우스는 거절한다.

[제10권] 돌론의 정탐

25일째 밤, 오뒷세우스와 디오메데스가 트로이아를 정탐하고, 트로이아 정탐꾼 돌론을 죽인다.

[제11권] 아가멤논의 무훈

26일째 세 번째 전투, 아가멤논은 수많은 적군을 도륙한다. 안테노르의 맏아들 코온이 찌른 팔뚝 상처 때문에 아가멤논은 전쟁터를 떠난다. 디오메데스가 헥토르 투구 정수리를 맞히자 헥토르는 도주한다. 알렉산드로스가 디오메데스 오른쪽 발바닥을 맞히지만 디오메데스는 발에서 화살을 뽑는다. 오뒷세우스는 자신의 옆구리 살에서 소쿠스의 창을 뽑아 낸다. 아킬레우스가 보낸 파트로클로스는 네스트로를 통해 이들의 부상과 에우뤼퓔로스, 마카온의 부상도 알게 된다. 에우뤼퓔로스를 파트로클로스가 치료한다.

[제12권] 방벽 싸움
26일째 세 번째 전투, 헥토르는 다나오스 백성의 함선을 태우기를 열망하며 싸운다.

[제13권] 함선 주변 싸움
26일째 세 번째 전투, 헥토르가 아카이오이족을 공격하고 두 아이아스와 이도메네우스는 트로이아 전사를 무찌른다. 데이포보스는 메리오네스에게 부상당한다. 아이네이아스와 이도메네우스가 접전을 벌인다.

[제14권] 제우스가 속임을 당하다
26일째 세 번째 전투, 헤라는 주변의 신들이나 인간을 매수한 후 화려하게 치장하고 제우스를 유혹하여 동침한다. 포세이돈은 이 틈을 타서 아카이오이족을 돕는다.

[제15권] 아카이오이족 후퇴
26일째 세 번째 전투, 헤라의 품에서 잠을 깬 제우스는 헤라의 계교를 알게 되고 트로이아를 돕는다.

[제16권] 파트로클로스 죽음
26일째 세 번째 전투, 디오메데스, 오뒷세우스, 아가멤논, 에우뤼퓔로스 등의 부상으로 파트로클로스가 괴로워하자 아킬레우스는 파트로클로스에게 함선을 구하고 돌아오라며 전투를 허락한다. 파트로클로스가 사르페돈을 창으로 찔러 죽이자 헥토르가 파트로클로스 아랫배를 찔러 죽인다. 파트로클로스는 아킬레우스가 헥토르를 죽인다는 예언을 하고 죽는다.

[제17권] 메넬라오스의 무훈
26일째 세 번째 전투, 헥토르는 파트로클로스가 입었던 아킬레우스의 무구를 입고 전투에 참여한다. 아이네이아스, 아이아스, 메넬라오스 등이 싸운다.

[제18권] 아킬레우스의 무구 제작
26일째 세 번째 전투, 파트로클로스 죽음이 아킬레우스에게 전해지자 아킬레우스는 복수를 결심한다. 어머니 테티스는 헤파이스토스에게 아들의 방패를 부탁한다. 세 발솥에 황금 바퀴를 달아 저절로 회의장에 갔다가 돌아오는 인공지능 로봇을 만들어 쓰는 헤파이스토스가 아킬레우스의 장식이 뛰어난 방패를 만든다.

[제19권] 아가멤논과 아킬레우스의 화해
27일째, 아가멤논은 아킬레우스에게 많은 선물을 약속하며 화해를 요청하고 아킬레우스는 이를 받아들인다.

[제20권] 신들의 전투
27일째, 네 번째 전투, 치열한 전투가 일어나자 헤라, 아테나, 포세이돈, 헤파이스토스는 아카이오이족으로 달려간다. 아레스, 아폴론, 아르테미스, 레토, 아프로디테는 트로이아인들 쪽으로 달려가 함께 싸운다. 아이네이아스는 신들의 도움으로 아킬레우스의 공격에서 빠져나온다.

[제21권] 강변의 전투

27일째, 네 번째 전투, 아킬레우스가 강물과 싸울 때 포세이돈과 헤파이스토스가 도와준다. 전투가 치열해지자 아테나가 아레스의 목을 쳐서 그의 사지를 푼다. 아프로디테가 아레스를 데리고 가자 정신이 돌아온다. 아르테미스와 헤라가 서로 모욕적인 말로 꾸짖는다.

[제22권] 헥토르의 죽음

27일째, 네 번째 전투에서 아킬레우스는 헥토르의 목구멍을 창으로 뚫는다.

[제23권] 108행~225행

28일째, 아킬레우스는 파트로클로스 장례식을 거행한다.

[제23권] 226행~898행, [제24권] 1행~11행

29일째, 아킬레우스는 많은 상금을 내걸고 파트로클로스를 위한 추모 경기를 연다.

[제24권] 12행~30행

'그로부터' 12일째까지, 아킬레우스는 자신의 친구 파트로클로스를 죽인 헥토르의 시신을 12일째 전차에 매달아 끌고 다니며 모욕한다.

[제24권] 31행~691행

39일째, 프리아모스가 아들 헥토르의 시신을 찾으러 아킬레우스를 찾아간다. 아킬레우스에게 많은 선물을 주고 프리아모스는 아들의 시신 헥토르를 찾아온다.

* 제24권 31행 '그로부터 열두 번째 아침이 다가왔을 때'의 '그'를 ① 헥

토르가 죽은 날, ② 파트로클로스 추모경기의 날 중 어느 것으로 보느냐에 따라 날짜가 달라진다. ① 헥토르가 죽은 날로 계산하면 27일째 죽었기 때문에 12일째는 39일째가 되며, ② 추모경기의 날을 기준으로 하면 29일째에서 12일째가 흐른 41일째가 된다. 제24권 413행~414행 '처음 쓰러진 그대로 누워 있소. 그가 누운 지 벌써 / 열두 번째 아침이 밝았건만 그의 살은 조금도 썩지 않았으며'라는 구절로 볼 때 '그로부터'의 '그'는 ① 헥토르가 죽은 날이 된다. 따라서 39일째에 프리아모스는 아들 헥토르의 시신을 찾으러 가는 셈이다.

[제24권] 692행~784행

40일째~48일째, 아흐레 동안 헥토르를 추모하며 화장용 장작을 준비한다.

[제24권] 785행~787행

49일째, 헥토르를 화장한다.

[제24권] 788행~마지막 행

50일째, 시신을 찾아온 지 11일째 헥토르의 뼈들을 주어 모아 황금 항아리에 담아 봉분을 쌓는다.
마지막 행은 이렇게 끝난다.
"이렇게 그들은 말을 길들이는 헥토르의 장례를 치렀다."

서사시의 처음 21일 이야기

제1권 두 영웅의 진짜 싸움의 원인

명예와 자존심
불명예는 경멸이다.
미인은 전쟁 승리의 명예 선물이다.
크뤼세이스를 돌려주고
왕 중의 왕 아가멤논이
총사령관의 지위에 맞는 여인으로 아킬레우스의 여인을 빼앗고
아킬레우스는 분노한다.
분노의 노래는
승리를 노래하지 않는다.
빼앗긴 여인 헬레네 하나 때문에
수많은 전사들이 십 년 동안 전쟁터에 나뒹굴 때
전쟁은 영웅들의 또 다른 분노로 더 길어진다.
여인을 차지하는 게 영웅이다.
무시당하지 않으려는 자존감이
삶의 이유가 된다.
적지에서 미인은 사랑이 아니라 약탈이며 명예이다.

[서사시의 출발, 그 첫 장]
　서사시 시작 1일째, 아가멤논이 아폴론의 사제 크뤼세스의 딸 크뤼세이스를 돌려주지 않아 아폴론이 일으킨 사단으로 시작한다. 전쟁의 신 아폴론은 화살을 쏘아대며 역병으로 다나오스 백성을 9일 동안 괴롭힌다.
　서사시 9일째, 신들이 아이티오페스족의 잔치에 참석하려고 오케노스로 모두 떠난다.

서사시 10일째, 예언자 칼카스가 역병의 원인을 풀어 말한다. 전쟁과 역병이 아카이오이족을 열흘째 제압하는 것은 사제의 딸 크뤼세이스를 돌려주지 않기 때문이라고 한다. 아가멤논은 크뤼세이스를 돌려주고 아킬레우스의 여자 전리품 브리세이스를 빼앗는다. 이로 인해 아킬레우스는 분노한다. 그의 어머니 여신 테티스가 그의 기도를 듣는다.

아카이오이족과 트로이아 싸움의 원인은 여자 헬레네 때문이다.

그 전쟁에서 전쟁의 원인은 잊히고 다시 영웅들은 전쟁 속에서 약탈한 여인 때문에 같은 편끼리 싸운다.

영웅들에게 여자란 무엇인가? 호메로스는 『일리아스』에서 명예라고 말한다. 가장 큰 명예를 얻은 자가 미인을 차지하고 명예의 선물인 여인을 빼앗기면 명예를 빼앗기는 셈이다.

동서고금, 남녀노소 누구나 자존심을 건드리면 화가 난다. 명예를 더럽히면 목숨도 버린다. 호메로스는 이 서사시에서 명예를 노래한다. 군사들은 명예를 얻기 위해 죽음을 불사하고 적군으로 돌격한다. 물러나는 일은 죽음보다 치욕이다. 먼저 배에서 내리면 죽는다는 예언에도 불구하고 프로테실라오스는 맨 먼저 배에서 내려 공격하다가 전사한다. 아킬레우스는 죽는다는 예언에도 불구하고 전투에 나가 죽는다. 죽음을 알면서 적진에 돌진하는 군사들에게 국가는 명예를 얻으라 요구한다.

아가멤논이 요구하는 것은 크뤼세이스가 아니다. 크뤼세이스는 자신의 아내 클리타임네스트라보다 용모, 몸매, 재치, 솜씨 등이 뛰어나 더 좋아한다고 하면서도 그렇다. 크뤼세이스를 내놓으면서 명예의 선물을 지체 없이 마련하라고 말한다. 사랑은 사랑하는 여자여야 하지만 명예는 명예로 주어진 여자가 아니라도 대체 가능하다.

이때 아킬레우스가 이미 선물은 분배가 끝났으니 트로이아 시를 함락하면 서너 배의 보상을 해줄 것이라고 대답한다. 아가멤논이 보상해줄 만한 명예의 선물을 주지 않는다면 누구의 것이든 선물을 자신이 갖겠다고 말한다. 아킬레우스가 아가멤논을 파렴치한 철면피, 교활한 자 등으로 공격하자 아가멤논은 아킬레우스에 주어진 여인, 브리세이스를 빼앗아 간다.

아킬레우스가 아가멤논을 죽일까 생각할 때 아테나 여신이 나타나 다음과 같이 말한다.

"지금 이 모욕으로 말미암아 빼어난 선물들이 세 배나 더 그대에게 돌아가게 되리라. 그러니 자제하고 우리에게 복종하도록 하라."

아킬레우스는 답한다.

"신들에게 복종하는 자의 기도는 신들께서도 기꺼이 들어주시는 법이지요."

아킬레우스는 총사령관 아가멤논에게

"그대 주정뱅이여, 개 눈에 사슴의 심장을 가진 자여!"

라고 말한다. 나이로 보면 스무 살 정도의 연상이며 총사령관인 아가멤논에게 내뱉는 말이다.

네스토르가 조언한다.

"아가멤논은 아킬레우스에게서 여자를 빼앗지 말고, 아킬레우스는 아가멤논에게 힘으로 대항하지 마시오. 그대가 여신의 아들일지라도 아가멤논이 더 많은 사람들을 다스리니 더 위대하오."

아들의 기도를 들은 어머니 테티스는 제우스에 부탁한다.

"아버지 제우스여! 그 애의 명예를 높여 주소서. 전보다 더 큰 경의를 표할 때까지 트로이아인들에게 승리를 내려 주소서."

이로써 9년간 이어온 전쟁은 더없이 치열해진다.

서사시 21일째, 제우스가 12일간 신들의 잔치에 참석하고 돌아온 날, 어머니 테티스는 명예의 선물인 브리세이스를 빼앗겨 분노하는 아들 아킬레우스에게 명예를 높여 달라고 제우스에게 간청한다. 아킬레우스에게 더 큰 경의를 표할 때까지 트로이아인들에게 승리를 내려달라고 그의 턱을 만지며 무릎을 잡고 매달린다. 제우스는 머리를 끄덕인다. 신주를 마시고 진수성찬을 나누어 마시며 포르밍크스 연주와 노래로 온종일 신들은 잔치를 벌인다.

호메로스는 서사시『일리아스』에서 아킬레우스의 분노에 초점을 맞춘다. 전쟁의 원인이 된 헬레네가 주인공이 아니다. 전쟁이 전쟁을 만들고, 전쟁 속에서 영웅들이 갖가지 이유로 갈등하며 싸운다.

삼천 년이 지난 지금 우리에게 명예란 무엇인가? 내 삶을 고양시키는 자존감을 무엇으로 높일 수 있는가? 모든 싸움의 진짜 원인은 명예인가, 자존감인가, 돈인가?

※ 〈크뤼세스를 쫓아내는 아가멤논(야코포 알레산드로 칼비 작)〉, 〈크뤼세이스를 아버지에게 돌려보내는 오뒷세우스(고전주의, 클로드 르 로랭 작)〉, 〈아가멤논에게 넘겨지는 브리세이스(18C 티에폴로 작)〉 등의 그림이 있다.

아킬레우스의 용기와 분노, 그리고 절제

호메로스의 『일리아스』를 어떤 이들은 전쟁의 노래로
어떤 이들은 반전평화의 노래로 읽는다.
영웅은 자기 혼자가 아니다.
용기는 그를 따르는 자들을 위해 필요하고
분노는 용기의 영양분이어야 한다.
나를 낮출 때 영웅은 영웅이며
영웅은 자신의 발로 자신의 심장을 밟을 줄 안다.
아킬레우스의 분노는 영웅이 쓰러지는 소리다.
분노라는 입술의 달콤함은 종종 충치를 유발한다.
영웅이라고 우리 마음속 영원한 영웅은 아니다
절제가 달콤하지 않은 이는 아니다.

* "분노란 똑똑 떨어지는 꿀보다 달콤해서/인간들의 가슴속에서 연기처럼 커지는 법이지요."(18권 109행)
아리스토텔레스는『수사학』제1권 1370b에서 이 구절이 달콤한 이유를 말한다. 복수할 수 없을 것 같은 사람이나 자기보다 훨씬 강력한 사람에게 화내는 사람은 아무도 없기 때문이다. 그는 대부분의 욕구는 어떤 즐거움이 수반된다고 한다. 그에 따르면 화를 내는 것도 즐거움이다. 분노가 달콤한 까닭이며, 그 분노가 계속 커지는 이유이다. 그에 따르면 분노에는 쾌감이 따른다.

* 플라톤은 『국가』에서 수호자들의 자질에 대해 언급한다. 그는 시나 이야기로 그 자질을 증진시켜야 한다고 말한다.

첫째, 용기
둘째, 슬픔 자제
셋째, 웃음 자제
넷째, 진리에 대한 외경심, 공동체에 유익할 경우 거짓말도 할 수 있다는 마음가짐
다섯째, 절제

아리스토텔레스도 그의 저서에서 절제에 많은 부분을 할애한다. 동서고금을 통해서 사람에게 필요한 가장 중요한 것의 하나는 절제이다. 절제하지 못하면 파멸한다.

플라톤이 말하는 국가 수호자의 기준에 아킬레우스를 적용한다면 아킬레우스는 수호자가 될 수 없다. 둘째의 슬픔 자세, 다섯째의 절제 부분은 누가 보아도 아킬레우스의 행동에 부합하지 않는다. 총사령관 아가멤논도 유사하다.

플라톤이 제시한 국가 수호자의 기준에는 오뒷세우스나 네스트로 노인 등이 더 부합하는 인물이다. 트로이아의 프리아모스 왕도 국가 수호자의 기준에 부합한다.

플라톤식으로 말하면 영웅의 분노는 공동체를 위한 분노여야 한다. 단

지 분노만을 보며 영웅의 용기에만 시야를 모을 때는 거의 언제나 역사 속에서 무모한 영웅들이 인간들을 파괴했다. 아킬레우스를 비판적으로 읽어야 할 부분이다. 아킬레우스의 잘못된 분노가 영웅조차 파멸시킴을 보여준다. '욱!'하는 성질을 가라앉히는 절제가 미덕이다.

플라톤의『향연』에서도 소크라테스는 절제와 정의가 가장 위대하고 가장 아름다운 지혜라고 말한다. 그에 의하면 그것은 질서와 관계된다.

제1권 신이 보내는 역병

기원전 430년 아테나이 대역병의 참상

펠로폰네소스 전쟁 중에 아테나이에 1년의 간격을 두고
두 차례 역병이 돈다.
전쟁 중 대재앙이다.

이름도 몰라 과거의 병은 모두 역병이니
이름도 없어 역병은 더 공포다.
어디서 언제 왜 무엇 때문인지 알 수도 없다.
공포는 집의 천장에서
창문 틈 사이로
유령처럼 떠돌다가 덤벼든다.
어디를 어떻게 방어해야 할지도 모른다.
처음에 머리가 열로 타는 듯하고
두 눈이 붉어지며
목구멍에서 피가 배어난다.
마음의 통역자인 혀는 핏덩이를 던져내고
이름도 모르는 역병이 가슴으로 심장으로 내려오면
생명의 빗장이 풀린다.

숨결은 죽음의 냄새를 뿜고

근심과 불평이 동반자로 나선다.

위장에서는 불이 활화산이 되어

벗은 몸으로도 모자라 물결에 몸을 던진다.

이들에게는 많은 비마저도 적은 습기에 불과하다.

잘 뱉어지지 않는 작은 가래,

여드레 아니면 아흐레가 되면 육신은 지쳐 생명을 진물처럼 흘려버린다.

일부는 손, 발, 눈, 성기를 잃고 살아남는다.

새와 야수, 개들도 가까이하지 않고

어쩌다 시체에 다가간 개는 시체가 된다.

장례는 격식을 잃고

사람이 사람에게 역병을 옮기며

감염을 알게 되면 아예 의지를 잃고 장례를 기다린다.

신이 난 것은 역병이다.

환자를 보살피는 고귀함에도 역병은 공정하게 다가간다.

오물과 진물과 누더기와 수습하지 못한 시신들이 마셔도 마셔도 갈증이 나

는 환자들의 길을 막는다.

역병에 걸렸다가 나은 이들만

다시 병에 걸리지 않아 부럽다.

아이스귑토스 혹은 리뒤아에서 역병은

비행기 타고 날아 왔는가 보다.

사람의 눈에 보이지 않는 전투길 타고 왔는가 보다.

만나는 족족 사살하는 매정함은 전투기나 할 일이다.

※ 역병에 대한 기록은 투퀴디데스의 『펠로폰네소스 전쟁사』 2장에도
기록되어 있다. 이 내용을 루크레티우스는 『사물의 본성에 관하여』의 끝

에서 운문으로 다시 쓰고 있다. 이로 보아 역병은 기원전 12세기에도 있었고, 기원전 4세기 전후에도 있었던 것으로 보인다.

22일째 전쟁 첫째 날

제2권 연합군 1186척 함선 목록

서양과 동양의 거대한 전쟁
서양의 헬라스 대규모 연합군이
동방의 연합군을 공격한다.
동방이 전쟁의 원인을 제공하고
서방이 전쟁을 선언한다.
대륙 간 전쟁에서 동방의 트로이아가 패하고
동방의 유민들이 서방으로 배를 저어
로마를 세우고
서방을 일으킨다.
빛은 태양이 떠오르듯 동방에서 온다.
바닷가 모래알처럼 많은 군사들이 서방과 동방의 파도를 휩쓴다.
태양은 동에서 뜨고
그 열기가 서쪽으로 갈 때 수많은 열매가 맺힌다.
그 열매의 씨앗이 파리스이고
그 토양이 연합군 1,186척의 함선이다.

[서사의 전개]
보이오티아(앗티케 서북부)인들, 페넬레오스, 레이토스, 아르케실라오스, 프로토에노르, 클로니오스 120명씩 탄 함선 50척.

아스플레돈, 미뉘아이족의 오르코메노스(보이오티아 지방)에 사는 자들, 아레스의 아들 아스칼라포스와 이알메노스, 빈 함선 30척.

포키스(보이오티아 서부)인들, 이피스의 두 아들 스케디오스와 에피스트로포스, 검은 함선 40척.

로크리스(보이오티아 북부)인들, 작은 아이아스, 검은 함선 40척.

아반테스족(뒤통수 쪽 머리만 길게 기른 창병), 아레스의 후예 엘레페노르, 검은 함선 40척.

아테나이인들(앗티케 지역, 현재의 아테나이), 페테오스 아들 메네스테우스 지휘, 검은 함선 50척.

살라미스(아테나이 앞의 섬), 아이아스, 12척 - 아이아스는 아킬레우스의 사촌 동생으로 전리품 문제로 미쳐서 자살한다.

아르고스(펠로폰네소스 동부)와 헤르미오네, 아시네, 트로이아젠, 아이기나, 지휘관 디오메데스와 스테넬로스와 에우뤼알로스, 검은 함선 80척.

뮈케네(아르고스 위쪽)의 코린토스와 아이길로스(아카이아 지방)와 헬리케 부근, 지휘관 아가멤논(연합군 총사령관), 함선 100척.

라케다이몬(스파르테, 라틴어 스파르타), 지휘관 메넬라오스(헬레네 남편, 아가멤논 동생), 60척.

필로스(펠로폰네소스 남서부 해안), 지휘관 네스토르(가장 말 잘하는 노인 장수), 빈 함선 90척.

아르카디아(펠로폰네소스 중앙 산지), 지휘관 아가페노르, 함선 60척.

부푸라시온과 엘리스(펠로폰네소스 서부), 암피마코스, 탈피오스, 디오레스, 폴뤽세노스 지휘자 4명에 날랜 함선 10척씩 40척.

둘키온(이타케 남동쪽 섬), 지휘관 메게스, 검은 함선 40척.

이타케(펠로폰네소스 반도 북서부 섬)와 자퀸토스와 사모스 부근, 지휘관 오뒷세우스, 이물에 주홍색을 칠한 함선 12척.

아이톨리아(펠로폰네소스 반도 위 본토), 지휘관 토아스, 함선 40척.

크레테(에게해 남부의 섬)와 밀레토스(지금의 터키 남서부), 지휘관 창수 이도메네우스와 메리오네스, 함선 80척.

　로도스와 린도스(터키 남서부 소아시아 카리아 앞 섬), 지휘관 헤라클레스 아들 틀레폴레모스, 함선 9척.

　쉬메(소아시아 카리아 앞 섬), 지휘관 니레우스(펠레우스의 아들에 버금가는 미남), 균형 잡힌 함선 3척.

　니쉬로스와 카르파토스와 카소스(소아시아 카리아 앞 섬), 지휘관 헤라클레스 손자, 빈 함선 30척.

　펠라스기콘 아르고스(남텟살리아 올륌포스 산 피오니스 강 유역)와 헬라스 지역, 뮈르미도네스 족, 헬라스인들, 아카이오이족, 지휘관 아킬레우스, 함선 50척 * 아킬레우스는 뮈시아 지방 테바이를 함락하고 머릿결 고운 브리세이스 약탈해 온다.

　퓔라케(헬라스 북부 남텟살리아 지방), 지휘관 프로테실라오스(최초 전사자), 함선 40척.

　이올코스(희랍 본토의 중앙동부 해안, 아르고스호 원정대 집결지)와 페라이, 지휘관 에우멜로스, 함선 11척.

　메토네, 타우마키, 멜리보이아, 올리존 지역, 지휘관 필록테테스(물뱀에 물려 렘노스 섬에 있는 동안에는 메돈이 군사 지휘), 함선 7척.

　트리케, 이토메, 오이칼리아(텟살리아 페네이오스 강변) 지역, 의사 형제 포달레이오스, 마카온, 빈 함선 30척.

　오르메니온(텟살리아 마그네시아 반도), 휘레페리아 지역, 에우뤼퓔로스, 검은 함선 40척.

　아르깃사(텟살리아 페네이오스 강변 도시)과 올로옷손 지역, 제우스의 손자 폴뤼포이테스, 검은 함선 40척.

　퀴포스(텟살리아 북동부)와 도도네 부근, 구네우스, 함선 22척.

　마그네시아인들(본토 중앙동부 해안의 펠리온 산 주변), 프로토오스 지휘, 검은 함선 40척.

　총 1186척의 함선이다. 당시 동일한 언어를 쓰는 헬라스 전역이 동맹군으로 참여한다.

전사들 중 가장 뛰어난 자는 아킬레우스, 그가 노여워하고 있는 동안에는 그의 사촌 텔라몬의 아들 아이아스이다.

언어가 같아서 동질감을 느끼는 헬라스 아르고스인들이 에우보이아의 맞은편 보이오티아의 아울리스 항구에 총집결한다. 총사령관은 가장 많은 배를 이끌고 온 아가멤논이다.

이끌고 온 함선이 당시 도시국가의 국력을 대변한다. 미케네의 아가멤논 100척, 필로스의 네스토르 90척, 크레테의 이도메네우스 80척, 아르고스의 디오메데스 80척 등은 지휘자들의 발언권도 세다.

함선을 이끌고 온 것과 무관하게 『일리아스』에서 중요 역할을 하는 장수들로는 라케다이몬의 메넬라오스 60척, 아킬레우스 함선 50척, 작은 아이아스 40척, 살라미스 아이아스 12척, 이타케의 오뒷세우스 12척, 필록테테스 7척 등이다.

아르고스인들의 군대가 집결하자 제우스의 전령 이리스는 프리아모스의 아들 폴리테스의 목소리를 빌어 말한다.

"일찍이 이처럼 훌륭하고 이처럼 많은 군사들은 본 적이 없습니다.
숲속의 나뭇잎이나 바닷가의 모래알만큼 많은 군사들이
우리 도성을 치고자 들판을 건너오고 있습니다."

이로 보아 트로이아 전쟁은 고대 최초의 대규모 전쟁이다.

참고로 천병희 역 『일리아스』에서는 한 척에 평균 85명씩 탔다고 보면 헬라스 군의 숫자는 약 10만 명쯤 된다고 추정한다. 이때 문제는 군량이다. 10년 동안 10만 명이 전쟁하는 동안 의식주와 무기 조달은 의문으로 남는다. 고대 전쟁은 특히 군량 조달과 날씨가 문제였다. 페르시아가 희랍을 공격할 때 지역을 점령하여 상당부분 현지에서 군량을 조달하였다. 군량 조달은 포도주를 인근에서 배로 실어 나르는 내용이 본문에 일부 등장한다.

트로이아 전쟁 이후 헤로도토스는 『역사』에서 헬라스가 페르시아를 이긴 전투를 상세히 기록한다. 트로이아 전쟁은 헬라스가 아시아를 공격하여 트로이아를 함락시킨 것인데 비하여 페르시아 전쟁은 아시아가 헬라스를 침공하지만 굴복시키지 못하고 물러난다.

가. 마라톤 전투(기원전 490년)

앗티케의 마라톤 해안에서 벌어진 전투로 오늘날 마라톤 경기의 유래가 된 전투이다. 아테나이 병사가 전투의 승리를 전하기 위해 마라톤에서 아테나이까지 42,195km를 달렸다는 이야기가 덧붙여졌다.

나. 테르모필레 전투(기원전 480년)

페르시아의 대규모 병력을 맞아 스파르테 병사들이 전멸하면서 벌인 전투이다. 페르모필레는 에우보이아 섬의 북서부쪽 본토에 있다.

다. 살라미스 해전(기원전 480년)

테르모필레 전투에서 패하고 연합군이 아테네 앞 바다에서 이긴 전투이다. 이 전투로 페르시아 대군은 물러난다.

아킬레우스를 뮈르미도네스족이라 하는 사연

세상을 자기 씨앗으로 채우는 제우스,
하신 아소포스의 딸 아이기나를 납치하여
아들 아이아코스를 낳고
아이아코스는 펠레우스를 낳고
펠레우스는 아킬레우스를 낳고
아킬레우스는 네옵톨레모스를 낳는다

처음 제우스가 오이노네를 아이기나로 납치하여
섬 이름이 아이기나가 되고

아들 아이아코스에게 제우스는

개미들을 사람으로 만들어 함께 살게 하니

개미들이란 이름의 뮈르미도네스족이라 한다

펠레우스가 이복동생을 죽인 죄로 추방당하여

프티아로 가고

프티아의 왕을 본의 아니게 죽이고

이올코스에 가서 죄를 정화받는다

아킬레우스는

뮈르미도네스족, 프티아의 왕자, 이올코스의 후계자가 된다

[뮈르미도네스족]

아폴로도로스에 따르면 하신 아소포스는 오케아노스와 테튀스의 아들로 메토페와 결혼하여 두 명의 아들과 스무 명의 딸을 낳는다. 그 중에 아이기나를 제우스가 납치한다. 제우스는 오이노네 섬으로 아이기나를 데려가 아들 아이아코스를 낳는다. 이후 오이노네 섬은 아이기나(아테나이 앞 사로니코스만에 위치한 섬)로 불리게 된다. 아이아코스가 혼자 외롭게 있는 것을 보고 제우스는 개미들을 사람으로 만든다. '개미들'이란 뜻의 뮈르미도네스족이 여기에서 유래한다. 아이아코스는 스케이론의 딸 엔데이스와 결혼하여 펠레우스와 텔라몬을 낳는다. 아이아코스는 네레우스의 딸 프사마테를 사랑하여 아들 포코스를 낳는다. 후에 펠레우스와 텔라몬은 이복동생 포코스를 시기하여 고난을 겪는다. 펠롭스 때문에 헬라스 땅에 열매가 맺히지 않게 되자 아이아코스가 기도하여 열매를 맺게 한다. 아이아코스는 죽은 뒤에 플루톤(하데스)에서 거처하며 하데스의 열쇠를 간수하고 있다.

포코스가 경기 실력이 뛰어나자 그의 이복형들인 펠레우스와 텔라몬이 음모를 꾸며 이복동생 포코스를 죽인다. 살인이 발각되자 아버지 아이아코스가 두 아들을 아이기나에서 추방한다.

텔라몬은 살라미스의 퀴크레우스 궁전을 찾아간다. 자식이 없는 퀴크레우스는 텔라몬에게 왕위를 물려준다. 텔라몬은 아이아스를 낳는다. 텔라몬은 헤라클레스와 함께 트로이아 원정에 참가하여 라오메돈의 딸 헤시오네를 상으로 받고 그녀에게 테우크로스가 태어난다.

펠레우스는 프티아의 에우뤼티온 궁전으로 도망친다. 그에게 죄를 정화받고 그의 딸 안티고네와 결혼한다. 멧돼지 사냥에서 본의 아니게 에우뤼티온을 죽이고 또다시 프티아에서 도망쳐 이올코스의 아카스토스를 찾아가 그에게 죄를 정화 받는다. 아카스토스 아내의 유혹을 벗어나서 켄타우로스족에게 붙잡혀 죽을 뻔했으나 케이론이 그를 구해준다.

펠레우스는 페리에레스의 딸 폴뤼도라와 결혼하여 아들 메네스티오스를 낳지만 사실은 하신 스페르케이오스의 아들이다. 나중에 펠레우스는 네레우스의 딸 테티스와 결혼한다. 테티스가 변신하더라고 꼭 붙잡으라는 케이론의 조언으로 펠레우스는 테티스를 자기 여자로 만든다. 케이론은 결혼 축하로 물푸레나무 창을 선물한다. 펠레우스의 아들 아킬레우스는 켄타우로스족 현자인 케이론에게 뤼라와 활쏘기를 배운다.

아킬레우스가 이끄는 종족이 뮈르미도네스족인 것은 아이아스 섬과 연관 있다. 그가 도망친 곳이 프티아이다. 『일리아스』에서 다나오스 백성들의 지휘자를 소개할 때 프티아를 차지한 자들을 뮈르미도네스족이라고 불린다고 말하는 대목이 있다. 펠레우스가 프티아에서 도망친 곳이 이올코스이다. 아킬레우스와 그의 아버지 펠레우스가 머문 곳이 아이아스 섬, 프티아, 이올코스이며 그가 이끈 종족이 뮈르미도네스족이다. 이들이 섞여 불리면서 혼란을 가져다 주기도 한다.

제2권 트로이아 군사 목록

트로이아 동맹국
아카이오이족은 같은 언어로 속삭여도 통하고

트로이아 동맹국은 다른 언어로 고함치며 몸부림쳐도 답답하다.
트로이아는 지금의 터키,
그 동맹국은 소아시아 지역,
뮈시아와 뤼디아와 뤼키아와 프뤼기아쯤이다.

동맹이란 이름으로
왕들은 목숨을 창과 칼에 건다.
부하 장수들에게 전쟁을 명할 수 있으나
왕들은 왕이므로 왕처럼 앞장선다.
목숨을 걸어야 왕의 자리를 지켜
훗날 여전사 나라 아마조네스의 여왕 펜테실레이아는
죽어서 영원히 왕이 된다.

트로이아 진영의 동맹국은
언어도 다르고
민족도 다르고
운명도 다르다.
그러나 동방이거나 서방이거나 거리를 묻지 않고 도움을 싣고 찾아간다.

[서사의 전개]
"프리아모스의 큰 도성에는 많은 동맹군이 와 있는데
그들은 사방에 흩어져 사는 자들이라 저마다 말도 다르오."
아카이오이족의 동맹군은 헬라스어를 사용한다. 트로이아 진영의 동맹
군은 언어가 각기 다르다.

트로이아인들, 지휘자 헥토르
다르다니에인들, 지휘관 앙키세스와 아프로디테(이데 산에서 동침)의 아들

아이네이아스 - 베르길리우스의 로마 건국 서사시 『아이네이아스』의 주인공이다.

젤레이아(이데 산 북쪽), 지휘관 뤼카온의 아들 판다로스 - 전쟁을 종식하지 못하게 아테나의 도움으로 메넬라오스에게 활로 부상을 입힌다.

아드레스테이아, 지휘관 페로코테(헬레스폰토스 해협 도시)의 메롭스 아들 아드라스토스와 암피오스.

페로코테(헬레스폰토스 해협 도시)와 아리스베(셀레에이스 강변), 지휘관 아시오스.

펠라스고이족(텟살리아 남부, 라리사 거주), 지휘관 힘포토오스와 아레스의 후예 퓔라이오스.

트라케인들(헬레스폰토스 안쪽), 지휘관 아카마스와 영웅 페이로오스.

키코네스족, 지휘관 에우페모스.

파이오니아인(마케도니아 스트뤼몬 강과 악시오스 강 사이 지역), 지휘관 퓌라이크메스.

에네토이족의 나라 파플라고니아인(소아시아 북부 흑해 연안), 지휘관 퓔라이메네스.

알뤼베의 할리조네스족(소아시아 북부 비튀니스 지방), 지휘관 오디오스와 에피스트로포스.

뮈시아인(소아시아 북서부), 지휘관 크로미스와 새 점쟁이 엔노모스.

아스카니아 프뤼기아인(소아시아 북서부), 지휘관 포르퀴스와 아스카니오스.

마이오니아인(소아시아 중서부, 뤼디아의 옛이름, 트몰로스 산), 지휘관 메스틀레스와 안티포스.

카리아인(소아시아 서남부, 밀레토스, 뮈칼레), 지휘관 나스테스.

뤼키아인(크산토스 강변), 지휘관 사르페돈과 글라우코스.

  일리아스의 저자가 헬라스 사람이며 승자의 기록이라는 면에서 볼 때

트로이아 동맹군의 서술은 간결하다.

이들 군사는 도시 앞 바티에이아 또는 날랜 뮈리네 무덤이라 불리는 언덕에 정렬한다. 뮈리네는 호전적인 여인족 아마조네스족이다. 아마조네스족은 훗날 이 전쟁에 참여하지만 호메로스의 『일리아스』에는 등장하지 않는다.

* **아마조네스족**: 전설적인 여성 부족. 그들은 전쟁의 신 아레스와 요정 하르모니아의 자손들로 여자들만의 왕국을 이룬다. 이웃 부족을 침입해 남자를 겁탈하여 딸을 낳으면 거두고 남자 아이는 죽이거나 이웃 나라로 보낸다. 헤로도토스의 『역사』에는 헬라스인들이 아마조네스족을 오이오르타파라고 부르는데 '남자를 죽이는 자'라는 뜻이라고 한다. 이들 나라에 대해서 헤로도토스는 스키타이 국경, 지금의 우크라이나 흑해 연안에 위치한다고 기술한다.

제2, 3권 헬레네 남편들의 결투

미모에 눈먼 자들이여, 신들의 탓인가요
아버지는 신의 탓으로 돌리고
그 아들 헥토르는 자기 동생 탓이라 말한다.
더 오래 산 자는 신의 탓이며 운명이라 말하고
더 짧게 산 자는 인간 탓이며 잘못이라 말한다.
노인은 보이지 않는 우주의 순환 원리를 말하고
젊은이는 눈에 보이는 사람의 행동을 말한다.
운명은 신들의 장난이라 앞일을 알 수 없고
인간의 행동은 인간의 일이라 한 치 앞을 모른다.
십 년 전쟁은 헬레네를 미워한다는 말도 없이
헬레네 자신만 괴로워하며

아직도 끝나지 않는다.

헬레네는 그녀 탓이 아니다.
헬레네 미모 앞에서
프리아모스가 그녀 탓이라 하지 않고
헥토르도 그녀 탓이라 하지 않는다.
메넬라오스도 그녀 탓이라 하지 않고
아킬레우스도 그녀 탓이라 하지 않는다.
트로이아 원로들도 오랜 전쟁을 나무랄 일이 아니라 한다.

신이 마련한 운명으로 헬레네는 트로이아 성루에 서서
전 남편과 현재 남편의 일대일 대결을 본다.
내 운명의 실이 어디로 향하는지 헬레네는 모른다.
단지 신이 정한 대로 받아들일 뿐이다.

[서사의 전개]

서사시 22일째, 호메로스는 서사시 전투 첫날을 제3권부터 제7권까지 노래한다.

전투 첫날 전쟁은 끝날 수도 있었다. 그러나 신들은 동의하지 않는다. 아니 승자가 될 듯싶은 진영은 완전한 승자가 되길 원했다. 맹약은 애초에 깨어질 것을 염려한 말이다.

양 진영에 군사들이 집결한다.

양군이 가까워졌을 때, 알렉산드로스가 아르고스인들의 장수들 가운데 누구든 자기와 일대일 결투를 하자고 도전한다. 이를 보고 메넬라오스가 선두 대열에 나타난다. 이에 알렉산드로스가 메넬라오스에게 겁을 먹고 토로이아인들의 무리 속으로 물러서자 헥토르가 꾸짖는다.

"가증스런 파리스여, 외모만 멀쩡하지 계집에 미친 유혹자여!
너는 차라리 태어나지 말았거나 장가들기 전에 죽었어야 해."

헬레네가 탑 위에 오르자 프리아모스는 헬레네를 부른다.

"이리 오라, 헬레네! 내 앞에 앉아 네 전 남편과 친척들과 친구들을 보도록 해라.

- 네게는 잘못이 없다. 잘못은 아카이오이족의

이 피눈물 나는 전쟁을 내게 보내준 신들에게 있다. -"

프리아모스와 아가멤논이 파리스와 메넬라오스의 결투로 전쟁을 끝내자는 맹약을 한다.

프리아모스는 둘의 대결을 차마 눈으로 볼 수 없다며 궁으로 돌아간다.

헥토르와 오뒷세우스는 대결 장소를 재고 누가 먼저 창을 던질 것인지 제비뽑기를 한다.

파리스의 제비가 먼저 나왔다. 알렉산드로스가 긴 창을 던져 메넬라오스의 방패를 맞혔으나 청동이 이를 뚫지 못하고 끝이 구부러지고 만다. 다음에 메넬라오스의 창이 파리스의 방패 가슴받이를 뚫고 들어간다. 파리스는 몸을 틀어 죽음을 피한다. 메넬라오스가 가죽끈으로 파리스 목을 죄자 아프로디테가 끈을 끊고 안개로 감싼다.

아프로디테가 노파의 모습으로 헬레네에게 말한다.

"알렉산드로스가 그대더러 집으로 오시래요."

헬레네는 놀라워하며 말한다.

"나는 그의 잠 시중을 들지 않겠어요. 트로이아 여인들이 나를 나중에 욕할 거예요. 나는 마음이 괴로워요."

아프로디테가 화를 내며 말한다.

"나를 자극하지 말라. 그대는 비참한 운명을 맞으리라."

헬레네는 겁이 나서 알렉산드로스 방 안으로 들어간다.

"그대는 내 전 남편의 손에 쓰러져 죽었어야 해요. 그대는 메넬라오스보다 더 강하다고 자랑하곤 했지요. 그와 일대일로 싸워보세요. 하지만 그만두라고 권하고 싶네요. 그대가 죽게 될 테니까요."

파리스가 대답한다.

"다음에는 내가 그를 이길 것이오."

둘은 침상에 누웠다.

아가멤논이 말한다.

"승리는 메넬라오스 것이오."

헤라가 제우스에게 말한다.

"아테나에 명하여 트로이아인들이 먼저 맹약을 어기고 아카이오이족을 해치게 하라고 하세요."

아테나는 안테노르의 아들 판다로스를 시켜 메넬라오스에게 활을 쏘게 하여 메넬라오스 살갗에 상처를 낸다.

* 신들의 행위는 인간 마음의 갈등, 승자에 대한 불복종의 마음, 지금껏 전쟁에서 상대를 파괴하지 않고 돌아가고 싶지 않은 마음의 표현인 셈이다.

  인간의 행위를 신들의 탓으로 돌린다. 헬레네의 미모 앞에서 신들이 비난받는다. 메넬라오스를 비난하면서 헬레네 앞에서 언어는 부드러워진다. 프리아모스는 헬레네를 미워하지 않는다. 헥토르도 헬레네를 비난하지 않는다. 전쟁으로 지친 헥토르는 동생 파리스를 비난한다. 스카이아이 문 위에서 원로들이 성탑 위에 오르는 헬레네의 모습을 보면서 이야기를 주고받는다.

  "저런 여인 때문에 오랫동안 고생하는 것은 나무랄 일이 아니오. 그 생김새가 흡사 불사의 여신을 닮았으니 말이오."

※ 〈파리스(안토니 브로도프스키 작)〉, 〈메넬라오스와 파리스의 결투(18C 요한 하이리히 티슈바인 작)〉 등의 그림이 있다.

제4권 호메로스의 시선

한 전사에 보내는 호메로스의 시선

텔라몬의 아들 아이아스가 안테미온의 아들 시모에이시오스를 맞혔다.
그는 부모님에게 은공도 갚지 못하고
기상이 늠름한 아이아스의 창에 쓰러져 요절하고 말았다.(제4권)

아가멤논이 안테노르의 아들 이피다마스를 칼로 내리쳐서 사지를 푼다.
그는 가엾게도 결혼한 아내의 곁을 멀리 떠나 도성의 백성들을 도우려다
그곳에 쓰러져 청동의 잠을 자게 된다.
그 아내를 위해 그는 재미도 못 보고 구혼 선물만 잔뜩 주었으니,
먼저 그는 소 백 마리를 주고 나서 그가 수없이 갖고 있던
염소와 양을 합쳐 천 마리를 주기로 약속했던 것이다.(제11권)

전쟁은 사정을 보지 않는다
그러나 호메로스는 인간을 본다.

[서사의 전개]

아가멤논은 왕들에게 전투 참여를 독려한다. 그는 백성들의 정신 상태를 시험해 보려고 이길 수 없는 전쟁이니 돌아가자고 말한다. 그러나 크레테의 이도메네우스, 두 아이아스, 웅변가 네스토르, 메네스테우스와 오뒷세우스, 튀데우스의 아들 디오메데스, 스테넬로스 등은 용감히 전투에 참여하라고 병사들을 격려한다.

전투가 시작되자 먼저 안틸로코스가 트로이아 전사 에케폴로스를 죽였다. 아이아스가 시모에이시오스를 맞혔다.

호메로스는 부모님에게 길러준 은공도 갚지 못하고 요절했다며 아쉬워한다.

아이아스가 그의 오른쪽 가슴 위 젖꼭지 옆을 맞혀 청동 창이 그의 어깨를 뚫고 나가자 큰 늪의 질척한 땅에서 자란 미끈한 포플러 나무처럼 그는 땅 위 먼지 속에 쓰러진다. 시모에이스 강둑에서 낳은 시모에이시오스는 강둑에 누워 시들어간다.

호메로스는 시모에이시오스와 그를 낳은 부모의 슬픔을 처참하게 드러내는 전투를 나무가 시들어가듯 죽어가는 전사로 묘사한다.

호메로스는 죽어가는 자의 사실적 묘사를 통해 전쟁의 처참함을 보여주면서 한편으로는 부모의 은공도 갚지 못하고 죽어가는 어린 전사에서 시선을 거두지 못한다.

제5권 인간의 신 공격

인간이 신을 공격한 이야기

인간 헤라클레스가 헤라와 하데스를 화살로 맞혀 고통을 주었단다
이어서 디오네 여신이 딸 아프로디테에게 위로의 말을 한다.
불사신들과 싸우는 자는 결코 오래 가지 못하며
전쟁과 무시무시한 결전에서 귀향하더라도 자식들이 그의 무릎 위에서 결코
아빠! 아빠! 하고 부르지 못하게 될 것이다.

인간 디오메데스가 여신 아프로디테의 손끝을 창으로 찌른다.
이번에는 팔라스 아테나가 동판 배띠를 두르고 있던 아레스의 아랫배로 디오메데스 창을 밀어 넣었다.
바로 그곳을 디오메데스가 정통으로 찔러 그의 고운 살갗을 찢고는
창을 도로 뽑자 청동의 아레스가 크게 울부짖는다.

신들도 신들의 충돌로 상처를 입는다.
인간이 불사신에 덤벼드는 일은 계란으로 바위치기나 마찬가지,

자신이 깨지고
자신의 자식들마저 금이 간다

신들의 벌은 가족의 해체이다.
여신 아프로디테는
디오메데스 아내 아이기알레이아를 청년 코메테스와 바람나게 한다.
아내에게 나라마저 빼앗긴 후
전쟁의 위대한 영웅 디오메데스는 남이탈리아로 떠나 새로운 나라를 세운다.
전쟁에서 여신의 손끝에 상처내고
자신은 삶의 일상을 잃는다.
불사신과 싸우는 자는 결코 오래 가지 못한다.
자연과 우주라는 신은 영원하고
그 속에서 인간은 하루살이다.
불 주위를 맴도는 불나방이다.

[서사의 전개]

아르고스의 튀데우스 아들 디오메데스, 총사령관 아가멤논, 메넬라오스, 메리오네스, 메게스, 에우뤼필로스는 수많은 적군을 도륙한다.

튀데우스의 아들 디오메데스는 뤼카온의 아들 판다로스의 화살에 맞아 가슴받이가 피로 물든다. 그가 기도하자 아테나는 말한다.

"그대는 다른 불사신들과는 맞서 싸우지 말고,
다만 제우스의 딸 아프로디테가 싸움터에 들어오거든
날카로운 창으로 그녀를 찔러주도록 하라."

아이네이아스는 신과 같은 판다로스를 찾는다. 활의 명수 판다로스가 말을 몰고 아이네이아스가 창을 들어 디오메데스를 공격한다. 디오메데스가 창을 던지자 아테나가 그의 창을 판다로스의 눈 옆 코로 인도하여 하얀 이빨들을 꿰뚫게 했다. 시신을 지키던 아이네이아스에게 디오메데스가 돌덩이를 던져 아이네이아스 절구를 부수고 두 힘줄을 끊는다. 아프로디테가 사랑하는 아들 아이네이아스를 데리고 나가 목숨을 구한다. 훗날 아이네이아스는 로마 건국의 조상이 된다. 로마시대 베르길리우스는 서사시 『아이네이스』(희랍어 아이네이아스, 로마어 아이네이스)를 완성한다.

디오메데스는 아프로디테에게 달려들어 날카로운 창으로 그녀의 손끝을 찌른다. 비명을 지르며 아들을 놓아버리자 아폴론이 그를 두 손으로 받아 검은 구름으로 감싼다. 이리스가 아프로디테를 데리고 나가고 아프로디테는 사랑하는 오라버니라 부르며 아레스에게 올림포스로 돌아가게 해 달라고 부탁한다.

디오네가 딸 아프로디테에게 인간이 신을 공격한 이야기를 말한다.

"알로에우스의 아들 오토스와 에피알테스가 아레스를 열석 달 동안 청동 독 안에 묶어 놓았고, 헤라클레스가 헤라의 오른쪽 가슴을 화살로 맞히고, 하데스도 맞혀 고통을 주었다. 그러니 디오메데스를 조심하라."

아프로디테는 분노하여 훗날 디오메데스의 아내 아이기알레이아를 변절하게 하여 코메데스와 통정하게 한다. 불사신에 도전한 자들은 오래 가지 못한다. 조상들이 신에 도전한 아가멤논, 프리아모스 집안은 그래서 고통이 이어진다. 신들은 인간의 가족을 해체함으로써 행복을 깨뜨려 벌을 내린다.

디오메데스는 아폴론이 돕는 아이네이아스를 공격한다. 레토와 아르테미스가 아이네이아스를 데려가 낫게 해 준다.

헤라가 아테나에게 아레스를 날뛰도록 내버려두지 말라고 하자, 아테나는 무시무시한 아이기스를 걸친다. 헤라는 제우스에게 아레스를 치도록 요청한다. 아테나의 도움으로 디오메데스는 아레스의 아랫배를 창으로 찌른다. 아레스는 제우스에게 아테나를 벌주지 않고 너그럽게 봐준다고 불평한다. 제우스는 파이안에게 명하여 아레스를 치료해준다.

인간 디오메데스는 아테나 신의 도움으로 신들에 대항하여 상처를 입힌다. 필멸의 인간이 불멸의 신에게 도전한다. 인간의 교만이 하늘을 찔러 결과가 처참해진다. 그 출발점에 미리 아는 자 프로메테우스 신이 있다. 신에게 도전한 인간들에 신은 끝내 보답한다. 인간의 불행은 거기에서 출발한다.

제6권 디오메데스와 글라우코스 무구 교환

황소 아홉 마리와 백 마리의 무구를 바꾼 이야기

그대는 대체 뉘시오.

우리 가문은 아르고스의 시쉬포스, 글라우코스, 벨레로폰테스라오

벨레로폰테스가 쫓겨나 뤼키아에서 아마조네스족을 죽이고 왕의 딸과 명예의 반을 받았소.

그 손자가 사르페돈이고 사르페돈의 사촌이 나, 글라우코스란 사실이 자랑스럽소.

아, 그러시오.

그대 조상은 나의 먼 조상 때부터 우리 집안의 빈객이오.

나, 디오메데스의 조상 이오네우스가 벨레로폰테스를 궁전에 머무르게 하고 우정의 선물로 자줏빛 찬란한 혁대와 손잡이가 둘 달린 황금 잔을 서로 교환했소.

아르고스에서는 내가 그대의 주인이고, 뤼키아에서는 그대가 나의 주인이오.

그들은 상처와 증오 대신 서로 무구를 선물한다.

글라우코스는 황소 백 마리의 값어치가 있는 자신의 황금 무구들을 준다.

디오메데스는 자신의 청동무구를 선물한다.

청동무구는 사실 황소 아홉 마리 값어치밖에 안 된다.

제우스가 글라우코스의 분별력을 빼앗겠다고 한다.

우정에 얼마나 분별력이 있어야

분별력이란 말을 그칠는지 모를 일이다.

[서사의 전개]

아이아스, 디오메데스, 메넬라오스가 적군을 살상한다. 네스토로가 적군을 도륙하자고 외친다. 육박전의 전쟁은 소돼지를 잡는 것처럼 도륙이다.

프리아모스 아들인 새 점쟁이 헬레노스가 아이네이아스와 헥토르에게 디오메데스를 물리치도록 아테나 여신에게 헤카톰베를 바치게 한다. 전쟁은 신이 한다. 인간은 꼭두각시다. 기후와 지세와 공격의 시간, 그리고 사기가 전쟁의 신이다.

글라우코스와 디오메데스가 일대일로 맞선다. 영웅들은 영웅끼리 결투한다. 자신의 죽음을 알지라도 물러서지 않는다. 러시아 국민 시인 푸시킨도 그렇게 결투하다가 죽었다. 군인에게 시인이 결투를 요청했으니 죽음은 푸시킨의 선택이다.

디오메데스가 글라우코스에게 먼저 말을 건다. 과거 영웅들은 언제나 싸우기 전에 상대의 사기를 꺾는 연설을 한다. 가장 뛰어난 자여! 디오메데스는 상대의 가문부터 묻는다. 가문은 명예이며 사기이다. 그대는 대체 뉘시오? 영웅들은 적군에게조차 명예롭게 묻는다. 천박이 자신에게서 나오고 명예도 자신에게서 나온다. 모두 존경하는 영웅들은 천박한 언어를 입에 담지 않는다. 그 또한 명예이기 때문이다.

글라우코스는 답한다. 왜 내 가문을 묻는 것이오? 우리 가문은 아르고스의 에퓌라레 인간들 중에서 가장 꾀 많은 시쉬포스요. 아이올로스의 아들 시쉬포스가 글라우코스를 낳고 글라우코스가 아름다움과 남자의 매력을 가진 벨레로폰테스를 낳았소. 아내의 말을 들은 프로이스토스 왕이 아르고스인들의 나라에서 벨레로폰테스를 내쫓았소. 프로이스토스의 아내 안테이아가 벨레로폰테스와 동침하기를 바랐으나 거절한 까닭이오. 그분은 뤼키아로 갔소. 뤼키아 왕은 프로이스토스가 죽이라고 보낸 표지를 받고 벨레로폰테스를 죽일 양으로 무시무시한 괴물 키마이라를 죽이라고 명령하였소. 벨레로폰테스는 키마이라를 죽이고, 솔뤼모이족과 싸워 이긴 다음 아마조네스족을 죽였소. 돌아오는 동안 그를 죽이려는 복병을 모두 죽이자 뤼키아 왕은 그가 신의 후예임을 알고 자기 딸을 아내로 주고 왕의 명예의 반을 주었소. 그는 이산드로스, 힙폴로코스, 라오다메이아를 낳았소. 제우스가 라오다메이아와 동침하여 사르페돈을 낳았소. 이산드로스는 신들의 미움을 받아 죽고, 힙폴로코스께서 나를 낳으셨소. 나는 이런 가문과 혈통을 자랑으로 여기오.

이를 듣고 디오메데스가 기뻐한다.

그대는 먼 옛날 아버지 조상 때부터 나의 빈객이오. 오이네우스가 벨레로폰테스를 궁전에 유숙하게 하시고 우정의 선물을 교환했소. 오이네우스는 자줏빛 찬란한 혁대를 주셨고 벨레로폰테스는 손잡이 둘 달린 황금 잔을 주었소. 그러니 아르고스에서는 내가 그대의 주인이고, 뤼키아에서는 그대가 나의 주인이오. 서로 창을 피하기로 합시다. 서로 무구들을 바꾸어 우리가 선조 대부터 친구임을 자랑으로 여깁시다.

결투하러 나온 그들은 싸우지 않는다. 서로 친구임을 자랑으로 여기며 선물을 교환하고 돌아선다.

제우스가 글라우코스 분별력을 빼앗아 황소 백 마리의 값어치가 있는 자신의 황금 무구들을 황소 아홉 마리의 값어치밖에 안 되는 디오메데스의 청동무구와 맞바꾸게 한다.

전쟁도 인간이 하는 일이다. 아무런 개인적 원한도 없이 전쟁에 참여한 사람들에게는 상대가 미움의 대상이 아니다. 사연이 있는 한 사람일 뿐이며 때로는 인연이 있는 친구이거나 친지이다.

헥토르의 아내 안드로마케는 아들 스카만드리오스(다른 사람들은 헥토르 아들을 아스튀아낙스라고 부른다)를 품에 안고 눈물을 흘린다. 어린 자식과 머지않아 과부가 될 이 불행한 아내가 가엾지도 않냐며 탑 위에 머물러 나를 과부로 만들지 말라고 애원한다.

그러나 헥토르와 파리스는 다시 전장으로 나선다.

전쟁은 개인의 사정을 돌아보지 않는다. 전쟁은 매정하고 애원하는 여인을 돌아보지 않는다. 떠나는 자는 어쩌면 그래야 하는지 모른다. 죽는 자 역시 그렇다.

제7권 헥토르와 아이아스 무구 교환

전쟁에서 선물은 선물이 아니다

전쟁은 책임 있는 자들의 결투가 아름답다.

책임 있는 자가 아니면

더 위대한 영웅들의 싸움이 그 다음으로 아름답다.

영웅들은 상대의 아름다움을 안다.

아이아스와 헥토르는 명예로운 자들이다.

방패를 뚫고 창이 구부러지며

밤이 다가온다.

마음을 좀먹는 불화로 싸웠지만

그들은 친구가 되어 헤어졌다.

그 증표로 선물을 교환한다.

헥토르는 은못을 박은 자신의 칼, 칼집, 가죽 끈을 건네준다.

아이아스는 자줏빛 찬란한 혁대를 준다.

훗날,

헥토르의 시신은 아이아스가 준 혁대에 묶여

아킬레우스에게 수모를 당하고

아이아스는 헥토르에게 받은 칼로

오뒷세우스에게 빼앗긴 명예 때문에 자살한다.

전쟁에서 선물은 선물이 아니다.

[서사의 전개]

아폴론과 아테나는 전쟁을 중지하도록 헥토르와 일대일로 싸우게 한다.

헥토르가 먼저 나선다. 메넬라오스가 일어서자 아가멤논이 아킬레우스조차 두려워하는 자라며 주저앉힌다. 아무도 나서는 이가 없자 네스토르가 꾸짖는다. 아가멤논, 디오메데스, 두 아이아스, 이도메네우스, 메리오네스, 에우뤼퓔로스, 토아스, 오뒷세우스 등 아홉이 일어선다. 네스토르가 제비뽑기를 제안한다. 제비뽑기는 아이아스를 지목한다.

아이아스가 말한다. "그대가 먼저 전투와 전쟁을 시작하라!"

헥토르가 답한다. "내 그대 같은 전사를 몰래 엿보다가 치고 싶지는 않다. 내 그대를 맞힐 수 있을지 네가 보는 앞에서 치리라!"

용감한 자, 명예로운 자는 정면으로 대응한다. 설사 자신이 위험에 처한다 할지라도 불명예를 방패로 삼지 않는다.

헥토르의 창이 아이아스의 여덟 번째로 입힌 청동을 맞혀 일곱 번째 가죽에서 멈춘다.

이번에는 아이아스의 창이 헥토르의 방패를 지나 가슴받이를 뚫고 들어가 윗옷을 찢었으나 그가 몸을 틀어 죽음을 면한다. 어찌 위대한 영웅들이 상대가 위대하다 해도 한 번의 창으로 싸움이 끝나겠는가!

그들은 멧돼지들과 흡사하게 서로 마주 덤벼든다. 헥토르의 창끝이 구부러진다. 아이아스가 헥토르의 방패를 찔러 헥토르의 목을 스치고 지나가자 검은 피가 솟아오른다. 헥토르가 큰 돌을 던지자 아이아스의 방패 청동이 요란하게 운다. 아이아스가 훨씬 더 큰 돌을 빙빙 돌려 던지니 헥토르는 방패에 밀려 뒤로 나자빠진다. 양측의 전령이 달려 나와 밤이 다가왔으니 전쟁과 전투를 중지하라고 말한다. 이들의 싸움은 창던지기, 원반던지기 운동경기 같은 전투다.

헥토르가 말한다. 서로 훌륭한 선물을 교환하여 사람들이 이렇게 말하도록 해줍시다. '두 사람은 마음을 좀먹는 불화 때문에 서로 싸웠지만 다시 화해하고 친구가 되어 헤어졌도다.' 싸움은 싸움이고 화해는 화해다. 싸운 자가 친구가 되고, 때론 친구가 원수가 된다.

헥토르는 은못을 박은 자신의 칼, 칼집, 가죽 끈을 건네주고, 아이아스는 자줏빛 찬란한 혁대를 준다. 이 선물은 후에 중요한 역할을 한다. 트로이아 최고의 영웅 헥토르와 아르고스에서 아킬레우스 다음으로 영웅인 아이아스와 대결은 전쟁이 쉽지 않음을 보여준다. 무구 교환은 현대 월드컵이나 올림픽 축구 경기에서 경기가 끝나면 상대 선수와 옷을 바꾸어 입는 모습과 같다.

아카이오이족은 제우스에게 다섯 살배기 황소를 제물로 바치고 음식을 차려 먹는다.

네스토르 노인이 제안한다. "내일은 전쟁을 쉬고 시신들을 화장해야 하오."

트로이아인들 속에서는 안테노르가 열변을 토한다. "아르고스의 헬레네를 그녀의 보물과 함께 데려가도록 내줍시다. 우리는 맹약을 어기고 싸우고 있소."

알렉산드로스가 말한다. "지금의 말은 내 마음에 안 드오. 나는 재물은 보태서 줄지언정 결코 내 아내를 내주지 않을 것이오."

프리아모스가 일어선다. "시신들을 화장할 때까지 전쟁을 중지할 의사가 있는지 물어보라."

디오메데스가 말한다. "이제 와서 알렉산드로스의 재물을 받지 마시오. 헬레네조차 받지 마시오! 트로이아인들에게는 파멸의 밧줄이 걸려 있소."

프리아모스 제안대로 양군은 다음날까지 시신들을 장작더미에 태우고 무덤을 만든다. 자신의 삶을 버리고 전쟁에 나가 죽은 자들을 명예롭게 화장한다. 무덤으로 그들의 명예를 세운다. 그들은 전사함으로써 그들이 누려야 할 모든 것을 한꺼번에 포기한 자들이다. 현재에도 전투 중이거나 전쟁이 끝난 후 찾지 못한 시신을 오랜 시일이 지난 후에라도 유전자 검사를 통해서까지 찾는다. 국가는 경건하게 그들에게 명예롭게 예의를 갖춘다. 전사자들은 자신의 모든 것을 전투에 바쳤기 때문이다. 재산, 사랑, 가족, 그리고 자신마저 바친 자들이다. 남은 것은 오직 명예뿐이다. 그것도 죽어서 남긴 유일함이다.

[일리아스 서사시 전개 23~24일째]

23일째, 트로이아인들과 아카이오이족은 전사자 시신들을 화장한다.

24일째, 아카이오이족은 무덤을 만든다. 그리고 방벽을 쌓고 높은 탑들을 세운다.

아카이오이족은 막사에서 소를 잡고, 렘노스에서 이아손의 아들 에우네오스가 보낸 포도주로 잔치를 벌인다. 트로이아인들도 잔치를 한다.

제우스가 재앙을 꾀하며 천둥을 쳤다. 모두 하루의 노고를 잠이 위로한다. 전쟁은 이렇게 반복된다.

※ 그림으로 〈헥토르의 활약(프란체스코 몬티 작)〉, 〈파리스를 꾸짖는 헥토르(장 자크 프랑수아 르 바르비에 작)〉, 〈헥토르를 떠나보내는 안드로마케(세르게이 포스트니코프 작)〉 등이 있다.

25일째 전쟁 둘째 날

제8권 트로이아인들의 우세

전쟁터의 캠핑 같은 모닥불

살아남은 자가 되돌아보는 전쟁은 추억이다.

죽음을 딛고 일어선 자는

그가 겪은 죽을 뻔 함도 추억이다.

분주한 낮의 전투도 밤이 되면 휴식을 취하고

어둠에 빛나는 모닥불은 달빛과 별빛을 우러르며

전쟁 속의 추억을 또 하나 만든다.

오늘 하루 창과 칼끝을 피하고

창과 칼날을 던지는 노고가 끝나면

닫혔던 밤의 하늘이 열린다.

밝은 달이 뭇 별과 함께 전사들의 고향을 굽어본 그 빛으로

전사들을 바라본다.

아우렐리우스 황제처럼 군영의 화톳불을 바라본다.

삶과 죽음이 하나이고

감독이 부르면 들어가야 하는 배우 같은 삶이 펼쳐진다.

[서사의 전개]

　서사시 속 첫 번째 전투는 양군이 치열한 싸움으로 대등하다.

　서사시 25일째, 『일리아스』에서 새벽은 샤프란 색 옷을 입고 등장한다. 군대 야영지에서 맞는 새벽은 얼마나 아름다운가! 밤새 어둠을 즐기던 차가운 이슬의 행렬이 대지를 떠난다. 그 행렬은 아침빛을 부르는 조용하지만 웅대한 합창이다. 새벽은 어둠을 누르고 어렴풋이 실루엣을 벗긴다. 물감 입자들이 하나둘 떠오르다가 마침내 샤프란 색 새벽은 대지의 나신을 남기고 떠난다. 새벽이 떠나면 사람들은 부끄러움을 마주한다. 대지의 벗은 몸을 보면서.

　두 번째 전투의 날이 밝는다.

　올림포스 상상봉 신들의 회의에서 제우스는 인간 삶을 조종한다. 운명이라 해도 좋고, 좋을 때는 행운이라 해도 좋다. 불행도 신이 인간에게 하는 보답이다. 인간은 다만 주어진 상황에서 최선을 다하는 일이다. 제우스

는 신들에게 경고한다. 인간들이 인간 스스로 능력에 따라 전쟁에 참여하게 하시오. 신들이 간섭하지 않도록 하시오. 두 백성을 도우려다가는 수치스럽게 매를 맞고 올림포스로 돌아오게 되거나, 하데스에서도 더 내려간 타르타로스로 내던질 것이오. 나는 모든 신들과 모든 인간들을 능가하오. 한번 시험해 보시오. 제우스는 위협한다.

딸 바보 제우스는 말한다. 사랑하는 딸아, 내 진심에서 여러 신들에게 경고한 것이 아니란다. 내 사랑스런 딸아, 네 뜻대로 하라.

표리부동하게 제우스는 트로이아를 지원하러 트로이아 옆 이데 산으로 이동한다. 해가 중천에 이르러 제우스가 저울대를 잡자 아카이오이족의 죽음의 운명이 대지 위로 내려앉는다. 그러나 이는 결국 아킬레우스의 명예를 높이기 위해서이다.

이때 이도메네우스도, 아가멤논도, 두 아이아스도 전투에서 버티지 못한다. 네스토르는 알렉산드로스가 쏜 화살에 부상당한다. 디오메데스도 제우스의 지원을 받는 헥토르에 대항하지 못한다. 아가멤논은 제우스에게 탄원한다. 그대의 아름다운 제단을 한 번도 그냥 지나친 적이 없이 황소의 기름조각과 넓적다리뼈들을 태워드렸나이다. 적어도 우리 자신이나마 살아서 도망하게 해주시고, 내버려두지 마소서!

신들의 신, 제우스조차 헤카톰베에 약하다. 제우스는 아가멤논의 백성들이 구원받을 것임을 약속한다. 신화 속 신들은 인간만큼 변덕스럽다.

튀데우스의 아들 디오메데스는 아겔라오스를 죽인다. 큰 아이아스의 이복동생 테우크로스는 트로이아인들을 도륙한다. 아가멤논은 흐뭇해서 말한다. 일리오스를 함락한다면, 나는 나 다음으로 맨 먼저 그대의 손에 명예의 선물을 쥐어줄 것이오. 세 발솥이든 전차가 딸린 두 필의 말이든, 그대와 한 침상에 오르게 될 여인이든 말이오. 아가멤논은 장수를 격려하면서 자신부터 내세운다. 테우크로스가 헥토르에 화살을 쏘지만 아폴론이 빗나가게 한다. 이미 신들에게 제우스의 경고 따위는 없다. 제우스가 트로이아인들을 지원한다. 헤라와 아테나가 이를 보고 전투에 참여한다. 제우스가 이데 산에서 이를 보고 있다가 크게 노하여 이리스를 시켜 아르고스 인들을 돕지 못하게 한다.

트로이아가 우세한 전투도 밤이 되자 멈춘다. 날이 새면 전투를 시작하고 밤이 되면 밤에 복종한다. 밤을 이기며 밤을 낮처럼 살아가는 현대인들은 밤에 서서히 죽어 간다. 현대에는 태양의 신 휘페리온과 헬리오스가 전등 불빛으로 대체된다.

트로이아인들은 아카이오이족이 밤에라도 함선을 타고 달아나지 못하게 밤새 불을 피우고 파수를 본다. 헥토르와 트로이아인들은 신들에 헤카톰베를 바치지만 신들은 받아들이지 않는다.

트로이아인들의 일천 개의 화톳불이 화톳불마다 쉰 명씩 앉아 새벽을 기다린다. 천 개에 쉰 명씩이면 오만 명이다.

전쟁 속에서 보는 별들은 역설적이게도 얼마나 아름다운가!

-주위의 모든 망대들과 산등성이들과 우거진 골짜기들이

드러나고 하늘이 열리며 대기가 무한히 쏟아져 내려오고

별들이 모두 보이니 목자도 마음이 흐뭇하다

(천병희 역, 제8권 556행~559행)

호메로스는 전쟁을 노래하는 시인이다.

그는 로마의 황제 아우렐리우스처럼 전쟁터의 철학자이다.

제9권 오뒷세우스의 설득

부러진 설득과 분노가 거절한 선물

분노를 거둔다면 구혼 선물 없이 많은 지참금을 담아 내 딸까지 주겠소.

그대를 분노하게 했던 브리세이스를 돌려주겠소.

맹세코 나는 그녀를 가까지 한 적이 없소.

트로이아 여인 스무 명을 얹어 주겠소.

공예에 능한 여인 일곱도 주겠소.

가마솥, 황금, 세 발솥, 말 열두 필
여기에 더하여 번화한 일곱 도시를 주겠소.

나는 열두 도시를 함선을 타고 가서 함락하고
트로이아 도처에서 열한 도시를 파괴했소.
그런데 값나가는 물건들을 그가 차지하고
유독 나에게서는 내 여인까지 빼앗아 갔소.
그 자는 나를 완전히 속였고 잘못을 저질렀소.
나는 그자의 선물이 싫소.

아킬레우스여 마음을 억제하시오.
그대를 길러준 이 포이닉스는 그대와 떨어져 남고 싶지 않소.
멜레아그로스는 선물도 거절하고 마지막까지 버티다 재앙을 막았소.
함선들이 불붙기 전에 선물을 받고 나가시오.

포이닉스여, 나의 아버지여
나는 그런 명예가 필요치 않아요.

부러진 명예는 흔적 없이 이을 수 없다.
뒤늦은 선물은 분노에 다시 분노를 덧댄다.

[서사의 전개]

밤은 숨김의 시간이다. 밤은 낮을 잉태한다. 밤은 씨앗이다. 휴식의 밤
에 낮을 대비한다. 장막의 공간인 밤에 낮의 무대를 준비한다. 빛은 어둠
의 자식이다.

서사시 속 첫 전투는 수많은 사상자가 나며 하루 휴전한다. 그러나 두 번
째 전투가 끝난 밤에 트로이아는 사기충천하여 화톳불을 피우고, 아르고

스인들은 공포와 슬픔에 잠긴다.

아가멤논은 말한다. "제우스께서 일리오스를 함락한 뒤 귀향하게 해주시겠다고 약속하며 머리까지 끄덕여 놓고 이제 와서 사악한 속임수로 아무런 명예도 없이 아르고스로 돌아가라고 명령하십니다. 고향 땅으로 달아납시다."

디오메데스가 공박한다. "어리석음을 공박하는 것은 회의장의 관례이니 내게 화내지 마시오. 제우스는 그대에게 왕홀을 주었지만 가장 큰 힘인 투지는 주지 않았소. 가려면 가시오. 나는 끝장 볼 때까지 싸울 것이오."

네스토르가 말한다. "튀데우스의 아들이여! 그대는 싸움터에서도 회의장에서도 가장 뛰어나시구려. 하나 그대의 말은 아직 완결되지 않았소. 저녁 준비를 합시다. 그리고 각자 야영하게 합시다. 아트레우스의 아들이여! 원로들에게 잔치를 베푸시오. 그대의 막사에는 아카이오이족의 함선들이 매일같이 트라케에서 포도주를 싣고 오지 않소. 훌륭하고 지혜로운 계책을 말하는 자에게 귀를 기울여야 하오. 죽느냐 사느냐는 이 밤에 달려있소."

파수병들이 저녁 준비를 하고 아가멤논은 막사에서 원로들과 진수성찬으로 먹고 마신다.

네스토르가 열변을 토한다. "인간들의 왕 아가멤논이여! 그대가 우리 의사에 반해 아킬레우스의 막사에서 브리세이스를 빼앗았소. 아킬레우스를 설득할 방도를 강구해 봅시다."

아가멤논이 답한다. "노인장! 내 어리석음의 대가로 보상금을 바치겠소. 세 발솥 일곱 개, 황금 열 탈란톤, 가마솥 스무 개, 말 열두 필, 공예에 능한 여인 일곱 명, 그녀와 가까이 한 적이 없는 브리세우스의 딸 브리세이스, 일리아스를 함락하면 얻을 가장 아름다운 트로이아 여인 스무 명, 그리고 아르고스에 돌아가면 구혼 선물 없이 많은 지참금을 담아 마음에 드는 내 딸을 주겠소. 도시 일곱 개까지 주겠소. 그가 분노를 잠재운다면 말이오."

네스토르가 대답한다. "사람들을 뽑아 아킬레우스 막사로 보냅시다. 포이닉스가 앞장서고 큰 아이아스와 오뒷세우스가 동행하시오. 전령으로 오디오스와 에우뤼바테스도 따르도록 하시오."

그들은 제우스에게 자비를 빌도록 손을 씻고 헌주를 했다.

포르밍코스로 마음을 달래고 있던 아킬레우스에게 오뒷세우스가 앞장서 갔다.

오뒷세우스: (아킬레우스에게) 아킬레우스여, 그대의 술이지만 축배를 드시오. 내 여기 온 용건을 말하리다. 우리 연합군은 현재 절박한 상황이오. 트로이 야영지에 타오르는 수많은 맹렬한 불길을 보시오. (아킬레우스의 자존심을 건드려볼까?) 헥토르는 미친 듯이 공격하여 우리 배들을 불과 연기에 휩싸이게 할 것이오. (상대의 감정에 호소해 보자) 그대는 그대의 아버지 펠레우스의 경고를 잊었소? 그대의 아버지는 그대가 프티아를 떠나던 날 그대에게 교만한 성질을 억제하고 말다툼을 피해야 한다고 하지 않았소? 하나밖에 없는 늙은 아버지를 생각해 보시오. (분노가 너무 크구나. 아가멤논이 내민 선물 이야기를 해 보자) 그대, 아킬레우스가 전투에 복귀하면 아가멤논이 감당하기 어려운 선물을 준다고 했소. 브리세이스도 돌려 줄 것이고 아가멤논 딸 하나를 신부로 주겠다고 했소. 사실 아가멤논은 그대에게 항복한 것이나 마찬가지오. 영웅에게 가장 명예로운 것들이 그대의 차지가 된단 말이오. (그래도 아가멤논이 아킬레우스에게 자신의 통치를 받으란 말은 빼야지. 아킬레우스가 불 같이 화를 낼 것이 틀림없으니까. 최고의 개인적 영광에 호소해도 안 된다면 더 이상 방법이 없다.) 아킬레우스여, 그대가 헥토르를 무찔러 우리 모두를 구원하는 최고의 용사가 되시오. 헥토르는 다나오스 백성들 중에 자기를 당할 자가 아무도 없다고 믿고 있소.

아킬레우스: (오뒷세우스, 그대가 나에게 개인적 이익에 호소해도 안 움직이니까 감정적 호소를 하고 있구료. 그대가 에토스, 파토스, 로고스 등 아리스토텔레스

의 수사학을 모두 동원해 보시오. 내가 전투에 복귀할 듯 싶소?) 사실 아가멤논이 제안한 것보다 더 큰 제안이라도 단연코 나는 거부하오. 아가멤논은 내가 10년 가까이 여기서 싸웠어도 고마워하지 않고 보물들을 대부분 자기가 차지했소. 그자는 나를 속였소. 아가멤논이 그 하찮은 선물로 나에게 준 모욕을 보상할 수 있다고 생각하시오? 재물과 명예보다 더 귀중한 것이 인생이오. 내가 고국으로 돌아간다면 명성을 잃겠지만 이른 죽음은 면할 수 있소. 사실 명예 때문에 죽음을 각오하고 이 전쟁에 왔소. (그러나 나중에는 명예 때문에 전쟁터에 나가고 그 명예를 얻으려다 죽는다.)

포이닉스: (아카이오이족의 함선들을 염려한 나머지 눈물을 흘리며 말한다.) 내가 펠레우스 왕을 찾아갔을 때 그 분은 나를 사랑으로 정성껏 길러놓았소. 나는 그대를 아들로 삼았소. 아나톨리아인 오이네우스의 아들 멜레아그로스가 큰 선물을 약속하며 아버지와 어머니가 구원해주기를 간청했지만 거절했소. 도성에 불이 붙자 그 때서야 아무 대가 없이 재앙을 막아 주었소. 함선들에 불이 붙으면 구하기가 어려울 것이오. 선물을 줄 때 나가시오. 아카이오이족이 그대를 신처럼 떠받을 것이오.

아킬레우스: 포이닉스여, 나의 아버지여. 나는 명예가 필요 없소. 나를 괴롭히는 자를 나와 함께 괴롭히는 것이 나을 것이오. 오늘 나와 함께 여기에서 자고 날이 새거든 고향으로 떠날지 여기 머물지 생각해 보시오.

포이닉스: (도리어 나를 설득하고 있네. 할 말이 없군. 오늘은 여기서 아킬레우스와 함께 지내야겠어.)

아이아스: 계책에 능한 오뒷세우스여! 돌아갑시다. 무정하도다! 무자비하도다! 세상에는 자기 자식을 죽인 자한테서도 보상금을 받는 사람도 얼마든지 있소. 신들은 한낱 소녀 때문에 화해할 수 없는 분노를 일으켜 놓았구려. 가장 뛰어난 여인 일곱 명과 그 밖에도 다른 것을 많이 주겠다고 하지 않소! 그대는 마음을 누그러 뜨리시오.

아킬레우스: 그대의 말이 대체로 내 말과 같소. 그러나 아가멤논이 아르고스인들 앞에서 나에게 무례하게 대하던 일을 생각할 때마다 마음속으

로 화가 치밀어 오르오. 함선들을 불사르기 전에는 나서지 않을 것이오.

그들은 오뒷세우스를 앞세우고 돌아갔다. 포이닉스는 린네르 잠자리에서 잠을 잤다. 아킬레우스는 레스보스에서 데려온 볼이 예쁜 디오메데와, 파트로클로스는 스퀴로스를 함락하고 얻은 예쁜 허리띠를 맨 이피스와 함께 누워 잤다.

분노는 선물로 해결할 수 없다. 분노는 스스로 가라앉아야 한다. 아리스토텔레스는 『수사학』에서 분노를 자신이나 자신의 친구가 까닭 없이 명백하게 멸시당한 것을 두고 복수하고 싶어 하는, 고통이 따르는 욕구라고 정의한다. 상대방에게 불명예를 안기는 것은 상대방을 경멸하는 것이다. 아킬레우스가 화가 난 이유이다. 다 잃은 커다란 명예 앞에서 또 다른 명예는 명예가 아니다.

* 현재까지 수사학의 가장 큰 바탕은 아리스토텔레스의 『수사학』이다. 그는 수사학을 "가능한 한 최고의 설득법을 찾아내는 것"이라고 정의한다. 수사학의 다섯 가지 요소는 발상, 배열, 문체, 기억, 발표 등이다. 배열은 서문, 사건기술, 사건분류, 논증, 반박, 결론의 기본 형식을 갖춘다. 그 중에 서문에서는 에토스적 호소가 필요한 단계이고, 본론은 로고스가 중요하게 작용한다. 결론에서는 파토스적 호소가 최절정에 이르는 단계이다. 표현에서는 다양한 수사법이 동원된다. 에토스는 연설가의 신뢰이며, 로고스는 이성으로 이해시키기, 파토스는 마음 움직이기이다. 호메로스는 사절단을 보내 에토스, 로고스, 파토스의 전략을 모두 동원하여 아킬레우스를 설득하고자 한다. 그러나 아킬레우스는 고전적인 수사학의 모든 방법을 동원해도 설득당하지 않는다. 아킬레우스의 분노가 그만큼 크다. 호메로스는 아킬레우스의 분노를 최고조로 드러내기 위해 최고의 설득 방법을 동원하지만 그 설득이 효력이 없음을 보여준다. 파트로클로스가 헥토르에

게 죽자 아가멤논에 대한 아킬레우스의 분노는 헥토르에게 옮겨가고 아킬레우스는 전투에 나선다. 이로써 아킬레우스와 파트로클로스의 우정이 전면에 등장한다. 그 많은 선물도 무용지물이 되게 훗날 아킬레우스는 전사한다. 아킬레우스가 그것을 알았는지도 모를 일이다.

※ 그림으로 〈아킬레우스를 설득하는 포이닉스(미셸 마르탱 드룀링 작)〉, 〈포이닉스를 달래는 아킬레우스〉 등이 있다.

제10권 오뒷세우스의 정탐

정탐자가 정탐자를 만나서
자기를 알고 남을 알아야 위태롭지 않다.
트로이아 돌론은 펠레우스 말과 전차가 탐이 나서
분수를 넘어 정탐꾼을 자처한다.
다나오스 백성의 디오메데스와 오뒷세우스도 정탐에 나선다.
적군이 돌아갈 것인지 남을 것인지
정탐자들의 목적은 똑같다.
파수꾼을 피해
적지를 오가며
상대가 어떤 전략을 갖는지 알기도 전에
디오메데스는 돌론의 힘줄을 끊는다.
돌론의 정보로
트라케 전사 열둘을 죽이고
그들 왕의 말을 도둑질한다.
돌아오면서 돌론의 전리품도 거둔다.
죽음의 끈을 타고
곡예를 하는 스파이는

서로 사이에 존재하는 자, 간자(間者)이고

첩자로 세작(細作)이다.

[서사의 전개]

아가멤논은 두려움에 잠을 이루지 못한다. 역시 떨고 있는 메넬라오스에게 그는 아이아스와 이도메네우스를 부르게 한다. "각자 그 혈통에 따라 아버지 이름을 부르며 잠을 깨도록 하라. 누구에게나 경의를 표하고 마음속으로 잘난 체하지 마라." 아가멤논은 전쟁에서 크게 밀리자 한없이 겸손해진다. 전사들의 혈통을 존중하며 아버지 명예를 떠올리게 한다. 아들은 아들 혼자가 아니다. 아버지, 아버지의 아버지, 그리고 그 위의 아버지들의 명예대로 산다. 아니 그 명예를 이어야 하고 빛내야 하고 그 명예에 욕을 보여서는 안 된다. 아가멤논은 그 명예를 부른다.

아가멤논이 네스토르를 찾아가자 그가 말한다. "가장 영광스런 아트레우스의 아들이여, 다른 장수들도 깨웁시다." 왕들을 불러 모으자 다시 네스토르가 말한다. "지금 우리는 전 아카이오이족이 비참하게 죽느냐 아니면 사느냐 하는 문제로 면도날 위에 서 있소. 친구들이여, 트로이아인들 속으로 들어가 볼 사람 없소? 그들이 함선들 옆에 머물 것인지, 아카이오이족을 무찔렀으니 도시로 물러 갈 것인지 알아 볼 수 있을 것이오. 이를 알아가지고 돌아온다면 함선을 지휘하는 모든 장수들이 젖먹이가 딸린 검은 암양을 한 마리씩 줄 테요. 그에 견줄 만한 재산은 없소. 그리고 잔치와 주연에도 빠짐없이 초대 받을 것이오. 명예는 죽음같이 큰 위험에서 더 크고 계곡이 깊을수록 산은 높소."

손자병법은 자기를 알고 적을 알면 백번 싸워 위태롭지 않다고 한다. 모든 싸움은 정보 전쟁이다. 일상에서도 상대의 첩보를 알아내려 한다. 국회의 프락치 사건, 상대국 정보를 빼내는 간첩, 이 간첩을 다시 이용하는 이중간첩, 산업 스파이 이 모두가 상대의 장단점과 의사결정을 미리 알고자 하는 것이다. 유비무환, 미리 아는 자에게 환란이 없다.

디오메데스는 오뒷세우스를 고른다. 디오메데스는 쌍날칼, 방패, 소가죽 투구로 오뒷세우스는 활과 화살통, 칼, 가죽투구로 무장한다.

핵토르도 아카이오이족에 정탐을 보낸다. 신과 같은 전령 에우메데스의 아들 돌론이 나선다. 돌론은 말한다. "핵토르여, 나를 위해 홀을 들어 맹세하시오! 펠레우스 아들의 말과 전차를 주겠다고 말이오. 아가멤논 진영 장수들이 달아날 것인지 싸울 것인지 정탐하고 오겠소." 핵코르가 홀을 들어 허튼 맹세를 한다. "제우스께서 증인이 되어주소서. 트로이아인 중에서 그대만이 그 전차를 타게 될 것이오." 돌론은 활, 늑대가죽, 족제비 가죽투구, 창으로 무장한다. 중간에서 정탐자끼리 만난다. 돌론이 다가오자 오뒷세우스와 디오메데스는 시신들 사이에 눕는다. 돌론이 지나가자 그들은 돌론을 뒤쫓아 도망가는 그를 추격한다. 디오메데스가 창을 던지며 위협하자 돌론이 말한다. "나를 사로잡아 주시오. 아버지께서 헤아릴 수 없이 많은 몸값을 바칠 것이오. 여러 가지 헛된 망상으로 핵토르가 내 마음을 옆길로 이끌었소. 펠레우스의 말과 전차를 주겠다고 약속하며 적군을 정탐해 오라고 명령했소." 오뒷세우스가 말한다. "네 마음은 대단한 선물을 원하는구나. 인간들은 다루기가 힘든 아이아코스의 말을 원하다니. 핵토르의 전쟁 무구와 말은 어디 있느냐? 다른 트로이아인들의 파수와 잠자리는 어떻게 배치되었느냐? 함선들 옆에 머물려 하느냐, 아카이오이족을 물리쳤으니 물러날 작정이냐?"

돌론이 말한다. "모두 솔직히 말하겠습니다. 따로 선발된 파수가 진영을 지키거나 감시하지 않습니다." 오뒷세우스가 다시 묻는다. "그들은 트로이아인들과 섞여서 자느냐 따로 자느냐?" 돌론이 대답한다. "그대들이 트로이아로 갈 생각이라면 새로 온 트라케인들이 맨 가 쪽에 있으며 그들의 왕 에이오네우스의 아들 레소스의 말이 가장 아름답고 크다는 것을 알아두시오. 자, 이제 나를 함선들 옆으로 데리고 가든지, 포승줄로 묶어 여기에 남겨두시오. 그리고 그대들은 내 말이 사실인지 아닌지 나를 시험해 보시오."

디오메데스가 말한다. "돌론! 달아날 생각일랑 꿈도 꾸지 마라. 우리가 너를 풀어주면 후일 다시 정탐하러 올 것이다." 디오메데스는 돌론의 목덜미를 칼로 내리쳐 힘줄을 끊는다.

간첩은 죽거나 다시 간첩이 된다. 디오메데스는 이를 차단한다.

디오메데스가 트라케 전사 열두 명을 도륙하고 열세 번째로 왕 레소스의 목숨을 훔친다. 그러는 동안 오뒷세우스는 말들을 풀어 가죽 끈으로 함께 묶어 밖으로 몰고 나간다. 돌아오면서 돌론의 전리품을 손에 쥔다.

디오메데스와 오뒷세우스는 처음 출발할 때 트로이아인들이 함선들 옆에 남을 것인지 돌아갈 것인지를 정탐하고자 한다. 그러나 돌론을 만나고는 이를 잊고 그가 말한 훌륭한 말들을 끌고 온다. 계획은 언제나 계획일 뿐이고 실행은 그와 다른 실행이다. 맞닥뜨릴 때 계획은 스스로 수정된다. 삶이 그렇다. 미래는 언제나 계획이고 실행은 언제나 현재이다.

26일째 전쟁 셋째 날

제11권 아가멤논의 무훈

이목구비가 영혼이다
보아야 끌린다.
찰나(刹那)의 마주침도 보아야 잔상이 남고
그 잔상이 사진이 되어
왕자가 되고 천사가 된다.
숨결은 가까울수록 솜털을 휩쓸고
마주보는 목소리는 조용히 다가오는 순간 달다.
화면으로 내놓은 화려한 음식이
코로 스며드는 무색의 향기를 이기지 못하고

지나치는 갈비구이 냄새가 입속의 떡볶이만 못하다.

새벽의 여신 에오스는 필멸의 인간 티토노스를 사랑하고
제우스에게 남편의 영생을 얻는다.
인간 티토노스의 품이 따뜻할 땐 여신이 새벽을 늦게 연다.
이목구비와 살결은 언제나 현실이 먼저이다.
파리스와 캇산드라의 미모는 현실이고
미모의 미래는 젊음을 감당하지 못한다.
죽음이라는 운명의 실타래를 끊을 수 없는 인간,
여신 아프로디테는 눈앞의 앙키세스의 미모를 사랑한다.
그를 이데산의 숲으로 끌며
죽을 수밖에 없는 아들 아이네이아스를 낳는다.
눈으로 보고 있는 이가 현재 자신의 영혼이며
자신의 숨결이다.

아가멤논이, 헥토르가, 오뒷세우스가
숱한 전사들의 사지를 풀어도 크게 슬프지 않다가
파트로클로스는 부상당한 마카온을 보고 검은 피처럼 슬퍼한다.
중동에서 전쟁은 책속의 이야기로 들리며
영상으로 보는 처절함도 끔찍한 드라마로 켜졌다가 꺼진다.
보이지 않는 작은 가시에 고통을 느끼는 게 삶이다.
눈앞의 미모가 나의 영혼을 흔들고
피를 닦는 내 손길이 눈물을 흘리게 한다.

아킬레우스,
이목구비의 망치로 두들겨 맞는 날이 그가 일어설 날이다.

[서사의 전개]

세 번째 전투에 대해 호메로스에게는 해야 할 노래가 더 길다. 이야기는 갈수록 고조되어야 흥미롭다. 시인은 이 하루에 제11권부터 18권까지 무려 8권을 할애한다. 세 번째 전투는 아킬레우스가 마지막 날 전투에 나서는 명분이 만들어진다. 아가멤논이 일으킨 아킬레우스의 분노보다 더 큰 분노가 아킬레우스를 흔들어 깨운다.

새벽의 여신 에오스가 남편 티토노스 곁 잠자리에서 인간들에게 빛을 주려고 일어난다. 티토노스는 라오메돈의 아들로 프리아모스와 형제간이다. 여신 에오스가 티토노스의 미모를 사랑하여 남편으로 삼는다. 둘 사이에 아이티오페스족의 왕 멤논이 태어난다.

날이 밝자 제우스가 불화의 신 에리스를 아카이오이족에 보내 아가멤논에 큰 힘을 불어 넣는다.

전투는 백중지세다. 제우스는 그저 싸움을 구경한다. 아가멤논은 프리아모스의 서자 이소스와 적자 안티포스를 창으로 맞히고 전차에서 칼로 쳐서 내던진다. 안티마코스의 두 아들 페이산드로스와 힙폴로코스를 붙잡는다. 안티마코스는 알렉산드로스에게서 황금을 받고 헬레네를 돌려주는 것을 누구보다 반대한 사람이다. 그가 울면서 목숨을 빌자 아가멤논이 말한다. "너희 아버지 안티마코스가 회의석상에서 오뒷세우스와 함께 사절로 간 메넬라오스를 죽여 돌려보내지 말라고 권했다는데 그 대가를 지불하라." 아가멤논은 그들을 칼로 찌른다.

아가멤논은 안테노르의 아들 이피다마스의 목을 칼로 내리쳐 사지를 푼다. 그는 아내를 위해 재미도 못보고 구혼 선물만 잔뜩 주었다. 구혼 선물로 소 백 마리를 주고 염소와 양을 합쳐 천 마리를 주기로 약속했다. 안테노르의 맏아들이 이를 보고 아가멤논 팔뚝 한가운데를 찌르자 아가멤논이 창으로 그의 사지를 푼다. 아가멤논의 상처가 격렬한 고통을 참지 못해 함선들을 향해 달려간다.

헥토르가 이를 보고 트로이아인들을 부추긴다. 전투는 제우스의 뜻대로 균형을 이룬다.

디오메데스가 헥토르의 투구 정수리를 맞힌다. 헥토르는 아폴론의 도움으로 얼른 달아나 죽음의 운명을 피한다.

알렉산드로스가 디오메데스의 오른쪽 발바닥을 화살로 맞힌다.

디오메데스가 말한다. "활이나 쏘는 험담가여! 계집이나 탐내는 자여! 내 발바닥을 긁어놓고 뽐내고 있구나." 오뒷세우스가 다가와 그의 앞을 막아주자 디오메데스는 화살을 뽑는다. 그는 함선으로 돌아간다.

트로이아인들이 혼자 남은 오뒷세우스를 에워싼다. 카롭스의 동생 소코스가 달려와 창으로 옆구리 살을 찢는다. 오뒷세우스가 소코스의 등에 창을 꽂고 자신의 몸과 방패에서 창을 뽑는다. 오뒷세우스의 피를 보고 트로이아인들이 몰려들자 오뒷세우스가 전우들을 부른다. 메넬라오스와 아이아스가 달려간다. 아이아스는 프리아모스의 서자 도뤼클로스와 많은 전사들을 죽인다. 알렉산도르스가 마카온의 오른쪽 어깨를 활로 쏘아 맞히자 네스토르는 마카온을 태우고 함선들로 향한다.

헥토르는 아이아스와 싸우기를 피한다. 그가 더 강한 자와 싸울 때 제우스가 화를 냈기 때문이다.

아킬레우스가 실려 온 마카온을 보고 파트로클로스에게 마카온인지 확인하게 한다. 파트로클로스와 아킬레우스의 불행의 시작이다.

네스토르 막사로 달려간 파트로클로스에게 네스토르는 말한다. "아킬레우스가 왜 마음 아파하지요? 디오메데스는 화살에 부상당하고, 오뒷세우스와 아가멤논은 창에 맞았소. 에우뤼필로스는 넓적다리에 화살을 맞고 마카온도 화살에 부상당했소. 아킬레우스는 우리가 죽기를 기다리는 것이오?"

고통은 눈으로 보아야 고통이다. 보지 않은 전사들의 죽음보다 전우들의 상처를 눈앞에서 보는 일이 더 가슴을 친다. 보이지도 않는 조그만 가시에 찔리는 고통이 먼 곳에서 일어나는 수많은 죽음보다 고통스럽다.

제12권 헥토르의 방벽 돌파, 사르페돈의 노블레스 오블리주

상류층의 의무, 빚보다 크게 갚아라, 노블레스 오블리주

왕은 병사들 앞에 서야 왕이다.

빚에는 이자가 붙는다.

미리 빌려주고 되돌려 받는 것이 왕이다.

미리 받고 목숨으로 돌려주는 것이 왕이다.

자신의 삶을 빌려주고

그 남은 삶으로 왕이다.

노블레스 오블리주!

상류층에는 의무가 따른다.

포에니 전쟁에서

로마 귀족은 전쟁 비용을 치르고

먼저 전장에 나가 싸우다 죽는다.

죽음은 그들의 명예다.

페르모필레의 스파르테 용사 삼백과 레오디나스 왕의 전사,

로마의 카이사르의 갈리아 전투

스웨덴 왕 구스타프의 전사

잉글랜드 왕 리처드와

프랑스 왕 필리프의 십자군 원정

르네상스 시대 유력가문의 예술 지원,

전쟁이 일어나면

재산이 많은 이들은

경쟁적으로 국고를 채우고

고귀한 자리를 누린 자들은

전투에서 앞장서 죽음과 대면한다.

노블레스 오블리주!

뤼키아 왕 사르페돈은 사촌 글라우코스에게
선두대열에 서서 싸워야 합당한 명예라 말한다.
노블레스 오블리쥬!

고려 현종은 전라도 나주로
조선 선조는 함경도 의주로
노블레스 오블리주를 피해 달아난다.
이승만은 서울을 버리고 남쪽으로 도망친다.
전두환은 국민을 죽이고 일어선다.
그들은 얻어야 할 명예가 오히려 두려웠다.

군대에 가지 않으면서 더 누리려는 자들에게 조국은 없다.
그들의 조국은 망할 테니까.
노블레스 오블리주!

[서사의 전개]

시인 호메로스는 간간히 앞으로 전개될 서사를 슬쩍 비친다. "프리아모스의 도시가 십 년 만에 함락된단다. 전쟁이 끝나고 포세이돈과 아폴론은 강물을 흘려보내 방벽을 허물게 한단다. 그러나 지금은 아르고스인들이 헥토르가 두려워 방벽에 갇혀 있다."

폴뤼다마스가 헥토르에게 말한다. "전차를 타고 호를 건넌다는 것은 어리석은 일이오. 말뚝이 서 있고 방벽이 있기 때문이오. 보병으로 한 덩어리가 됩시다." 첫째 부대는 헥토르와 폴뤼다마스, 케브리오네스, 둘째 부대는 파리스와 알카토오스, 아게노르, 셋째 부대는 프리아모스 두 아들 헬레노스와 데이포보스, 영웅 아시오스, 넷째 부대는 아이네이아스, 안테노르의 두 아들 아르켈로코스와 아카마스가 함께 한다. 사르페돈은 글라우코스, 아스테로파이오스 등 동맹군을 지휘한다. 폴뤼다마스의 충고를 따르지 않은 아시오스는 이도메네우스의 창에 죽는다.

시인 호메로스는 신이 아닌데 어찌 그것을 일일이 다 말할 수 있겠는가? 사실 그는 신이다. 신들의 마음까지 속속들이 아는 자는 신이나 다름없기 때문이다.

사르페돈은 글라우코스에게 말한다. "글라우코스여! 대체 무엇 때문에 뤼키아에서 우리를 신처럼 우러러보는가? 무엇 때문에 아름답고 큰 영지를 차지하고 있는가? 그러니 우리가 뤼키아인들의 선두에 서서 전투 속으로 뛰어들어야 하오. 그래야 뤼키아인들이 말할 것이오. 과연 우리 왕들은 불명예스런 자들이 아니오. 뤼키아인들 선두대열에서 싸우고 있으니 말이오."

귀족은 의무를 갖는다. 고귀하게 태어난 사람은 고귀하게 행동해야 한다. 노블레스 오블리주noblesse oblige는 로마 제국 귀족의 불문율이다. 전투에서 왕이 가장 앞선다. 죽음도 명예이다. 병역을 기피하는 이들은, 특히 혜택을 가진 자들이 병역을 기피하는 것은 최고의 불명예이며 치욕이다. 병역 기피자를 용서하는 자는 없다. 가족도 나라도 지키려 하지 않는 자이기 때문이다. 병역을 기피한 자는 자기 나라에서 살 자격이 없다. 그 나라는 자기가 지키는 나라가 아니기 때문이다.

두 사람이 앞으로 나아가자 메네스테우스는 몸을 떨면서 아이아스에게 전령을 보낸다. 아이아스가 사르페돈의 전우 에피클레스를 돌덩이로 쳐서 두개골을 박살낸다. 테우크로스는 글라우코스의 어깨를 화살로 맞춰 전의를 꺾는다. 뤼키아인들은 다나오스 백성들의 방벽을 돌파하지 못하고 다나오스 백성들은 뤼키아인들을 방벽에서 물리치지 못한다. 전투와 전쟁이 평형을 이루나 제우스는 헥토르에 더 큰 영광을 내린다. 헥토로는 아카이오이족 방벽 문짝을 돌덩이로 박살내고 안으로 뛰어 들어간다. 트로이아인들은 방벽을 뛰어넘어 물밀듯이 들어간다. 다나오스 백성들이 함선들로 쫓겨 달아난다. 트로이아인들이 다나오스 백성들의 함선을 함락하기 일보 직전이다.

※ 그림으로 〈사르페돈의 시신을 옮기는 잠의 신과 죽음의 신(18C 헨리 푸젤리 작)〉, 〈제우스에게 인도되는 사르페돈(앙리 레비 작)〉 등이 있다.

제13권 트로이아 왕자들의 죽음

파리스의 항변, 나는 아무 잘못 없어요
계집에 미친 유혹자여!
일리오스도 이제 망하는구나.
외모만 멀쩡한 자여!
너는 파멸을 면치 못하리라.
파리스는 항변한다.
아무 잘못 없는 사람을 꾸짖다니요.
파리스는 전쟁이 자기 탓이 아니란다.
훗날 메넬라오스 앞에 선 헬레네도 말한다.
내가 일리오스로 간 것은 내 탓이 아니오.
그래, 그렇게 당당해야 살 수 있지.
내 힘으로 어쩔 수 없는 여신이 만든 운명이오.
신들이 정해놓은 길을 나더러 어떡하란 말이오.
내 탓이 아닌 걸요.
나는 아무 잘못 없어요.

[서사의 전개]
제우스는 불사신 중 아무도 양 진영을 돕지 못할 것으로 믿는다. 제우스는 테티스와 그 아들에게 영광을 내리고자 할 뿐이어서 아카오이오족이 전멸하기를 원치 않고, 포세이돈은 은밀히 아카이오이족을 격려한다. 반백의 노인 이도메네우스는 오트뤼오네우스의 배 한복판에 창을 꽂는다. 이자는 프리아모스 딸 중에서 제일 미인인 캇산드라에게 구혼했다. 그는 아카이오이족의 아들들을 트로이아에서 내쫓겠다고 약속했다. 이도메네우스가 말한다. "오트뤼오네우스여! 내 그대를 가장 칭찬하리라. 만일 프리아모스에게 약속한 일을 성취하면 그는 자기 딸을 주기로 약속했거늘 우리도 그대에게 약속을 실행할 것이다. 그대가 일리오스를 함락해준다면 아트레우스의 아들의 딸들 중 제일 미인을 그대에게 주겠다. 혼사에 관해 상의해 보자." 이도메네우스는 그의 발을 잡고 끌고 간다. 이를 보고 아시오스가 이도메네우스를 맞히고자 했으나 이도메네우스가 그의 턱 밑 목구멍을 맞혀 쓰러뜨린다. 데이포보스가 아시오스의 죽음에 마음이 아파 이도메네우스에게 창을 던지자 휩세노르가 맞아 쓰러진다. 이도메네우스는 앙키세스의 사위 알카토오스의 심장에 창을 꽂는다. 이도메네우스가 말한다. "데이포보스여! 우리가 세 사람을 죽였다고 보상이 충분한 줄 아느냐? 내가 제우스의 어떤 후손인지 알라. 제우스께서 미노스를 낳으시고, 미노스께서 데우칼리온을 낳으시니 그 아들이 바로 나이다." 데이포보스는 뒤로 물러서 이도메네우스가 그대의 매부를 죽였다며 아이네이아스의 화를 북돋운다.

아이네이아스가 이도메네우스에게 던진 창은 빗나간다. 데이포보스가 이도메네우스에게 창을 던져 맞추지 못하고 아스칼라포스를 맞힌다. 아스칼라포스를 둘러싸고 접근전을 벌이며 데이포보스가 아스칼라포스의 투구를 벗기나 메리오네스가 창으로 그의 팔을 찌른다. 친형제 폴리테스가 팔에서 피가 흘러내리는 데이포보스를 데리고 나간다.

프리아모스의 아들 헬레노스는 데이퓌로스의 눈을 어둠으로 덮는다. 메넬라오스가 헬레노스의 손을 맞힌다. 청동 창이 손을 뚫고 활에까지 들어가자 전우들의 무리 속으로 물러난다. 페이산드로스가 메넬라오스를 창으로 찌르나 빗나간다. 메넬라오스는 칼을 들고 달려오는 페이산드로스의 이마를 치자 뼈가 빠개지며 먼지 속으로 피투성이가 된 채 떨어진다.

메넬라오스는 말한다. "아버지 제우스여! 사람이란 잠에도 사랑에도 달콤한 노래에도 즐거운 춤에도 물리는 법입니다. 그런데 저 트로이아인들은 전투에 물리지 않는 자들입니다."

헥토르가 장수들을 부르러 가서 알렉산드로스를 발견하고 모욕적인 말을 건넨다. "가증스런 파리스여! 계집에 미친 유혹자여! 데이포보스, 헬레노스, 아다마스, 아시오스, 오트뤼오네우스는 어디 있느냐? 일리오스도 이제 망하는구나. 너도 파멸을 면치 못하리라."

알렉산드로스가 대답한다. "헥토르 형님! 아무 잘못 없는 사람을 꾸짖으니 다른 때 같으면 전쟁을 그만두었을 것이오. 형님이 찾는 전우들은 죽었소. 데이포보스와 헬레노스만이 손을 다쳐 물러갔소. 형님이 명령하시오. 기꺼이 따를 것이오."

아이아스가 헥토르에 도전한다. "이 얼빠진 자여!" 독수리 한 마리가 오른쪽을 날아가니 새의 전조에 아카이오이족이 용기를 얻어 함성을 지른다. 헥토르가 대답한다. "아이아스여, 어설픈 허풍선이여!"

영웅들도 독이 오르면 상대를 멸시한다. 얼빠진 자, 어설픈 허풍선이. 양군의 고함소리가 제우스에게 닿는다.

※ 그림으로 〈파리스를 꾸짖는 헥토르(18C 요한 빌헬름 티슈바인 작)〉가 있다.

제14권 방벽 돌파와 헤라의 제우스 유혹

여자의 유혹, 남자의 밀어
여자는 남자를 유혹할 줄 안다.
유혹은 눈에서 나오고 귀로 들어가며
코로 더듬다가 살갗으로 스민다.

여신 헤라는 유혹을 치장한다.
신들의 향유 암브로시아로 몸을 씻고
올리브유를 몸에 듬뿍 바른다.
흘러내리는 머리털을 땋은 머리카락에서
향기로운 의상의 가슴 위 황금 브로치에서
백 개의 술이 달린 허리띠에서
구멍 뚫은 귀에 오디 모양의 구슬이 셋 달린 귀걸이에서
매력이 폭포수처럼 흘러 쏟아진다.
면사포 아래 샌들에는 아름다움을 매어 달았다.

여자는 애정과 욕망을 불러일으키고
사랑의 밀어를 귓불에 불어넣을 줄 안다.
밀어는 설탕 바른 꿀벌의 침,
헤라의 유혹에 바람둥이 제우스는 마냥 욕망에 뛰어든다.
내가 만난 수많은 여신, 여인들을 모두 포함하여
아니, 전의 그대 헤라를 사랑할 때보다 지금 더 그대를 사랑하오.
고백은 종종 변하고
지난 사랑보다 지금의 사랑이 더 뜨겁다.
꿀 앞에서는 꿀맛에 미끄러지고
꿀을 많이 먹으면 목이 타는 법이다.
행복에 겨워 잠에 빠진 제우스를 보며
여신 헤라는 또 다른 세상을 꿈꾼다.
매혹과 밀어는 유혹의 꿀이다.
그러는 가운데 방벽이 뚫린다.

[서사시 살펴보기]
네스토르는 함성을 듣고 망대로 나간다. 아카이오이족은 쫓겨 들어오고

방벽도 허물어졌다. 이때 부상당해 함선들 옆으로 올라오는 디오메데스, 아가멤논, 네스토르와 마주친다.

아가멤논이 말한다. "백성들이 만든 호와 방벽이 아무런 도움이 되지 못했소. 함선들을 모조리 끌어내려 돌 닻을 내려 매어둡시다. 밤이 되면 달아나는 것이 더 나을 것이오." 총사령관, 왕 중의 왕 아가멤논은 겁이 많은 것도 왕 중의 왕이다.

오뒷세우스가 말한다. "무슨 말을 함부로 하시오? 파멸을 초래할 자여! 닥치시오! 그대의 분별력을 의심하지 않을 수 없소. 함선을 바다로 끌어내리면 아카이오이족은 도망칠 궁리만 할 것이오."

아가멤논이 대답한다. "오뒷세우스여! 그대의 질책이 내 폐부를 찌르오. 계략을 말해주면 기꺼이 받아들이겠소."

디오메데스가 말한다. "가장 나이가 젊다고 화내지 않겠다면 내가 말하겠소. 나 역시 혈통이 자랑스럽소. 포르테우스는 아그리오스, 멜라스, 오이네우스를 낳으셨고, 오이네우스의 아들 곧 나의 아버지 튀데우스께서 아르고스에 가 사셨소. 아버지께서는 창술에서 전 아카이오이족을 능가하셨소. 그러니 내 혈통이 비겁하고 허약하지 않으니 내 말을 무시하지 못할 것이오. 자, 우리 싸움터로 나갑시다. 부상당했지만 어쩔 도리가 없소." 그들은 그의 말에 복종한다.

포세이돈이 아카이오이족의 마음속에 큰 힘을 불어넣자 전쟁과 전투가 계속된다. 친 오라비이자 시아주버니인 포세이돈이 분주히 돌아다니는 것을 보고 헤라는 마음이 흐뭇하다. 헤라는 제우스를 속일 궁리를 한다. 그녀는 제우스를 유혹하려고 곱게 치장하여 이데 산으로 간다.

헤라는 아프로디테에게 부탁한다. "내 딸이여! 부탁 하나 들어주겠어? 내가 다나오스 백성을 돕고 네가 트로이아인들을 돕는다고 거절하지는 않겠지?" 아프로디테가 대답한다. "존경스런 여신이여! 흔쾌히 들어드리고 싶어요." 헤라가 교활한 마음으로 말한다. "나에게 애정과 욕망을 줘. 나는 신들의 아버지 오케아노스와 테튀스를 만나러 가는 길이야. 두 분은 나를 정성껏 길러주고 보살펴주었지. 애정과 잠자리를 같이하지 않은지 오래인 두 분 사이의 갈등을 풀어드리고 싶어." 아프로디테는 가슴에서 다채로운 띠를 푼다. 애정과 욕망, 사랑의 밀어와 설득이 그 속에 가득하다. 아프로디테가 말한다. "이 띠를 품속에 간직하세요."

헤라는 렘노스 섬에 당도하여 죽음의 신 타나토스의 아우인 잠의 신 휘프노스를 만나 말한다. "잠의 신이여, 모든 신들과 인간의 지배자여! 내가 제우스를 껴안고 그의 곁에 눕거든 그의 두 눈을 잠들게 해 주세요. 황금 보좌를 선물할게요." 잠의 신이 대답한다. "위대한 크로노스의 따님이여! 제우스만은 잠들게 할 수 없어요. 전에 여신의 청을 들어주다 혼난 적이 있어요. 헤라클레스가 트로이아인들의 도시를 약탈하고 일리오스를 떠나던 날, 제우스를 잠들게 하고 헤라클레스를 표류하게 했지요. 잠에서 깬 제우스가 나를 바다 속으로 던져 죽게 했어요. 다행히 밤의 여신이 나를 구해주었어요." 헤라가 말한다. "내 그대에게 젊은 카리스테 여신들 중 그대가 늘 열망하던 파시테에를 주겠소." 잠의 여신이 기뻐 대답한다. "스틱스 강물에 걸고 파시테에를 주겠다고 맹세하세요." 죽음 앞에서도 선물은 효력이 발생한다.

헤라가 이데 산의 상상봉으로 오르니 제우스가 보고 애욕이 솟는다. 헤라가 말한다. "신들의 아버지 오케아노스께 가는 길이에요. 내가 아무 말도 않고 오케아노스 궁전으로 가버리면 그대가 나중에 화낼 것 같아서 이리 온 것이에요." 바람둥이 제우스가 말한다. "헤라여! 나중에라도 갈 수 있으니 사랑을 즐깁시다. 익시온의 아내를 사랑할 때도, 다나에를 사랑할 때도, 포이닉스의 딸 에우로페를 사랑할 때도, 데메테르를 사랑할 때도, 레토를 사랑할 때도, 아니 이전에 그대 자신을 사랑할 때도 지금처럼 애욕이 강렬한 적이 없소." 헤라가 대답한다. "환히 보이는 이곳 이데 산에서 동침을 하자고 하시다니오! 아들 헤파이스토스가 지어준 방이 있잖아요."

제우스가 말한다. "누가 볼까 두려워 마시오. 황금 구름으로 그대를 덮을 테니 말이오." 잠의 신이 포세이돈에게 제우스가 잠들어 있다고 알려주자 포세이돈이 아르고스인들에게 용기를 불어 넣는다. 헥토르가 아이아스에게 창을 던져 가죽 끈을 맞힌다. 그러자 아이아스가 돌덩이로 헥토르를 먼지 속에 쓰러뜨린다. 폴뤼다마스, 아이네이아스, 아게노르, 사르페돈, 글라우코스가 헥토르를 둘러싸 도성으로 싣고 간다.

아이아스가 사트니오스를 찌르자 폴뤼다마스가 프로토에노르의 어깨를 맞힌다. 아이아스가 안테노르의 아들 아르켈로코스의 목 힘줄을 끊는다. 아르켈로코스의 동생 아카마스가 프로마코스를 찌른다. 페넬레오스는 일리오네우스의 눈알을 빼버린다. 창이 눈을 뚫고 목덜미로 빠져나오자 칼로 목을 내리친다. 그의 눈에는 강한 창이 꽂혀 있다. 페넬레오스가 말한다. "트로이아인들이여! 일리오네우스의 부모에게 집 안에서 통곡하라고 일러다오." 트로이아인들은 부들부들 떤다.

전사들은 상대방의 이름도 알고 부모와 처자도 안다. 아니 시인 호메로스가 안다. 죽은 자의 이름을 부르며 그들의 불행을 이야기한다. 더 없이 잔인한 전사자의 묘사는 끔찍하다. 전쟁이 끔찍하다는 것을 호메로스는 생생하게 우리에게 전달한다. 눈알을 빼버리고 그 눈알이 창끝에 꽂혀 있다는 묘사를 누가 할 수 있겠는가? 이러한 이야기를 시인 호메로스는 무사 여신들의 말씀이라며 전달한다. 생생한 잔인함은 인간보다 신이 더하다.

아이아스가 휘르티오스를 죽이고, 안틸로코스는 팔케스와 메르메노스를 죽인다. 메리오네스는 모뤼스와 힙포티온을 죽이고 테우크로스는 프로토온과 페리페테스를 죽인다. 아트레우스의 아들은 휘페레노르를 죽인다. 가장 많이 죽인 것은 아이아스다.

전쟁은 자신의 목숨을 걸고 남의 목숨을 자르는 일이다. 죽음이 가장 흔한 곳이 전쟁이다. 일상이라면 가장 큰 범죄자가 전쟁에서는 영웅이 된다.

※ 그림으로 〈제우스를 유혹하는 헤라〉가 있다.

제15, 16권 파트로클로스의 전사

인간의 죽음은 신들의 주사위 놀이

나, 파트로클로스를 죽인 것은 잔혹한 운명과 레토의 아들 아폴론 신이다.

인간 영웅인 헥토르, 그대는 나를 그 다음으로 죽인 것이다.

달아나지 말라는 말도

재산과 자식과 아내와 부모를 생각하라는 말도

운명에 기록된 낙서일 뿐이다.

자신만의 운명을 타고난 인간은

죽을 운명이라고 조심하지 않는 것도 아니고

살 운명이라고 제멋대로 날뛰는 것도 아니다.

정해진 운명 앞에서

순응도 거부도 또한 운명이니

죽음의 운명이 앞에 있다고 해서 멈추지 않는다.

운명은 불멸의 신들이 던지는 주사위,

죽음은 지루함을 이기지 못하는 인간의 영역이다.

[서사의 전개]

제15권: 제우스가 헤라의 품에서 잠을 깬다. 트로이아인들이 쫓기고 있는 것을 보고 제우스가 말한다. "헤라여, 그대 못 말리는 자여! 그대의 계교가 틀림없소. 그대의 두 발에 모루를 매달고 두 손은 황금 사슬로 묶여 허공에 높이 매달렸던 것을 잊었소?" 헤라가 말한다. "포세이돈은 내가 시켜서 저들을 돕는 게 아니예오." 제우스가 말한다. "그렇다면 이리스와 아폴론을 부르시오. 이리스는 포세이돈을 돌아가라 할 것이고, 아폴론은 아카이오이족을 패주케 할 것이오. 그러면 아킬레우스가 파트로클로스를 일으켜 세울 것이고, 파트로클로스는 많은 젊은이를 죽이고 헥토르의 창에 죽게 될 것이오. 그러면 아킬레우스가 헥토르를 죽여 여신 테티스가 간청한 펠레우스 아들의 소망이 이루어질 것이오."

아레스가 슬픔을 견디지 못하고 말한다. "올륌포스 궁전에 사는 신들이여! 나에게 화내지 마시오. 제우스의 벼락을 맞더라도 나는 죽은 내 아들 아스칼라포스의 원수를 갚겠소." 아테나가 꾸짖는다. "그대 미친 자여, 망하고 싶어요? 아들로 인한 분을 삭이세요." 제우스가 말한다. "날랜 이리스여! 포세이돈에게 전쟁과 전투에서 손을 떼고 바다 속으로 들어가라 일러라. 나는 그보다 더 강력하고 나이도 위이다." 포세이돈이 역정을 낸다. "대지와 올륌포스는 여전히 우리 모두의 공유물이오. 나는 결코 제우스의 뜻을 따르지 않을 것이오." 이리스가 대답한다. "대지를 떠받치는 검푸른 머리의 신이여! 제우스에게 그대로 전할까요? 복수의 여신들은 항상 연장자를 돕지요." 포세이돈이 말한다. "이번에는 일단 그에게 양보하겠소. 아르고스가 승리하지 않는다면 그땐 분노할 거요." 제우스가 아폴론에게 말한다. "포이보스여! 헥토르에게 가거라. 그를 보살펴줘라."

전사가 전사를 죽이기 시작한다. 헥토르가 외친다. "전리품을 내버려두고 함선들을 공격하시오." 아폴론이 호의 둑을 차서 길을 내고 방벽을 무너뜨린다.

한편 파트로클로스는 막사에서 에우뤼필로스의 상처에 약을 붙여준다. 트로이아인들이 방벽을 뛰어넘는 소리가 들리자 파트로클로스는 아킬레우스에게 간다. 이때 헥토르가 아이아스에게 덤벼든다. 헥토르는 아이아스를 몰아내지 못해 배에 불을 지르지 못하고, 아이아스는 헥토르를 밀어내지 못한다.

제우스는 테티스의 소원을 모두 이루어준다. 이때부터 제우스는 다나오스 백성들에게 영광을 줄 작정이다. 이러한 계획을 가지고 제우스는 헥토르를 부추긴다. 아카이오이족은 헥토르 앞에서 혼비백산하여 달아난다. 헥토르는 뮈케네의 페리페데스를 죽인다. 아르고스인들은 함선들 사이에 숨고 트로이아인들이 쏟아져 들어간다.

네스토르가 간절히 사정한다. "친구들이여! 체면을 존중하시오. 자식과 아내와 재산을 생각하시오. 부모님을 생각하시오. 달아나지 마시오!" 아이아스는 갑판 위를 성큼성큼 걸어다니며 다나오스 백성들에게 함선과 막사를 지키도록 명령한다. 함선들 옆에서 무시무시한 전투가 벌어진다. 아이아스는 불을 들고 함선으로 다가오는 트로이아이인들 열두 명에 부상을 입힌다.

아카이오이족은 함선이 불에 탈 위기에 봉착한다.

제16권: 파트로클로스가 아킬레우스에 다가가서 뜨거운 눈물을 흘린다. "파트로클로스여! 왜 우는가? 아킬레우스여, 아카이오이족 중에 가장 용감한 자여! 큰 슬픔이 아카이오이족에 닥쳤기 때문이오. 디오메데스는 화살에 맞고, 아가멤논은 창에 찔리고, 에우뤼퓔로스는 허벅지에 화살을 맞았소. 그대의 무구를 내 어깨에 걸치게 해 주시오. 아카이오이족이 잠시나마 숨을 돌릴 수 있을 것이오." "제우스의 후손인 파트로클로스여! 지난 일은 잊어버리기로 하세. 언제까지나 마음속에 원한을 품을 수는 없으니까. 하나 함성과 전쟁이 내 함선들에 이르기 전에는 나는 결코 분노를 거두지 않기로 결심했네. 자네는 함선들을 파멸에서 구하기 위해 힘차게 뛰어 들게나. 자네는 함선들에서 그들을 몰아내는 대로 되돌아오게. 반드시 명심하게."

아킬레우스가 말한다. "파트로클로스여! 어서 무구들을 입게나. 나는 백성들을 모으겠네." 아킬레우스가 명령을 내린다. "뮈르미도네스족이여! 모두 용기를 내어 트로이아인들과 싸우시오." 아킬레우스는 마당 한가운데서 기도하며 하늘을 우러러 포도주를 부어드린다. "도도네 왕 제우스펠라스기코스여! 내 전우에게 영광을 내려주소서. 전쟁과 전투의 소음을 몰아내고 무사히 돌아오게 해 주소서." 트로이아인들은 파트로클로스를 보고 동요하기 시작한다. 아킬레우스가 분노를 거두고 화해한 줄로 알았기 때문이다. 파트로클로스는 파이오니아인 지휘자 퓌라이크메스를 창으로 찌른다. 그는 트로이아인들을 함선 쪽으로 몬다. 그는 프로노오스, 테스토르, 에뤼라오스, 에뤼마스, 암포테로스, 에팔테스, 다마스토르의 아들 틀레폴레모스, 에키오스, 퓌리스, 이페우스, 에우입포스, 아르게오스의 아들 폴뤼멜로스를 차례로 대지 위에 눕게 한다. 사르페돈이 전차에서 내리자 파트로클로스도 전차에서 내려 마주 덤빈다. 파트로클로스는 사르페돈의 시종 트라쉬멜로스의 사지를 푼다. 그는 사르페돈의 횡격막을 맞혀 사르페돈의 목숨과 창끝을 동시에 뽑아낸다. 헥토르가 사르페돈 때문에 화가 나서 앞장선다. 아폴론은 사르페돈을 사정거리 밖으로 들어낸 다음 강물에 목욕시킨다.

파트로클로스는 아드라스토스, 아우토노오스, 에케클로스, 메가스의 아들 페리모스, 에피스토르, 멜라닙포스, 엘라소스, 물리오스, 퓔라스테스를 죽인다. 헥토르는 파트로클로스를 향해 말을 몬다. 파트로클로스는 헥토르 마부이며 프리아모스 서자 케브리오네스의 양미간을 돌로 맞힌다. 파트로클로스는 말한다. "아, 얼마나 민첩한 사내이며, 얼마나 경쾌한 잠수인가! 경쾌하게 전차에서 들판으로 잠수하는구나. 날씨가 아무리 사나워도 굴을 따기 위해 배에서 뛰어 내리는 잠수부처럼."

포이보스 아폴론이 파크로클로스를 내리치자 그의 투구가 굴러떨어진다. 아폴론은 파트로클로스의 창을 부서지게 하고 그의 가슴받이도 푼다. 다르다니에 전사 에우포르보스가 창을 던져 파트로클로스 등을 맞히지만 파트로클로스는 몸에서 창을 뽑고 물러가려 한다. 이때 헥토르가 그의 아랫배를 찔러 청동으로 꿰뚫는다. 파트로클로스가 기진맥진하여 말한다. "헥토르여! 나를 죽인 것은 잔혹한 운명과 레토의 아들이고, 인간들 중에서는 에우포르보스이며, 그대는 세 번째로 나를 죽인 것이다. 그대는 아킬레우스의 손에 쓰러지게 되리라."

헥토르가 말한다. "어찌 그대는 내게 파멸을 예언하는가?"

※ 그림으로 〈파트로클로스의 죽음(메리 조제프 블롱벨 작, 앙투안 비르츠 작)〉, 〈헥토르와 메넬라오스의 결전(샤를 르 브룅 작)〉, 〈파트로

클로스의 시신을 옮기는 헬라스군(데이비드 리가레 작)〉, 〈파트로클로스의 죽음을 슬퍼하는 아킬레우스(17C 루벤스 작, 18C 개빈 해밀턴 작)〉 등이 있다.

제17권 파트로클로스 시신

시신 전쟁, 일이 벌어진 뒤에는 바보도 현명해지는 법
전쟁은 산 자들의 싸움이다.
죽은 자는 일어서지 못하고
산 자가 죽은 자를 위해 싸운다.
시신을 뺏으려고, 빼앗기지 않으려고 살아 있는 목숨을 건다.
약자는 강자에 맞서지 마라.
전쟁은 핏값을 요구하고
분노는 바보를 부른다.
트로이아 전쟁은 무구를 벗기는 일이다.
명예는 시신에도 있고
죽어야 명예가 더 높아진다.
부모의 은공도 갚지 못하고 젊은 나이에 쓰러지는 이들에게
전쟁은 살아야 할 미래까지 쓰러뜨린다.
전사들은 날아오는 돌멩이를 보고 짖는 사냥개다.
달을 가리키는 손가락에 시선이 달라붙는 중생이다.
삶의 전부는 명예의 돌멩이라서
삶의 끝, 죽음도 명예인 줄 알고
언젠가는 반드시 죽을 인간이
죽음도 모른 채 손가락 자기자랑을 한다.
죽을 줄도 모르고
죽은 시신을, 죽은 자의 무구를 빼앗는다.

바보는 죽고 나서야 현명해진다.

[서사의 전개]

판토오스 아들이 메넬라오스에게 말한다. "메넬라오스여, 파트로클로스 시신 곁을 떠나라. 그렇지 않으면 달콤한 목숨을 빼앗으리라." 메넬라오스가 역정을 낸다. "그대 내게 맞서지 마라. 일이 벌어진 뒤에는 바보도 현명해지는 법이다." 다시 그가 답한다. "내 형님의 핏값을 갚아야 하리." 메넬라오스는 그의 목구멍 아랫부분을 찌른다. 메넬라오스가 에우포르보스의 무구를 벗긴다.

헥토르가 트로이아인들 대열 앞에서 다가오자 메넬라오스는 파트로클로스 곁을 떠난다. 메넬라오스가 말한다. "사랑하는 아이아스여! 파트로클로스 무구들을 헥토르가 가져갔소." 아이아스와 메넬라오스는 파트로클로스 앞에 버티고 선다. 헥토르는 파트로클로스가 입었던 아킬레우스의 무구를 입는다. 헥토르는 말한다. "아이아스를 물리치는 자가 있다면 내 전리품의 반을 그에게 주겠소." 메넬라오스가 마음속으로 분개하라고 외치자 아이아스, 이도메네우스, 메리오네스가 그를 따른다. 펠라스고이족 레토스의 아들 힙포토오스가 파트로클로스 발을 잡고 끌고 가다가 텔라몬의 아들의 창에 찔려 뇌가 피투성이가 되어 쏟아진다. 그는 부모님이 길러준 은공도 갚지 못한 채 젊은 나이에 쓰러진다. 헥토르가 아이아스에게 창을 던져 아이아스가 피하자 스케디오스가 맞는다. 아이아스의 창이 포르퀴스의 내장을 쏟게 한다. 아이네이아스는 레이오크리토스를 창으로 찌르고, 뤼코메데스는 파이오니아 힙파소스 아들 아피사온의 횡경막 밑 간을 맞힌다. 양군은 계속해서 파트로클로스 시신을 둘러싸고 상대방을 죽인다. 하이몬의 손자 라에르케스의 아들 알키메돈이 파트로클로스 전차에 뛰어오르고 아우토메돈은 전차에서 뛰어내린다. 헥토르와 아이네이아스, 크로미오스와 아레토스가 달려 나간다. 트로이아인 포데스를 메넬라오스가 청동으로 맞힌다. 메넬라오스는 안틸로코스를 시켜 아킬레우스에게 파트로클로스 죽음을 알리게 한다. 메넬라오스와 메리오네스가 파트로클로스 시신을 어깨에 떠메고 나가며 두 아이아스는 트로이아인들을 방어한다.

* 플라톤은 『국가』 5권 469d, e에서 전투 중 무구 약탈 관행 때문에 많은 군대가 파멸을 맞았다고 소크라테스의 입을 통해 말한다. 시신을 벗기는 것은 돈을 밝히는 노예다운 짓이며, 죽은 시신을 적군 취급하는 것은 속 좁은 짓이다. 던져진 돌멩이들에게 화를 내면서 돌멩이들을 던져대는 사람을 내버려두는 암캐들의 태도와 다를 바 없다고 비판한다. 시신을 벗기거나 자기 편 전사자를 들고 가는 것을 방해해서는 안 된다고 소크라테스는 주장한다.
『일리아스』는 전투에서 무구를 벗기는 일이나 시신 지키는 일을 명예로 친다. 그 무구와 시신 때문에 병사들은 위험에 빠진다. 이를 플라톤은 소크라테스를 입을 통해 비판한다.

제18권 아킬레우스 무구 제작

삼천 년 전 자율주행 로봇 세계가 꿈꾸던 인간세상
인공지능 황금 처녀 로봇의 시중을 받으며
신들은 황금바퀴 자율주행차로 왕래한다.
첨단 과학자인 대장간의 신 헤파이스토스는
방어해야 할 아킬레우스의 방패에
그가 살아야 할 꿈의 인간세상을 새긴다.
죽음과 분노를 잊게 하는 우정 속에 평화를 그려 넣는다.
대지와 하늘과 바다와 태양과 보름달과 온갖 별들 아래
인간들의 아름다운 두 도시를 새긴다.
한 도시에는

182

결혼식과 축혼가와 포르밍크스 소리가 그림으로 울려 퍼지고

다른 편 회의장에는

죽은 사람의 핏값을 두고 서로 다투고 원로들이 다툼을 판결한다.

다른 한 도시에는 양군이 무구를 번쩍이며 대치하고 서로 싸운다.

한 곳에는 부드러운 묵정밭이 실제로 갈아놓은 것 같고

왕의 영지에서는 일꾼들이 곡식을 베며 여인들은 식사 준비를 한다.

황금 포도밭에서는 처녀 총각들이 포도를 담아 나르고

포르밍크스 가락에 맞추어 노래를 부르며 환호하고 춤춘다.

우뚝한 소 떼 그림에는

황금 목자 넷이 황소를 끌고 가는 사자 두 마리에게 개를 부추겨 덤벼들게 하지만 소용없다.

또한 흰 양 떼의 풀밭과 농장들과 오두막들과 양 우리들도 새긴다.

절름발이 신은 무도장을 교묘히 만들고

그 무도장에서는 고운 린네르 의상을 입은 처녀들이

은띠가 매달린 황금 칼을 찬 총각들과 서로 춤춘다.

많은 군중이 춤을 구경하고

두 곡예사가 재주넘기를 한다.

바깥 가장자리에는 오케아노스 강의 위대한 힘을 새겨 넣는다.

자율주행차를 타고 다니는 신은

인간들의 세계를 아킬레우스 방패에 황금으로 그려 넣는다.

죽음보다 우정이고

전쟁보다 손잡고 추는 춤이다.

우정은 죽음마저 껴안는 영원이다.

육신은 인간의 생로병사를 품에 안고

순간마다 변하는 영혼은 영원을 바라본다.

영생은 죽음을 딛고 산다.

예비된 죽음에 아킬레우스가 다가갈 때

대장간의 신은 축혼가와 목자와 곡예사와 처녀 총각의 춤을 본다.

소멸의 순간을 위해 영생의 방패가 황금빛을 쏟아낸다.

아킬레우스가 방패를 든 순간에 그의 모든 삶을 살라고

불의 신은 그의 방패에 불꽃을 피운다.

[서사의 전개]

아킬레우스는 침통하다. 아, 슬프도다! 아카이오이족이 어찌 도망쳐올까? 메노이티오스 아들이 죽었음이 분명해. 헥토르와 힘으로 싸우지 말라고 내 그토록 일렀건만.

안틸로코스가 파트로클로스의 죽음을 알리며 그의 무구와 투구를 헥토르가 가지고 있다고 말한다. 아킬레우스는 먼지 속에 드러누워 제 머리를 쥐어뜯는다. 아킬레우스가 무시무시하게 통곡하자 어머니가 바닷속에서 아들의 통곡 소리를 듣고 비명을 지른다. 사연을 들은 테티스는 아들에게 말한다. "아들아! 너 역시 단명하겠구나! 헥토르 다음에는 네가 죽게 되어 있으니." 아킬레우스가 역정을 낸다. "당장이라도 죽고 싶어요. 저는 그에게 도움이 되지 못하고 공연히 대지에 짐만 되고 있어요. 현명한 사람도 화나게 하는 분노가 사라지기를! 분노란 똑똑 떨어지는 꿀보다 더 달콤해서 인간들의 가슴속에서 연기처럼 커지는 법이에요. 괴롭더라도 지난 일은 잊고 마음을 억제해야지요. 이제 저는 나가겠어요! 모정으로 막지 마세요." 어머니 테티스가 말한다. "암, 그래야지. 아들아! 전우를 구하는 것은 나쁜 일이 아니니까. 내일 아침 헤파이스토스 왕으로부터 아름다운 무구들을 가지고 돌아오겠다." 아킬레우스는 파트로클로스 시신 앞에서 말한다. "파트로클로스여! 나는 이제 그대를 따라 지하로 갈 것이오. 그대를 죽인 헥토르의 무구들과 머리를 가져오기 전에는 그대의 장례를 치르지 않을 것이오. 그대 화장 장작더미 앞에서 트로이아인들의 빼어난 자제 열두 명의 목을 벨 것이오. 여인들이 밤낮으로 눈물을 흘리며 그대의 죽음을 슬퍼할 것이오."

아킬레우스는 큰 세 발솥에 물을 데워 파트로클로스 몸에서 핏덩이를 씻어낸다. 구 년 묵은 고약을 상처들에 가득 채우고 부드러운 린네르로 싸고 흰 천을 덮는다. 테티스는 헤파이스토스에게 간다. 그는 세 발솥마다 황금바퀴를 달아 저절로 신들의 회의장으로 갔다가 도로 그의 집으로 돌아오게 만들고 있다. 인공지능 무인 자동 세 발솥이다. 그의 아내 카리스가 헤파이스토스를 부른다. "참으로 존경스런 여신께서 오셨구려. 헤라 어머니, 나를 절름발이라고 없애려 할 때 아무도 모르게 에우뤼노메와 테티스께서 나를 품속에 받아주어 아홉 해 동안 나를 거두어 주셨지요. 테티스에게 생명을 구해준 보답을 해야 할 것이오." 그가 절룩거리며 걸어 나오자 황금으로 만든 하녀, 인공지능 로봇이 부축해준다. 황금 하녀 로봇은 살아 있는 소녀들과 똑같고, 가슴속 이해력과 음성과 힘도 가지고, 수공예도 안다. 테티스는 눈물을 흘리며 말한다. "헤파이스토스여! 내 아들을 위해 방패와 투구와 복사뼈 덮개가 달린 아름다운 정강이받이와 가슴받이를 만들어 주시오. 내 아들은 지금 속이 상해 땅에 누워 있어요." 절름발이 신이 대답한다. "안심하시오." 그는 먼저 방패를 만든다. 방패에 교묘한 장식을 새겨 넣는다. 장식은 인간들의 꿈의 세상이다. 세 겹의 테두리를 두르고 은 멜빵을 단다. 방패 자체는 다섯 겹이다. 거기에 그는 대지, 하늘, 바다, 태양, 보름달, 온갖 별들을 넣는다. 결혼식과 잔치를 벌이는 도시 속에 축혼가와 피리와 포르밍크스 소리가 높다. 또 다른 도시 주위에서는 양군이 무구들을 번쩍이며 대치한다. 거기에 실제로 갈아놓은 밭처럼 기름진 밭을 새겨 넣는다. 왕의 영지도 넣는데 일꾼들이 곡식을 베고, 황금 포도밭에는 포도송이들을 쳐녀 총각들이 신이 나서 담아 나른다. 뿔이 우뚝한 소 떼 중 맨 앞에 가던 소를 사자 두 마리가 가죽을 찢고 내장과 검은 피를 삼키고 있다. 신은 풀밭과 농장들과 오두막들과 양 우리들을 만든다. 또한 무도장을 교묘히 만드는데 총각과 처녀들이 손을 잡고 춤추고 있다. 처녀들은 린네르 의상을 입고 화관을 쓰고 있으며, 총각들은 기름을 먹여

윤이 나는 곱게 짠 윗옷을 입고 은띠에 황금 칼을 차고 있다. 많은 군중들
이 춤을 구경하고 가인이 포르밍크스를 연주한다. 두 곡예사가 재주넘기
를 하고 있다. 그 바깥 가장자리에 오케아노스 강을 넣는다.

　절름발이 신은 방패를 만들고 가슴받이와 투구를 만든다. 그는 주석으
로 정강이받이를 만든다. 테티스는 무구들을 들고 눈 덮인 올륌포스에서
매처럼 뛰어내린다.

※ 대장장이의 신, 절름발이 불의 신 헤파이스토스는 로마신화에서는
　불카누스라고 한다. 불의 신이다. 유난히 못생기고 절름발이라서 어
　머니 헤라가 바다에 집어 던진다. 제우스와 헤라의 부부 싸움에 헤라
　편을 든다고 이번에는 제우스가 헤파이스토스를 렘노스 섬에 집어던
　져 더 심한 절름발이가 된다. 헤파이스토스는 어머니 헤라에게 황금
　의자를 만들어 주어 결박시킨다. 그런 헤파이스토스를 술에 취하게
　하여 결박을 풀게 한 공으로 디오뉘소스는 신이 된다. 헤파이스토스
　는 제우스의 적통으로 제우스 후계 1순위이다.
　헤시오도스는 이 헤파이스토스의 아내가 아프로디테라고 기록한다.
　아프로디테는 헤파이스토스의 동생 아레스와 바람이 난다. 둘이 동
　침하고 있는 것을 아폴론이 고자질하자 헤파이스토스가 그물로 옭아
　매어 신들의 웃음거리로 만든다. 이 장면은 많은 화가들의 그림의 소
　재가 되었다.
　호메로스는 『일리아스』에서 헤파이스토스의 아내를 카리테스 3여신
　중 하나인 카리스라고 한다. 카리스는 3미의 여신으로 에우프로시네
　(명랑, 유쾌), 아글라에아(아름다움), 탈리아(발랄, 풍요)를 말한다. 이 중
　아글라에아가 헤파이스토스의 아내다. 이들은 젊은 여신으로 항상
　세 명이 함께 다닌다. 여신들 셋이 어울려 있는 모습의 그림은 대부분
　카리스일 가능성이 높다. 〈삼미신(폼페이의 프레스코화, 1세기경)〉, 〈삼
　미신(보티첼리)〉, 〈세 자비의 여신들(1504, 라파엘로, 프랑스 샹티이 콩데

미술관 소장)〉, 〈삼미신(루벤스, 프라도 미술관)〉, 〈삼미신(안토니오 카노바, 상트페테르부르크 에르미타주 미술관)〉 등이 대표적이다.

프로메테우스를 바위산에 묶은 쇠사슬, 아킬레우스의 무구, 아이네이아스의 무구, 황금 소녀 로봇, 제우스의 황금 침대 등이 그의 대표적인 작품이다.

* 헤파이스토스는 그림의 소재로 많이 쓰였다. 〈헤파이스토스의 대장간(1660년경, Luca Giordano)〉, 〈제우스의 번개를 제작하는 헤파이스토스(1636, Peter Paul Rubens)〉, 〈헤파이스토스로부터 아킬레우스의 무구를 받는 테티스(1630년경, Anthonis van Dyck)〉, 〈불카누스의 대장간(1630년경, 디에고 벨라스케스, 프라도 미술관 소장)〉, 〈아레스와 아프로디테의 밀회 현장을 덮치는 헤파이스토스. 불칸, 비너스 그리고 마르스(1540, Maarten van Heemskerck)〉, 〈아프로디테와 헤파이스토스(부세)〉, 〈아프로디테와 아레스의 밀회를 잡는 헤파이스토스〉, 〈그물에 걸린 아프로디테와 아레스 그리고 헤파이스토스와 신들〉 등 여러 작품이 있다.

이외에도 〈대장간의 신 헤파이스토스(루벤스 작)〉, 〈테티스에게 방패를 만들어 주는 헤파이스토스(루벤스 작, 제임스 손힐 작)〉, 〈아킬레우스에게 무구를 주는 테티스(벤자민 웨스트 작)〉 등이 있다.

누가 사랑을 탓하랴, 두 남자의 사랑 천상의 에로스

누가 사랑을 탓하랴.
사랑의 신 에로스가 애초에 없었기에
우라노스가 거세되었다네.
희랍 소년은 어릴 적부터 훌륭한 남자 애인에게 사랑받고
서로가 애인 앞에서 명예와 수모가 민감하다.
애인 앞에서 부끄러운 모습은 차라리 죽는 것이 낫다.

테베의 신성단(神聖團)은 남자들끼리 애인이라 최고 정예부대이다.

두 연인 파트로클로스와 아킬레우스는

하늘을 뚫는 아킬레우스 분노의 창을 부러뜨린다.

하나가 죽자 하나는 그예 헥토르와 맞서며

파트로클로스와 같은 항아리에 뼈를 넣어 달라 한다.

누가 사랑을 탓하랴.

아버지도, 어머니도 아들을 대신해서 죽지 않을 때

펠리아스의 딸 알케스티스는 남편을 대신해서 죽으니

에로스의 신이 쏜 화살에 충실했던 까닭이다.

사랑을 누가 탓하랴.

헌신의 사랑은 신들의 규칙도 파괴하며 하데스에서 죽은 인간 알케스티스를 복구하고

애인을 위해 죽음에 뛰어든 아킬레우스를 신들은 축복받은 자들의 섬으로 초대한다.

소크라테스는 자기가 아는 유일한 문제가 사랑이라 선언한다.

그는 절대적 아름다움에 대한 에로스라 하지만

천상의 에로스는 그에게도 손을 흔든다.

[애인, 동성애, 게이의 사랑, 천상의 에로스]

아킬레우스와 파트로클로스에 대해서는 동성애 논쟁이 있다. 아이스킬로스의 단편 「뮈르미네도스」에서 아이스킬로스는 아킬레우스가 파트로클로스의 연인이라는 주장은 사실이 아니라고 파이드로스를 내세워 말한다. 아킬레우스가 파트로클로스보다 더 미남이고 아직 수염도 나지 않았으며 훨씬 젊기 때문에 연인이 아니란다. 문맥으로 보면 연동이다. 남자들 애인임은 분명하다. 이를 우정이라 하는지 모르겠다.

천병희의 번역 「향연」의 각주에 따르면 erastes는 '연인'으로 고전기 희랍(그리스) 동성애에서 사랑하는 자이고, paidika 또는 eromenos는 '연동'

으로 사랑받는 소년이다. 연인은 나이가 많은 사람이고 연동은 손아래 소년이다. '연인'은 나이 아래 소년인 '연동'을 만나면 훌륭한 사람으로 이끌어 주었다. 나이를 고려한다면 아킬레우스는 연동이 되어야 하고 파트로클로스는 연인이 되어야 하는데 아킬레우스가 주인의 위치에 있기 때문에 파트로클로스가 연인이라는 것은 사실이 아니라고 「향연」은 말하고 있다.

누군가 사랑하는 사람이 수치스러운 짓을 해서 연동에게 들킬 때만큼 괴로운 일은 없다. 연동도 수치스러운 짓을 하다가 연인에게 들키면 남달리 수치심을 느끼게 된다. 연동이나 연인이 곤경에 빠지면 죽음을 불사한다. 오직 사랑하는 사람들만이 남들을 위해 기꺼이 죽으려 한다. 이것은 여자들도 마찬가지라서 펠리아스의 딸 알케스티스가 아버지도 어머니도 대신 죽어주지 않는데 아내만이 남편을 위해 대신 죽는다. 신들이 그녀의 행위에 감탄하여 신들의 세계에서 예외적으로 그녀의 혼을 이승으로 돌려보낸다. 이런 까닭으로 국가든 군대든 잘 다스려지게 하는 최선의 방법은 연인들과 연동으로 구성하는 것이다. 그 대표적인 것이 테베의 신성단이라는 국가 최정예 부대이다. 이들은 연인과 연동으로 구성된 부대이다.

신들은 용기 중에서도 사랑의 용기를 가장 높이 평가한다고 파이드로스의 입을 빌려 플라톤은 말한다. 연인이 연동보다 더 신에 가깝기 때문에 연동이 연인을 좋아할 때 더 감탄하고 찬탄하며 더 큰 혜택을 준다고 덧붙인다.

파이드로스의 발언에 이어서 파우사니아스는 아프로디테와 에로스를 천상의 아프로디테와 범속의 아프로디테, 천상의 에로스와 범속의 에로스로 나눈다. 천상의 에로스는 남성적인 요소만 갖추고, 나이 지긋하고 오만한 데 없는 여신이다. 범속의 에로스는 여자들을 사랑하고, 혼보다 몸을 사랑하며, 되도록 어리석은 자들을 사랑하는 것이라고 구별한다. 천상의 에로스는 영혼의 사랑이어서 영원하고, 세속의 에로스는 소멸하는 육신을 사랑하여 사랑하던 몸에 꽃이 지기 시작하면 그는 '날개를 타고 떠나'간다.

아킬레우스와 파트로클로스는 다나오스 백성, 그 중에 미르미돈족의 왕자와 장수이다. 파트로클로스는 어릴 적 친구를 죽인 일로 그 아버지가 아킬레우스 아버지 펠레우스에게 아들을 맡긴다. 아킬레우스와 파트로클로스는 현자 켄타우로스 케이론이 양육한다. 나이는 파트로클로스가 더 많다. 어릴 적부터 함께 자라고 전쟁터에서도 함께 생활한다.

이들의 사랑을 천상의 에로스가 주관하는 동성애로 볼 수 있다. 여자를 빼앗겨 마음의 분노가 하늘을 찌르며 천막 속에 지내던 아킬레우스가 파트로클로스가 전사하자 그 분노를 접고 전투에 나간다. 수많은 전리품에 대한 약속도 오뒷세우스와 그를 길러준 포이닉스의 설득에도 일어서지 않던 그가 일어선다.

동성애는 기독교 문화에서 규제가 시작된다. 기독교 문화에서는 사랑은 후손을 잇기 위한 행위로만 인정하고 그 외의 행동을 부정한 것으로 규정한다. 결혼한 부부가 자식을 낳는 사랑의 행위는 신의 뜻에 부합하여 축복의 대상이지만 그렇지 않은 모든 육체적 사랑의 행위는 비난의 대상이 된다.

여기서 동성애와 우정의 경계선이 어디인가의 문제를 제기할 수 있다. 세속의 에로스적 동성애는 물론 우정이 아니다. 천상의 에로스적 동성애는 우정과 어떻게 구별할 것인가의 문제가 남는다. 그 경계는 무엇인가?

여전히 성경과 마찰을 빚지만 현대에 와서 동성애는 선택의 문제로 비난의 대상에서 벗어나기 시작한다. 남자들의 동성애인 게이, 여자들의 동성애인 레즈비언은 문학에서도 당당히 각자의 영역을 차지하기 시작했다.

고대의 동성애가 현대에 와서 다시 복원되고 있다. 고대에 사랑이란 남녀 간의 사랑보다 동성애의 사랑이 보편적이었다. 남녀의 결혼은 계급 간의 결합이어서 사랑과 깊은 관련이 있다고 말하기 쉽지 않다.

메들린 밀러는 파트로클로스를 화자로 하는 소설『아킬레우스의 노래』를 쓴다. 이 작품으로 밀러는 2012년 영국의 '여성 문학상'을 수상하며 전세계가 주목하는 베스트셀러 작가가 되었다. 이후『오뒷세이아』속에 등장하는 인물을 주인공으로 소설『키르케』를 썼다.

27일째 전쟁 넷째 날

제19권 아킬레우스의 화해

비난의 책임은 운명과 신에게 있소
분노는 신이 나에게 광기를 보냈기 때문이오.
내 어찌 용기와 절제를 모르겠소!
분노가 명예의 자식이 아닌 것을 왜 모르겠소!
차라리 그 때 그 소녀에게 화살을 쏘았으면 좋았을 것이오.
신이 예비한 분노는 신이 거두어 갈 것이오.
내 몸에 쏟아진 비난은 더 이상 담을 데도 없소.
당연히 신이 보낸 비난도 신이 거두어 갈 것이오.
신이 준 운명이고 분노이니
거두는 것 또한 신이어야 하오.

그러나 명예는 나의 것이오.
나에게 죽을 줄 알고 달려드는 적군의 전사들처럼
나도 내 운명에 죽음을 안고 달려들 것이오.
나에게는 우정이 더 큰 운명이고
신이 선택하라는 긴 수명보다 명예가 죽음을 능가하오.
여인이건 선물이건 식사이건
지금 나는 파트로클로스뿐이오.
분노마저 그의 죽음에게 머리 숙이오.
뼈를 바수고 골을 흩어버리는 싸움도 신의 책임이나
죽음을 선택한 것은 나의 명예라오.
일이 벌어진 뒤에서야 바보 인간은 영리해진다 하오.
나는 그 영리함이 무엇인지 모르겠소.

신들은 자신들마저 선택하기 어려운 시험지를

인간에게 남발하고 있소.

답지를 찾지 못하고 방황하는 인간 또한 신들의 책임이오.

분노나 슬픔도 그대들 것이란 말이오.

단지 내가 선택한 명예만이 내 것이오.

[서사의 전개]

아킬레우스는 파트로클로스의 살이 썩지 않을까 두렵다고 말한다. 테티스가 파트로클로스의 콧구멍에 신유(神油)와 불그레한 신주(神酒)를 부어 그의 살이 언제까지나 변하지 않게 해 준다. 아킬레우스가 나타나자 모두 회의장으로 모여든다.

아킬레우스가 말한다. "아트레우스의 아들이여! 우리 두 사람이 한 소녀 때문에 원한을 품었지만 그것이 바람직했을까요? 지난 일은 잊어버립시다. 나는 분노를 거둘 것이오."

아가멤논이 말한다. "친애하는 다나오스 백성들의 영웅들이여! 비난의 책임은 제우스와 운명의 여신과 복수의 여신에게 있소. 그분들이 내 마음속에 광기를 보냈기 때문이오. 신이 이룬 일인데 난들 어쩌겠소? 어제 고귀한 오뒷세우스가 그대의 막사에 가서 약속한 것을 빠짐없이 다 드리겠소."

아킬레우스가 대답한다. "선물은 그대가 알아서 하시오."

오뒷세우스가 말한다. "음식과 포도주를 들라 하시오. 그 속에 힘과 투지가 있소."

아가멤논이 말한다. "모든 선물들을 가져오되 여인들도 데려오시오."

아킬레우스가 말한다. "치욕을 복수한 뒤 진수성찬을 준비하라 명령하고 싶소. 나는 먹고 마시는 일에 관심 없소."

오뒷세우스가 말한다. "아킬레우스여! 마음을 억제하고 내 말을 들으시오. 단식으로 고인을 애도하는 것은 될 일이 아니오. 살아남은 자들은 더 힘차게 싸우기 위해 먹고 마셔야 하오."

아가멤논이 말한다. "제우스께서 증인이 되어주소서. 복수의 여신들도 증인이 되어주소서. 나는 브리세이스 소녀에게 결코 손댄 적도 동침을 요구한 적도 없으며 막사에 본디 그대로 있나이다. 거짓이라면 온갖 고통을 내리소서."

브리세이스가 파트로클로스를 보자 얼굴을 쥐어뜯으며 말한다. "파트로클로스여! 누구보다 소중했던 분이여! 내게는 불행에 불행이 겹치는군요. 나는 남편과 세 오라비가 청동에 찢기는 것을 보았지요. 아킬레우스가 내 남편을 죽이고 뮈세스 도시를 함락했을 때 나를 아킬레우스의 아내로 만들고, 프티아로 가서 결혼식을 올려주겠다고 그대가 약속했지요. 늘 친절했기에 나는 그대의 죽음이 슬퍼요."

아킬레우스는 원로들이 간청하나 음식 들기를 거절한다. "가장 아끼던 내 전우여! 내 아버지가 돌아가셨다 해도, 내 아들 네옵톨레모스가 죽었다 해도 이렇지는 않을 것이오." 아킬레우스는 헤파이스토스가 만든 무구를 챙긴다.

인간의 감정은 영원하지 않다. 분노는 시간이 지나면 사라지고, 더 큰 분노 앞에서 작은 분노는 없다. 분노만큼 또한 큰 것이 브리세이스가 느끼는 것처럼 친절이다.

제우스가 모든 신과 요정들을 빠짐없이 모이게 한다. "나는 여기 올림포스의 골짜기에 앉아 구경이나 하고자 하니 그대들은 각자 마음 내키는 대로 어느 한 편을 돕도록 하시오."

헤라와 아테나와 포세이돈과 헤르메스, 헤파이스토스는 함선들이 있는 곳으로 간다. 아레스, 아폴론, 아르테미스, 레토, 아프로디테가 트로이아인들 쪽으로 간다. 신들이 어우러져 싸우니 굉음이 인다. 포세이돈에는 아폴론이, 전쟁의 신에게는 아테나가, 헤라에게는 아르테미스가, 레토에게는 헤르메스가, 헤파이스토스에게는 크산토스 또는 스카만트로스라는 큰 강이 맞선다.

아폴론이 말한다. "아이네이아스여! 아킬레우스와 싸우겠다는 약속은 어디로 간 것이오?"

그가 답한다. "어째서 싫다는 데도 아킬레우스와 싸우라고 하시오? 전에 제우스께서 나를 구해 주지 않았더라면 아킬레우스와 아테나의 손에 쓰러졌을 것이오."

아폴론이 말한다. "영웅이여! 저자는 그대 어머니 아프로디테보다 지체가 낮은 여신에게 태어났소."

포세이돈이 말한다. "헤라여! 나는 다른 신들과 싸우기를 원하지 않소. 우리가 월등히 더 강하기 때문이오."

신들은 계략만 꾸밀 뿐 전쟁에 뛰어들기를 꺼린다. 그러나 제우스는 싸우도록 명령한다.

아킬레우스가 말을 건다. "아이네이아스여! 그대가 나를 죽여도 프리아모스가 그대에게 왕권을 넘겨주지 않을 것이오. 트로이아인들이 아름답고 빼어난 영지를 주겠다고 하던가? 나와 맞서지 마라. 일이 벌어진 뒤에는 바보도 영리해지는 법이다."

아이네이아스가 대답한다. "펠레우스의 아들이여! 우리는 서로 상대방의 혈통과 부모를 안다. 나는 고매한 앙키세스의 아들로 내 어머니는 아프로디테다. 우리 가문을 가르쳐주리라. 제우스께서 다르다노스를 낳으시니 그분이 다르다니에를 세우셨다. 일리오스가 세워지기 전이다. 다르다노스가 에릭토니오스를 낳으시니 인간들 중 으뜸가는 부자였다. 에릭토니오스는 트로스를, 트로스는 일로스와 앗사라코스와 가뉘메데스를 낳았다. 가뉘메데스는 인간들 중 제일 미남으로 제우스의 술 따르는 시종이 되어 불사신 속에서 살고 계신다. 일로스는 라오메돈을 낳으시고, 라오메돈은 티토노스, 프리아모스, 람포스, 클뤼티오스, 히케타온을 낳으셨다. 앗사라코스의 아들이 카퓌스, 그 아들이 앙키세스, 그 아들이 나 아이네이아스다. 프리아모스는 헥토르를 낳으셨다. 더 이상 이런 이야기를 주고받지 말자. 창으로 서로 상대방을 시험해 보자."

아이네이아스가 찌른 창이 아킬레우스 방패를 뚫지 못하고, 아킬레우스가 던진 창이 등 뒤로 날아가 땅에 꽂힌다.

포세이돈이 아이네이아스를 살리려고 끼어든다. "아아! 아이네이아스가 안 됐구려. 그가 바치는 제물들은 신들을 늘 기쁘게 해 주지 않았던가! 프리아모스 집안이 크로노스 아들의 미움을 샀으니 앞으로는 아이네이아스와 그 자손이 트로이아인들을 다스리게 될 것이오."

포세이돈은 아이네이아스를 들어 구한다. "아이네이아스여! 그와 마주칠 때마다 하데스로 가지 않도록 물러나라. 다른 자는 아무도 그대를 죽이지 못한다."

헥토르가 말한다. "트로이아인들이여! 나는 그를 향해 나아갈 것이오."

아폴론이 말한다. "헥토르여 아킬레우스에게 싸움을 걸지 마라."

아킬레우스가 말한다. "가까이 와서 죽음의 종말에 이르도록 하라."

헥토르가 두려움 없이 말한다. "펠레우스의 아들이여! 말로 겁줄 수 있으리라 생각지 말라."

둘은 서로 창을 던지나 신들의 개입으로 상처를 주지 못한다. 아킬레우스는 다른 자를 추격한다.

영웅의 용맹은 적군에게는 처참함이다. 골을 흩트리고 애원하는 트로스의 간을 쏟아지게 하는 일은 인간의 모습이 아니다. 이런 것이 영웅이라면 영웅은 인간이 아니다. 내 편일 때도 영웅은 때로 끔찍하다. 전쟁은 끔찍하다. 처참한 전쟁 노래는 반전 평화를 향한 절규이다.

※ 아킬레우스에 관한 그림으로는 〈스틱스 강물에 아킬레우스를 담그는 테티스(1668, Jan-erasmus Quellinus)〉, 〈케이론에 교육받는 아킬레우스(1746, Pompeo Batoni)〉, 〈리코메데스 딸들 속에 있는 아킬레우스(작품 다수)〉, 〈아킬레우스의 분노(1819, Jacques Louis David)〉, 〈파리스의 화살을 맞고 죽는 아킬레우스(루벤스)〉 등이 있다.

제21권 강변의 전투, 강의 신과 싸움

강의 신과 영웅의 싸움
내 사랑스런 물줄기는 시신들로 가로막혔구나.
너의 악행은 나, 강의 신에게 수고를 끼친다.
나, 크산토스는 강물을 바다로 흘려보낼 수 없을 지경이다.
나는 헥토르를 죽이기 전까지는 멈추지 않을 것이오.
아킬레우스가 강물로 뛰어들자 강물이 솟구치며 덤벼든다.
강은 울부짖으며 시신들을 뭍으로 내 던지고
도망가는 아킬레우스를 하신은 뒤쫓는다.
영웅이 날래지만 강의 물결은 언제나 그를 따라잡아 덮친다.
신들이 그가 하신에게 죽을 운명이 아니라고 돕는다.
검푸른 물결이 화염에 끓어오르자 하신의 분노가 물밑으로 앉는다.
화해는 제 자리로 가는 귀향길이다.
물결은 다시 전처럼 아름답게 흐른다.

물줄기의 아름다움을 막으면 아름다운 흐름은 사라진다.
넘치는 물결은 홍수가 되고
홍수는 손에 삽을 든 인간을 앞지른다.
물의 신은 낮은 곳에서 대지를 무너뜨리고 영웅을 흔들다가
더 높아지려는 인간 세상을
높낮이 평평한 세상으로 만든다.
영웅도 필멸의 인간,
자연은 병들어도 불멸의 신이다.
자연이 자연에 대항할 뿐 인간은 신 앞의 티끌이다.

[서사의 전개 살펴보기]

크산토스 강물은 말들과 사람들의 아우성으로 혼잡하다. 아킬레우스는 파트로클로스의 핏값으로 젊은이 열두 명을 산 채로 가죽 끈에 묶어 함선들로 데려가게 한다.

뤼카온이 무릎을 잡으며 애원한다. "아킬레우스여! 나를 불쌍히 여기십시오. 나는 탄원자 같습니다. 그대가 나를 과수원에서 사로잡아 소 백 마리 값을 받고 렘노스에 팔던 날, 처음으로 데메테르의 열매를 맛보았습니다. 천신만고 끝에 일리오스에 돌아온 지 오늘이 열두 번째 아침입니다. 우리 두 형제 중 폴뤼도로스는 그대가 이미 창으로 쓰러뜨렸지요. 나를 죽이지 마십시오. 나는 그대의 전우를 죽인 헥토르의 동복아우가 아닙니다."

아킬레우스의 음성은 무자비하다. "어리석은 자여! 파트로크로스가 죽기 전까지 나는 마음속으로 트로이아인들을 아끼고 싶어서 많은 자들을 사로잡아 내다 팔았다. 하나 지금은 어느 누구도 죽음을 피하지 못하리라. 자, 친구여! 그대도 죽을지어다. 그대보다 훨씬 나은 파트로클로스도 죽었다. 그대는 잘생기고 큰 나를 보지 못하는가? 내 위에도 죽음의 운명이 걸려 있다." 아킬레우스는 칼을 빼어 목 옆 쇄골을 내리친다.

펠레곤의 아들 아스테로파이오스가 아킬레우스에 맞선다. 그가 던진 창이 아킬레우스 오른쪽 팔꿈치를 스쳐 검은 피가 솟는다. 아킬레우스가 그의 배를 치자 창자가 모두 땅으로 쏟아진다. 검은 물이 그를 적시자 뱀장어 떼와 물고기 떼가 몰려들어 콩팥 옆의 기름을 뜯어먹는다.

아킬레우스가 여러 파이오이아인들을 죽이자 하신이 말한다. "아킬레우스여! 그대의 힘과 악행은 사람으로서 지나치다. 내 물줄기는 시신들로 가로막혀 강물을 바다로 보낼 수 없다. 자, 그만두어라." 아킬레우스가 말한다. "헥토르를 죽이기 전까지는 트로이아인들을 죽일 것이오." 아킬레우스가 강물에 뛰어든다. 강물이 솟구치며 그에게 덤벼든다. 하신이 시커멓게 부풀어 오르며 덤벼들자 아킬레우스는 달아난다. 포세이돈이 말한다. "그대는 결코 하신에게 죽을 운명이 아니다. 헥토르의 목숨을 빼앗은 다음에는 함선들로 돌아가라." 헤라의 말을 듣고 헤파이스토스는 불을 준비한다. 그 불로 시신들을 태우고 강물은 멈춘다.

화염에 휩싸이자 하신이 말한다. "헤파이스토스여! 그대와 싸우고 싶지 않소. 아름다운 물줄기가 끓어오르지 않소?" 하신이 말한다. "헤라여! 맹세코 나는 앞으로 트로이아인들을 파멸에서 구하지 않겠소." 헤라는 헤파이스토스에게 그만두라고 말한다.

프리아모스 노인은 문지기들을 격려한다. "문들을 열어두되 백성들이 도성 안에 모여 숨을 돌리거든 문짝들을 닫아라. 저 사내가 성벽 안으로 뛰어들까 두렵다."

아킬레우스의 무자비한 공격으로 시신이 늘어나자 강의 신이 아킬레우스를 공격한다. 어찌 강의 신이 있어 인간 영웅 아킬레우스를 공격한단 말인가? 그러나 다시 생각해 보면 인간의 무절제한 행위는 언제나 자연이라는 신이 반격한다.

※ 그림 〈아킬레우스와 스카만드로스(프레데릭 앙리 쇼팽)〉가 있다.

제22권 헥토르의 죽음

영웅도 자기 무덤을 판다
내 아들아! 죽음에 맞서지 마라.
불행한 아비를 불쌍히 여겨라.
네가 죽으면 세상 모든 게 사라진다.
아들들, 어린아이들, 며느리들은 살해되고 끌려가게 될 것이다.
차라리 전쟁에서 죽은 젊은이는 죽어도 아름답다.
아들의 죽음 앞에 노인의 흰 머리와 흰 수염에는 비참함뿐이다.

이 젖가슴을 두려워하고 나를 불쌍히 여겨라.

내 일찍이 너에게 근심을 잊게 하려고 젖을 물린 적이 있지 않느냐.

죽음과 맞서지 마라.

성벽 안으로 들어오라.

성벽 안으로 들어간다면 부관 폴뤼다마스가 나를 꾸짖겠지.

이기고 있어도 후퇴하시오.

나는 그의 말을 듣지 않았지.

내 파멸은 그의 조언을 듣지 않은 탓이네.

제 힘만 믿다가 백성들에게 파멸을 가져다주었다고 여인들이 말하겠지.

이제는 그를 죽이든지 그의 손에 죽든지 맞서야 하네.

헬레네와 그녀의 재물을 돌려주고 우리의 것을 반절씩 나누어 준다고 제안한다면?

별스런 생각이 나를 지배하는 것을 보니 나에게 죽음이 다가오고 있나 보다.

내가 찾아가더라도 그는 나를 여자처럼 죽일 것이다.

지금 나에게는 선택조차 없다.

처녀총각처럼 빨리 싸우는 게 낫다.

물푸레나무를 휘두르며 달려오는 아킬레우스가 태양처럼 빛난다.

달아나자!

아킬레우스가 프리아모스의 도시를 세 바퀴째 나를 쫓는구나.

사냥개가 사슴의 새끼를 추격할 때처럼 추격하지만

아직은 꿈속에서처럼

쫓기는 자는 달아날 수 없고, 쫓는 자는 추격할 수 없다.

하늘은 운명의 돌멩이를 던진다.

내 목숨을 빼앗는다면 시신을 모욕하지 말고 돌려주라.

늑대와 새끼 양이 한마음이 될 수 없다.

나는 그대와 친구가 될 수 없다.

내게 애원하지 마라, 개와 새 떼가 남김없이 뜯어먹게 하리라.

아킬레우스의 말이 얼음처럼 차다.

그대의 창이 내 목구멍을 뚫는구나!

그대가 나처럼 죽는 날 신들의 노여움을 조심하라.

불운한 내 신세여.

부모님이 나를 낳지 않으셨더라면 좋았을 것을.

당신이 죽으니

우리 아이들의 농토는 다른 사람들이 차지할 것이오.

당신의 옷들을 모두 태워버릴래요.

이제 무슨 소용이 있겠어요.

[서사의 전개]

트로이아인들이 도성으로 달아나 흉벽에 기대어 갈증을 푸는 동안 아카이오이족은 성벽을 향해 접근한다. 헥토르만이 버티고 서 있다.

프리아모스가 애처로이 말한다. "헥토르, 내 아들아! 저 사내를 기다리지 마라. 저자는 내 용감한 아들들을 수없이 빼앗아 죽이거나 섬에 갖다 팔았다. 뤼카온과 폴뤼도로스가 보이지 않는구나. 성벽 안으로 들어오너라. 가련한 아비를 불쌍히 여겨라. 아들들은 살해되고, 딸들은 포로가 되고, 방들은 약탈당하고, 어린아이들은 내동댕이쳐지고, 며느리들은 잔혹한 손에 끌려가고, 나는 개들이 뜯어 먹겠지. 내가 손수 기른 그 개들이 내 피를 마시고 미쳐서 문간에 누워 있겠지."

이번에는 헥토르의 어머니가 젖가슴을 드러내 보이고 눈물을 흘리며 말한다. "헥토르야, 이 젖가슴을 두려워하고 나를 불쌍히 여겨라. 선두에서 그와 맞서지 마라. 개들의 밥이 될 테니까."

헥토르가 자신의 마음을 향해 말한다. "내가 만일 성벽 안으로 들어가면 폴뤼다마스가 먼저 나를 꾸짖겠지. 아킬레우스가 일어서던 밤에 그는 나

더러 도시로 가라고 했지. 그랬더라면 좋았을 것을. 내가 어리석어 백성들에게 파멸을 가져다주는구나. 내가 아킬레우스를 찾아가서 헬레네와 알렉산드로스가 가져온 모든 재물들을 내주고, 이 도시의 모든 것을 양분을 제안한다면? 내가 그를 찾아가더라도 그 자는 나를 죽이고 말 것이다. 밀어를 속삭일 때가 아니다. 처녀총각처럼 되도록 빨리 어우러져 싸우는 편이 낫다.”

아킬레우스가 물푸레나무를 휘두르며 헥토르를 향한다. 헥토르가 달아난다. 성벽을 따라 한 사람은 쫓고 한 사람은 쫓는다. 쫓기는 자도 용감하지만 쫓는 자는 훨씬 강하다. 두 사람은 그렇게 프리아모스의 도시를 세 바퀴나 돈다.

마치 꿈속에서 달아나는 자를 추격하려 해도 추격할 수 없듯이, 쫓기는 자는 달아날 수 없고, 쫓는 자는 추격할 수 없다.

아테나가 데이포보스의 입을 통해 헥토르에 용기를 불어넣는다. 헥토르가 네 바퀴를 돌아 가까워졌을 때 아킬레우스에게 말을 건다. “펠레우스의 아들이여! 내 잠시 전에는 도성을 세 바퀴나 돌았지만 이제는 달아나지 않겠다. 신들 앞에서 서약하자! 내가 그대의 목숨을 빼앗는다면 나는 그대에게 모욕을 가하지 않고 무구를 벗긴 다음 시신은 아카이오이족에게 돌려줄 것이다. 그대도 그렇게 하라.”

아킬레우스가 노려보며 말한다. “헥토르여! 잊지 못할 자여! 사자와 사람 사이에 맹약이 있을 수 없고, 늑대와 새끼 양이 한마음 한뜻이 되지 못한다. 나는 그대와 친구가 될 수 없다.” 아킬레우스가 창을 던졌으나 헥토르가 피한다. 헥토르가 청동 창을 던져 아킬레우스 방패 한복판을 맞히지만 튕겨 나간다. 헥토르는 날카로운 칼을 휘두르며 덤빈다. 아킬레우스는 헥토르 목구멍에 창을 던져 창끝이 목을 뚫고 나간다.

헥토르가 기진맥진하여 말한다. “애원하건대 개들이 뜯어먹게 내버려두지 말고 내 시신을 고향으로 돌려보내 나를 화장하게 해달라.”

아킬레우스가 노려보며 말한다. “애원하지 마라. 개떼와 새 떼가 그대를 남김없이 뜯어먹게 하리라."

헥토르가 죽어가며 말한다. "그대는 결코 내 말을 들을 사람이 아니다. 파리스와 아폴론이 스카이아이 문에서 그대를 죽이는 날 나 때문에 그대에게 신들이 노여워하지 않도록 조심하라."

아킬레우스는 말한다. "죽어라! 내 죽음의 운명은 언제든 받아들인다." 아킬레우스는 헥토르를 머리가 뒤에서 끌려오도록 전차에 매단다. 전차를 끄는 말에 채찍을 휘두른다. 헥토르의 머리는 온통 먼지투성이다.

프리아모스가 모든 이들에 애원한다. "그만두시오. 친구들이여! 내 흉악무도한 자에게 애원해 볼 것이오. 그에게도 나처럼 늙은 아버지가 있지 않은가!"

헥토르의 아내 안드로마케는 흐느껴 운다. "헥토르여, 불운한 내 신세여! 우리 아들 아나튀아낙스의 농토를 다른 사람들이 차지하겠지요. 아버지 없는 아들은 울면서 과부가 된 어머니에게 돌아오겠지요. 고생을 많이 하게 될 거예요. 당신은 개들이 배를 채우고 나면 구더기들이 뜯어 먹게 되겠지요. 당신 옷들은 이제 태워버릴래요. 당신이 없으면 소용이 없어요."

※ "쫓기는 자는 달아날 수 없고, 쫓는 자는 추격할 수 없다."

※ 그림으로 〈헥토르에게 아스티아낙스를 보여주는 안드로마케(Joseph Marie Vien)〉, 〈헥토르의 죽음을 슬퍼하는 안드로마케(자크 루이 다비드)〉, 〈포로가 된 안드로마케(1886-88, Lord Frederick Leighton)〉, 〈아킬레우스아 헥토르의 결투(17C 루베스 작)〉, 〈아킬레우스에게 죽음을 당하는 헥토르(라파엘 테헤오 작)〉, 〈헥토르의 시신(자크 루이 다비드 작)〉 등이 있다.

28~29일째

제23권 파트로클로스 장례식과 추모 경기

산 자를 위한 장례식

그대, 하데스의 집에서나마 기뻐하시라.

그대의 혼백이 부탁하지 않아도 될 일을 내 모두 이루었소.

고향 땅에 돌아가지 못할진대

스페르케이오스 강에 바치려던 머리칼을 그대에게 줄 것이오.

사방 백 보의 장작더미에 그대의 시신을 올려놓았소.

수많은 가축의 껍질을 벗기고

그 기름조각으로 머리에서 발끝까지 그대 시신을 감쌌소.

그대 주위에 가죽 벗긴 짐승들을 쌓아올리고

꿀과 기름이 든 항아리, 말 네 마리, 개 두 마리를 그대 옆 장작더미에 올렸소.

트로이아 자제 열두 명을 청동으로 죽여 불 속에 던졌소.

그대를 죽인 헥토르는 개떼에게 먹도록 줄 것이오.

아킬레우스는 밤새 손잡이가 둘 달린 잔에 포도주를 담아 대지를 적시고

파트로클로스의 뼈를 태우며 전우의 혼백을 부른다.

샤프란 색의 옷을 입은 새벽의 여신이 바다 위를 덮치자.

영웅은 말한다.

장작더미의 불기를 포도주로 끄시오.

그의 뼈를 두 겹의 기름 조각으로 싸서 황금 항아리 안에 넣어 두시오.

내가 하데스로 갈 때까지 말이오.

황금 항아리를 막사에 갖다 놓고 흙더미로 무덤을 만든다.

여신의 아들은 상품을 내 놓고 추모 경기를 연다.

전차 경주, 권투시합, 레슬링 경기, 달리기 경주, 힘겨루기, 던지기 경기, 궁수 경기, 투창수 경기

이 모든 경기는 죽은 자의 명예만큼 명예로운 자에게 돌아간다.

죽음도 명예고, 복수도 명예이며, 경주 우승자도 명예이다.

죽은 자가 산자의 명예에 숨을 불어 넣는다.

[서사의 전개]

아킬레우스를 따라 뮈르미도네스족이 일제히 소리 내어 운다. 그들은 말을 몰아 시신 주위를 세 바퀴 돈다.

펠레우스의 아들은 전우의 가슴에 손을 얹고 통곡한다. "오오, 파트로클로스여! 하데스의 집에서나마 기뻐하구려. 나는 헥토르를 개떼에 주어 뜯어먹게 하려고 끌고 왔고, 트로이아의 젊은이 열두 명을 장작더미 앞에서 베려고 데려왔소. 제우스께 맹세코 파트로클로스를 화장하여 무덤을 만들고 내 머리털을 자르기도 전에 머리에 물을 가까이하면 도리가 아니오. 그러나 지금은 내키지 않더라도 음식을 듭시다."

아킬레우스가 잠이 들자 파트로클로스의 혼백이 그를 찾아온다. "그대는 나를 잊고 잠이 들었구려, 아킬레우스여! 죽고 나니 잊고 마는구려. 자, 어서 나를 장사지내 하데스의 문을 통과하게 하시오. 나는 하데스의 문을 헤매고 있소. 아킬레우스여! 내 뼈를 그대의 것과 갈라놓지 말고 함께 있게 해 주시오. 주사위 놀이를 하다가 암피다마스 아들을 죽이던 날 이후 펠레우스께서 나를 정성껏 길러 그대의 시종이 되게 하셨소. 그러니 두 사람의 뼈도 황금 항아리에 함께 넣도록 하시오."

아킬레우스가 말한다. "친애하는 벗이여! 그런 일들을 일일이 내게 부탁하는가?"

서사시 28일째, 아가멤논이 사람들을 보내 나무를 해 오게 하고 메리오네스가 감독한다. 이데 산의 기슭에서 참나무들을 베어 바닷가에 내려놓는다. 앞에는 전차병들이 중앙에는 파트로클로스 시신이 전우들이 잘라 던진 머리털로 덮여 있다. 뒤에는 보병들이 구름처럼 따른다. 시신을 위해 나무를 쌓아올린다. 아킬레우스는 스페르케이오스강에게 바치려던 금발의 머리를 잘랐다.

"스페르케이오스여! 나의 아버지는 그대에게 빈 약속을 하였소. 내가 고향에 돌아가면 그대를 위해 머리털을 자르고 헤카톰베를 바칠 것이며 가축 쉰 마리를 바치겠노라 약속하셨소. 그대는 그분의 뜻을 이루어주지 않았소. 내 이제 고향에 돌아가지 못할진대 파트로클로스에게 주어 가져가게 할 것이오."

그는 자기 머리털을 전우의 손에 놓아 준다. 백성들은 함선으로 돌아가고 고인과 가장 친근한 사람들이 사방 백 보의 장작더미를 만들어 꼭대기에 시신을 올려놓는다. 그들은 장작더미 앞에서 작은 가축들과 황소들의 껍질을 벗겨 손질한다. 아킬레우스가 기름 조각으로 시신의 머리에서 발끝까지 싸고 그 주위에 가죽을 벗긴 짐승들을 쌓아 올린다. 그는 말 네 마리와 기르던 개 두 마리를 장작더미 위에 던진다. 트로이아인들의 자제 열두 명을 청동으로 죽이고 나서 불을 지른다. 그런 다음 소리 내어 울며 전우의 이름을 부른다.

"오오, 파트로클로스여! 하데스의 집에서나마 기뻐하구려. 그대에게 약속한 것을 모두 실행하고 있소."

죽은 파트로클로스의 장작더미가 활활 타오르지 않는다. 아킬레우스는 북풍과 서풍의 신에게 기도하고 재물을 약속한다. 이리스가 그의 기도를 바람의 신에게 전한다. 그러자 바람이 밤새도록 사납게 분다.

서사시 29일째, 새벽이 되자 불이 꺼지기 시작한다. 아킬레우스가 말한다.

"아트레우스의 아들이여, 다른 장수들이여! 파트로클로스의 뼈를 모아두 겹의 기름 조각으로 싸서 황금 항아리에 넣어둡시다. 내가 하데스로 내려갈 때까지 말이오. 무덤은 알맞게 만들도록 하시오. 내가 죽은 후에 그것을 넓히도록 하시오."

무덤을 만들고 상품들을 날라 오게 한다. 전차 경주자를 위해 스물두 되들이 세 발솥을 내놓았다. 이등은 여섯 살배기 암말, 삼등은 넉 되들이 가마솥, 사등은 황금 두 탈란톤, 오등은 손잡이가 둘 달린 항아리가 상품이다. 일등이 디오메데스이다. 아킬레우스는 여신이 말의 멍에를 부수어 수레에서 굴러 떨어진 에우멜로스에게 이등 상을 준다. 이등으로 들어온 안틸로코스가 자기주장을 한다. 아킬레우스는 청동 가슴받이를 막사에서 가져와 에우멜로스에게 준다.

메넬라오스가 안틸로코스에게 화가 나서 말한다. "그대는 내 솜씨를 모욕하고 내 말들을 방해했소. 그대가 꾀를 써서 일부러 내 전차를 방해하지 않았다고 맹세하시오."

안틸로코스가 말한다. "고정하시오. 나는 그대보다 훨씬 더 젊고 그대는 나보다 손위이고 더 낫소. 내가 얻은 암말을 드리겠소. 그대의 마음에서 멀어지고 신들 앞에서 죄인이 되느니 그 편이 낫소."

메넬라오스가 흐뭇해서 말한다. "안틸로코스여! 앞으로는 꾀로 속이려 들지 마시오. 그대와 그대의 훌륭하신 아버지와 아우는 나 때문에 고생도 많이 하셨소. 이 암말을 그대에게 주겠소."

메넬라오스는 가마솥을 가져간다. 메리오네스가 사등 상을 가져간다.

오등 상을 아킬레우스는 네스토로 노인에게 준다. "받으시오, 노인장! 파트로클로스 장례 기념으로 간직하시오."

노인은 기쁘게 받는다. "모두 도리에 맞는 말이오. 아이톨리아인들 중에 나를 당할 자가 아무도 없었소. 하나 나는 비참한 노령에 굴복해야 하오. 이 선물을 기꺼이 받겠소."

권투시합은 에페이소스스가 이겨서 여섯 살배기 노새 한 마리를 가져가고 에우뤼알로스가 잔을 가지고 간다.

레슬링 경기는 큰 아이아스, 오뒷세우스가 세 번째로 달려들려 할 때 아킬레우스가 그들을 말렸다. "두 사람 다 승리자요. 그대들은 똑같이 상을 받으시오." 소 열두 마리 값의 큰 세 발솥과 소 네 마리 값에 해당하는 수공예에 능한 여인을 상으로 나누어 받는다.

　달리기 경주에서는 오뒷세우스가 희석용 동이를, 아이아스는 황소를, 안틸로코스는 황금 반 탈란톤을 받는다. 안틸로코스가 상을 타 가며 말한다. "친구들이여! 이번에도 불사신들은 연장자들에게 명예를 높여 줬소. 아이아스는 나보다 조금 연상이지만 오뒷세우스는 옛 세대 옛 사람으로 새파란 노인이지요. 하지만 아킬레우스 말고는 그분과 겨루기 어려울 것이오." 아킬레우스가 이를 듣고 황금 반 탈란톤을 더 얹어 준다.

　다음으로 힘겨루기를 한다. 큰 아이아스와 디오메데스가 대결하여 아킬레우스는 아이아스를 염려하여 싸움을 중단하게 하고 디오메데스에게 칼과 칼집과 칼 끈을 선물로 준다.

　무쇠 원반던지기 시합에서 폴뤼포이테스가 우승하여 무쇠를 가져간다.

　궁수 대회에서 메리오네스가 승리하여 양날 도끼 열 개를 상으로 받고 메리오네스는 외날 도끼들을 받는다.

　투창수 대회는 경기 없이 아킬레우스가 상을 준다. "아트레우스의 아들이여! 그대는 투창에서 일인자임을 잘 알고 있소이다. 황소 한 마리 값어치의 가마솥을 받으시오. 하지만 창은 그대가 원한다면 메리오네스에게 줍시다." 아가멤논이 거역하지 않는다.

　아킬레우스는 사랑하는 전우를 생각하며 울고, 모든 것을 정복하는 잠도 그를 붙잡지 못한다.

　※ 그림으로 〈네스트로에게 상을 주는 아킬레우스〉, 〈파트로클로스 시신 앞의 아킬레우스(자크 루이 다비드 작, 장 조제프 타야송 작)〉, 〈파트로클로스 장례식(18C 자크 루이 다비드 작)〉 등이 있다.

30~50일째

제24권 마무리, 헥토르 시신 모욕과 장례식

아버지, 프리아모스의 무쇠 심장
내 아들은 트로이아인들과 여인들을 위해 죽었어요.
당신 혼자서
당신 아들들을 수없이 죽인 그자를 찾아가시다니요.
아들을 품에 안을 수 있다면
그가 나를 당장 죽여도 좋소.
서둘러라.
살아 있는 아들들은 하나같이 창피스런 것들뿐이다.
거짓말 잘하고 춤 잘 추고
윤무에서 발 박자 잘 맞추는데 일등이고
백성들의 양과 염소를 약탈하는 녀석들이다.
아들의 몸값을 짐수레에 실어라.

아들 죽인 자의 무릎을 잡고
자기 아들들을 무수히 죽인 두 손에 입 맞춘다.
신과 같은 아킬레우스여!
그대 아버지를 생각하시오.
나와 동년배이고 노령의 문턱에 서 있소.
그대 아버지는 날마다 아들이 돌아오기를 고대하고 있을 것이오.
하나 나는 훌륭한 아들들이 하나도 남아 있지 않소.
신을 두려워하고 그대 아버지를 생각하여 나를 동정하시오.
나는 세상 어떤 사람보다 동정받아 마땅하오.
자식을 죽인 자의 얼굴에 손을 내밀고 있지 않소.

프리아모스는 아들을 위해 울고

아킬레우스는 자신의 아버지를 위해 울며

때로 전우를 위해 운다.

아아, 불쌍하신 분!

아들들을 수없이 죽인 자의 눈앞으로 혼자서 감히 찾아오시다니

그대의 심장은 무쇠군요.

제우스 궁전에 나쁜 선물과 좋은 선물이 가득한 항아리 두 개가 놓여 있소.

펠레우스에게 행운과 재물과 왕이란 좋은 선물을 주시고

그분의 외아들인 나에게 요절할 운명이란 나쁜 선물을 주셨소.

늙어 가시는 그분을 나는 돌보아드리지도 못해요.

그대는 재물과 자식에서 모든 사람을 능가했다고 하더군요.

슬퍼하지 마시오.

그대가 그를 도로 살리지도 못할 것이오.

하녀들아 시신을 씻고 기름을 발라 주라.

노여움도 흥분도 원망도 씻어내고

그들은 서로를 본다.

아버지를 보고

아들을 보고

자신을 본다.

그리고 그들 무쇠 심장이 사람을 본다.

[서사의 전개]

　서사시 39일째, 아킬레우스는 헥토르의 시신을 전차에 매달아 파트로클로스의 무덤을 돈다. 아폴론이 헥토르를 불쌍히 여겨 온몸을 지켜준다. 헥토르를 전차에 매달아 끌고 다니기 시작한 12일째(그가 죽은 후 12일째) 아침에 불사신들 사이에서 아폴론이 말한다.

　"신들이여! 그대들은 참으로 잔인하오. 헥토르 시신조차 구해주기를 거

절하니 말이오. 아킬레우스는 사납기가 사자 같고, 동정심도 수치심도 없는 자요. 이 자는 헥토르의 목숨을 빼앗고도 전차 뒤에 매달아 무덤 주위로 끌고 다니고 있소."

헤라가 화를 내며 말한다. "은궁의 신이여! 헥토르는 필멸의 인간에 불과하고 아킬레우스는 여신의 아들이오. 그 여신의 남편은 불사신들이 가장 아끼는 펠레우스요. 그녀 결혼 잔치에 모두 참석해서 성찬을 대접받았소. 못 믿을 자여!"

제우스가 끼어든다. "헤라여! 너무 화내지 마시오. 둘의 명예가 같을 수 없소. 헥토르는 일리오스에서 신들의 사랑을 가장 많이 받았소. 그는 구수한 헤카톰베를 빠트린 적이 없소. 테티스를 불러 그 아들이 프리아모스의 선물을 받고 헥토르를 돌려주도록 타일러 보겠소."

테티스가 제우스의 말대로 아들에게 가서 말한다. "내 아들아! 대체 언제까지 네 마음을 비탄과 슬픔으로 괴롭힐 것이냐! 너는 이제 살 날이 얼마 남지 않았다. 제우스께서 헥토르를 돌려주고 시신의 몸값을 받으라 하신다."

아킬레우스가 대답한다. "그렇게 하겠습니다."

프리아모스가 아들을 찾으러 아카이오이족 진영으로 가고 싶다는 생각을 말하자 헤카베가 말한다. "아! 당신의 지혜는 어디로 갔나요? 당신의 아들들을 수없이 죽인 그 사내에게 혼자 찾아가시려 하다니요. 멀리서 그 애를 애도하세요. 운명이 그렇게 실을 자았으니까요. 그자의 간이라도 붙잡고 씹어 먹었으면!"

프리아모스가 말한다. "나를 막지 마시오. 그대는 나를 설득할 수 없소. 사랑하는 아들을 품에 안고 실컷 울 수만 있다면 죽어도 좋소."

프리아모스는 부인복 열두 벌, 외투 열두 벌, 같은 수의 깔개와 겉옷과 윗옷, 황금 열두 탈란톤, 세 발 솥 두 개, 가마솥 네 개, 술잔 하나를 챙긴다. 프리아모스는 주랑에서 트로이아인들을 내쫓는다.

"물러들 가라. 나는 이 도시가 함락되기 전에 하데스의 집으로 가고 싶구나." 프리아모스는 아홉 아들을 불렀다. 헬레노스, 파리스, 아가톤, 팜 논, 안티포스, 폴리테스, 데이포보스, 힙포토오스, 디오스에게 노인은 명 령한다.

"못난 자식들아! 서둘러라. 헥토르 대신 차라리 너희들이 한꺼번에 죽었 더라면! 가장 훌륭한 아들은 한 명도 안 남았구나. 메스토르, 트로일로스, 헥토르가 없구나. 여기 남은 것들은 하나같이 거짓말 잘하고 춤 잘 추고 윤무에서 발 구르는 데는 일등이고 제 백성들의 양과 염소를 약탈하는 창 피한 것들뿐이다. 짐수레에 이 물건들을 실어라." 출발 전 왕은 제우스에 헌주하고 기도한다.

밤에 노새들을 이다이오스가 몰고 프리아모스가 말들을 채찍하여 함선 들로 간다.

아킬레우스 문 앞까지 안내한 후 아르고스 살해자는 자신이 불사신 헤 르메스임을 밝히고 올림포스로 돌아간다.

프리아모스는 몰래 들어가 두 손으로 아킬레우스의 무릎을 잡고 두 손 에 입을 맞춘다. 아킬레우스는 깜짝 놀란다. 프리아모스가 애원한다. "신 과 같은 아킬레우스여, 그대 아버지를 생각하시오! 나와 동년배이며 노령 의 아버지를. 나는 참으로 불행하오. 가장 훌륭한 아들들은 한 명도 남지 않았소. 그대에게 죽은 헥토르를 돌려받고자 몸값을 가지고 왔소. 신을 두 려워하고 그대 아버지를 생각하여 나를 동정하시오." 프리아모스는 아킬 레우스 발 앞에서 쓰러져 헥토르를 위해 울고, 아킬레우스는 자신의 아버 지를 위해 울고 때로 파트로클로스를 위해 운다.

아킬레우스가 말한다. "아, 불쌍하신 분! 혼자서 함선들로 찾아오시다 니! 노인장의 심장은 무쇠로 만들어진 모양이오. 아무튼 의자에 앉으시 오. 통곡은 아무런 도움이 되지 않으니 슬픔은 마음속에 누워 있도록 내버 려 둡시다. 인간은 괴로워하며 살도록 신들이 운명을 정해 놓으셨소. 제우 스 궁전 마룻바닥에는 두 개의 항아리가 있는데 하나는 나쁜 선물이, 다른 하나는 좋은 선물이 들어 있지요. 펠레우스에게는 좋은 선물을 주셨어요.

하지만 그분께 나쁜 선물도 주셨어요. 외아들인 나는 요절할 운명이고 나는 늙어가는 그분을 돌보아드리지도 못해요. 노인장도 전에는 행복했다고 들었소. 그런데 신들이 재앙을 내리셨소. 슬퍼하지 마시오. 노인장이 아들을 도로 살리지도 못하오."

프리아모스 노인이 답한다. "제우스의 양자여! 나를 의자에 앉으라 마시오. 되도록 빨리 내 눈으로 아들을 보게 해 주고 몸값을 받으시오."

아킬레우스가 말한다. "노인장! 헥토르를 그대에게 내줄 생각이었소. 프리아모스여! 어떤 신이 그대를 인도했는지 알고 있소."

아킬레우스는 하녀들을 불러 프리아모스가 보지 못하도록 시신을 한쪽으로 들고 가서 씻고 기름을 발라주라 명령한다. 하녀들이 옷으로 시신을 덮자 아킬레우스가 손수 시신을 침상에 뉘고 소리 내어 울며 전우를 부른다.

"파트로클로스여! 헥토르를 그의 아버지에게 내준다고 나를 원망 마시오. 욕되지 않을 만큼 몸값을 받았소."

아킬레우스가 말한다. "노인장! 지금은 저녁 먹을 생각이나 합시다. 니오베도 먹을 생각을 했어요. 그녀는 열두 자녀를 한꺼번에 잃었는데 화가 난 아폴론이 아들 여섯 모두를 죽이고, 딸들은 아르테미스가 여섯 모두를 죽였소. 여신은 둘만 낳았는데 자기는 자녀를 많이 낳았다고 자랑했기 때문이오. 그들은 9일 동안 피투성이가 되어 누워 있었고 묻어줄 사람도 없었소. 그러나 열흘째 되는 날 신들이 그들을 묻어주었고, 그녀는 슬픔이 지치자 먹을 생각을 했소. 고귀한 노인장! 우리도 먹읍시다." 아킬레우스가 은빛 숫양을 잡아 나누어 먹는다.

프리아모스는 아킬레우스를 보고 어찌나 크고 아름다운지 감탄한다. 아킬레우스는 프리아모스의 고상한 용모와 언변을 보고 감탄한다.

프리아모스가 말한다. "제우스의 양자여! 나를 잠자리에 들게 해 주시오. 내 자식을 잃은 후 나는 여태까지 눈을 한 번도 붙이지 못하고 오늘에서야 비로소 빵과 포도주를 넘겼소."

"노인장! 헥토르의 장례를 치르려면 며칠 걸리겠습니까?"

프리아모스 노인이 대답한다. "산에서 나무를 해 오려면 멀리 나가야 하오. 아흐레 동안 죽음을 슬퍼하다가 열흘째 땅에 묻고 백성들에 음식을 대접하고, 열하루째 무덤을 만들 것이오. 싸운다면 열이틀째 되는 날이오."

아킬레우스가 말한다. "프리아모스 노인이여! 모든 것이 그대의 말대로 될 것이오." 프리아모스는 전령과 함께 그의 집 앞쪽 방에서 잔다. 헤르메스가 프리아모스를 깨워 아카이오이족이 알아차리지 못하게 진영을 빠져나가게 한다. 크산토스 강의 여울에 이르렀을 때 샤프란 색 옷을 입은 새벽이 대지 위에 퍼진다.

서사시 40일째, 프리아모스와 그 전령은 노새들에 시신을 싣고 도성으로 돌아간다. 캇산드라가 페르가모스에 올라가 있다가 알아보고 외친다. 백성들이 모두 나와 자신의 머리털을 쥐어뜯으며 애도한다.

프리아모스가 말한다. "노새들이 지나갈 수 있게 길을 비키시오. 집에 실어다 놓은 뒤 실컷 우시오."

집안 침상에 뉘고 만가(輓歌)를 부를 가수들을 배치한다. 만가를 선창하자 여인들이 거기에 맞춰 슬피 운다.

안드로마케가 헥토르의 머리를 두 손으로 잡고 호곡을 선창한다. "낭군이여! 나를 당신 집에 과부로 남겨놓으셨군요. 어린 아들이 자라서 어른이 되리라고 생각지 않아요. 도시의 수호자 당신이 죽어 그전에 이 도시가 파괴될 테니까요. 나는 빈 함선들에 실려 갈 것이고 아들은 가혹한 주인 밑에서 치욕스런 노역에 종사하게 되겠지요."

헤카베가 큰 소리로 슬피 운다. "헥토르여! 나는 너를 가장 사랑했노라. 그자가 너를 끌고 무덤을 여러 번씩이나 돌았는데 이슬처럼 싱싱한 모습으로 집 안에 누워 있구나."

헬레네가 슬피 운다. "헥토르여! 알렉산드로스가 나를 트로이아로 데리고 왔지요. 아, 그전에 내가 죽었더라면 좋았을 것을. 고향을 떠나온 지 어언 스무 해가 되었어요. 하지만 그대에게 나쁜 말이나 모욕적인 말을 들어

본 적이 없어요. 누가 나를 꾸짖기라도 하면 그대는 언제나 상냥한 마음씨
와 친절한 말로 그를 달래며 말리곤 했지요. 그래서 나는 그대와 함께 나
자신의 불행을 슬퍼합니다. 이제 모두 나를 보고 몸서리쳐요."

프리아모스가 말한다. "트로이아인들이여! 이제 도성 안으로 장작을 해
오시오. 아카이오이족의 매복을 두려워 마시오. 아킬레우스가 약속했소."

아흐레 동안 백성들은 수많은 장작을 날라 온다.

서사시 48일째, 화장용 장작더미를 준비한다.

서사시 49일째, 시신을 높다란 장작더미 위에 올려놓고 화장을 한다.

서사시 50일째, 헥토르 시신을 찾아온 지 11일째, 백성들이 포도주로 장
작의 불기를 모두 끄고 무덤을 만든다. 그의 형제들과 전우들이 헥토르의
흰 뼈들 주워 모아 황금 항아리에 담아 자줏빛 옷들로 싼다. 항아리를 빈
구덩이에 넣고 큰 돌을 쌓아올린다. 봉분을 쌓고 파수병을 세운다. 그렇게
헥토르의 장례를 치른다.

※ 그림으로 〈프리아모스와 아킬레우스(1824, 알렉산더 이바노프)〉, 〈아
    킬레우스 발에 매달린 프리아모스(1848-1884, 쥘 바스티앙 르파주 Jules
    Bastien-Lepage/ 1876, 에콜 데 보자르)〉 등이 있다.

제 4 장

『일리아스』뒷이야기, 트로이아 함락

오뒷세우스, 트로이아 보물을 훔치다

거짓말의 달인, 최고의 도둑 오뒷세우스
능청스럽게 거짓말도 잘 하시오.
아가멤논도, 헬레네도, 아폴론 신전의 여사제도
그대의 새빨간 거짓을 추호도 의심하지 않소.

그대는 함께 트로이아에 잠입했던 디오메데스도 알아보지 못하는
변장의 귀신이오.
매일 함께 하던 디오메데스도 아카이오이족 장수들도
비렁뱅이로 변장한 오뒷세우스를 알아보지 못했다오.
아카이오이족에게 쫓겨나 트로이아로 와서는
고향 친구 헬레네도
그대가 목욕을 하고 나서야 알아보게 되오.
이십 년의 세월이 흘렀다고 하나

고향 이타케에 돌아갈 때 그대의 변장은
그대를 애타게 기다리는 아들도, 아내도
그대인지 모르오.

끔찍하게 독한 사람이오.
험담으로 두들겨 맞는 것은 그렇다손 치더라도
황금 잔을 훔치고 얻어맞아 죽을 지경에 이르는 데도 참고 있소.
아군에게 버려진 인생 연기를 적지에서 하다니
그대는 인간이 아니오.
수식어 없는 오뒷세우스요.
비렁뱅이 거지 행세는 최고의 배우요.

그대의 꾀는
죽어서 하데스에 내려가야 할 때
신을 속여
죽음조차 영원히 떨쳐 낼 명배우라오.

[오뒷세우스, 지혜인가 교활함인가]

헥토르의 장례 이후 양군의 전투는 소강상태이다. 트로이아군은 지원군
을 기다린다. 남쪽 나라 메논 왕이 이끄는 군대와 흑해 연안에 사는 여전
사의 아마조네스 군대이다.

트로이아 성채의 아테나이 신전에는 트로이아에 행운을 가져다주는 보
물, 팔라디온이 있다. 오뒷세우스는 그 보물을 훔쳐 트로이아인들의 사기
를 잃게 하려 한다.

델로스 섬나라 왕은 딸이 셋이다. 딸 하나는 물을 포도주로 만드는 재주
가 있고, 또 하나는 돌을 빵으로 바꾸는 능력이 있으며, 다른 딸 하나는 진
흙을 올리브유로 변화시키는 능력이 있다. 전쟁을 하는 동안 아카이오이

족은 곡식과 포도주와 올리브유를 금으로 포에니카 상인들에게 구입한다. 그런데 금이 바닥나기 시작한다. 이때 오뒷세우스는 아가멤논에게 델로스의 세 공주를 데려오겠다고 하고 배에 오른다.

다음날 아카이오이족 진영에 비렁뱅이가 디오메데스 막사에 나타난다. 디모메데스가 빵과 고기를 주면서 그에게 누구이고 어떻게 왔느냐 묻는다.

비렁뱅이가 답한다. "나는 이집트인들에게 붙잡힌 크레타 해적입니다. 이집트의 채석장에서 탈출하여 포에니카 장삿배를 탔는데 그 배가 난파되어 나 혼자 살아남았습니다."

디오메데스는 막사 앞에서 잘 수 있게 해 준다. 그 다음 날부터 비렁뱅이는 온 막사를 돌아다니며 구걸하고 아카이오이족과 이야기를 나눈다. 그는 가는 곳마다 장수들이나 그의 조상에 대한 험담으로 두들겨 맞는다. 비렁뱅이는 네스토르 막사에서 금 술잔을 훔치다가 들켜 채찍을 맞고 진영 밖으로 쫓겨난다. 젊은이들이 비렁뱅이를 트로이아 성문 앞까지 끌고 간다. 그들은 비렁뱅이를 데려가라며 피가 흐를 때까지 매질한 후 그를 남겨 둔 채 떠나간다.

성벽 위에서 헬레네가 비렁뱅이를 불쌍히 여겨 성문을 열고 그에게 다가가 묻는다. 자기는 난파한 뱃사람이며 고향 가는 길을 물었을 뿐인데 트로이아 염탐꾼으로 의심하고 매질했다고 말한다. 그러면서 헬레네가 아니냐고 묻는다.

"저는 얼마 전 메넬라오스 고향을 다녀 온 적이 있어요. 당신이 헬레네이시면 고향 가족 이야기를 해 드릴 수 있어요." 헬레네가 목욕을 시키고 새 옷을 입히니 어릴 적 친구 오뒷세우스다.

"파리스는 아마조네스 여왕 펜테실레이아를 만나러 가서 지금 없어요." 오뒷세우스는 미소를 짓는다. 헬레네는 자신이 한 말이 군사비밀이라는 사실을 알고 운다. "당신을 경비병을 불러 잡아가게 할 수 있겠지만 옛정이 있는데 어찌 그러겠어요."

"헬레네여! 조금 전의 말은 누구에게도 발설하지 않을 거요. 트로이아성을 함락하고 여자를 데리고 가게 된다면 나는 그대의 친구 역할을 할 것이오." 헬레네는 음식을 내준다. "나는 다시 누더기를 걸치겠소. 성 안을 돌아다니며 구걸을 계속할 것이오."

헬레네는 금세공 약병을 선물로 준다. "이 병은 마음이 뒤숭숭할 때 잠들 수 있게 하는 양귀비에서 얻은 약이오." 오뒷세우스는 어느 날 신전에서 잔다. 여사제는 오뒷세우스의 약병의 맛을 보고 잠 속으로 떨어진다. 이때를 틈타 가짜 보물과 바꿔치기하여 진짜 보물을 얻은 오뒷세우스는 여느 사람들처럼 신전을 나온다. 그는 트로이아를 나와 아카이오이족 진영으로 몰래 돌아간다.

아가멤논이 세 공주를 데려왔느냐고 묻는다. 오뒷세우스는 더 귀한 보물을 가져왔다고 대답한다. 그들은 황소 열 마리를 잡아 제우스신에게 헤카톰베로 바친다.

트로이아에서는 보물이 없어졌다며 충격과 절망에 빠진다.

아마조네스 여전사들의 지원군

전설이 된 아마조네스족 여왕 펜테실레이아
영웅은 영웅에게 죽는다.
아레스 신의 후손 펜테실레이아는
테티스 여신의 아들 아킬레우스에게 사지가 풀린다.

아킬레우스의 창 아래 쓰러뜨린 자의 투구 속에서 여자임을 볼 때
자신의 용맹은 자신에게 저주가 된다.
마땅히 두려워해야 할 대상에게 두려움 없이 목숨을 던지고
마땅히 심장을 멈추게 해야 할 상대가 아닌 자에게 죽음을 던지니

창은 어디에도 꽂히나
어디에도 꽂혀서는 안 되는 슬픔이다.
여인 앞에서 영웅은 굳어가는 아름다운 용기를 본다.
전설이 된 자유인을 본다.

힘에서 헬라스 최고 영웅, 신이 된 인간 헤라클레스,
아홉 번째 고역에서 아마조네스족 여왕 힙플뤼테를 죽이고
아레스의 허리띠를 빼앗아 온다.
어떤 이들은
지혜로운 아테나이 국가 영웅 테세우스가
여왕을 포로로 잡았다고도 하며
서로 사랑하여 그녀가 아테나이에 왔다고도 한다.

아마조네스족은 전설을 품은 여전사들이다.
그들 여전사족은
활시위를 당기는 데 방해가 되는 오른쪽 젖가슴을 불로 지져 없애
젖가슴이 없는 여자, 아마존으로 부른다.
아마조네스족은 '남자들과 같은 힘을 가진'이란 장식을 단다.
고대 헬라스는 아마조네스와 전쟁 장면을 신전에 장식한다.
두려움의 대상, 승리를 더욱 빛내게 하는 매혹이 아마조네스이다.

여성과 남성 중에서
가장 빠르고 가장 빼어난 아름다움을 지닌 자들,
헤라클레스와 힙플뤼테,
테세우스와 힙플뤼테,
아킬레우스와 펜테실레이아,
그들의 승리는 고통이다.

여인을 위해 목숨을 걸고 나라를 바치는 헬라스인들은
적군의 여왕 펜테실레이아를 애통해한다.
남자와 여자는 동등하다.
그들은 함께 어울려 산다.

21세기, 현대에 비로소
그토록 많은 길을 에둘러 와서
여자와 남자, 남자와 여자는 동등해진다.
아마조네스족이 당당한 세계가 된다.

[전설의 여전사, 아마조네스족]

파리스는 아마조네스족 여전사를 이끌고 트로이아로 온다. 아마조네스족은 흑해 연안의 나라로 여자들만으로 이루어진 나라이다. 아마조네스족은 딸을 얻기 위해 옆 나라를 침략하여 남자들을 겁탈한다. 아들을 낳으면 죽이거나 나라 밖으로 내쫓고 딸은 전사로 키운다. 활을 잘 쏘도록 가슴 한쪽을 자른 호전적인 부족이다.

여왕 펜테실레이아는 사슴을 향해 던진 창이 동생 히폴뤼타를 죽인 적이 있다. 이 죄책감으로 여왕의 희망은 전쟁터에서 명예롭게 죽는 일이다. 말을 타고 트로이아에 들어온 아마조네스족에게 프리아모스 왕은 잔치를 베푼다. 트로이아 군사들 선두에서 펜테실레이아는 아카이오이족을 공격한다. 그녀가 아이아스와 아킬레우스에게 창을 던지지만 창은 방패에 맞고 떨어진다.

아킬레우스가 여왕의 가슴을 창으로 찌른다. 용감한 여전사 아마조네스 여왕은 아킬레우스의 창에 쓰러진다. 아킬레우스가 펜테실레이아 투구를 벗겨 얼굴을 보자 젊고 아름다운 미모의 여전사이다. 그녀의 얼굴에 반하여 아킬레우스는 그녀를 죽인 것을 크게 후회한다.

전하는 이야기에 따르면 아킬레우스가 여왕의 무덤을 만들어 주었다고

도 하며, 일설에는 프리아모스가 무덤을 만들어 주었다고도 한다.

※ 아마조네스족은 전설상의 호전적인 여인족이다. 헤로도토스의『역
   사』에는 전해오는 이야기를 다음과 같이 기록하고 있다.
   스퀴타이족은 아마조네스족을 남자를 죽이는 자들이란 뜻으로 오이
   오르파타라고 부른다. 헬라스인들이 아마조네스족과 싸워 테르모든
   강변에서 승리를 거두고 아마조네스족을 세 척의 배에 싣고 출항한
   다. 바다에 나오자 아마조네스족이 남자들을 습격하여 모두 죽인다.
   항해를 할 줄 몰라 표류하다가 자유 스퀴타이족 영토인 크렘노이에
   도착한다. 이들은 말 떼를 잡아타고 스퀴타이족의 나라를 약탈한다.
   스퀴타이족은 어디에서 온 누구인지도 모르고 싸운다. 시신을 통해
   여자인 줄을 알고 스퀴타이족은 젊은 청년들을 여자들 수만큼 그녀
   들이 있는 곳으로 보낸다. 그들은 아마조네스족의 자식을 갖고 싶었
   기 때문이다. 아마조네스 여인들은 파견된 청년들과 조금씩 가까워
   지고, 마침내 두 야영지는 합친다. 스퀴타이족과 아마조네스족의 동
   거가 시작된다. 스퀴타이족 남자들이 자신들의 부모가 있는 곳으로
   가자고 설득하지만 오히려 스퀴타이족 여인들은 그들의 나라에 가서
   함께 살 수 없다며 남자들을 설득한다. 남자들이 아버지의 재산에서
   자신의 몫을 받아 가지고 오자 여자들이 남자들을 설득한다. 그들은
   타나이스 강을 건너 동쪽으로 3일, 다시 북쪽으로 3일을 가서 정착한
   다. 그들이 사우로마타이족이다. 여인들은 언제나 옛날 방식을 고수
   한다. 남자 옷을 입고 남자처럼 사냥을 하며 싸움터에도 나간다.

※ 문학작품에 호메로스의『일리아스』(BC 8C경), 아르크티노스의『아
   이티오피스』(BC 7C경), 하인리히 폰 클라이스트의『펜테실레이아』
   (1808), 카렐 반데 뷔스티네(1878-1929)의「아킬레우스와 펜테실레이
   아에 바치는 사랑의 헌시」등이 있다.

※ 음악으로 후고 볼프의 교향시 〈펜테실레이아〉, 오트마르 쉐크의 교향시 〈펜테실레이아〉가 있고, 그림으로 루벤스 〈아마존의 전투 장면〉이 있다.

아킬레우스 전사, 아이아스의 자살

운명의 징검다리가 펼쳐지다

운명이 오는 길을 안다고
운명을 피할 수 없다.
길은 어디에나 나 있고
운명은 언제 어디에서 날아오는지 모르는 돌멩이다.
잘못한다고 운명이 방문하지도 않고
밉다고 검은 주머니를 들고 찾아가지도 않는다.
운명은 운명처럼 인간의 초대에 응한다.
여신의 인간 아들에게도 운명은 이른 아침나절에 초대에 응한다.
아킬레우스 다음의 영웅 아이아스도 운명을 기다리지 못해 초대한다.

아킬레우스의 마지막 운명이 펼쳐진다.
치명적 약점 아킬레스건은
파리스가 쏜 화살에 뚫린 아킬레우스의 운명이다.
발뒤꿈치 위 아슬아슬한 부분을 운명이 아니라면 누가 뚫겠는가.
파리스의 실수가 아니라면 어찌 닿을 수 있겠는가.
여신 테티스의 실수를 인간이 어찌 쏠 수 있겠는가.
헥토르가 경멸하던 동생이 형의 원수를 갚다니.

아킬레우스 무구를 오뒷세우스가 차지하자 아이아스는 미친다.

오뒷세우스 대신 양떼를 무수히 찌른 아이아스에게는 삶보다 명예가 무겁다.
땅바닥에 칼을 세우고 심장을 박는다.
뛰는 심장을 칼에 꽂는다.
훗날 하데스에서 아이아스에게 오뒷세우스가 찾아와 화해를 청하지만
운명조차 초대한 이승의 원한으로 그는 모른 체한다.

[영웅 아이아스의 명예]

트로이아는 지원군 멤논 왕이 올 때까지 성 안에서 방어만 하기로 한다.
폴뤼다마스는 헬레네에게 올 때의 갑절 되는 보물을 주어 메넬라오스에게
보내자고 한다. 프리아모스는 비겁자라고 비난한다.

에디오피아의 멤논 왕이 도착하여 프리아모스는 잔치를 벌인다. 멤논
왕은 잠 안 자고 술 마시는 것은 전쟁을 할 사람들의 바람직한 일이 아니라
고 말하고 술자리를 떠나 잠을 잔다. 전투에 나가는 자들은 잠으로 체력을
채워야 한다.

멤논 왕의 창이 안틸로코스의 가슴에 박힌다. 그는 아버지 네스토르 앞
에서 숨을 거둔다. 멤논 왕과 아킬레우스는 서로 상대를 찔러 비슷한 상처
를 낸다. 아킬레우스가 청동 칼끝을 멤논 왕의 갈비뼈 사이에 넣는다. 멤
논 왕은 쓰러져 그의 생명이 새로운 긴 여행을 출발한다.

성문 위에는 파리스가 활시위를 아킬레우스에게 당긴다. 화살은 아폴론
신이 인도하여 무릎 가리개로 덮지 못하는 발뒤꿈치다. 그가 발꿈치에서
화살을 뽑는다. 피를 쏟으며 아킬레우스는 쓰러진다.

헥토르가 죽으면서 파리스의 손에 목숨이 끊어질 것이라는 예언이 이루
어진 셈이다. 어머니가 그토록 걱정하던 운명이 자식을 덮는 순간이다. 양
군은 아킬레우스의 갑옷을 차지하기 위해 격렬한 전투가 벌어진다. 오뒷
세우스가 아킬레우스를 들쳐 업고 함선 쪽으로 내달린다.

바다에서 어머니 테티스가 요정들과 함께 물 위로 솟는다. 만가가 슬프
게 울려 퍼진다. 화장을 하여 파트로클로스 항아리에 섞어 무덤을 높이 쌓

고 비석을 세운다.

아킬레우스 추모 경기가 열린다. 전차 경주, 달리기, 권투, 씨름 경기가 벌어진다. 테티스가 아들의 갑옷을 아킬레우스 장례에 가장 큰 공을 세운 사람이 차지하라며 바닷속으로 들어간다. 아이아스와 오뒷세우스가 서로 차지해야 한다고 주장한다. 네스토르가 제안한다. "우리들이 둘 중 하나를 선택하면 적의가 싹틀 것이오. 우리 진영에 있는 트로이아 포로들에게 심판을 맡깁시다."

아이아스가 먼저 그들 앞에서 연설한다. 포도주의 신 디오뉘소스가 갑자기 그를 취하게 하여 연설이 엉망이 된다. 오뒷세우스가 연설한다. "트로이아 보물을 가져온 자도 나입니다. 파트로클로스 추모 경기에서 나와 부상을 입은 몸으로 그와 싸워 비겼습니다. 나는 아이아스가 말하는 대로 겁쟁이, 약골이 아닙니다." 포로들은 오뒷세우스에 영광을 안긴다.

아이아스는 막사로 돌아가서 해가 질 때까지 먹지도 마시지도 않는다. 어둠이 깊어갈 때 그는 사악한 생각이 들어 칼을 들고 어둠 속을 나선다. 오뒷세우스를 죽이기 위해서다. 막사에 이르기 전 그는 양떼를 만난다. 그는 양들을 죽이기 시작한다. 새벽이 오자 제정신이 돌아온 아이아스는 오뒷세우스를 죽인 게 아니라 양떼를 죽인 것을 알게 된다. 불명예를 안고 살 수 없다고 생각한 아이아스는 땅바닥에 칼을 세우고 몸을 던져 칼에 심장을 박는다. 아킬레우스 추모 경기가 끝나고 아킬레우스의 사촌 아이아스는 그렇게 죽는다. 최고의 전사인 아킬레우스, 그 다음의 위대한 전사 아이아스는 그렇게 죽는다.

※ 테티스는 아들이 신처럼 죽지 않도록 저승 세계의 스틱스 강에 아킬레우스를 담근다. 그녀가 잡고 있던 아킬레우스의 발꿈치에 강물이 닿지 않아 치명적 약점이 된다. 아킬레우스는 파리스가 쏜 화살에 발뒤꿈치를 맞는다. 장례는 17일 동안 이루어지고 18일째 화장한다.

[표_2] 아킬레우스 가문의 추방과 정착

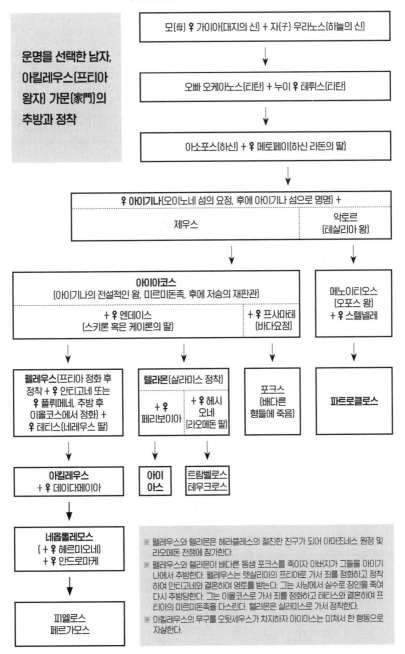

운명을 선택한 남자, 아킬레우스(프티아 왕자) 가문(家門)의 추방과 정착

모(母) ♀ 가이아(대지의 신) + 자(子) 우라노스(하늘의 신)

↓

오빠 오케아노스(티탄) + 누이 ♀ 테튀스(티탄)

↓

아소포스(하신) + ♀ 메토페이(하신 라돈의 딸)

↓

♀ 아이기나(오이노네 섬의 요정, 후에 아이기나 섬으로 명명) +

| 제우스 | 악토르 (테살리아 왕) |

↓

아이아코스
(아이기나의 전설적인 왕, 미르미돈족, 후에 저승의 재판관)

+ ♀ 엔데이스 (스키론 혹은 케이론의 딸) | + ♀ 프사마테 (바다요정)

메노이티오스 [오푸스 왕] + ♀ 스텔넬레

↓

펠레우스(프티아 정화 후 정착 + ♀ 안티고네 또는 ♀ 폴뤼메네, 추방 후 이올코스에서 정화) + ♀ 테티스(네레우스 딸)

텔라몬(살라미스 정착)
+ ♀ 페리보이아 | + ♀ 헤시오네 (라오메돈 딸)

포크스 (배다른 형들에 죽음)

파트로클로스

↓

아킬레우스 + ♀ 데이다메이아

아이아스 | **트람벨로스 테우크로스**

↓

네옵톨레모스 [+ ♀ 헤르미오네] + ♀ 안드로마케

↓

피엘로스 페르가모스

※ 펠레우스와 텔라몬은 헤라클레스의 절친한 친구가 되어 아마조네스 원정 및 라오메돈 전쟁에 참가한다.
※ 펠레우스와 텔라몬이 배다른 동생 포크스를 죽이자 아버지가 그들을 아이기 나에서 추방한다. 펠레우스는 텟살리아의 프티아로 가서 죄를 정화하고 정착 하여 안티고네와 결혼하여 영토를 받는다. 그는 사냥에서 실수로 장인을 죽여 다시 추방당한다. 그는 이올코스로 가서 죄를 정화하고 테티스와 결혼하여 프 티아의 미르미돈족을 다스린다. 텔라몬은 살라미스로 가서 정착한다.
※ 아킬레우스의 무구를 오뒷세우스가 차지하자 아이아스는 미쳐서 한 행동으로 자살한다.

※ 문학작품에 셰익스피어의 희비극『트로일로스와 크레시다의 이야기 (패러디 작품)』, 괴테의『아킬레우스』가 있다.

※ 음악으로 프리드리히 헨델의 〈데이다메이아(1739)〉가 있으며, 그림으로는 루벤스의 〈아킬레우스를 스틱스에 담그는 테티스〉, 〈아가멤논을 향한 아킬레우스의 분노〉, 앵그르의 〈아가멤논의 사절단을 맞이하는 아킬레우스〉 등이 있다.

파리스 장작더미에 오이노네가 뛰어들다

재가 되어야 끝날 사랑
후회는 시간의 선물이다.
시간은 멈추지 않고
사랑도 흐른다.
잡는다고 잡아질 사랑도 아니고
남아있다고 남아있을 사랑도 아니다.
사랑은 침전물
막걸리처럼 휘저으면 뿌옇게 앞을 가로막는 시야,
시간이 떠나면 알코올은 보이지 않게 증발하고
찌꺼기만 남아 부패한다.
더 독한 사랑,
찌꺼기로 남아 식초가 된다.
낮게 한들 영원할 수 없음을 알기에
밀어낼 듯 쌓아놓은 강렬함은 사랑을 밀어내지만
바닥에 남은 사랑은 장작 위에서 함께 재가 된다.
윤회도 기다리지 못해

비로소 더 이상 소멸할 수 없는 소멸,

하나 되어 애탈 일 없다.

이데산의 님프 오이노네, 한발 물러서지 않는 찔레장미가 된다.

파리스 가슴을 찌르는 장미가 된다.

[사랑은 버림을 넘고]

양군이 훌륭한 장수들을 모두 잃어 전쟁은 앞으로 십 년을 해도 끝나지 않을 성싶다. 아카이오이족 장수들은 예언자 칼카스를 찾아간다. "렘노스 섬으로 가서 필록테테스를 불러 오시오. 그가 없이는 트로이아 성을 함락할 수 없다는 것이 신들의 뜻입니다. 십 년째 되는 해에 트로이아는 함락될 것이오." 오뒷세우스가 포로로 잡은 프리아모스 아들 헬레노스도 필록테테스가 참전하면 트로이아가 함락된다고 예언한다.

십 년 전 트로이아로 향하던 아카이오이족 선단이 제물을 바치기 위해 테네소스 섬에 상륙한다. 이때 필록테테스는 뱀에게 발을 물린다. 오뒷세우스의 말에 따라 그는 렘노스 섬에 버려진다. 그는 섬에서 사냥하며 상처와 함께 비참하게 살아간다. 그의 활과 화살은 헤라클레스가 죽을 때 받은 것들이다.

헤라클레스의 아내 데이아네이라는 남편의 사랑을 받기 위해 켄타우로스인 네소스의 피가 묻은 옷을 보내준다. 테살리아의 왕 익시온의 아들 네소스가 데이아네이라를 탐내자 헤라클레스가 독화살로 네소스를 쏜다. 죽어가면서 네소스는 데이아네이라에게 남편이 바람을 피면 옷에 자신의 피를 칠하라고 말한다. 네소스의 복수다. 이를 모르고 아내가 피를 묻힌 옷을 주어 헤라클레스가 입자 옷이 그의 살에 엉겨 붙으며 극심한 고통을 받는다. 고통을 참지 못하고 헤라클레스는 자신을 장작더미에 불을 붙여 산 채로 화장해 달라고 부탁하며 활과 화살을 필록테테스에게 준다. 헬라스 최고의 영웅 헤라클레스는 인간 중에 가장 많은 여신 또는 여인들과 사랑을 한 인물이다. 위대한 영웅의 죽음도 한낱 복수의 결과이다.

예언에 따라 디오메데스와 오뒷세우스가 필록테테스를 데리러 간다. 아가멤논의 막사로 온 그는 마카온의 치료를 받아 발이 낫는다. 필록테테스는 화살에 독을 묻혀 파리스에게 쏜다. 화살에 긁힌 손등의 독이 퍼지자 파리스는 성벽 아래로 떨어진다. 파리스는 치료를 받지만 고통을 줄일 수 없다. 새벽이 되자 이데 산의 요정 오이노네에게 데려다 달라고 소리친다.

들것에 실려 이데 산에 도착한 파리스가 말한다. "오이노네, 나를 미워하지 마시오. 이 고통은 내가 견딜 수 없는 고통이오. 운명의 여신이 나를 헬레네에게 이끈 것이오. 나를 불쌍하게 여겨 주시오."

오이노네는 싸늘하다. "나를 떠나 헬레네에게 간 지 오랜 세월이 흘렀네요. 헬레네가 나보다 아름다울 터이니 나보다 더 잘 당신을 도울 수 있을 거예요. 헬레네에게 가서 부탁해 보세요."

오이노네는 동굴로 들어간다. 파리스는 어두운 숲속으로 간다. 오이노네가 한동안 울고 나와 그를 찾는 시각에 파리스는 숨을 거둔다. 화장을 하는 곳으로 달려 간 오이노네는 불길 속에 뛰어들어 파리스의 시신을 안고 연기로 사라진다. 더 이상 변하지 않는 재가 되어 영원한 사랑이 된다. 요정들은 무덤 위에 두 그루의 찔레장미를 심는다. 마치 하나인 것처럼 찔레장미는 서로 엉겨 자란다.

※ 문학으로 오비디우스의 「여인들(오이노네가 파리스에게 보낸 편지)」, 앨프레드 테니슨 경(1809-1892)의 비가 「오이노네」, 윌리엄 모리스 (1834-1896)의 장문 서사시 『지상의 낙원』(오이노네 이야기 언급) 등이 있다.

죽어서 신이 된 영웅 헤라클레스
헤라를 섬기는 자, 헤라클레스
12고역을 넘기고 끝내 헤라의 사위가 된 남자
그는 제우스의 아들로 인간의 몸에서 태어나

불사의 신이 된다

그가 사랑한 여자가 몇인지 그는 기억할는지 몰라

그가 죽인 남자가 또한 몇인지 그는 기억할는지 몰라

죽이고 정화 받고

또 죽이고 정화 받고

그리고 또 죽이는 자가 영웅인가

데이아네이라의 미약,

사랑은 항상 떠도는 구름인지라

그녀는 그 구름을 녹여 자신을 적시는 비로 만들고자 했다네

구름은 스스로 뭉쳐야 비가 되어 내리는데

그녀는 구름을 찌르다

그 구름에 빠져 스스로를 마감하네

영웅은 스스로만이 스스로를 죽이는 자,

헤라클레스는 스스로 장작더미에 올라

불을 붙이는 자에게 자신의 활과 화살을 주었다네

질투의 화신이 된 가정 보호의 여신 헤라마저

그 영웅을 신으로 만들어

사위로 삼는다

여신조차 사랑한 남자, 헤라클레스

[헤라클레스의 모험과 그의 여자들]

헤라클레스는 고대 신화에서 가장 인기 있는 인물이다. 헤라클레스는
죽어서 신이 된다. 신의 반열에 오른 그는 헤라의 딸 헤베(청춘의 신)와 결

혼하여 행복하게 산다.

인간 영웅 중에 여자들과 가장 많이 사랑을 한 사람이 헤라클레스다. 그가 관계한 여자 목록을 보면 제우스와 포세이돈 다음으로 많다. 『원전으로 읽는 그리스 신화(원제 '아폴로도로스의 도서관')』(아폴로도로스/천병희 역)에는 그 명단이 소개되어 있다. 제우스의 딸 헤베와 사후 결혼하여 사는 것 외에 크레온의 딸 메가라, 에뤽스의 딸 프소피스, 테스피오스의 딸 프로크리스. 테스피오스의 50명의 딸, 알레우스의 딸 아우게, 스튐팔로스의 딸 파르테노페, 디오뉘소스의 딸 데이아네이라, 라오메돈을 낳은 이오르다네스의 딸 옴팔레, 아이가이오스의 딸 멜리타, 퓔라스의 딸 메다, 알키메돈의 딸 피알로, 에우뤼퓔로스의 딸 칼키오페, 아뮌토르의 딸 아스튀다메이아, 퓔레우스의 딸 아스튀오케 등이 있으며, 그 밖에 휠라이아의 사녀(뱀여자), 안타이오스의 아내 팅가, 파우누스의 딸, 말리스, 갈라타 등이 있다.

암퓌트뤼온은 알크메네와 결혼하고 싶었다. 알크메네는 자기 오라비들의 원수를 갚아주어야 결혼하겠다는 조건을 걸었다. 암퓌트리온은 크레온의 도움을 받아 타포스를 유린하지만 함락할 수 없었다. 프레텔라오스의 딸 코마이토가 암퓌트뤼온에게 반해 자기 아버지의 머리에서 금발을 뽑아 죽게 되자 암퓌트뤼온이 섬들을 장악한다.

암퓌트뤼온이 테바이에 도착하기 하루 전 제우스가 암퓌트뤼온의 모습으로 알크메네와 동침한다. 다음날 테바이에 도착하고 나서 자기 아내가 제우스와 동침한 사실을 알게 된다. 알크메네는 두 아들을 낳았다. 헤라클레스는 제우스의 아들이고, 이피클레스는 암퓌트리온의 아들이다.

헤라클레스가 태어난 지 여덟 달이 되었을 때 헤라가 보낸 거대한 뱀 두 마리를 두 손으로 목 졸라 죽였다. 열여덟 살에는 소 떼를 지키다가 소 떼를 죽인 키타이론 산의 사자를 죽였다. 키타이론에서 장차 어떤 삶을 살 것인가를 고민하고 있을 때 쾌락과 미덕의 두 여자가 나타나 자신들의 삶을 제의하자 그는 미덕의 삶을 선택했다고 한다. 이를 '헤라클레스의 선택'이라 한다. 헤라클레스는 사자를 잡기 위해 테스피아이의 왕 테스피오스를 찾아간다. 테스피오스는 50일 동안 사냥을 위해 밤마다 자기 딸 한 명과 동침하게 했다. 그에게는 50명의 딸이 있었는데 헤라클레스는 늘 같은 여인인 줄 알았다. 사자를 잡아 가죽을 몸에 두르고 사자의 입을 투구로 사용했다.

사냥을 마치고 돌아가던 길에 테바이인들에 공물을 받으러 가던 에르기노스 전령들을 만난다. 그들의 귀와 손을 잘라 노끈으로 묶어 본국으로 보내자 에르기노스가 테바이로 진격한다. 그는 에르기노스를 죽이고 공물을 두 배로 바치도록 하였다. 헤라클레스는 크레온에게 그의 장녀 메가라를 승리의 상으로 받는다. 크레온은 막내딸을 이피클레스에게 시집보낸다.

헤라클레스는 아폴론의 손자 에우뤼토스에게 궁술을 배우고, 다른 이들에게 레슬링, 무기 사용법, 음악을 배웠다고 한다. 그는 헤르메스에게 칼을, 아폴론에게 활과 화살들을, 헤파이스토스에게 황금 가슴받이를, 아테네에게 옷을 받았다. 헤라클레스는 헤라의 질투로 정신 착란이 들어 메가라가 낳아준 자기 자식들과 이피클레스의 두 아이를 함께 불 속에 던진다. 그는 스스로 자신에게 추방형을 선고하고 테스피오스에게 죄를 정화 받은 뒤 델포이로 간다.

예언녀 퓌티아가 그는 처음으로 '헤라의 영광', '헤라를 섬기는 자'라는 뜻의 헤라클레스라 부른다. 이전에는 알케이데스(알카이오스의 손자라는 뜻으로 알카이오스는 암퓌트리온의 아버지)라 불렀다. 퓌티아는 헤라클레스에게 티륀스에 가서 살며 에우뤼스테우스에게 12년 동안 봉사하면서 그가 부과하는 12고역을 완수하면 불멸의 존재가 될 것이라고 예언한다. 에우뤼스테우스는 헤라클레스의 오촌으로 헤라가 출산을 세 달을 앞당겨 아르고스의 지배권을 차지하게 한다. 이로 인해 헤라클레스는 평생 그를 섬기게 된다.

그 12고역은 첫 번째 네메아의 사자, 두 번째 레르라의 휘드라, 세 번째 고역 케르네이아의 암사슴, 네 번째 고역 에뤼만토스의 멧돼지, 다섯 번째 고역 아우게이아스의 가축 떼, 여섯 번째 고역 스튐팔로스의 새 떼, 일곱 번째 고역 크레테의 황소, 여덟 번째 고역 디오메데스의 암말들, 아홉 번째 고역 힘플뤼테의 허리띠, 열 번째 고역 게뤼오네스의 소 떼, 열한 번째 고역 헤스페리데스의 사과들, 열두 번째 고역 케르베로스의 포획이다.

12고역이 끝나자 정신착란을 일으켜 메가라가 낳아준 자식들을 죽인 탓에 테바이로 돌아가 메가라를 이올라오스에게 넘겨준다. 헤라클레스는 오이칼리아의 왕 에우뤼토스의 장남 이피토스를 티륀스의 성벽에 내던져 힙폴뤼토스의 아들 데이포보스에게 죄를 정화 받는다. 이피토스를 살해하여 몹쓸 병에 걸리자 델포이에 가서 신탁을 받는다. 노예로 팔려가 3년 동안 봉사하고 에우뤼토스에게 살인 보상금을 지불해야 병이 나을 수 있다는 예언이다. 헤르메스에 의해 그는 뤼디아의 여왕 옴팔레에게 팔려갔다. 옴팔레의 종살이를 하는 동안 아르고 호의 항해를 하면서 콜키스를 여행한다.

종살이를 마친 뒤 병이 낫자 쉰 명이 18척을 이끌고 일리온을 공격한다. 텔라몬이 앞장서서 성벽을 헐고 들어가고, 헤라클레스가 다음으로 들어갔다. 포다르케스를 제외하고 라오메돈의 아들들을 모두 쏘아 죽이고 텔라몬에게 라오메돈의 딸 헤시오네를 상으로 준다. 그녀가 머리의 베일을 벗어 노예가 된 포다르케스의 몸값으로 주자 포다르케스는 '나는 매입하다'란 뜻의 프리아모스로 불리게 된다. 그는 훗날 트로이아의 왕이 된다.

트로이아에서 돌아올 때 코스 섬을 함락하고 아테나의 지시로 신들을 도와 전투에서 기가스들을 무찌른다.

헤라클레스는 칼뤼돈에 도착하여 오이네우스의 딸(일설에는 디오뉘소스) 데이아네이라와 결혼했다. 칼뤼돈인들과 필라스가 다스리던 에퀴라 시를 함락한 뒤 필라스의 딸과 동침하여 틀레폴레모스를 낳는다. 오이네우스와 잔치를 벌이다가 자기 손에 물을 부어주던 에우노모스 소년을 본의 아니게 죽인다. 소년의 아버지가 용서해주었으나 그는 추방형을 선택하고 트라키스로 케윅스를 찾아 떠난다. 데이아네이라를 데리고 에우에

234

노스 강으로 간다. 켄타우로스족인 넷소스의 도움을 받아 강을 건너던 데이아네이라를 넷소스가 겁탈하려 할 때 헤라클레스가 화살로 넷소스의 심장을 쏜다. 넷소스는 숨을 거두며 데이아네이라에게 복수의 말을 한다. 헤라클레스에게 미약을 쓰고 싶으면 자기가 땅에 쏟은 정액을 화살촉에 맞은 상처에서 흘러내리는 피와 섞어 사용하라는 것이다. 그녀는 그렇게 만든 미약을 간직했다.

트라키스에 도착하여 에우뤼토스와 그 아들들을 죽이고 도시를 함락한 후 이올레를 포로로 끌고 간다. 그는 제우스에게 제물을 바치려고 전령 리카스를 트라키스에 보내 고운 옷을 가져오게 한다. 데이아네이라는 리카스로부터 이올레에 대해 듣고 남편이 그녀를 더 사랑할까봐 넷소스가 이야기한 미약을 진짜로 알고 웃옷에 칠한다. 헤라클레스는 그 옷을 입고 제물을 바친다. 웃옷이 따뜻해지자 휘드라의 독이 살 속으로 파고들었다. 그는 옷 심부름을 한 전령을 바닷속으로 던진다. 고통 때문에 옷을 찢어서 벗으려 하자 살이 떨어져나간다. 배에 실려 트라키스로 옮겨진 헤라클레스를 보고 데이아네이라는 스스로 목매어 죽는다. 장남 휠로스에 장성하면 이올레와 결혼하라고 당부하고 오이테 산으로 가서 장작더미를 쌓고 그 위에 올라 불을 지르라고 명령한다. 그곳을 지나던 필록테테스의 아버지 포이아스가 불을 질렀다. 헤라클레스는 그에게 자신의 활과 화살을 선물로 준다. 장작더미가 타는 동안 구름 한 조각이 헤라클레스를 하늘로 들어 올려 그는 불사의 몸이 된다. 그 후 헤라와 화해하고 그녀의 딸 헤베와 결혼하여 두 아들 알렉시아레스와 아니케토스를 낳는다.

헤라클레스는 아들이 70명이다. 그의 후손들은 펠로폰네소스 반도를 통치한다. 도리아인들은 헤라클레스를 시조로 떠받든다. 북쪽으로는 아이톨리아와 에페이로스, 남쪽으로는 크레테 섬, 서쪽으로는 시켈리아 섬을 포함한다.

『일리아스』에서 헤라클레스는 트로이아왕 라오메돈이 딸을 구해주면 자기의 명마(名馬)를 주겠다는 약속을 지키지 않아 군사들을 이끌고 트로이아를 함락한다. 라오메돈의 딸 헤시오네를 텔라몬에게 주고 그 헤시오네는 '큰 아이아스'의 이복동생 테우크로스의 어머니가 된다. 라오메돈은 이전에 포세이돈에게도 임금을 주지 않아 신의 노여움을 산다. 라오메돈의 딸이 낳은 테우크로스는 어머니의 나라 트로이아를 공격하는 궁수가 된다. 이피토스를 죽인 죄로 데이포보스에 죄를 정화받기 전에 넬레우스가 죄를 정화해주기를 거절하자 필로스를 함락하고 네스토르만 살려두고 넬레우스와 아들 열한 명을 죽인다. 이 때 헤라클레스는 헤라와 하데스에게도 부상을 입힌다.

인류 최고의 전략, 트로이아 목마

트로이아 목마의 유혹
트로이아 목마,
현대에 컴퓨터 해킹 프로그램으로 다시 태어난다.

바위틈에 숨은 비둘기는
나올 때까지 기다려야 한다.
더 큰 몸으로 작은 보금자리에 들어갈 수 없고
더 센 힘으로 윽박지를 때 더 깊이 숨는다.
태양의 유혹에 몸을 맡기면
제 날개, 제 지느러미로 날개를 펼친다.

밥은 뜸을 들여야 찰지게 맛있고
사과는 가을 햇볕을 온몸으로 받아야 빨갛다.
나사못은 천천히 돌려야 빠지고
사랑은 달아오를 때까지 기다려야 한다.

비뚜로 망치를 치면 못은 휘어지고
나무는 상처로 운다.
숙성되지 않은 채 거른 막걸리는 마개를 따는 순간 솟는다.

적군을 축복으로 끌어들이게 할 때
아킬레우스의 창도 뚫지 못한 트로이아 성문이 열린다.
바닷물에 쓸려 사라지는 모래성처럼
십 년 전쟁이 하루밤새 잿더미가 된다.
밀려오는 모래톱의 잔잔한 바다 물결이 모래성을 부순다.

기다림은 성숙의 시간,
넘치면 흘러내린다.

트로이아 목마,
유혹에 매달린 자에게
제 목숨을 무덤째 보낸다.
무덤이 된 자들의 여자들은
승자들의 전리품으로 사물이 된다.

[최고의 전략, 트로이아 목마]

파리스가 죽지만 트로이아는 헬레네를 돌려주지 않는다. 헬레네를 죽음으로 몰아넣는 일이 불명예라 여기기 때문이다.

새를 보고 점을 치는 칼카스가 말한다. "나는 매가 비둘기를 쫓는 것을 보았습니다. 비둘기가 성벽 밑 바위틈에 숨었습니다. 매가 날아오르자 비둘기가 태양 아래로 날아올랐습니다. 매가 그 순간 비둘기를 덮쳤습니다. 우리는 매를 본받아야 합니다."

이를 듣고 오뒷세우스가 말한다. "목마를 만드는 것입니다. 가장 용감한 자들을 완전 무장하게 하여 목마의 뱃속에 숨겨 놓고 나머지 군대는 함선을 타고 고향으로 향하게 합니다. 우리 군사 하나를 남겨 두고 나머지는 테네도스 섬까지 가서 섬 뒤에 숨어 기다리는 것입니다. 트로이아 군은 칼카스가 말한 비둘기처럼 성 밖으로 나오겠지요. 트로이아 병사들은 우리 군사 하나를 잡고 묻겠지요. 그러면 그는 아카이오이족은 희망을 잃고 고향으로 돌아갔다고 설명합니다. 트로이아 보물을 훔쳐 아테나 여신의 보복을 받을까 두려워 여신에게 제물로 거대한 목마를 만들어 뱃길이 무사하길 빌면서 떠났다고 말하게 합니다. 이를 믿는다면 트로이아인들이 목마를 성 안으로 끌어들일 것입니다. 성문을 열면 목마 속에 있던 우리 용사들과 우리 함선의 전사들이 트로이아를 공격합니다."

　칼카스가 이에 동의한다. 스무 명 정도가 들어갈 목마를 만든다. 목마에는 '아카이오이족이 귀향을 위해 아테나에게 이 감사의 공물을 바치노라'라고 새긴다. 붙잡히는 역할을 시논이 자원한다. 네스토르가 목마 뱃속에 들어가겠다고 하자 나이 많다고 모두 말린다. 아가멤논이 들어가는 것도 지휘 때문에 말린다. 메넬라오스, 오뒤세우스, 디오메데스, 목수 에페이오스가 자원한다. 아폴로도로스는 오뒤세우스가 쉰 명의 장수들에게 목마 안으로 들어가게 했다고 한다. 체체스는 목마에 들어간 사람을 일일이 열거하며 그 숫자가 스물세 명이라고 한다.

　막사가 불타고 함선들이 떠나는 것을 보고 트로이아인들이 성문 밖으로 나온다. 캇산드라는 목마 안에 무장한 군대가 있다고 말한다. 예언자 라오코온이 동조한다. 그러나 대다수는 신에게 바친 공물로 받아들인다. 트로이아인들이 시논을 잡아 묻는다. "저는 팔라메데스의 친구입니다. 사악한 오뒤세우스가 팔라메데스를 죽였습니다. 저는 분노하여 주위 사람들에게 그 얘기를 했습니다. 그랬더니 오뒤세우스 귀에 들어갔던지 나를 죽이려고 합니다. 예언자 칼카스가 아카이오이족이 무사히 고향으로 돌아갈 수 있도록 바다가 고요하려면 아카이오이족 하나를 제물로 바쳐야 한다는 것입니다. 칼카스가 저를 지목했습니다. 저는 도망쳐 숨어 있었습니다."

트로이아 병사들이 목마를 끌어들이려는 순간 거대한 바다뱀 두 마리가 해변으로 올라와 라오코온의 두 아들을 똬리로 옥죈다. 아버지가 구하려 달려가지만 허사다. 생명이 떠나가자 뱀은 트로이아 성 안으로 들어간다. 뱀은 여신상 발 뒤의 눈에 보이지 않는 구멍으로 사라진다. 트로이아인들은 여신의 거룩한 목마에 창을 던진 라오코온에 뱀이 아테나 여신을 대신해서 복수했다고 생각한다.

트로이아 성안으로 목마가 옮겨진다. 캇산드라는 목마가 재앙이 될 것이라고 외친다. 아무도 그녀에 말에 귀 기울이지 않는다.

트로이아는 축제 분위기다. 성 안은 신을 찬양하는 노래와 춤이 넘쳐흐른다.

어둠이 내린다. 아카이오이족 함선은 조용히 트로이아로 진격한다. 에페이오스가 목마의 빗장을 연다. 밧줄을 타고 아카이오이족 용사들이 내려온다. 그들은 성문을 연다. 잠을 자고 있다가 트로이아 군은 아카이오이족을 맞는다. 트로이아 성은 불길에 휩싸인다.

라오메돈의 후손, 패자 왕가의 파멸
라오메돈의 욕망 아닌 욕망이
가문의 저주로 성장하여
트로이아 파멸의 열매를 매단다.

[패자 왕국의 파멸]
네옵톨레모스는 제우스 제단으로 피신한 프리아모스를 죽인다. 안테노르의 아들 글라우코스가 도망치자 오뒷세우스와 메넬라오스는 그를 알아보고 사절로 트로이아 궁전에 왔을 때 그의 아버지가 보호해 준 것을 기억하고 구해 준다.

아이네이아스는 아버지 앙키세스를 업고 도망친다. 일설에는 아이네이아스는 트로이아가 함락되기 전에 그곳을 떠났다고 한다.

메넬라오스는 데이포보스를 죽이고 헬레네를 찾는다. 헬레네는 파리스가 죽자 그의 동생 데이포보스가 보호하고 있다. 보호라고 하지만 사실은 결혼이다.

오뒷세우스에게 메넬라오스가 묻는다. "헬레네는 어디 있소? 그대가 헬레네를 숨기고 있소?" 오뒷세우스가 대답한다. "목마를 타기 전 그대는 나에게 맹세했소. 내가 요구하는 것은 무엇이든 들어주겠다고 말이오." 메넬라오스가 말한다. "나는 맹세를 어기는 사람이 아니오. 말하시오." 오뒷세우스가 말한다. "나는 헬레네의 목숨을 요구하오. 내 목숨을 헬레네에게 돌려줄 것이오. 헬레네는 트로이아 보물을 찾아 성안으로 들어 왔을 때 내 목숨을 구해준 적이 있소."

헬레네가 메넬라오스 앞에 나타난다. 오뒷세우스에게 한 약속 때문에 메넬라오스는 한 발 물러선다. 메넬라오스는 헬레네를 함선으로 데려간다.

로크리스의 작은 아이아스는 캇산드라를 끌고 가며 아테나 목조 신상을 넘어뜨린다. 아폴로도로스 『희랍신화』에는 아이아스가 목조 신상에 매달린 캇산드라를 겁탈했다고 기록한다. 이후 모욕을 느낀 아테나의 노여움은 그들을 고통으로 몰아넣는다.

모든 신들에게 제물을 바친 뒤 헥토르의 아들 아스튀아낙스를 성벽 아래로 던진다. 헥토르의 아들이 오뒷세우스에게 혹은 네옵톨레모스에게 죽는다는 등 기록이 분분하다. 호메로스는 언급하지 않지만 다른 이야기에 따르면 프리아모스 딸 폴뤽세네는 아킬레우스 무덤에 바쳐진다.

전리품으로 아가멤논은 캇산드라, 네옵톨레모스는 안드로마케, 오뒷세우스는 헤카베를 얻는다. 프리아모스의 가장 아름다운 딸 라오디케는 대지의 갈라진 틈으로 사라진다.

아카이오이족이 출항하려 할 때 칼카스가 작은 아이아스의 불경 때문에 아테나가 노여워하고 있다고 말한다. 아이아스가 제단으로 피신하여 그들은 아이아스를 죽이지 않았다.

이후 아이네이아스는 트로이아 유민을 이끌고 이탈리아로 망명한다. 그는 로마를 건국할 운명이다. 그 기록이 로마의 대서사시『아이네이스』이다.

※ 팔라메데스

　에우보이아 왕으로 트로이아 전쟁의 영웅이다. 호메로스의 기록에는 등장하지 않는다. 그는 디오메데스와 오뒤세우스의 질투심으로 죽는다.

※ 음악으로 베를리오즈의 오페라 〈트로이아 사람〉이 있으며, 그림은 줄리오 로마노, 로도비코 카라치, 조반니 바티스타 티에폴로, 로비스 코린트, 엘 그레코 등 여러 작가의 그림이 있다.

제 5 장

『일리아스』 뒷이야기, 영웅들의 귀향

메넬라오스의 귀향과 헬레네

십 년 전쟁을 이러려고 했나

전쟁으로 얻는 것은 잃는 것뿐이다.

납치되었든 사랑의 도피이든

헬레네는 파리스와 함께 떠나고

헬레네를 찾으러 1185척의 연합군이 십 년 동안 창칼로 찌른다.

전쟁에서 이기면 뭐 하나

도망간 아내라면 불행의 확인일 테고

납치된 아내라면 그 흔적이라도 찾아야 할 텐데

전쟁이 끝난 후 호메로스에게 헬레네는 보이지 않는다.

헬레네가 트로이아로 간 후

잘못 출정한 10년

그 후 전쟁 10년

귀향 8년

총 28년이 지나

헬레네는 오십의 나이에 가까워지고

수많은 영웅들은 죽으며

전쟁의 원인은 잊혀졌다.

호메로스는 헬레네가 신의 뜻대로 사는 것에 대해 노래하지 않는다.

[트로이아 전쟁으로 행복한 사람은 아무도 없다]

전쟁의 씨앗인 헬레네는 어떻게 되었을까? 전쟁이 끝난 후 헬레네의 기록은 헬레니즘 시대의 아폴로도로스『희랍신화』'펠롭스의 자손들의 뒷이야기'에 등장한다. 아폴로도로스에 의하면 메넬라오스는 다섯 척의 함선을 이끌고 앗티케의 수니온곶, 크레타로 바람에 떠밀려 간다. 메넬라오스는 리뷔에, 포이니케, 퀴프로스, 아이귑토스의 해안을 떠돌며 재산을 모은다.

메넬라오스는 아이귑토스의 궁전에서 헬레네를 발견했다고 한다. 이전까지 헬레네는 환영에 불과했다. 8년 동안 방랑하다가 뮈케나이에 입항하고 스파르테로 돌아가 왕권을 되찾은 그는 헤라에 의해 불사의 존재가 되어 헬레네와 함께 엘뤼시온 들판으로 갔다고 한다.『오뒷세이아』4권 563, 569행에서는 메넬라오스가 제우스의 사위가 됨으로써 낙원인 엘뤼시온으로 갔다고 기록한다. 결국 인간들은 무지개를 놓고 싸운 꼴이다.

전쟁의 패자인 트로이아 왕가와 지원군은 모두가 파멸한다. 다만 아이네이아스만 살아서 탈출한다.

승자인 아카이오이족에서 행복한 자는 없다. 아킬레우스, 아이아스 등 영웅은 죽는다. 귀향 후 총사령관 아가멤논은 아내에게 살해당한다. 신들의 노여움으로 영웅들의 여인들은 바람이 나고 영웅들은 왕의 자리에서 쫓겨난다. 오뒷세우스는 10년의 어려운 귀향 후 자신의 자식에게 죽는다.

전쟁은 신에 대한 거역이다. 그 결과 전쟁에 참여한 자들 중 행복한 이를 찾을 수 없다. 호메로스는 전쟁이 신의 뜻을 거스르는 행위라고 하면서 처참한 묘사를 통해 우리에게 역설한다.

세상의 모든 사랑은 무죄
아리스토텔레스가 언급한 수사학의 세 가지 종류,
정치적 수사, 사법적 수사, 과시적 수사 중에
헬레네 찬사는
지금까지 전해지는 과시적 수사 가운데 최초의 사례,
헬레네 찬사는 소피스트들의 말의 힘이다
헬레네 찬사는 찬사가 아니라
헬레네 변호이며
헬레네 옹호이다
말은 강력한 지배자이며 주인이다
얼마나 헬레네 평판이 나빴으면
얼마나 비난이 넘쳐흘렀으면
고르기아스가 나섰으랴!

하긴
운명이고 납치된 것은 헬레네 힘 밖의 일이지
말에 설득당하고
시각 감각의 본성에 휩쓸리는 것도
인간 통제 밖의 일이지

헬레네의 사랑이 불가항력이라면
세상의 모든 사랑은 무죄!
대륙 간 전쟁의 원인이 되었지만 낙원으로 떠난 그녀,
소피스트들도 예쁨은 죄가 아니라네!

[고르기아스의 헬레네 찬사]

「헬레네 찬사」는 기원전 480년대 고르기아스((Gorgias, 기원전 485-385)가 작성한 연설로 사람들을 설득하여 헬레네에 대한 생각을 바꾸려는 의도에서 출발했다. 이 글에서 특히 고르기아스는 자신의 말을 통해 말의 힘을 보여주려 한다. 이는 「헬레네 찬사」의 마지막 구절에 잘 드러나 있다.

이 글을 보면 헬레네가 당시에 거의 모든 사람들로부터 비난을 받았던 것으로 보인다. 헬레네 때문에 트로이는 멸망한다. 아르고스 연합군은 수많은 사람들이 전쟁에 참여하여 목숨을 잃는다. 돌아온 이들도 거의가 불행하다. 10년 동안 전쟁을 치르고 돌아오는 데 대부분은 짧아도 상당한 시일이 걸리고 길게는 10년 걸린다. 출정할 때에 풍랑으로 미루어지던 항해가 돌아올 때에도 길어진다. 이는 신들의 뜻인지 모른다. 이 모두를 고향에 남아 있는 가족들은 헬레네 탓으로 돌릴 수 있다.

이 상황에서 고르기아스는 자신의 말의 능력을 드러내고자 한다. 이 글을 써서 헬레네를 비난하던 사람들의 생각을 얼마나 바꾸었는지는 알 길은 없다. 긍정적으로 생각이 바뀌었다면 헬레네가 신들의 땅으로 메넬라오스와 함께 가서 살았다는 증거를 제시할 수 있다. 헬레네에게 모두가 부정적인 감정뿐이었다면 헬레네에 대해 긍정적으로 기록하지는 않았을 테니까 말이다.

고르기아스는 「헬레네의 찬사」를 다음과 같이 펼친다. 어쩌면 소피스트의 궤변일지도 모른다.

나라에는 용기, 신체에는 아름다움, 영혼에는 지혜, 행동에는 미덕, 말에는 진리이다. 이에 반대되는 것들은 어울리지 않는다. 칭찬받아야 할 것을 비난하고, 비난받아야 할 것을 칭찬하는 것은 똑같이 어리석은 일이다.

옳은 말을 옳다고 말하고 그른 것을 논박하는 사람이라면 헬레네를 비난하는 사람들을 반박해야 한다. 나는 헬레네를 비방하는 사람들이 잘못되었음을 밝히고자 한다. 그들에게서 진실을 드러내고 그들을 무지에서 벗어나게 할 것이다.

헬레네의 어머니는 레다이고, 아버지는 틴다레우스와 제우스이다. 하나는 가장 강력한 인간이고 하나는 모든 것을 다스리는 필멸의 신이다.

이러한 혈통의 헬레네는 신과 같은 아름다움으로 대부분의 남성에게 관심의 대상이다. 그 중에는 고귀한 혈통이나 타고난 영리한 힘을 소유한 이들이 있었으며, 모두 사랑과 야망을 갖고 있었다.

누가 헬레네의 사랑을 얻었는지, 그 수단과 방식은 굳이 말하지 않겠다. 이미 알고 있는 이들에게 이 일을 말할 필요를 느끼지 못하기 때문이다. 이제 헬레네가 트로이로 떠난 이유들을 말하겠다.

그녀가 한 일은 운명과 신의 결정, 필연의 명령이거나 힘에 강제된 것, 말에 설득된 것, 사랑에 사로잡힌 것 등 네 가지로 나누어 볼 수 있다. 첫 번째의 경우에는 고발한 자가 고발되어야 마땅하다. 신의 뜻을 인간이 거역할 수는 없기 때문이다. 신은 힘에서나 지혜에서나 인간보다 우월하다. 운과 신의 결정이라면 헬레네가 비난받을 일이 아니다.

두 번째로 그녀가 강제로 납치되었다면 납치범이 부당한 일을 했고, 납치범이 비난받아야 마땅하다. 강제로 조국을 잃고 고아가 된 그녀는 희생자로 동정을 받아야 한다.

셋째로 그녀를 설득하고 속인 것이 말이라면 그녀가 책임을 면하는 것은 어렵지 않다. 말은 강력한 주인이다. 말은 두려움, 슬픔, 즐거움, 연민 등의 주인이다.

말을 통해 듣는 사람에게는 두려운 전율, 눈물의 연민, 비통한 동경이 오고 영혼은 그러한 상태를 경험한다.

마법의 말은 즐거움을 불러들이고 고통을 내쫓는다. 마법의 힘은 속임수로 매혹하고 설득하여 변화시킨다. 마법의 말 때문에 영혼의 일탈과 생각의 기만으로 빠진다.

설득은 거짓 담론을 만든다. 과거, 현재, 미래의 모든 일에 예지력을 가지고 있다면 말이 힘이 없을 것이다. 과거를 기억하거나 현재를 고려하거나 미래를 예언하는 것이 쉽지 않기 때문에 대부분의 일들에 대해 생각을 영혼의 조언자로 삼는다. 그러나 생각은 불확실한 행운에 둘러싸인다.

말은 영혼을 설득하면서 말과 행동을 강제한다. 따라서 설득한 사람은 강요한 사람으로 잘못을 저질렀으며, 설득된 헬레네를 비난하는 것은 잘못이다.

말을 통한 설득이 영혼을 마음대로 움직인다. 첫째, 천문학자들의 말은 사람들의 생각을 다른 생각으로 바꾼다. 둘째, 법정 논변은 기술로 쓰면서 진리를 말하지 않는다. 셋째, 철학자들의 말은 논쟁으로 사유의 속도가 생각의 신뢰성을 바꾸도록 한다.

말의 힘은 영혼의 조직과 동일하다. 다른 약이 몸에서 다른 체액을 끌어내고, 어떤 것은 질병을, 어떤 것은 생명을 끊는 것처럼, 말도 마찬가지여서 어떤 사악한 설득 약물로 영혼을 속인다.

넷째로, 헬레네의 행위가 사랑이었다면 그녀의 책임은 어려움 없이 벗어난다. 우리가 보는 것들은 우리가 원하는 어떤 본성이 아니라 오히려 각 사람에게 닥치는 본성을 가지고 있기 때문이다. 영혼은 시각을 통해 나름의 방식으로 인상을 받는다.

법의 강력한 습관적 힘도 시각에 의해 유발되는 두려움 때문에 추방된다.

두려운 일을 본 사람들은 현세에서 정신을 잃고, 그 두려움으로 이해력이 사라진다. 시각은 본 것의 이미지를 마음에 새겨둔다.

화가들은 여러 가지 빛깔과 여러 본체로 하나의 몸과 모습을 완벽하게 완성할 때마다 그 광경을 즐긴다. 이처럼 시각 감각의 본성은 어떤 것은 갈망하고 어떤 것은 고통스럽게 한다. 많은 것 중에는 몸에 대한 사랑과 욕망이 있다.

알렉산드로스를 사랑한 헬레네의 눈에 비친 시각이 그녀의 영혼에 사랑의 간절함과 투쟁을 전한다면 그것이 놀라운 일이겠는가? 사랑이 신의 신성한 힘을 가지고 있다면 약한 존재가 어떻게 이를 거부하고 물리칠 힘을 가질 수 있겠는가? 그것이 인간의 질병이고 영혼의 잘못이라면 죄가 아니라 불행이다. 헬레네가 트로이로 출발할 때 마음에서 계획을 세운 것이 아니라, 예술의 준비가 아니라 사랑의 제약으로 운명의 손아귀에 들어갔기 때문이다.

열정적으로 사랑에 빠졌거나, 말에 설득되었거나, 강제로 납치되었거나, 신의 결정에 얽매였거나 모든 방면에서 책임이 없다. 그녀가 한 일을 그녀의 탓으로 돌릴 이유가 있는가?

나는 헬레네의 불명예를 제거했다. 나는 처음에 설정한 주제를 마지막까지 이끌고 왔다. 나는 비난의 부당함과 의견의 무지를 끝내려고 노력했다. 나, 고르기아스는 헬레네의 찬사와 내 놀이로써 이 글을 쓰고 싶었다.

[이소크라테스의 헬레네 찬사]

기원전 370년대 초반 이소크라테스(Isocrates, 기원전 436-338)가 작성한 연설로 고르기아스의 연설 제목과 같다. 아리스토텔레스는 『수사학(1414b, 27-29)』에서 과시용 연설의 시작 부분을 설명하면서 이소크라테스의 『헬레네 찬사』에 대해 언급한다.

이소크라테스는 헬레네가 이방인들의 노예가 되지 않게 한 원인이라고 찬양한다. 그는 헬레네 때문에 헬라스인들이 한마음 한뜻이 되었고, 이방인들을 향한 공동의 원정을 떠났으며, 아시아에 대한 전승기념비를 처음으로 세웠다고 한다. 이전에는 이방인들이 헬라스의 도시를 지배할 자격이 있다고 생각했지만 트로이아 전쟁 이후에는 이방인들의 도시와 수많은 지역을 빼앗을 정도가 되었다고 찬양한다.

심지어 이소크라테스는 호메로스가 『일리아스』를 쓸 수 있었던 것도 호메로스의 솜씨 때문이기는 하지만 대부분은 헬레네 때문이라고 말한다. 이소크라테스는 헬레네를 신격화하며 헬레네는 헬라스 공동체의 이념을 상징하는 것으로 찬양한다.

예언자 칼카스의 죽음과 영웅들의 지체된 귀향

십 년 전쟁의 후유증, 고난의 귀향
아무리 좋은 전쟁도
전쟁은 전쟁이다.

전쟁은 살상이 밥이고
시신이 반찬이다.
온갖 비난과 욕설이 양념이고
지혜라지만 첩자는 고춧가루이다.

명분을 앞세운 전쟁은
대지의 신에게 비린내 나는 붉은 피를 뿌리고
하늘의 신에게 날카로운 함성을 보낸다.

분노하고 날뛴 자들에게 보답은 조용해진 뒤 돌아간다.
여신의 노여움은 서릿발 내린 여자처럼 노엽다.
전쟁의 영웅들은
끝내 이자를 붙여
전쟁의 끝에
만기 정기적금으로 죽음을 찾는다.
이자가 복리로 붙는 줄도 모르고
여러 통장을 쌓아간다.

[귀향의 고통]
아카이오이족은 전쟁이 끝난 후 귀향하려고 여신의 노여움을 풀기 위해
회의장에 모인다. 그러나 의견이 엇갈려 귀향은 제각각이다.

메넬라오스는 디오메데스, 네스토르와 출항한다. 메넬라오스는 폭풍을 만나 함선 다섯 척만 이끌고 아이스큅토스에 도착한다.

암필로코스, 칼카스, 레온테우스, 포달레이리오스, 폴뤼포이테스는 함선을 트로이아에 버리고 걸어서 콜로폰으로 간다. 예언자 몹소스는 칼카스를 환대하고 칼카스에게 예언술로 도전한다. 저 무화과나무에 열매가 몇 개냐고 묻는다. 몹소스는 일만 개하고도 한 자루하고도 하나가 남는다고 맞춘다. 새끼 밴 암퇘지 뱃속에 몇 마리의 새끼가 언제쯤 나올 거냐고 묻는 질문에 칼카스는 여덟 마리라고 답한다. 아홉 마리의 수컷이 내일 여섯 시에 태어날 것이라는 몹소스의 예언이 사실로 드러나자 칼카스는 낙담하여 죽는다. 자기보다 더 지혜로운 예언자를 만나면 죽을 것이라는 예언이 실현된다. 칼카스는 콜로콘의 항구 노티온에 묻힌다.

아가멤논은 제물을 바친 뒤 출항하여 테네도스 섬에 들른다. 테티스가 그녀의 손자 네옵톨레모스에게 신들에 제물을 바치라고 하여 아킬레우스 아들은 이틀을 머문다. 먼저 출항한 이들은 테노스 섬에서 아테나 때문에 폭풍을 만난다.

아테나가 아이아스의 배에 벼락을 친다. 아이아스가 바위로 가자 포세이돈이 바위를 삼지창으로 쪼갠다. 테티스가 밀려온 아이아스의 시신을 델로스 섬 동쪽 퀴클라테스 군도의 뮈코노스 섬에 묻어준다. 아테나 신전에서 아테나 여신상을 붙들고 있던 캇산드라를 성폭행한 작은 아이아스는 신들의 보답을 죽음으로 받는다. 텔라몬의 아들 큰 아이아스보다 체구가 작아서 작은 아이아스, 아킬레우스 다음으로 달리기를 잘하면 뭐하겠는가? 신을 거역하면 파멸뿐이다. 이전에 오뒷세우스는 아테나 여신에게 도움을 요청하여 파트로클로스 추모 경기에서 1등으로 달리던 작은 아이아스를 이겼다. 실력만이 영광은 아님을 작은 아이아스가 보여준다.

신들의 노여움으로 영웅들의 귀향은 전쟁만큼 고통스럽고 긴 세월을 허비한다.

팔라메데스의 아버지 나우폴리오스의 복수

사랑에 수명이 있다
사랑은 와인글라스
부딪칠 때 맑은 소리가 나지만
언제든 부서질 준비가 되어 있다.
날카로운 칼날이 될 기회를 품고 있다.
흠이 난 접시가 깨지길 바라듯
멀어진 사랑은 새 접시를 원한다.
신들의 가시를 잉태한 음모는
영웅들에게 깨진 사랑을 안긴다.
클뤼타임네스트라는 십 년만에 돌아온 남편에 칼을 안기고
아르고스 왕 디오메데스에게는 아프로디테가 아내의 부정을 선물한다.
미노스의 손자 이도메네우스는 아들을 제물로 바친다.
전쟁을 위해
명예를 위해
자신의 생명을 위해
신을 거역하고 신에 맹세한 자들은
또 다른 신들의 노여움으로 사랑을 잃고
사람을 잃고
삶을 잃는다.

팔라데메스를 죽이는 음모는 오뒷세우스가 꾸미고
그 아버지 나우플리오스의 복수는 오뒷세우스만 비켜간다.

수많은 유혹에도
스스로 깨지 않은 와인그라스,

오뒷세우스가 선택한 여자, 페넬로페다.

[서사의 전개]

에우보이아 섬으로 밀려난 이들은 나우플리오스가 밝힌 횃불 쪽으로 항해하다가 카페레우스 암벽에 부딪혀 많은 사람들이 목숨을 잃는다. 나우플리오스의 아들 팔라메데스가 오뒷세우스의 음모로 돌에 맞아 죽었기 때문이다. 아들의 죽음에 대한 보상을 아카이오이족에 요구한다. 그러나 모두가 아가멤논 왕의 편을 들어 보상을 받지 못한다. 나우플리오스는 이들의 아내가 간통하도록 부추긴다. 아가멤논의 아내 클뤼타임네스트라는 아이기스토스와 간통하고, 디오메네스의 아내 아이기알레이아는 코메테스와 간통하며, 이도메네우스의 아내 메다는 레우코스와 간통한다. 레우코스는 메다와 그녀의 딸을 죽이고 스스로 참주가 된다. 이도메네우스가 상륙하자 그를 추방한다. 다른 기록에 의하면 아들을 희생시킨 일로 신들의 노여움을 사 크레테 섬에 역병이 돌자 크레테인들이 그를 추방한다.

살아남은 아카이오이족 최고의 영웅들의 아내는 오뒷세우스를 제외하고 아내가 간통함으로써 불행을 겪는다. 오뒷세우스와 그의 아내 페넬로페는 수많은 유혹에도 흔들리지 않는다.

※ 오뒷세우스

오뒷세우스 뒷이야기는 아폴로도로스의 『희랍(그리스) 신화』에 나온다.

오뒷세우스와 요정 키르케 사이에서 낳은 아들 텔레고노스가 아버지 오뒷세우스를 찾아 나선다. 이타케 섬에 도착하여 가축 떼 몇 마리를 몰고 가다가 오뒷세우스가 그것을 구하러 오자 가오리 뼈로 된 창으로 부상을 입힌다. 그 때문에 오뒷세우스는 죽는다. 텔레고노스는 그가 자신의 아버지임을 알고 몹시 슬퍼한다. 그의 시신을 자기 어머니 키르케에게 운반한다. 텔레고노스는 페넬로페를 데려와서 그녀와 결혼한다. 페넬로페의 남편은 오뒷세우스였다가 그가 죽자 그의 아들 텔레고노스의 아내가 된다. 키르케는 아들과 페넬로페를 축복받은 자들의 섬으로 보낸다.

텔레고노스를 인정하지 않는 또 다른 이야기에서는 오뒷세우스가 오래도록 행복하게 산다.

※ 아가멤논과 관련하여 아이스퀼로스의 오레스테이이아 3부작인 「아가멤논」, 「제주를 바치는 여인들」, 「자비로운 여신들」, 소포클레스의 「엘렉트라」, 에우리피데스의 「엘렉트라」, 「타우리케의 이피게네이아」, 「오레스테스」, 「아울리스의 이피게네이아」 등이 있다.

※ 이피게네이아의 희생에 관련한 그림은 수없이 많다. 티에폴로의 〈이피게네이아의 희생〉, 피에르 나르시스 게랭의 〈아가멤논을 살해하기 직전의 클뤼타임네스트라〉 등이 유명하다.

네옵톨레모스의 방랑과 귀향

사람의 뿌리, 여인들

남녀는 이목구비로 만나 사랑한다.
소리로 여인의 사랑을 듣고
눈으로 남자에게 빨려들며
달콤한 언어로 영혼이 기울어
여인의 향기에 취한다.

소녀로 변장하면
소녀와 어울린다.
여자의 옷으로 가려도

남자는 남자 아킬레우스다.
뤼코메데스의 공주 데이다메이아는
남자를 가린 여자와 함께 한다.
빨간 머리의 남자 네옵톨레모스가 그 사랑의 결실이다.

트로이아가 함락되자 네옵톨레모스는
헥토르의 아내 안드로마케 사이에서 사랑을 낳네.
적군에서조차 존경을 받던 안드로마케,
아킬레우스는 그녀와 그녀의 아버지와 다섯 오빠를 죽였다네.
그녀의 어머니마저 노예가 되고 끝내는 죽는다네.
그 아킬레우스 아들이 적군의 여자 안드로마케를 사랑하니
사랑에는 국경도 적군도 없네.
캇산드라와 쌍둥이인 트로이 왕자 헬레노스를
네옵톨레모스는 자기 어머니와 결혼시켰다네.
홀로 된 어머니의 재혼은 동양에서도 효도 중 효도,
네옵톨레모스는 효자라네.
네옵톨레모스가 헬레네의 딸 헤르미오네를 납치하여 결혼하고
안드로마케를 더 사랑하자.
헤르미오네 약혼자이자 사촌이던 오레스테스가 네옵톨레모스에 칼을 꽂았다네.
사랑은 한 곳을 향해야 한다네.

아카이오이족에 트로이아 파멸의 예언을 해 준 헬레노스는
파리스가 죽자 헬레네를 데이포보스에게 뺏기고
네옵톨레모스에게 아들을 낳아준 안드로마케,
자신의 형수 안드로마케와 결혼하니
왕자와 귀부인은 결혼의 기회를 언제나 갖는 것인가.
그렇거나 말거나

여인은 인간의 뿌리다.

죽어서는 안 될 인간의 대지인지 모른다.

[서사의 전개]

네옵톨레모스는 테티스의 조언에 따라 이틀 후에 헬레노스를 데리고 육로로 몰롯시아인들의 나라 에페이로스를 향해 출발한다. 그는 몰롯시아인들을 이긴 후 왕이 되고 안드로마케 사이에서 몰롯소스를 낳는다. 헬레노스는 몰롯시아에 도시를 세우고 네옵톨레모스는 그에게 자기 어머니 데이다메이아를 아내로 삼도록 한다. 펠레우스가 추방되어 죽자, 손자 네옵톨레모스가 왕의 자리를 찾는다.

네옵톨레모스는 오레스테스에게서 메넬라오스의 딸 헤르미오네를 납치하지만 후에 델포이에서 오레스테스에게 죽는다.

아가멤논 가문의 저주와 고난

삶의 업보, 운명은 자신의 선택

운명은 자신의 선택이다.

선택마저 운명으로 태어날 때

아모르 파티,

운명을 사랑하라 말하던 이에게 묻는다.

선택이 운명인지, 운명이 선택인지, 누구를 무엇을 사랑하라는 건지.

자기 아들을 죽게 한 동생에게 동생 아들을 요리로 내놓은 응보인가.

왕의 자리를 차지하려 형수를 유혹한 동생을 죽인 업보인가.

딸을 제물로 바친 비정한 아버지의 인과응보인가.

아가멤논과 아이기스토스는 아버지를 기준으로 하면 사촌 형제이고
아이기스토스 어머니를 기준으로 하면 오촌 조카가 된다.
엉킨 실타래 같은 집안은 오이디푸스 가문에도 있다.
조상의 업보, 자신의 업보, 모두가 선택한 운명이다.
모두가 스스로 얻은 저주이다.
복수의 씨앗이 복수의 열매를 키우고 저주의 씨가 저주를 맺는다.
아가멤논처럼 아트레우스처럼 뿌린 자가 수확한다.

[서사의 전개]

아가멤논은 트로이아를 함락하고 제물을 바친 뒤 고향에 돌아온다. 그러나 아가멤논은 캇산드라와 함께 뮈케나이에 자신의 궁전에서 살해당한다. 클뤼타임네스트라와 아이기스토스는 아가멤논에게 소매도 없고, 목도 없는 옷을 준다. 그가 옷을 입는 동안 그는 살해당한다.

아가멤논의 딸 엘렉트라가 오라비 오레스테스를 빼돌린다. 포키스 사람 스트로피오스는 자기 아들 필라테스와 함께 오레스테스를 기른다. 오레스테스는 필라테스와 함께 뮈케나이로 가서 어머니와 아이기스토스를 죽인다. 복수의 여신의 추격을 받자 아테나이 아레오파고스(Areopagos)에서 재판을 받는다. 투표가 동수가 되어 그는 풀려난다.

어머니를 죽임으로써 나타난 광증에 대해 신에게 묻는다. 신은 말한다. "타우로이족의 목조 신상을 가져오면 낫는다." 스퀴타이족의 하나인 타우로이족의 나라에 도착하지만 발각되어 여사제에게 보내진다. 여사제인 누이 이피게네이아가 그를 알아보고 목조 신상을 훔쳐 둘이 달아난다.

뮈케나이에 돌아와서 오레스테스는 헤르미오네와 결혼하여 아들 티사메노스를 낳는다. 후에 그는 아르카디아의 오레스테이온에서 뱀에 물려 죽는다.

이러한 비극에는 조상들의 저주스런 일들이 원인이다.

펠로폰네소스란 반도의 이름이 된 청년 펠롭스는 왕의 마차꾼 뮈르틸로

스에게 히포다메이아와 첫날밤을 보내게 해주겠다며 전차 경기에서 이기도록 유인한다. 그는 사위에게 살해당할 거라는 올림피아 왕 오이노마오스를 마차경기에서 죽이고 히포다메이아를 아내로 맞는다. 펠롭스가 약속한 대로 히포다메이아와 초야를 보내려는 마부 뮈르틸로스를 바닷가 벼랑에 밀어 죽인다. 뮈르틸로스는 펠롭스를 저주하며 죽는다. 그 저주가 펠롭스 가문, 아트레우스, 튀에스티스, 크리시포스, 아가멤논, 아이기스토스, 오레스테스까지 범죄와 살해로 흉측한 무늬를 놓는다.

미케네의 펠롭스와 히포다메이아의 세 아들이 아버지와 님프 사이에서 낳은 배다른 동생을 처참하게 살해하고 알카투스는 메가라로, 아트레우스와 튀에스티스는 미케네로 간다.

튀에스티스가 권력다툼에서 이기려고 형수 아에로페를 유혹하다가 추방되고 동생이 복수하려고 자기 아들로 키운 형의 아들을 보내 아트레우스를 죽이려 한다. 플레이스테네스는 아들을 알아보지 못한 아버지에게 죽는다. 아트레우스는 복수를 하려고 동생을 화해 명목으로 초청하여 식탁에 아들로 요리한 음식을 내놓는다. 도망친 동생은 복수의 아들을 낳으려 자신의 친딸인 줄 모르고 펠로페이아와 결합하여 아이기스토스를 임신한다.

아가멤논은 틴다레오스 왕의 딸 클뤼타임네스트라와 결혼하여 이피게네이아, 엘렉트라, 라오디케, 오레스테스, 크뤼소테미스를 낳는다.

아가멤논은 왕중의 왕으로 아르고스, 미케네, 토린토스를 지배한다. 그 총사령관이 딸 이피게네이아를 출항 집결지 이올리아 항구에서 제물로 바친다.

십 년간의 트로이아 전쟁 동안 아이기스토스는 클뤼타임네스트라를 유혹하고 딸의 복수를 꿈꾸던 클뤼타임네스트라는 아이기스토스를 정부로 삼는다. 아이기스토스와 클뤼타임네스트라는 전쟁에서 돌아온 아가멤논을 살해하고, 9년 후 아가멤논의 아들 오레스테스와 누이 엘렉트라가 이들에 복수한다.

[표_3] 아가멤논 가문의 계보, 저주와 반복되는 살육

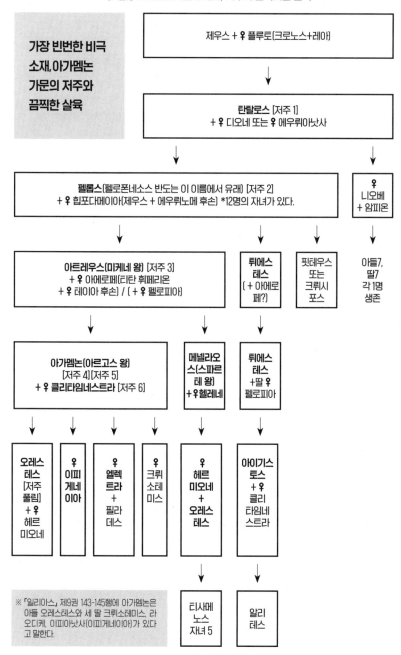

가장 빈번한 비극
소재, 아가멤논
가문의 저주와
끔찍한 살육

제우스 + ♀ 플루토(크로노스+레아)

↓

타탈로스 [저주 1]
+ ♀ 디오네 또는 ♀ 에우뤼아낫사

↓

펠롭스(펠로폰네소스 반도는 이 이름에서 유래) [저주 2]
+ ♀ 힙포다메이아(제우스 + 에우뤼노메 후손) *12명의 자녀가 있다.

♀
니오베
+ 암피온

↓

아트레우스(미케네 왕) [저주 3]
+ ♀ 아에로페(티탄 휘페리온
+ ♀ 테이아 후손) / (+ ♀ 펠로피아)

튀에스
테스
(+ 아에로
페?)

핏테우스
또는
크뤼시
포스

아들7,
딸7
각 1명
생존

↓

아가멤논(아르고스 왕)
[저주 4] [저주 5]
+ ♀ 클리타임네스트라 [저주 6]

메넬라오
스(스파르
테 왕)
+ ♀ 헬레네

튀에스
테스
+ 딸 ♀
펠로피아

↓

오레스
테스
[저주
폴리]
+ ♀
헤르
미오네

♀
이피
게네
이아

♀
엘렉
트라
+
필라
데스

♀
크뤼
소테
미스

♀
헤르
미오네
+
오레스
테스

아이기스
토스
+ ♀
클리
타임네
스트라

↓

티사메
노스
자녀 5

알리
테스

※ 『일리아스』 제9권 143-145행에 아가멤논은
아들 오레스테스와 세 딸 크뤼소테미스, 라
오디케, 이피아낫사(이피게네이아)가 있다
고 말한다.

[저주 1] 신들의 통찰력을 실험하기 위해 탄탈로스는 아들 펠롭스를 죽여 음식을 만들어 신들을 대접한다. 신들은 속아 넘어가지 않고 펠롭스를 다시 살려낸다. 신들은 탄탈로스를 지옥에 떨어뜨려 영원히 목마름과 배고픔에 시달리게 한다. 가문에 내린 첫 번째 저주이다.

[저주 2] 펠롭스가 히포다미아 아버지 오이노마오스를 상대로 전차경기에서 이기면 히포다미아와 결혼하고 지면 자신이 죽는 경기에 참여한다. 그는 오이노마오스의 마부 뮈르틸로스를 매수하여 이긴다. 그는 마부와 약속을 지키지 않고 바다에 빠뜨려 죽인다. 마부가 죽어가면서 펠롭스와 그 후손들에게 저주를 내린다.

[저주 3] 아트레우스와 튀에스테스가 배다른 동생을 죽이자 펠롭스는 두 아들을 저주하며 추방한다. 그들은 미케네 스테넬로스 왕에게 피신한다. 뒷날 왕과 왕자가 죽자 왕위 선출에서 동생 튀에스테스가 형수 아에로페를 유혹하여 동생이 미케네 왕이 된다. 태양이 동쪽으로 지면 깨끗하게 승복하겠다고 동생에게 제안한다. 신들은 태양이 동쪽으로 지게 하여 형의 손을 들어 준다. 동생의 복수가 시작된다. 자기 아들로 키운 형의 아들을 보내 형을 죽이려하다가 형이 오히려 자기 아들인지 모르고 죽인다. 이제 형의 복수 차례이다. 화해를 가장하여 튀에스테스를 초청하여 동생 아들들을 죽여 요리로 내놓는다. 이를 알고 동생의 복수가 이어진다. 신탁에 따라 동생은 자기 딸 펠로피아와 결혼하여 아이기스토스를 얻는다. 아이기스토스는 아트레우스를 죽이고 튀에스티스가 미케네를 다스린다. 아가멤논과 메넬라오스는 스파르테로 추방당한다. 스파르테 왕 튄다레오스는 그들을 왕족으로 받아들인다.

[저주 4] 아가멤논은 튀에스테스의 아들을 추격한다. 튄다레오스의 딸 클뤼타임네스트라와 결혼한 튀에스테스의 아들 탄탈로스(증조부와 같은 이름)와 아들을 죽이고 클뤼타임네스트라와 결혼한다. 장인의 지지를 받아 튀에스테스를 몰아내고 미케네 왕이 된다. 클뤼타임네스트라는 남편과 아들을 죽인 아가멤논과 결혼하여 산다. 저주가 하나 더 쌓인다. 메넬라오스는 헬레네와 결혼하여 스파르테 왕이 된다.

[저주 5] 아가멤논은 트로이아 전쟁 출항 때에 딸을 제물로 바친다. 또 저주가 쌓인다.

[저주 6] 딸을 제물로 바친 것에 화가 난 아내 클리타임네스트라는 아가멤논을 저주한다. 왕이 귀향하자 아내는 정부가 된 아이기스토스와 함께 남편을 살해한다. 프리아모스 왕의 딸 캇산드라도 살해한다.

[저주 풀림] 아가멤논이 살해되던 날 도망친 아들 오레스테스는 성년이 되자 아폴론으로부터 복수를 하라는 지시를 받는다. 누이 엘렉트라와 친구 퓔라데스와 함께 아이기스토스와 어머니 클뤼타임네스트라를 죽인다. 아테네 법정에서 신들의 판단은 반반으로 엇갈렸다. 회의를 주재한 아테나 여신이 무죄를 던져 오레스테스의 존속 살인은 무죄가 된다. 아르테미스 여신이 살려준 누이 이피게네이아를 만난다. 미케네로 돌아와 오레스테스는 왕이 된다. 펠롭스 가문의 모든 저주가 막을 내린다. 펠롭스 가문은 저주가 겹겹이 쌓인 집안으로 희랍 비극의 가장 빈번한 소재가 된다.

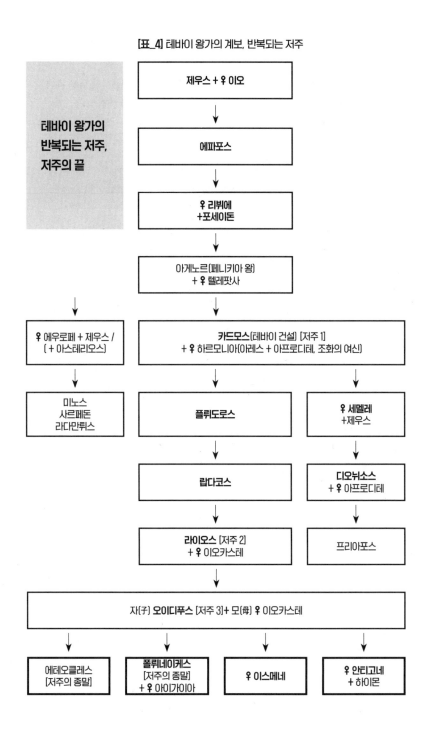

[표_4] 테바이 왕가의 계보, 반복되는 저주

테바이 왕가의
반복되는 저주,
저주의 끝

제우스 + ♀ 이오

↓

에파포스

↓

♀ 리뷔에
+포세이돈

↓

아게노르(페니키아 왕)
+ ♀ 텔레팟사

♀ 에우로페 + 제우스 /
(+ 아스테리오스)

↓

미노스
사르페돈
라다만튀스

카드모스(테바이 건설) [저주 1]
+ ♀ 하르모니아(아레스 + 아프로디테, 조화의 여신)

플뤼도로스

♀ 세멜레
+제우스

↓

랍다코스

디오뉘소스
+ ♀ 아프로디테

↓

라이오스 [저주 2]
+ ♀ 이오카스테

프리아포스

↓

자(子) **오이디푸스** [저주 3]+ 모(母) ♀ 이오카스테

에테오클레스
[저주의 종말]

폴뤼네이케스
[저주의 종말]
+ ♀ 아이가이아

♀ 이스메네

♀ 안티고네
+ 하이몬

[저주 1] 카드모스가 아레스 샘을 지키는 용을 처치한 후 아테나 여신의 말대로 용의 이빨을 땅에 뿌리자 전사들이 나와 서로 싸운다. 5명만이 살아남아 이들과 함께 카드모스는 7년간 아레스 노예가 되어 속죄한다. 아레스는 그에게 하르모니아를 주어 결혼시킨다. 그녀에게 카리테스는 드레스를, 헤파이스토스는 금목걸이를 선물한다. 용의 저주가 훗날 불행을 가져다준다. 딸들은 불행을 맞이한다. 세멜레는 제우스의 불에 타 죽고, 이노는 헤라 때문에, 아가우에의 아들 펜테우스는 어머니에 의해 찢겨죽는다. 아우토노에의 아들 악타이온은 우연히 목욕하는 아르테미스 알몸을 봄으로써 자신의 개들에 물어 뜯겨 죽는다. 외아들 폴뤼도로스는 디오뉘소스 무리들을 박해하다가 마이나데스들에 죽는다.

[저주 2] 라이오스가 어려서 왕위를 찬탈자들에 빼앗기고 펠롭스 왕에게 피신한다. 왕의 아들 크뤼시포스를 사랑하여 강제로 왕자를 범하자 왕자가 자살한다. 왕은 랍다코스 혈통이 끊어질 것이라 저주하며 라이오스를 추방한다. 왕위 찬탈자가 죽자 라이오스가 테바이 왕이 된다.

[저주 3] 버려진 오이디푸스는 아버지를 죽이고 어머니와 결혼한다는 신탁을 벗어나려고 길을 나선다. 라이오스는 역병을 벗어나려고 신탁을 얻으러 델포이로 가는 도중 오이디푸스와 길 다툼을 하다가 오이디푸스에게 죽는다. 스핑크스의 수수께끼를 풀고 이오카스테와 결혼한다. 오이디푸스는 신탁을 벗어나려고 한 결과 아버지를 죽이고 어머니와 결혼한다. 그는 양부모를 친부모로 알았다. 그는 어머니와 사이에서 안티고네 등 자식들을 낳는다. 이 사실을 알고 눈을 찌르고 황야로 떠난다.

[저주의 종말] 오이디푸스는 두 아들에게 저주를 내린다. 1년씩 왕권을 교대하기로 한 약속을 형 에테오클레스가 어기자 동생 폴뤼네이케스는 테바이를 공격한 7인 등 아르고스인들을 동원하여 왕권을 찾으려 한다. 그러나 공격은 실패하고, 두 아들은 일대일 대결로 둘 다 죽는다. 2차 후계자들의 원정으로 테바이는 아르고스인들에 함락되고 주민들은 떠나 테바이는 폐허가 된다.

오뒷세우스, 고난의 귀향 십 년

제 자리, 제 행복

아무도 아닌 자,

오뒷세우스,

세상은 아무 것도 아니다.

키르케 마법의 약이

종국에는 오뒷세우스 사랑의 묘약이 되고

텔레고노스는 그들 사랑의 열매다.

훗날 오뒷세우스가 텔레고노스의 창에 죽어

키르케에 돌아와 장례를 치르고

키르케는 오뒷세우스의 아들 텔레마코스 아내가 된다.

텔레고노스는 아버지의 부인 페넬로페와 결혼하고

텔레마코스는 아버지의 님프 키르케와 결혼한다.

서로 교차함으로써

떨어질래야 떨어질 수 없는 가족이 된다.

칼립소는 말한다.

오뒷세우스, 그대를 불사의 신으로 만들어 줄 테니

나와 함께 삽시다.

5년간 어르고 달래고 권유한다.

그래도 그는 아내 페넬로페와 아들 텔레마코스가 그립다.

20년 간 108명 아니 136명이 구혼해도

페넬로페는 낮에는 옷을 짜고

밤에는 옷을 푼다.

제 자리가 행복이다.

불사신도 거절한 인간은

척박한 이타케를 선택한 여인에게 자신의 삶을 바친다.

[서사의 전개]

오뒷세우스는 고국에 돌아오는 데 10년이 걸린다. 귀향 10년 중 키르케와 1년 살며 아들 텔네고노스를 낳고, 칼립소와 5년을 살며 아들 라티노스를 낳는다. 잘못 출정한 10년, 트로이아 전쟁 10년, 귀향 10년, 총 30년의 세월이 흐른다. 그 동안 수많은 영웅들이 죽는다. 떠날 때 아기였던 아들 텔레마코스는 삼십이 넘었다.

오뒷세우스가 어떤 이들은 리뷔에 주위를, 어떤 이들은 시켈리아 주위를, 또 어떤 이들은 오케아노스 또는 튀르레니아 해 주위를 떠돌아 다녔다고 한다.

일리온을 출항하여 먼저 키코네스족의 도시인 이스마로스에 상륙한다. 그곳에서 아폴론의 사제 마론을 제외하고 모두 약탈한다. 키코네스족에게 각 함선에서 여섯 명씩 잃은 뒤 도망친다.

로토스의 나라에 전우 몇 명을 탐색차 보낸다. 그들은 로토스라는 달콤한 열매를 먹고 모든 것을 잊고 그곳에 머무른다. 오뒷세우스는 이들을 함선으로 끌고 돌아온다.

이후 오뒷세우스는 퀴클롭스들의 해안으로 다가간다. 전우 열 명과 함께 배에서 내려 동굴 안으로 들어간다. 그 동굴 주인은 포세이돈과 요정 토오사의 아들 폴뤼페모스이다. 그는 외눈박이 식인 거한이다. 오뒷세우스가 새끼 염소를 제물로 바친 뒤 잔치를 벌인다. 그러자 퀴클롭스가 양 떼를 동굴에 몰아넣은 뒤 입구를 큰 바위로 막고 전우들 몇을 잡아먹는다. 오뒷세우스가 사제 마론이 준 포도주를 주자 이름을 묻는다. 우티스라 답하자 제일 나중에 잡아먹겠다고 사례한다. 거한은 술에 곯아떨어진다. 오뒷세우스는 몽둥이를 뾰족하게 깎아 불에 달군 다음 퀴클롭스 눈을 찔러 멀게 한다. 거한이 도와달라고 하자 퀴클롭스들이 와서 누가 그랬느냐고 묻자 우티스라 대답한다. 그러자 그들은 아무도 없는 줄 알고 간다. 동굴을 열자 오뒷세우스는 숫양 세 마리를 함께 묶어 가장 큰 양의 배 밑에 숨어 밖으로 나온다. 그는 배를 타고 떠나며 자기는 오뒷세우스라 소리친다. 이 때문에 오뒷세우스는 포세이돈의 노여움을 산다. 떠나면서 자기 이름을 밝힘으로써 고난은 쌓여간다.

그는 함선을 이끌고 아이올로스가 다스리는 아이올리아 섬에 도착한다. 제우스가 그를 바람의 관리로 임명한다. 바람을 쇠가죽 부대에 담아 순항한다. 이타케가 가까워지자 그는 잠이 든다. 전우들이 오뒷세우스의 가죽부대에 황금이 있는 줄 알고 푼다. 그러자 그들은 바람에 휩쓸려 왔던 길로 되돌아간다. 아이올로스에 가서 바람을 달라고 부탁을 하지만 신들이 반대하면 자기도 어쩔 수 없다며 섬에서 내쫓는다.

그는 라이스트뤼고네스족의 나라에 정박한다. 전우 몇을 보내지만 식인족에 잡혀 먹는다.

그들이 바윗돌을 던지자 배들이 침몰하고 오뒷세우스는 단 한 척의 배를 거느리고 아이아이 섬에 도착한다. 그곳에는 온갖 약에 밝은 키르케가 산다. 제비 뽑힌 대로 그는 배에 남고, 에우뤼로코스는 스물두 명의 전우들과 키르케에게 간다. 키르케는 치즈, 꿀, 보릿가루, 포도주에 약을 섞은 잔을 준다. 그들이 잔을 마시자 그녀는 지팡이로 그들을 늑대, 돼지, 당나귀, 사자로 변신시킨다. 에우뤼로코스가 오뒷세우스에게 이를 알린다. 오뒷세우스는 헤르메스에게 마법에 걸리지 않는 약초, 몰뤼를 받아들고 키르케에게 간다. 오뒷세우스가 칼을 빼들고 키르케를 죽이려 하자 전우들을 본래 모습으로 돌려놓는다. 그는 해코지하지 않겠다는 약속을 받고 키르케와 동침한다. 뒤에 아들 텔레노스가 태어난다. 1년 동안 그곳에 머물자 키르케의 조언에 따라 오케아노스로 가서 혼백들을 만난다. 그가 돌아오자 키르케는 오뒷세우스를 보내준다.

그는 바다로 나가 허벅지 아래는 새의 모습을 한 세이렌 자매들의 섬 옆을 지난다. 무사 여신 중 멜포메네의 딸들인 페이시노에, 아글라오페, 텔크시에페이아 중 하나는 키타라 연주, 하나는 노래, 하나는 피리를 연주하여 지나가는 선원들을 머물도록 유혹한다. 오뒷세우스는 그들의 노래를 듣고 싶어 자신의 귀는 막지 않고 키르케의 조언에 따라 전우들의 귀를 밀랍으로 막고 자신을 돛대에 묶으라 명한다. 오뒷세우스가 풀어달라고 할수록 전우들은 더더욱 그를 꽁꽁 묶어 배가 섬을 지나간다. 배가 세이렌 자매들 옆을 지나가면 자매들이 죽게 될 것이라는 예언이 이루어져 자매들은 죽는다.

오뒷세우스는 두 갈래 길에 도착한다. 하나는 떠도는 바위들이 있고, 다른 하나는 거대한 바위 두 개가 있다. 하나의 바위에는 스퀼라가, 다른 바위에는 카뤼브디스가 있다. 키르케의 조언대로 오뒷세우스는 떠도는 바위를 피해 스퀼라 바위 옆으로 항해한다. 스퀼라가 나타나 전우 여섯 명을 낚아채어 잡아먹는다.

그곳을 떠나 헬리오스의 섬 트리나키아에 역풍에 묶여 머무른다. 식량이 떨어져 전우들이 소 몇 마리를 잡아먹는다. 헬리오스가 제우스에게 알리자 제우스가 오뒷세우스를 벼락으로 친다. 오뒷세우스는 카뤼브디스로 밀려난다. 카뤼브디스가 돛대를 빨아들여 다시 솟아오르자 그 위에 몸을 던져 오귀기아 섬으로 밀려간다.

그곳에서 아틀라스 딸 칼륍소가 그를 맞는다. 그녀는 그와 동침하여 아들 라티노스를 낳는다. 5년 동안 그녀 곁에 머물다가 뗏목을 만들어 타고 그곳을 떠난다.

포세이돈의 노여움으로 뗏목이 부서져 그는 알몸으로 파이아케스족의 나라로 밀려간다. 알키노오스 왕의 딸 나우시카아가 빨래하고 있다가 그를 발견하고 왕에게 데려다준다. 왕은 그를 환대하고 선물을 준 후 부하들에게 고향으로 호송하게 한다. 그러자 포세이돈이 파이아케스족에게 화를 내며 배를 돌로 변하게 한다.

오뒷세우스가 고향에 돌아와 보니 자기 재산이 바닥났다. 호메로스에 따르면 108명이 페넬로페에 구혼하고 있었고, 아폴로도로스에 따르면 136명이 구혼하고 있었기 때문이다.

페넬로페는 라에르테스의 수의가 완성되면 결혼하겠다고 약속하고 낮에는 옷을 짜고 밤에는 풀며 3년을 보내고 있다. 오뒷세우스가 거지로 변장하고 하인 에우마이오스를 찾아간다. 오뒷세우스는 아들 텔레마코스와 음모를 꾸민다. 페넬로페는 오뒷세우스가 이피토스에게 선물 받은 활을 내놓는다. 아무도 활을 구부리지 못하자 오뒷세우스가 나타나 구혼자들을 쏘아 죽인다. 그리고 구혼자들과 동침한 하녀들도 죽인다. 마지막에 아내와 아버지에게 정체를 밝힌다.

| 제 6 장 |

『일리아스』 깊이 읽기

『일리아스』의 위치

부러움의 대상, 일리아스

일리아스는 서양 문화의 모든 시작이다.

수많은 비극을 출산하고

신화와 전설과 역사의 출발점이다.

이전에 있었더라도

일리아스를 통해 사람의 흔적을 알 수 있으니

신들이 있은 다음

일리아스가 최초다.

플라톤의 주석에 불과하다는 서양철학은

일리아스를 넘어서려는 시도이다.

플라톤은 호메로스 작품을 시기한다.

신성함과 비속함,

위대함과 하찮음,

고결함과 덧없음,

주인과 노예,

그리고 문화적 가치를

일리아스는 모두에게 교육한다.

자랑스러운 시민은 모두 여기, 일리아스 속에 있다.

또한 자랑스럽지 못한 이들이 있어 자랑스러운 이들이 빛난다.

[다양한 견해]

나는 이 구절을 기억한다. 이들을 두고두고 읽고 싶다.

"죽었거나 살았거나, 내 투쟁에 도움이 된 사람은 극히 드물다. 하지만 내 영혼에 가장 깊은 자취를 남긴 사람들의 이름을 대라면 나는 아마 호메로스와, 붓다와, 니체와, 베르그송과, 조르바를 꼽으리라."(니코스 카잔차키스, 「조르바」『영혼의 자서전』, 안정효 옮김, 열린책들)

카잔차키스는 첫 인물로 호메로스를 든다. 호메로스는 서양 예술의 모든 시작이다. 『일리아스』와 관련하여 문학, 미술, 조각, 음악 등 예술 작품들이 많다. 이 작품과 관련하여 역사 관광도 주목할 만하다.

1)『일리아스』는 헬라스 3대 비극 작가들의 수많은 작품의 어머니다.

헬라스의 가장 이름난 비극 작가인 소포클레스는 「아이아스」, 「엘렉트라」, 「필록테테스」 등에서 『일리아스』가 남긴 궁금증을 풀어준다. 아이스킬로스의 비극 「아가멤논」, 「제주를 바치는 여인들」, 「자비로운 여신들」은 『일리아스』와 관련한 인물의 슬픔을 노래한다. 에우리피데스는 「헤카베」, 「안드로마케」, 「트로이아 여인들」, 「헬레네」, 「타우리케의 이피게네이아」, 「아울리스의 이피게네이아」, 「오레스테스」, 「레소스」 등에서 『일리아스』 속 슬픈 운명의 여인들에 주목한다.

『일리아스』의 이야기는 게가 알을 품듯 수많은 작품을 낳는다. 『일리아스』 속 의심과 궁금증을 헬라스 3대 비극 작가들은 작품으로 써서 비극 경연대회에서 주목을 받는다.

2) 역사가 문학의 소재가 되는 것이 일반이나 『일리아스』는 문학이 역사의 소재가 된다. 『일리아스』속 인물인 헬레네에 대해 들은 이야기를 헤로도토스는 그의 저서 『역사』에 기록하고 있다.

『역사』는 헬라스인들과 비헬라스인들의 반목에 대한 기록으로 비헬라스인 페르시아가 헬라스 아테나이를 공격한 역사 기록이며 페르시아 전쟁사라고도 한다.

고대 헬라스는 아테나이를 중심으로 페르시아, 스파르테 등과 싸운다. 동방의 페르시아와 마라톤 전투, 아르테미시온 전투, 살라미스 전투, 플라타이아이 전투 등에서 수적으로 월등한 페르시아에 맞서 승리한 이후 아테나이는 헬라스의 패권을 잡는다. 이후 스파르테와 패권 전쟁을 한다.

수많은 일화와 기이한 이야기를 담은 『역사』는 인류 초기의 모습을 확인하는 책이다. 이 책에서 기원전 485년경 소아시아 할리카르낫소스, 지금의 터키 보르둠에서 태어난 헤로도토스는 헤시오도스와 호메로스가 자기보다 기껏해야 400년 전에 살았던 사람이라고 말한다.

헬레네에 관해 들은 이야기도 그가 동의한다면서 전한다. 헬레네가 일리온에 있었다면 알렉산드로스(파리스 왕자)가 동의하든 말든 헬라스인들에게 반환되었을 것이며, 설사 프리아모스가 헬레네와 동거한다 해도 재앙을 피하기 위해 헬레네를 아카이오족에게 내주었을 것이라 말한다.

그는 자신의 의견도 덧붙인다.

신께서 트로이아를 쑥대밭으로 만드신 것은 그렇게 함으로써 큰 악행에는 엄한 신의 벌이 따르기 마련이라는 것을 인간들에게 명명백백히 보여주기 위함이란다.

나는 다음과 같이 의견을 덧붙인다.

트로이아의 멸망은 조상들이나 자신이 저지른 잘못의 결과이다. 불교의 인과응보처럼 죄를 지으면 벌을 받는다. 조상, 라오메돈이 죄를 지어서 후손들이 벌을 받아 죽고, 나라는 멸망한다. 아가멤논의 비극도 마찬가지이다. 그의 조상 펠롭스와 그의 아버지 아트레우스에 대한 신들의 벌이 아가멤논 가문의 비극으로 나타난다. 타락의 끝을 보여주는 가문의 결과는 비극이다.

3) 출판되자마자 고전이 된 투퀴디데스의 『펠로폰네소스 전쟁사』도 『일리아스』 이야기를 서술한다.

이 책은 라케다이몬, 곧 스파르테(라틴어로는 스파르타)와 아테나이의 27년간의 전쟁에 관한 위대한 역사책이다. 투퀴디데스는 헬라스에 대해 이야기하면서 호메로스가 다나오스 백성, 아르고스인들, 아카이오이족이라 부르는 것을 언급한다.

4) 『일리아스』는 소크라테스의 출발점이다. 그의 수많은 대화는 호메로스의 책에서 시작하고 있기 때문이다. 그의 제자 플라톤, 플라톤의 제자 아리스토텔레스도 마찬가지다. 영국 출신의 수학자이며 철학자인 화이트헤드(Alfred North Whitehead, 1861-1947)는 "서양철학은 플라톤의 주석에 불과하다"고 하였다. 그 출발점이 호메로스이다.

소크라테스(BC 469-BC 399)는 예수(BC 4-AD 33), 석가모니(BC 563-BC 480), 공자(BC 551-BC 479)와 함께 인류에 지속적으로 영향을 끼친 세계 4대 성인으로 독일 철학자 칼 야스퍼스(Karl Jaspers, 1883-1969)는 추앙한다.

서양 학문의 큰 줄기인 이 세 사람은 호메로스를 수시로 호출한다.

플라톤은 그의 스승 소크라테스 입을 통해 『일리아스』의 시구를 인용하며 때로는 비판한다. 소크라테스, 플라톤, 아리스토텔레스는 호메로스의 작품의 주요 구절을 외우고 있던 것으로 보인다.

플라톤이 기록한 『소크라테스의 변명』에서 소크라테스는 2차 변론에서 다음과 같이 말한다.

"저승에 가서 오르페우스, 무사이오스, 헤시오도스, 호메로스와 대화를 나눌 수 있다면 어떤 대가인들 못 치르겠습니까?"

에로스와 동성애를 다루는 『향연』은 아가멤논과 메넬라오스, 아킬레우스 등『일리아스』를 읽지 않고 이해하기 쉽지 않다.

흥미로운 플라톤의 최대 저작인『국가』에서 호메로스가 없다면 소크라테스의 철학의 일부는 논의조차 되지 않았을지 모른다. 소크라테스는 호메로스를 높이 평가한다는 말을 여러 차례 한다. 그러면서 비판도 이어진다. 어렸을 때부터 호메로스의 영향을 받은 소크라테스는 철학자의 입장에서 시인 추방론을 주장한다.『국가』10권에는 진리에서 3단계 떨어져 있는 것을 모방하는 것을 용납해서는 안 된다고 말한다.

서양철학은 플라톤의 주석이라 했고, 그 플라톤은 소크라테스를 이어받으며 호메로스를 수시로 불러냈으니 서양철학과 예술은 호메로스에서 시작되었다고 해야 할 것이다.

5)『일리아스』에서 로마 건국 서사시, 베르길리우스의『아이네이스』가 시작된다.

베르길리우스(Publius Vergilius Margo, BC 70-BC 19)의『아이네이스』는 트로이아 전쟁에 참여한, 인간 앙키세스와 여신 아프로디테의 아들 아이네이아스 이야기다. 트로이아가 패망하자 아이네이아스는 유민을 이끌고 서쪽을 향한다. 그가 이탈리아 로마를 건설한다.

『아이네이스』는『일리아스』를 잇는 서사시이다. 로마제국은 트로이아 후손들의 나라인 셈이다. 동방이 그 뿌리이다.

이외에 수많은 사람들이 호메로스의 영향을 받는다. 이는 현재도 마찬가지이다.

일리아스 Ilias, 일리온의 노래, 트로이아 Troy의 이야기

제목으로 내용을 설명해야 제대로 이해한 것이니

김유정의 단편소설「동백꽃」은

생강나무(동백꽃) 향기 같은 점순의 알싸한 사랑 이야기이며,

『하늘과 바람과 별과 시』속의「서시」는

본디 제목 없이 쓴 윤동주 유고시집의 시로 쓴 머리말이니
그의 시상이 하나로 표현됨을 담아 시로 쓴 머리말, 서시가 된다.
배달의 민족의 배달(倍達)은 붉달로
단군의 민족, 아니면 밝은 땅의 민족이니
우리나라 모든 이름은 조선처럼 동방의 해 뜨는 나라,
그 땅에 사는 이들은 빛을 숭상한다.
빛이 되라는 문, 광화문(光化門)은 그래서 조선 왕궁의 정문이 된다.

호메로스의 『일리아스』는
일리온의 노래, 일리오스의 이야기이다.
호메로스의 또 다른 서사시 『오디세이아』의 뜻은
이타케의 왕 오디세우스의 노래이다.
헬라스어 Ilias, 영어 Iliad는 24권 총 15,693행의 시로 쓴 서사이다.
일리온에서 일어난 인류의 흥망성쇠에 관한 노래,
일리온은 트로이아, 일리오스, 라틴어로 일리움, 영어로 트로이다.
문명 발상지 헬라스, 헬라스를 이은 로마, 미국은 로마를 흉내낸다.
서양은 사람 이름으로 지역 이름이 되고,
도시 이름이 되다가
현대에 와서는 공항 이름을 삼는다.
인천공항을 세종공항이라 이름 지으면
세종대왕과 한글을 세계인들이 우러러 볼 것을
인천공항이라 하니 낯선 인천으로 남는다.
일리온이거나 트로이아거나 모두가 조상들의 이름에서 나왔으니
제우스와 님페 엘렉트라의 후손 트로스, 그 아들 일로스,
일로스에서 일리온, 트로스에서 트로이아,
사람 이름이 왕궁 이름이 되고 왕궁이 도시 이름이 되고 도시가 나라 이름이
된다.

트로스의 아들이 일로스, 일로스의 아들이 라오메돈,

그 라오메돈이 포세이돈을 분노하게 하며

그 인과응보, 그 업보로

그 아들, 나무랄 데 없는 왕다운 왕 프리아모스는

끝내 나라의 문을 닫는 왕이 된다.

조상들의 이름을 내세운 나라,

후손들이 문을 닫는다.

『일리아스』는 소설인가, 시인가, 노래인가

『일리아스』는 소설이며 시이고 노래이다.

이야기가 있으니 소설이고

방대한 분량으로 보더라도 소설이다.

'노래하소서'라고 시작하고 있으니 노래이고

원전 번역본에서 행을 나누어 운율에 맞추어 기록했으니 시이다.

[일리아스의 문학적 성격]

고대에 시는 눈으로 읽는 것이 아니라 소리로 청각을 위한 노래이다. 서사가 이야기를 뜻하니 서사시란 이야기 시가 된다. 이야기는 시간에 따라 등장인물이 의미 있는 사건을 전개한다.

이를 운율에 맞추니 아테나에는 '빛나는 눈의 여신', 아킬레우스 앞에는 '펠레우스 아들' '고귀한' '준족' 등이 붙는다. 상투적이지만 운율을 넣어 읽으면 오히려 호메로스의 맛이 난다. 특히 수많은 비유는 더욱 그렇다.

호메로스는 장님이었다고 한다. 그는 방대한 이야기 시를 암송하여 듣고 싶은 부분을 재생하는 음유시인이었다. 사람들은 이 전해오는 노래를 양피지에 기록하여 후대에 전한다. 레바논 지역의 페니키아 문자를 도입하여 헬라스어를 완성함으로써 두 서사시를 양의 두루마리 가죽에 새긴다. 24권은 24개의 두루마리 양가죽에 소리가 글자로 바뀌어 자리 잡은 결과물이다.

호메로스는 그 많은 분량을 암송하는 천재였을까? 신체의 한 부분이 부족하면 신은 다른 부분에 그 능력을 부여하는지 모른다. 신이 인간과 함께 살던 시대, 인간은 신들을 노래한다. 불멸의 신들을 위한 신전이 있고 신들의 이야기 속에서 필멸의 인간이 산다. 신들의 족보를 완성한 헤시오도스는 당시 모든 사람들의 입에 오르내리는 신들의 족보를 작성하여 『신들의 계보』 또는 『신통기』라 하였다.

헤시오도스는 신들의 계보를 노래하면서

"노래를 헬리콘 산의 무사 여신들로부터 시작하자"라고 목청을 가다듬고,

호메로스는 『일리아스』에서

"노래하소서, 여신이여!"로 음악의 신에 의지하며,

『오뒷세이아』에서는

"들려주소서, 무사여신이여!"라고 시인의 후원자 무사여신을 노래한다.

시인들은 언제나 그들의 후원자 여신을 찬양하며

"헤시오도스가 신성한 헬리콘 산기슭에서

양 떼를 치고 있을 때 그에게 아름다운 노래를 가르쳐주었다"고 신에게 감사한다. 감사하는 이에게는 신이 보답한다.

우리나라의 『춘향전』이나 『심청전』은 판소리라는 노래 가사이다. 『춘향전』을 완창하는 데 9시간 정도 걸린다. 『춘향전』을 책으로 읽으면서 사람들은 소설로 안다. 원래 노래가사인 것을 소설로 읽는 셈이다. 이렇게 긴 노래는 전문 노래꾼이 부른다.

『춘향전』을 거의 완창하지 않고 〈사랑가〉, 〈이별가〉, 〈어사출두〉, 〈쑥대머리〉 등 흥미로운 장면을 노래하듯이 『일리아스』 『오뒷세이아』도 장면을 나누어 청중이 요구하는 내용을 불렀을 것으로 추정할 수 있다. 『춘향전』이 노래로 전해지면서 가사가 덧붙여지고 고쳐진 것처럼 『일리아스』도 오랫동안 다듬어지고 덧붙여졌을 것이다. 기원전 12세기의 전쟁에 관한

이야기는 기원전 8세기 호메로스에 와서 완성된다. 그리고 양피지에 기록되며 서사시는 고정된다. 우리의 『열녀춘향수절가』의 경우에도 마찬가지이다. 다른 점이 있다면 우리의 판소리계 소설은 이름을 밝히지 않고 출판함으로써 작가가 없다는 점이다.

우리는 많은 사람들에 의해 다듬어진 노래를 소설처럼 읽는다. 과거는 엄격한 운에 따라 불렸던 청각 중심의 노래였던 서사시가 현재는 줄거리를 따라 읽어가는 시각 중심의 독서물이 되었다.

* 아리스토텔레스는 『수사학』 제3권 1415a에서 "노래하소서, 여신이여! (…)의 분노를"로 시작하는 도입부에 대해 설명한다. 그에 의하면 서사시의 도입부는 주제를 미리 맛보게 하는데 이는 무엇에 관한 이야기인지 미리 알려주어 청중이 마음 졸이지 않게 하고, 이야기를 따라갈 수 있게 만들어주려는 것이다.

신화, 전설, 역사, 허구로써 융성한 까닭

신들이 전쟁의 흐름을 이끌어 나가니까 신화이다. 신과 인간의 결합으로 탄생한 영웅들의 이야기라서 반은 신화이다. 독일의 고고학자 슐리만이 트로이아 유적을 발굴한다. 그 유적과 올림포스산과 제우스 신전 등 신전의 이야기이니 전설이다. 고고학을 통해 볼 때 『일리아스』는 또한 역사이다.

신들의 세계가 영웅의 세계로 한 단계 내려앉고, 영웅의 세계가 인간의 세계로 또 한 단계 내려오니 신과 영웅, 영웅과 인간, 신과 인간은 이어져 있으면서 떨어져 있어 어디까지를 신화라 하고 어느 시대부터 역사라 하는지 구분하기 어렵다. 다만 분명한 것은 신들의 이야기 속에서 희랍인들이 살았고, 그들의 이야기를 담은 호메로스의 서사시가 축제 속에 들어갔다는 사실이다. 이는 당시 사람들이 신들을 믿고 있었고 앞 시대의 전쟁이 역사였으며, 그 역사 속 인물을 새롭게 비극으로 즐겼기 때문일 것이다.

즉, 서사시 속에 그들의 삶이 현실감 있게 반영된 결과일 것이다.

추정하기로는 기원전 6세기 후반 호메로스의 서사시를 낭송하던 일이 국가 제전인 판아테나이아 축제의 일부가 된다. 이 때 낭송 텍스트는 검증 대상이 되었던 것으로 보인다. 이후 알렉산드리아의 학자 아리스타로코스(기원전 217-기원전 145년)가 통일한 듯하다.

페니키아, 지금 레바논에서 만들어진 알파벳이 헬라스 문자로 들어온 때가 BC 9세기 또는 8세기 초이다. 이때가 호메로스의 서사시를 양피지에 기록했을 것으로 추정되는 가장 오래된 시기이다. 이후 많은 이들이 호메로스 작품을 베껴 써서 전하는데 르네상스 시대에는 필사본이 188종이나 된다고 한다. 우리가 읽는 『일리아스』는 그 중 가장 대표적인 것이다.

헬라스 문학이 크게 발전한 외적인 이유는 BC 8세기경 페니키아 문자의 유입으로 헬라스 문자의 기록이 가져온 혜택 때문이다. 이후 서사시와 비극 경연대회에서 많은 시인들이 활동한 결과 서사시가 확산되며, BC 5세기에 아테나이 출판업이 발달하고 BC 4세기 이후 도서관이 크게 늘어나면서 헬라스 문학은 융성한다. 중세에 헬라스 로마 문학으로 돌아가려는 운동이 필사본을 널리 보급하고 그 결과 우리는 오늘날 당시의 많은 작품을 접할 수 있게 되었다.

배경과 역사

서양의 기둥, 헬라스

미합중국 수도 워싱턴 D.C.의 우람한 건물 기둥은
로마의 기둥이다.
로마의 기둥은 아테나의 기둥이다.
아테나의 기둥은 헬라스 12신을 섬기는 신전이다.
서양의 뿌리는 신전의 기둥이다.

오리엔트 문명을 받아들여
미노아 문명이 발전하고
지금의 레바논 지역 페니키아의 문자로
헬라스어를 완성하니
헬라스 문명의 뿌리는 동방이나 열매는 서방이 딴다.

미케네, 아르고스, 라케다이몬 지역이 트로이아 전쟁을 이끈다.
페르시아 전쟁으로 아테나이가 떠오르고
펠로폰네소스 전쟁으로 스파르테가 힘을 쓴다.
테바이가 그 힘을 꺾을 때
마케도니아 알렉산더 대왕이 동방까지 평정한다.
대왕이 가는 곳마다 도시가 세워지고
헬라스처럼 살아가는 헬레니즘이 꽃을 핀다.
로마가 식민지로 삼아도
아테나이와 스파르테와 테바이와 등등
그들 문화는 로마를 식민지로 만든다.

미노스, 미케네, 암흑시대, 아케익, 헬레노스로 이어지는 문명은
오늘 전세계를 식민지로 운영한다.
사상과 역사와 문학으로
세계를 식민지로 삼는다.

[역사의 전개]

기원전 2,000년부터 기원전 1,900년 사이에 이오니아인들이, 1,600년경에 아이올리스인과 아카이아인들이, 기원전 1,200년경 도리스인들이 헬라스에 들어온다. 이들 인도유럽인들은 새로운 질서를 만든다.

최초의 문명은 크레테 문명(미노스 문명, 미노아 문명)이다.

기원전 3,000년부터 기원전 1,500년 초반까지 지중해 동부 에게해의 크레테가 헬라스 최초 문명이다. 크레테 문명을 미노아 문명이라고도 한다. 20세기에 영국 고고학자 아서 에번스가 전설적인 왕 미노스 왕궁터를 발견한 까닭이다. 이들은 청동기 문명으로 오리엔트 문명을 받아들여 발전한다.

크레테 문명을 미케네 문명이 이어받는다.

기원전 17C경부터 기원전 12C까지 미케네, 필로스, 아테나이, 테바이, 이올코스 등을 주요 도시로 하는 문명이다. 기원전 15C에 미케네 문명은 크레테를 점령한다. 고대 희랍의 문학과 신화가 탄생한 시기다. 이 시기가 바로 호메로스 『일리아스』의 배경이다. 미케네 문명은 기원전 1,180년에 멸망한다.

미케네 문명 이후 암흑시대가 도래한다.

기원전 1,200년경부터 기원전 800년경까지의 기록이 거의 남아 있지 않아 암흑시대라 한다. 그러나 특별한 성과가 있는 시기이기도 하다. 페니키아에서 알파벳을 도입하여 헬라스 고유의 표음문자를 개발한다. 이로 인해 호메로스의 『일리아스』와 『오뒷세이아』 등의 뛰어난 문학작품이 기록으로 남아 전해진다.

이후 도시국가가 형성된 아케익 시대가 펼쳐진다.

기원전 8세기부터 기원전 6세기까지 300년 동안을 아케익 시대라 한다. 폴리스가 출현한 시대로 스파르테와 아르고스 등 도시국가가 형성된 시기다. 문화와 종교가 같고, 같은 헬라스어를 쓰는 사람이 민족의 정체성을 이루면서 자신들을 헬레네스라고 하기 시작한다. 이 용어는 지금까지 이어진다. 희랍은 헬라의 한자어 표기다.

호메로스, 헤시오도스, 사포 등의 시인이 서사시와 서정시로 노래한다. 신들마다 신전을 지어 모시고, 내세보다 현세에 더 관심이 많아 범신론을 따른다. 이 시기에 신화가 문자로 정착한다. 이 신화가 로마신화로 이어지고 현재까지 끊임없이 읽힌다.

이 시기는 식민시를 여러 곳에 두기 시작한다. 이탈리아 남부 시켈리아(지금의 시칠리아), 흑해 연안 등 여러 지역에 식민도시를 건설하고 운영한다. 식민시를 통해 척박한 영토에서 과잉인구를 해소하고, 체제에 불만이 있는 자들을 격리하는 일을 수행한다. 탈레스 등 철학자들이 나타나고, 솔론의 개혁 입법이 제정된다.

귀족정치와 참주제, 민주제 등을 두고 끊임없이 다툼이 일어난다.

헬라스 동맹이 페르시아 전쟁에서 승리한다.

기원전 513년 페르시아 다리우스 1세는 스키타이와 전쟁을 치른 후 아시아와 유럽을 잇는 길목을 차지한다. 페르시아는 흑해 연안의 헬라스 식민시와 이오니아 지역 도시국가를 지배한다. 기원전 5세기 초 이오니아 지역 도시국가들은 페르시아에 반기를 든다. 밀레투스의 설득으로 아테나이는 리디아를 공격하여 수도를 불태운다.

페르시아가 기원전 494년에 밀레투스에 불 지르고 항구를 봉쇄한다.

기원전 490년에 페르시아 함대는 아테나이 인근 마라톤으로 진격한다. 집정관 밀티아데스가 이끄는 아테나이군이 페르시아 대군에 승리한다.

아테나이는 제2차 페르시아 전쟁에서 승리하여 델로스 동맹을 결성한다.

기원전 480년 크세르크세스 왕의 페르시아 군대는 헬레스폰토스 해협을 건너온다. 에우보이아 북쪽 아르테미시온 곶이 바라보이는 바다에서 해군이 맞붙고, 페르모필레 전투에서 맞서던 헬라스 군대는 전멸한다. 아테나이의 테미스토클레스는 페르시아 함대를 아테나이 앞의 섬 살라미스로 유인하여 크게 승리한다. 이듬해 다시 페르시아가 침공하여 플라타이아이 전투에서 스파르테 왕 파우사니아스에게 크게 패한다. 이후 페르시아는 이전의 영토로 돌아가고 이오니아 해안의 도시국가들은 아테나이의 델로스 동맹으로 돌아온다.

펠로폰네소스 전쟁으로 헬라스족 내분이 일어난다.

기원전 446년에서 기원전 445년에 아테나이와 스파르테는 30년 평화

협정을 체결한다. 그러나 기원전 435년 케르키라가 코린토스의 공격을 받자 아테나이에 도움을 요청하면서 아테나이와 스파르테 사이에 30년 가까운 긴 전쟁이 시작된다. 기원전 415년 알키비아데스가 시칠리아에 상륙하여 싸우지만 육상전에서 해군으로 맞서 패한다. 이후 지속적인 패배로 아테나이는 기원전 404년 스파르테에 항복한다.

아테나이와 스파르테 이후 테바이 문명으로 이동한다.

로크로이와 포키스 사이에 분쟁이 일어나 기원전 395년 스파르테와 테바이가 서로 대치하기 시작한다. 기원전 371년 레우크트라 전투에서 테바이가 승리한다.

곧이어 마케도니아, 알렉산더 대왕이 세계를 평정한다.

헬라스인들은 마케도니아인들을 자기네와 다른 야만족이라 보고, 마케도니아인들은 자신들을 헬라스인이라 생각한다. 필리포스는 기원전 359년 왕위에 오른다. 그는 왕권을 다지고 군사력을 증강시킨다. 트라키아, 일리리쿰, 테살리아로 진격하여 승리하고 기원전 338년 헬라스 도시국가들의 동맹군도 굴복시킨다. 필리포스는 페르시아와 전쟁을 준비하던 중 기원전 336년에 살해된다.

왕이 된 그 아들 알렉산더는 기원전 334년 소아시아 서쪽 해안에 상륙한다. 프리기아, 리키아, 카리아를 물리치고 아나톨리아의 이수스 전투에서 페르시아 다리우스 3세를 물리친다. 기원전 331년 다시 붙은 다리우스 3세는 누군가에게 살해된다. 알렉산더는 인도까지 진격한다. 기원전 323년 6월에 알렉산더는 병으로 숨을 거둔다. 그의 나이 33세였다.

알렉산더의 세계제국으로 헬라스인처럼 행동하는 헬레니즘 시대가 열린다.

알렉산더 시기는 13년이다. 그가 죽은 후 세계제국은 여러 나라로 나누어진다. 헬레니즘은 헬라스인처럼 행동하다는 의미로 새로운 문화가 헬라스의 문화에 뿌리를 두고 있다는 뜻이다. 헬레니즘 문화는 기원전 3세기에서 기원전 1세기에 알렉산더가 지배하던 곳을 중심으로 나타난다. 헬

라스 문화와 오리엔트 문화가 융합하여 만들어 낸 세계 문화가 헬레니즘
이다. 헤브라이즘이 기독교 신 중심의 세계관이라면 헬레니즘은 인간 중
심, 인본주의의 헬라스 세계관이다. 알렉산더는 동양과 서양을 하나로 묶
은 위대한 왕이다.

마케도니아가 멸망한다.

기원전 197년 마케도니아의 필리포스 5세는 키노스케팔라이 전투에서
로마에 패한다.

로마 제국에 헬라스가 망하고 헬라스 문화가 로마를 정복한다.

기원후 5세기 로마가 멸망할 때까지 헬라스 민족은 자신의 문화를 보존
한다. 로마의 법령이 헬라스에서 헬라스어로 번역되고 로마인들이 헬라
스로 많이 이주한다. 헬라스 문화가 로마를 압도한다. 로마의 하드리아누
스 황제, 안토니누스 피우스 황제 등은 헬라스 문화에 심취하여 보존과 복
원에 힘쓴다.

그리스는 그리스가 아니다! 아카이오족, 헬라스, 희랍(希臘)
데우칼리온 방주의 아들 헬레네,
그 후손의 나라가 헬라스의 헬레니즘이다.

지역별로 부르던 아카이오이족, 다나오스 백성, 아르고스인들을
기원전 7세기부터 단일 언어를 쓰는 나라 헬라스라 부른다.
가장 강력한 부족 아카이오이족,
가장 강력한 나라 아르고스, 그 왕 다나오스가 다스리는 백성,
헬라스는 아카이오이족이거나 아르고스의 다나오스 백성이다
프로메테우스의 아들 데우칼리온은
삼촌 에피메테우스와 판도라 사이의 딸 퓌르라와 결혼한다.
그가 아들 헬렌을 낳으니 헬레네의 출발이다.
9일간의 홍수에서 방주를 타고 살아남은 자들이

[표_5] 희랍의 조상, 헬렌, 프로메테우스 가문

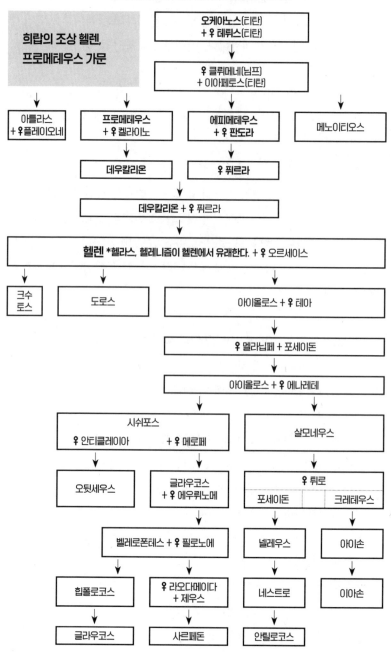

희랍의 조상 헬렌, 프로메테우스 가문

오케아노스(티탄) + ♀ 테튀스(티탄)

♀ 클뤼메네(님프) + 이아페토스(티탄)

아틀라스 + ♀ 플레이오네

프로메테우스 + ♀ 켈라이노

에피메테우스 + ♀ 판도라

메노이티오스

데우칼리온

♀ 퓌르라

데우칼리온 + ♀ 퓌르라

헬렌 *헬라스, 헬레니즘이 헬렌에서 유래한다. + ♀ 오르세이스

크수로스

도로스

아이올로스 + ♀ 레아

♀ 멜라닙페 + 포세이돈

아이올로스 + ♀ 에나레테

시쉬포스 ♀ 안티클레이아 + ♀ 메로페

살모네우스

오뒷세우스

글라우코스 + ♀ 에우뤼노메

♀ 튀로

포세이돈 | 크레테우스

벨레로폰테스 + ♀ 필로노에

넬레우스

아이손

힙폴로코스

♀ 라오다메이아 + 제우스

네스트로

이아손

글라우코스

사르페돈

안틸로코스

288

훗날 데우칼리온의 자손 헬레네이며 그 후손이 사는 곳이 헬라스다.

로마는 헬레네의 후손이 사는 곳을 그라이키아라 부르고

헬라스는 로마식으로, 로마를 이어받은 미국식으로 그리스라 부른다.

헬라스를 한자로는 희랍이라 하니

헬라스와 발음이 그 중 유사하다.

알렉산더 대왕이 동방을 제패하고

헬라스 문화가 동방의 문화와 결합하니

이가 곧 헬레니즘이다.

신이 인간과 다른 점은

다만 죽지 않는 것이다.

얼마나 인간적인 신인가.

[헬라스의 역사]

현재 희랍인들은 그들 자신을 엘라스, 엘리네스, Ελληνικη Δημοκρατια [엘리니키 디모크라티아(헬렌의 공화국), Hellenic Republic]라 한다.

헤로도토스(BC485~BC424년경)의 『역사』, 투퀴디데스(BC460년경~BC400년경)의 『펠로폰네소스 전쟁사』에서는 헬라스라 이름한다. BC7세기부터 헬라스라 하였다. 헬레네스Hellenes는 헬렌Hellen의 복수형이며, 헬라스Hellas는 헬레네스의 후손이 사는 곳을 말한다.

로마의 시인 오비디우스(BC43~AD17 또는 AD18)의 『변신이야기』에서는 그라이키아(Graecia)라 한다. 라틴어 그라이키아에서 현대 영어의 그리스란 용어가 나온다. 희랍(希臘)은 한자어 표기이다.

『일리아스』 1권 2행에는 서술자가 '아카이오이족'이란 말을 사용하고, 아폴론의 사제 크뤼세스가 아폴론 왕에게 기도하면서 42행에서 '다나오스 백성들'이라 말한다. 예언자 칼카스는 78행에서 '전 아르고스인들'이라고 다르게 부른다. 아카이오이족은 트로이아 전쟁 때 헬라스에서 가장 강력한 부족이다. 주로 헬라스 북부 지방에 거주했으나 헬라스 전 지역에 퍼져 있다. 다나오스 백성들이란 BC 1500년경 이집트에서 망명해 온 아르고스 왕 다나오스의 신하들이란 뜻이다. 다나오스 왕은 이오의 후손이다. 이오는 제우스가 사랑한 아르고스 왕의 딸이며 헤라의 수석 여사제였지만 헤라를 피해 암소로 변해 소의 여울인 보로포로스 해협을 건너 이집트로 건너간다. 그 후손 다나오스는 쉰 명의 아들을 가진 형 아이귑토스에게 위협을 느껴 50명의 딸을 데리고 이오의 고향 아르고스로 망명한다. 아이귑토스가 아들 50명을 데리고 찾아와 50명의 딸들과 결혼을 요구하자 결혼 첫날 딸들은 신랑들을 죽인다. 그러나 휘페르메스트라는 남편 륑케우스를 살려 주어 투옥되나 사랑의 여신 아프로디테가 살려 준다. 남편을 살해한 딸들은 저승에서 깨진 독에 물을 채우는 벌을 받는다. 아르고스는 펠로폰네소스 반도에서 가장 강력한 왕국의 하나이다.

가장 강력한 부족 아카이오이족, 가장 강력한 왕국 아르고스, 아르고스의 이름난 왕이 다나오스이다. 호메로스 때까지는 헬라스란 말을 사용하지 않았다.

인간에게 불을 전해준 프로메테우스는 크로노스 형제자매인 티탄 12신 중 이아페토스와 오케아노스의 딸 클리메네의 아들이다. 프로메테우스의 아들 데우칼리온은 프로메테우스의 동생인 에피메테우스와 판도라 사이에서 낳은 딸 퓌르라와 결혼하여 헬렌을 낳는다. 데우칼리온은 제우스가 인류를 멸하기 위해 9일 동안 홍수로 지상을 쓸어버릴 때 프로메테우스가 알려준 대로 방주를 타고 살아남은 인류의 조상이다. 성경의 노아의 방주와 유사한 주인공이다. 그 아들 헬렌이 헬라스의 뿌리이다. 헤로도토스에 의하면 헬렌과 그 아들들이 프티오티스(현재 펠로폰네소스 반도 위쪽 본토 텟살리아 지역)에서 세력이 커져 다른 도시에 원군으로 초빙된 후 차츰 헬라스인들Hellenes이라고 불리게 되었다고 한다. 이전에는 원(原)헬라스인들인 아킬레우스의 프티오티스 출신에게만 썼던 말이다.

신화에서 헬렌은 님프 오르세이스 사이에서 세 명의 아들을 낳는데 이들이 헬라스 각 부족의 시조가 된다. 아이올로스는 아이올리스인의 시조가 되고, 크수토스의 아들 이온은 이오니아인, 크스토스의 또 다른 아들 아카이오스는 아카이오이족이라 각자 자기 이름을 따서 부르게 되며, 도루스는 그곳에 사는 주민을 도리에이스인이라 불렀다. 이들이 헬라스의 주요 부족이다. 그들의 공통 조상인 헬렌의 후손이라서 헬레네스, 곧 헬라스라 부른다.

고대 헬라스는 헬라어를 쓰는 사람들의 나라이다. 『일리아스』에서 아가멤논 총사령관 휘하의 군인들은 헬라어로 언어가 같아 소통이 되지만 트로이아 진영은 동맹국들끼리 서로 언어가 다르다. 그들의 조상은 제우스 눈을 피해 인간에게 불을 준 프로메테우스의 아들 데우칼리온, 그 아들 헬렌이다. 헬렌의 자손들이 아카이오이족, 다나오스 백성, 아르고스인의 시조이다. 다신교였던 헬라스는 이제 대부분이 헬라스정교를 믿는다.

그리스는 고대 이탈리아 남부에 있던 헬라스의 식민지 그라이코스, 또는 텟살리아 서쪽 에페이로스 지방에 살던 부족 그라이코스를 로마인들이 처음 보고 이탈리아 사람들이 부른 이름에서 나왔다.

※ 헬레니즘(Hellenism)은 BC 323~ BC 31년경까지의 헬라스·로마 문명을 가리킨다. 고대 헬라스와 오리엔트 문화의 융합이 가장 큰 특징이며 모든 것의 바탕은 사람이라고 생각하는 인본주의 세계관이다. 다신교이다.

헤브라이즘(Hebraism)은 고대 이스라엘 사람들의 종교와 구약 성서에 근원을 둔 신본주의 세계관이다. 헤브라이즘은 헤브라이 민족의 사상이란 뜻이다. 헤브라이는 야곱의 12명의 아들(아브라함, 이삭 등)의 자손으로 BC 2,000년대 말 가나안(팔레스타인)을 정복한 사람들이다. 그들은 유일신을 믿는다.

신화

서양의 자연과 신의 질서, 바람둥이 제우스의 사랑
바람둥이 제우스는 닥치는 대로 사랑한다.
예쁘면
여신이건 여인이건
핏줄이 같건 다르건
사랑인지 겁탈인지
도덕 이전의 바람둥이다.

낳을 자식이 자기를 능가할까 봐
누이인 아내 메티스를 먹어치우고
다른 누이 헤라 사이에서 헤베, 헤파이스토스, 아레스를 낳으니
우주를 지배하는 제우스는
세 자식으로는 제 뜻을 펼치지 못해
더 많은 자기 자식들로 세상을 채우려 한다.
여기저기 씨앗을 뿌려
세상의 밭에서 두루두루 열매를 수확하려 한다.

꽃은 사철 농염하게 또는 부끄럽게 피어도
벌은 꽃을 찾아 세상을 누빈다.
꽃이 시들면
다시 씨앗이 꽃을 피우고
벌은 다시 찾아온다.

제우스가 한 일은 오직 사랑뿐이니
뿌려야 거두고

거둔 곡식 곳간을 채우려면
바쁜 사랑도 게으르다.

[제우스]

제우스는 신과 인간 세계 최고의 바람둥이다. 제우스의 가계도는 근친
결혼, 근친상간이 중심을 이룬다.

태초의 신 가이아는 아들과 결혼한다. 우리 욕에 니미랄 놈이 있다. 우
리나라에서 어머니와 아들의 결합은 가장 치욕스런 욕이다. 그런데 가이
아는 아들과 결혼하여 자식들을 낳는다. 그 후손이 수많은 신이다. 근친결
혼은 우생학적으로 열세인지 그들이 낳은 신들은 추악하기 그지없다. 우
라노스는 그 아들들이 보기 싫다. 티탄 12신 등 그 후손이 인간과 결합하
여 영웅이 탄생한다. 그 영웅의 후손이 인간이다. 그 인간 중에 오이디푸
스가 있다. 오이디푸스는 아버지를 죽이고 어머니와 결혼하여 자식을 낳
는다. 운명을 피하려다 운명을 맞닥뜨린 오이디푸스는 자기 눈을 캐내고
어머니와 사이에서 낳은 딸의 손을 잡고 방랑의 길을 떠난다. 고대희랍 비
극 중 가장 인기가 있었다는 오이디푸스에 관한 이야기다.

가이아가 낳은 티탄 12신은 오누이끼리 결혼한다. 아들과 딸을 고르게
여섯씩 낳아 서로 결혼하여 자식을 낳는다. 우리나라의 오누이 전설, 달래
나 고개의 이야기와 정반대되는 이야기다. 크로노스의 아들 제우스도 오
누이, 고모 등과 결혼하여 신들을 낳는다. 신들의 결혼 상대는 신들이기
때문에 나타난 현상이다. 일본 신화도 그렇다.

신들은 비도덕적이다. 어머니 가이아가 아들 크로노스에게 아버지 우라
노스 성기를 자르게 사주한다. 자식이 무서워 자식을 낳는 족족 집어삼키
던 크로노스에게 그 아들 제우스가 반란을 일으킨다. 역시 어머니의 도움
이다. 아버지는 아들이 경쟁 상대이다. 제우스가 테티스와 결혼하고 싶지
만 더 강력한 아들을 낳을 것이라는 예언 때문에 포기하고 인간에게 시집
보낸다. 자신의 누이이자 첫 아내 메티스를 먹어 치운 것도 그런 이유이다.

제우스는 여신이건 인간 여인이건 묻지 않는다. 신의 능력을 최대한 활용하여 백조로 변신하고 딸로 변신하여 상대와 사랑을 나눈다. 사랑이라기보다 겁탈이다. 공정한 사법부가 있다면 제우스는 그 벌을 어떻게 받았을지 상상하기 어렵다. 형량은 얼마나 될까? 제우스의 욕망은 인간들도 지니고 있는 욕망이다. 절제되지 않는 인간들은 그 행동이 현재도 밖으로 조금씩 삐져나온다.

제우스가 사랑이건 겁탈이건 육체적 결합을 한 여신들을 살펴보자.

우라노스의 딸들, 제우스에게는 고모가 되는 여신들로는 호라이 여신들의 어머니 테미스, 무사 여신들의 어머니 므네모쉬네가 있다. 고모인 대양의 신 오케아노스의 딸 디오네, 첫 아내 메티스, 에우뤼노메, 네메시스가 있다. 고모 코이오스의 딸 레토가 있다. 고모 클리메네의 아들 아틀라스의 딸들인 엘렉트라, 마이아, 타위게테 등도 있다.

오누이로는 아내인 헤라, 데메테르, 플루토가 있다. 이외에 수많은 신들과 님프가 있다.

제우스가 사랑한 인간 여인들도 수를 헤아리기 어렵다. 암소로 변신한 이오, 백조로 변신하여 접근한 레다, 다나에, 에우로페, 세멜레, 파시파에, 라오다메이아, 안티오페, 칼리스토, 아이기나, 알크메네, 다아, 칼뤼케, 클뤼메네 등 대부분 왕가의 후손들이다. 제우스가 접근한 여인들로는 공주가 많은 부분을 차지한다.

고대 희랍은 제우스 영역이 아닌 곳이 없다. 제우스와 혼인한 집안이라야 존속의 가치가 있었던 것으로 보인다. 이런 이유로 각 지역별로 제우스와 관련한 스토리가 만들어지면서 제우스는 의도하지 않게 많은 여신과 여인들과 동침하고 자식을 낳는다.

제우스는 행복했을까? 질투하는 아내 헤라의 눈을 피해 제우스는 사랑의 장소를 찾는다. 신들의 왕인 제우스 체통도 아내 헤라 앞에서는 비굴해진다. 사랑을 참지 못하는 제우스의 모습에서 바람피우는 남자의 모습을 본다.

제우스 다음으로 바람둥이는 포세이돈이다.

인간으로는 헤라클레스 또한 수많은 여신, 여인과 동침하여 자녀들이 탄생한다.

오뒷세우스는 바람둥이는 아니다. 그러나 그를 탐하는 요정이 그의 자식을 낳는다. 헬레네의 사촌 페넬로페와 결혼한 그는 트로이아 전쟁 후 귀향하는 동안 키르케, 칼립소 등에 잡혀 함께 살며 자식을 낳는다.

바람둥이는 상대방에 따라 카멜레온처럼 변화할 줄 안다고 한다. 제우스가 상대에 따라 변신한 이야기는 오비디우스의『변신 이야기』에 끝없이 펼쳐진다.

역사 속의 대표적인 바람둥이는 에스파냐의 돈 후안(Don Juan)이다. 중국의 4대 기서 중 하나인『금병매』는 동양의 바람둥이 이야기이다. 한국의 바람둥이는 이춘풍일까?

신들의 편싸움, 인간 내면의 심리 작용

인간이 신을 만들고

신이 인간을 창조한다.

필멸의 인간은 신들을 알지 못하고

신들은 인간을 운전한다.

인간은 나 자신도 모른다.

나와 남을 모두 아는 자가 신이다.

인간으로서 할 수 없는 생각과 행동을

인간은 신의 영역으로 돌려 신들에게 부여한다.

수많은 인간의 수많은 내면 심리가 신이다

인간은 신에게 소망을 부여한다.

영원히 죽지 않는 신,

신들의 음식 암브로시아와 넥타르,

신의 질서에 도전하는 자에 대한 응징,

인간이 신을 창조한다.

[아카이오이족을 돕는 신들]

아카이오이족을 돕는 대표적인 신은 파리스를 미워하는 헤라와 아테나이다.

헤라: "황금사과를 아프로디테에게 준 파리스의 나라 트로이아를 멸망시키겠어. 신들의 왕, 제우스의 아내면 내가 여신들의 왕 아닌가? 감히 황금사과를 나에게 주지 않아? 최고의 권력이 최고의 미인 아닌가? 왕비나 공주가 꼭 예뻐야 하나? 권력이 있고 최고의 자리에 있으니까 이쁘다고 보는 것인 줄도 모르는 파리스 녀석에게 본때를 보여줘야지. 두고 봐라."

아테나: "이쁜 것의 실체를 모르는 파리스 녀석 두고 봐! 신들의 왕 제우스의 가장 사랑받는 딸이 바로 나인데, 지금 순간의 얼굴에 혹해서 아프로디테에게 황금사과를 주다니! 미의 기준도 모르는 바보 같은 파리스, 두고보자! 권력이 아름다움인 것을 모르는 풋내기!"

테티스: "내 아들 아킬레우스가 아카이오이족 동맹군으로 참여한다고? 한낱 헬레네라는 유부녀 하나 때문에 내 아들이 죽게 생겼어. 전쟁에 나가면 죽을 운명인데 어쩌나! 트로이아를 박살을 내도록 아들을 지원하는 게 어미의 본능이지."

헤파이스토스: "테티스의 부탁이니 아킬레우스의 방패를 만들어 줘야지. 어머니 헤라가 버린 나를 길러준 테티스 여신에게 은혜를 갚아야지. 그렇다고 내가 표가 나게 아카이오이족을 돕는다고 하지는 않겠지?"

헤르메스: "제우스 심부름을 하다 보니 아카이오이족을 돕는 것처럼 알고 있군. 나는 단지 전령일 뿐이야. 오해하지 마세요."

포세이돈: "트로이아의 프리아모스 아버지 라오메돈이 트로이아 성을 쌓고 은혜를 저버렸지? 한낱 인간이 신에게 품삯을 안 주다니. 그 후손들에게라도 복수해야겠어. 인간이 감히 신에게 배은망덕한 짓을 하다니, 상

상도 못 할 짓을 한 거지. 이제 라오메돈의 품삯을 후손들에게서 받을 때가 다가오는구나! 더구나 다나오스 백성들은 트로이아보다 해양 국가잖아. 내가 필요한 곳이야. 그렇다고 트로이아 사람 모두를 미워하거나 아르고스 백성을 모두 좋아하지는 않아. 사람에 따라 달리 대접해야 맞지? 나는 트로이아 왕가이지만 아이네이아스도 좋아하고, 아르고스 백성이지만 오뒷세우스에게 고통을 주기도 한다네."

제우스: "신들이 인간들 싸움에 끼어들어서 노는구나! 아내 헤라, 딸 아테나, 애원하는 테티스를 어떻게 거절할 수 있나! 다나오스 백성들 편에 자연히 몸과 마음이 쏠리네. 트로이아는 우리 신성한 신들에 저항하는 인간들이 좀 있지 않아? 내 후손이라지만 후손 중에도 미운 놈 있고 이쁜 놈이 있기 마련이지. 내가 낳은 자식들이 인간 세상 모두의 후손이니 핏줄 안 얽힌 게 어디 있어. 그래 맞아. 신에 맞장 뜨려는 인간들은 벌을 받아도 싸지. 미남 미녀로 만들어 주었더니 지들이 신인 줄 알고 까불다니! 인간들은 제가 한 만큼 대접을 받아야 마땅해!"

[트로이아를 돕는 신들]

트로이아를 돕는 신들은 파리스가 선택한 아프로디테, 아카이오이족이 모욕한 사제의 신 아폴론이 중심이다.

아프로디테: "나를 선택해준 남자들은 신이거나 인간이거나 도와주어야지. 내 왕 팬이잖아. 아름다움은 파리스도 어쩔 수 없지. 명예나 권력도 아름다움이 부러운 거야. 돈으로 아름다움을 사려고 하는 것을 보라구. 더구나 잘생긴 미남 파리스가 나를 최고 아름다운 여신이라 했으니 인간이 신을 칭찬한다 해도 기분이 좋아. 나도 잘생긴 인간 앙키세스를 이데산으로 유인해서 동침했잖아. 그 아들이 아이네이아스야. 아들이 트로이아 편에서 싸우는데 당연히 내 온 몸을 던져 트로이아를 응원하고 지원해야 마땅하지."

아레스: "못생긴 형 헤파이스토스에게 형수 아프로디테는 과분하지. 나

는 아프로디테가 좋아. 형 헤파이스토스가 침실까지 찾아오지만 우리 사랑을 떼어놓을 수는 없지. 남들은 불륜이라지만 우리 사랑은 영원해. 나의 사랑하는 여신 아프로디테를 따라서 트로이아를 밀 거야."

아폴론: "아가멤논이 나를 떠받드는 사제 크뤼세스를 모욕해? 내 사제를 모욕하는 것은 나를 모욕하는 거야. 가만 놔둘 수 없어. 또 트로이아에는 내가 좋아하는 공주 캇산드라가 있지. 헥토르가 멋진 것도 트로이아가 마음에 들어. 내가 이래 봬도 남성미 넘치는 태양신이라고."

아르테미스: "활의 여신인 나를 몰라보고 아카이오이족이 나에게 바쳐진 사슴을 죽여? 괘씸한 것들! 아가멤논은 혼이 나야 맞아."

레토: "내 두 쌍둥이 아들 아폴론과 아르테미스가 트로이아를 도와주니 이 어미도 아들을 따라 트로이아를 도와줘야 마땅하지!"

신들은 인간들과 똑같은 감정으로 전쟁에 뛰어든다. 신들은 인간 내면의 다양한 감정의 표현 수단인 셈이다.

신이 보내는 미래 언어, 캇산드라와 헬레노스의 예언

신들은 그들의 사제를 몽롱하게 한 채
인간들에게 몽롱한 언어를 던진다.
신들린 자는 신을 맞이해야 살고
신의 심부름꾼으로 인간이면서 신이다.
신전은 신의 소리를 듣는 신의 통로라서
인간이 잠시 신이 되려면
신의 나무 신목(神木)이거나
갈라진 땅의 연기에 기대야 한다.
신은 하늘의 별로 뜻을 전하고
날아가는 새에 생각을 담으며
신에게 바친 동물의 창자로 암시한다.

나뭇잎 스치는 소리나 바람 소리도 신의 언어다.
제비뽑기, 쌀알, 튀는 침의 향방, 뽑는 점술괘도
인간을 대신한 신의 계시이다.
칼을 들고 칼날 위에 맨발로 서면
신이 되어 신의 소리를 인간에게 칼날처럼 전한다.
동양에서 무당은 춤추는 자,
춤으로 신을 기쁘게 해야 신의 말씀을 인간에게 허락한다.
바쁜 사제에게 일을 덜어주려고
신은 인간의 미래를 때론 더 분명하게
꿈으로 인간에게 직접 보여주기도 한다.

신들의 예언을 신들이 모를 리 없다.
크로노스는 테티스가 낳은 아들이 아버지보다 강력할 것이라고
그녀를 인간 펠레우스에게 시집보내고
제우스는 메티스가 낳은 아들이 아버지보다 강력할 것이라고
그녀를 먹어치운다.
예언 능력은 테티스 12여신에서 시작하여
아폴론이 칼카스, 캇산드라, 헬레노스에게 베푼다.
신이 베푼 예언은 어긋남이 없다.

신전에서 신탁을 통해
신들은 미래를 인간에게
알 수 없는 신의 언어로 알려준다.
한둘을 생략하고 전하는 말을
어리석은 인간들은
자기 입맛에 맞게 더하여 해석한다.
신이 빼낸 것을 인간이 다른 것으로 채워

재앙은 재앙대로 온다.
신들의 언어는 언제나 인간을 시험한다.
그러니 나를 시험에 들게 하지 말라고 기도해야 한다.

테바이 왕 라이오스는
이오카스테가 낳은 아들이 아버지를 죽이고 어머니와 결혼한다는 신탁을 알
지만
술에 취해 아내와 합방하여 아들을 낳는다.
버려진 아이 오이디푸스는 길러준 이를 친부모로 알고
신탁을 피하려고 양부모를 떠나 가다가 친부 라이코스를 죽인다.
스핑크스의 수수께끼를 풀고 오이디푸스는 친모와 결혼한다.
아들과 어머니는 안티고네, 이스메네, 쌍둥이 아들 에테오클레스와 플뤼네이
케스를 낳으니
그들 족보는 어떻게 그려야 하며
그들 호칭은 누구를 기준으로 해야 하는지 신에게 물을 일이다.
델포이 무녀 퓌티아는
오이디푸스가 믿는 고향이 코린토스가 아니라 테바이란 사실을 알려주지 않
았으니
부품 하나 잘못 끼워 비행기는 추락한다.

퓌티아는
리디아 왕 크로이소스에게 구멍 뚫린 예언을 한다.
메디아인들과 전쟁하면 커다란 제국을 잃을 것이다.
그 제국이 자신의 나라라는 것을 말해 주지 않아
전쟁을 일으킨 크로이소스는
자신의 제국을 바람 빠진 풍선으로 만든다.

미래를 알려는 신의 말은

델포이의 아폴론 신전의 신탁처럼 신들린 무당의 은유이다.

굿으로 얻는 몽롱한 수수께끼이다.

원관념을 언제나 삐뚜로 찾는 은유이다.

[예언자들]

서양의 예언은 동양의 점괘인 셈이다. 미신이라 믿으면서 큰 어려움이 있을 때 사람들은 지금도 처녀보살, 운명철학관, 도사, 스님 등을 찾는다. 무당은 무속의 사제로서 예언자인 셈이다. 무당의 중요한 역할은 제사의 례의 굿을 주관하고, 예언과 병 치료 등의 역할을 한다. 강신무와 세습무 중 신이 내려서 되는 강신의 무당의 언어는 서양에서 신들이 사제에게 주는 예언과 유사하다.

중국의 점은 사마천의 『사기열전』 70편 중에 「일자열전」, 「귀책열전」 두 항목이나 배당하고 있다. 이 두 열전은 점치는 사람들에 대한 기록이다. 귀책은 거북점을 말한다. 이 열전에 실린 점의 부정적 특성과 정치적 비판 등은 점을 이해하는 데 도움을 준다. 특히 고대로 갈수록 나라의 큰일은 점을 통해 결정했다. 이로 보아 고대인들은 점을 신의 계시로 보았다.

예언은 자기 생각을 말하지 않고 '밖으로부터 온' 계시를 말한다. 예언은 '영감'을 받아 메시지를 전할 수도 있고 자신을 도구로 삼아 말하려는 영적인 세력(신, 영, 성령)에 사로잡힐 수도 있다. 플라톤은 예언자를 가리켜 무아지경에서 말하는 사람이라 한다. 성서에도 이사야, 에레미야 등 수많은 예언자들이 등장한다.

고대에 중요한 일들은 예언에 의지했다. 우리나라의 가장 대표적인 예언서는 『정감록』이다. 이 책은 나라의 운명과 백성의 앞날에 대한 예언서이다.

『일리아스』에 등장하는 예언자들은 신이거나 신으로부터 예언 능력을 부여받은 자들이다.

테미스 티탄 여신: "바다의 여신 테티스가 아버지보다 더 강력한 아들을 낳을 것이다." (이 예언을 듣고 제우스와 포세이돈은 여신 테티스와 결혼하려던 마음을 바꾼다. 그리고 인간 펠레우스와 결혼시켜 아버지 펠레우스보다 더 강력한 아킬레우스를 낳는다.)

칼카스: "나는 태양신 아폴론으로부터 예언 능력을 부여받았지. 내 주특기는 날아가는 새를 보면서 점을 치는 예언이야."

칼카스: "(트로이아 전쟁 시작 전) 아킬레우스와 필록테테스가 전쟁에 참여해야 승리한다." (오뒷세우스는 이 예언 때문에 아킬레우스와 필록테테스를 설득하여 전쟁에 참여하게 한다. 필록테테스는 화살로 파리스를 쏘아 죽이고 오뒷세우스는 목마를 만들어 트로이아를 정복한다. 10년 전쟁은 아카이오족이 승리한다.)

칼카스: "(아가멤논 연합군이 아울리스 항구에서 풍랑 때문에 출항하지 못하고 있을 때) 총사령관 아가멤논이 아폴론과 쌍둥이인 아르테미스 여신의 분노를 샀기 때문에 풍랑이 인다. 아가멤논은 딸 이피게네이아를 제물로 바쳐야 한다." (아가멤논은 딸 이피게네이아를 제물로 바친다. 후에 아가멤논의 아내 클뤼타임네스트라는 이 때문에 남편을 살해한다. 제물을 바치고서야 연합군은 트로이아로 출항한다.)

칼카스: "(『일리아스』에 나오는 예언, 아울리스 항구) 뱀이 참새 새끼 여덟 마리와 그 새끼들은 낳은 / 어미를 합쳐 모두 아홉 마리를 집어 삼켰듯이, / 우리도 아홉 해 동안 그곳에서 전역(戰役)을 치를 것이나, / 열 번째 되는 해에는 길 넓은 도시를 함락하게 될 것이오."

칼카스: "(『일리아스』에 나오는 예언, 9일 동안 전쟁과 역병으로 무시무시한 소란일 때) 신이 노여워하는 것은 아폴론의 사제 크뤼세스 때문이오. 그의 딸 크뤼세이스를 돌려준다면 다나오스 백성을 파멸에서 구해주실 것이오."

아폴론 태양신: "나는 예언의 신이다. 내 마음에 드는 프리아모스 딸 캇산드라, 너에게 예언 능력을 주겠다. 후에 나와 결혼하자." (캇산드라가 아폴론으로부터 예언 능력을 받자, 그녀는 자신의 앞날을 보게 된다.)

캇산드라: "아폴론이 지금은 나를 사랑한다지만 그가 준 예언 능력으로 내 앞날을 보니까 내가 늙고 병들면 젊은 여자를 찾아갈 사람이다. 나는 아폴론의 사랑을 거절하겠어."

아폴론: "나에게 예언 능력까지 받고는 시치미를 떼다니. 내가 한 번 준 예언 능력은 거둘 수 없으니, 너의 예언에서 설득력을 빼앗겠어. 앞으로 네 예언을 사람들이 믿지 않을 것이다."

캇산드라: "그렇거나 말거나."

캇산드라: "(파리스에 대한 예언) 파리스가 나라를 망칠 거예요. 내 동생이지만 내쫓아야 해요." (그녀의 예언을 누구도 믿지 않는다.)

캇산드라: "(목마를 들이려 할 때) 목마를 들이지 마시오. 트로이아가 불바다가 될 것이오." (그녀의 예언을 누구도 귀담아 듣지 않는다.)

헬레노스: "캇산드라와 쌍둥이 남자 예언자요. 나는 함부로 예언하지 않소."

오뒷세우스: "트로이아를 망하게 하는 법을 알려주지 않으면 계속 고문하겠다."

헬레노스: "그만하시오. 고문받다가 죽겠소. 트로이아를 함락하려면 트로이아에 있는 아테나 여신상을 훔치고, 아킬레우스 아들 네옵톨레모스를 전쟁에 참여시키시오. 그리고 헤라클레스의 화살을 사용해야 하오." (트로이아는 프리아모스 아들 헬레노스의 예언처럼 망한다.)

---

* 그림으로 〈델포이의 무녀〉(앙리 모테), 〈델포이 신탁의 퓌티아〉(1865, 하인리리 로이테만, 목판화), 〈델포이의 시빌레〉(루드거 톰 링) 등이 있다.

신들의 아이콘, 나쁜 별명은 없다

이름은 부모 소망이다.

이름은 탄생 사진이다.

이름은 사람의 육신이며

성명은 사람의 영혼이다.
핏줄이 이름의 성이며
육신에 유전이 흐른다.
이름을 부르면 육신이 일어서고
성명을 부르면 영혼이 대답한다.

별명은 이름을 장식한다.
별명은 멋들어진 모자다.
보는 순간 자태로 다가오며
다가가는 순간 자국으로 들어온다.
별명은 남들이 지어 주는 아이콘이다.

절름발이 신 헤파이스토스
미쳐 날뛰는 에리스
팔라스 아테나
조언자 제우스
긴 머리의 아카이오이족
반드시 죽는 인간

별명은 종종 이름을 홀로 대신할 수 없어
이름을 친구 삼아 다닌다.
나쁜 별명은 없다.
이름보다 더 이름다운 별명이 있을 뿐이다.

[신들의 별명]

『일리아스』를 읽다 보면 먼저 몇 가지 특징이 눈에 띈다.
첫째, 신이거나 등장인물을 매번 누구의 아들이라고 말한다. 둘째, 신이거나 인간 앞에 특성을 나타내는 수식어로 별명이 붙는다. 셋째, 묘사와 비유가 사실적이며 잔혹하다. 넷째, 설득력이 넘치는 연설문이 이어진다. 다섯째, 위의 몇 가지가 상투적으로 반복되는 말들이 많다. 이러한 상투성은 대상을 설명하면서 당시에 서사시에서 운율을 형성하는 데 도움이 된 듯하다. 이 중에 별명은 서사시 이해에 도움이 된다.

신들의 능력을 내세운 별명

신들은 축복받은 존재이며, 죽지 않는 불사의 신이다. 신들의 왕, 제우스는 여기저기 조언을 해 주기 때문에 조언자, 번개와 천둥의 신, 구름을 모으는 신, 올림포스 주인 등의 별명이 붙는다. 아이기스 방패를 지니기 때문에 아이기스를 가진 제우스라 한다. 아이기스 방패는 염소 가죽으로 가운데는 고르고의 무서운 괴물 메두사의 머리가 달려 있어 상대를 꼼짝 못 하게 하고 돌로 마비시키는 천하무적의 방패이다. 이 아이기스 방패를 가진 신은 제우스와 그의 딸 아테나뿐이다.

여신 헤라는 흰 팔의 여신, 황소 눈의 존경스런 헤라 등으로 외모의 특징을 수식어로 사용한다. 여신 중의 여신으로 황금 옥좌에 앉기에 황금 옥좌의 헤라로도 표현한다. 제우스가 가장 예뻐하는 딸 아테나는 창 또는 아이기스 방패를 휘두르는 자라는 뜻의 팔라스(또는 티탄 시대의 지혜의 신 이름), 결혼하지 않은 여신이라서 처녀, 빛나는 눈의 여신, 제우스의 가장 영광스런 딸 트리토게네이아(포세이돈의 아들 트리톤의 양육 아래 자란 딸 또는 트리톤 호숫가에서 태어난 자)로 부른다. 아폴론은 은으로 만든 활이란 뜻의 은궁, 들쥐를 몰아낸다는 뜻의 스민테우스, 정결한 자, 빛나는 자, 제2세대 태양신이란 뜻의 포이보스, 멀리 쏘는 신, 레토와 제우스의 아들, 머릿결 고운 레토가 낳은 아폴론 등의 수식어가 붙는다.

전령의 신 이리스는 바람처럼 날랜 사자, 걸음 잰 이리스 등으로 부른다. 바다 노인의 딸 테티스는 은처럼 이쁜 발이란 뜻의 은족의 테티스, 머릿결 고운 테티스 등 외모를 앞세운다. 불의 신 헤파이스토스는 솜씨 좋기로 이름난, 유명한 절름발이 등의 수식어가 따라다닌다. 전령사 헤르메스는 신들의 사자인 아르고스의 살해자로 영광을 앞에 내세운다.

올림포스 궁전에 사는 무사 여신들, 공포와 패주와 말없이 미쳐 날뛰는 에리스 등이 있다. 에리스는 남자를 죽이는 아레스의 누이이자 전우이다. (4권 441행)

영웅들의 별명

여신 테티스의 아들이므로 고귀한 아킬레우스, 발이 빠르다는 뜻의 준족이 수식어로 따라다닌다. 그 준족인 아킬레우스는 발의 아킬레스 건에 화살을 맞고 죽는다. 역설적인 놀랄만한 수식어이다. 제우스의 사랑을 받는 아킬레우스, 모든 인간들 중 가장 무서운 그대 펠레우스의 아들, 제우스의 후손인 펠레우스의 아들 준족 아킬레우스 등 아킬레우스의 수식어는 길고 많다.

오뒷세우스는 고귀한, 지략이 뛰어난, 지혜가 제우스 못지않은, 제우스의 후손인 라에르테스의 아들 등 지혜를 가장 많이 앞세운다.

백성들의 통솔자인 아트레우스의 두 아들, 인간들의 왕인 아트레우스의 아들, 아트레우스의 아들 영웅 아가멤논은 나라를 내세운다.

헥토르에게는 남자를 죽이는 헥토르, 투구를 번쩍이는 위대한 헥토르(트로이아 왕 프리아모스의 장남) 등이 있다. 필로스인들의 목소리가 낭랑한 웅변가인 달콤한 말을 하는 네스토르, 전차를 타고 싸우는 게레니아의 네스토르(필로스 왕), 불사신과도 같은 아이게우스의 아들 테세우스, 제우스의 후손인 파트로클로스, 오일레우스의 날랜 아들 작은 아이아스(로크리스 왕), 목청 좋은 디오메데스(아르고스 왕), 이름난 창수 이도메네우스(크레테 왕), 이름난 창수 틀레폴레모스(로도스 왕), 용맹스런 프로테실라오스(퓔라케 왕), 궁술에 능한 필록테테스(멜리보이아 왕), 앙키세스의 당당한 아들 아이네이아스(다르다니에 왕), 나무랄 데 없는 글라우코스(뤼키아 장수), 신과 같은 알렉산드로스(파리스, 헥토르 동생), 목청 좋은, 아레스의 사랑을 받는 메넬라오스, 데스토르의 아들 칼카스 등 뛰어난 능력을 대부분 수식어로 붙인다.

백성들의 묘사

훌륭한 정강이받이를 댄 아카이오이족(아카이오이족은 정강이를 보호하기 위해 정강이받이를 댔던 것으로 보인다), 기상이 늠름한 아카이오이족, 눈매 고운 아카이오이족, 장발의 아카이오이족, 필멸의 인간들(인간은 언젠가는 반드시 죽는다는 인식이 반영되었다) 등은 인간에 대한 특징을 반영한다. 아카이오이족의 주요 특징은 장발과 정강이받이다.

여자의 모습

여자의 모습은 미모에 초점을 둔다. 볼이 예쁜 크뤼세이스, 볼이 예쁜 브리세이스 등이 그렇다.

* 아가멤논이 브리세이스를 데려가는 이유를 그가 아킬레우스보다 얼마나 더 위대한지 알게 될 것이며, 다른 사람도 앞으로 아킬레우스처럼 아가멤논에게 대등한 언사를 쓰지 못 하게 하기 위해서라 말한다. 그의 말대로라면 여자가 예쁘다거나 사랑하기 때문에 브리세이스를 데려가는 것이 아니다.

사물, 언어의 묘사

'아카이오이족의 날랜 함선', 새의 부리처럼 뱃머리와 배의 뒤가 휘어진 군함이라서 '부리처럼 휜 함선', 바다에서는 농작물을 수확할 수 없으니 '추수할 수 없는 바다', 함선들은 속이 비어야 사람을 태우고 물건을 실을 수 있어서 '속이 빈 함선들', '에에티온의 신성한 도시 테바이', 산이 높아 '눈 덮인 올림포스', 소문은 제우스가 보내는 말이란 뜻으로 '제우스의 사자인 소문(所聞)' 등은 사물이나 언어의 특성을 반영한다.

헤카톰베 그리고 신들의 음식, 암브로시아와 넥타르

좋은 술은 향기로 마시고

좋은 음식은 눈과 코로 먹는다.

신들의 음식, 대지의 신선한 증기 암브로시아

신들의 술, 불로불사의 넥타르

뼈를 기름에 쌓아 태워 드리는 냄새가

신들을 기쁘게 한다.

마시고 먹어서 배부르지 않고

먹지 않고 마시지 않아도 배고프지 않다.

인간이 신에 바치는 제물, 헤카톰베는

목욕재계만큼

신에 대한 외경이다.

[신들의 음식]

아킬레우스는 자신에게 주어진 선물을 빼앗겨 분노한다. 인간에게는 자신이 한 일의 결과로서 명예가 주어지고 인간은 그 명예로 선물을 받는다. 명예는 찬양이나 다름없다. 최고의 전사로 대접을 받지 못하자 아이아스는 미쳐서 자살한다.

신들도 인간처럼 선물을 받는다. 신에게 헤카톰베를 바치지 않으면 돕지 않는다. 헤카톰베는 선물이 아니라 뇌물인 셈이다. 헤카톰베로 인간은 신에게 기도를 하고 보리를 뿌린다. 들이나 산에서 음식을 먹을 때 귀신에게 먼저 바치는 '고수레'라는 우리나라 전통 풍습이 이와 유사하다. 넓적다리뼈를 두 겹의 기름조각으로 싸고 그 위에 다시 날고기를 얹어 장작불 위에 태워 신에게 드리며 그 위에 포도주를 부어준다. 넓적다리뼈들을 다 태워 드려 헤카톰베가 끝난 뒤에서야 사람들이 음식을 차려 먹는다. 헤카톰베를 바칠 때는 목욕재계를 한다. 이는 우리나라의 제사 의식에서 목욕재계하는 것과 같다.

알렉산드로스와 메넬라오스가 일대일 대결을 하기에 앞서 신들 앞에서 굳은 맹약을 위해 제물을 바친다. 트로이아에서 흰 숫양 한 마리와 검은 암양 한 마리, 아카이오이족에서 따로 한 마리를 가져온다.

신주(神酒), 신들은 신들의 술 넥타르를 마신다. 넥타르는 헤라의 딸 헤베가 따라 준다. 넥타르를 따르는 헤베는 청춘과 젊음의 여신이다. 사람들은 신주를 흉내 내어 신선주라 하며 마신다.

인간들은 잔치에서 포도주를 마신다. 동이에 포도주를 넣고 물을 섞어 마신다. 포도주만으로는 알코올 농도가 높아 물을 타서 마셨다. 포도주에 물을 타서 마실 수 있는 동이가 희석용 동이다. 우리나라의 일반적인 소주는 희석식 소주이다. 주정에 물을 희석하고 조미를 하여 알코올 농도를 낮춘 술이다. 희석식 소주는 연속식 증류기를 거쳐 85% 이상의 주정(에틸알코올)에 물을 타지만 일반 증류식 소주는 물을 희석하지 않은 순수 증류주이다. 증류식 순수 소주는 에틸알코올 40% 전후로 안동 소주가 대표적이다.

신이나 인간들은 즐거운 일이 있으면 똑같이 잔치를 벌인다. 신들은 암브로시아를 먹고 넥타르를 마셔 불로불사하고 인간들은 포도주를 마셔 취한다. 신들에게 명예의 선물은 신에 대한 제단에 진수성찬과 제주와 제물 태우는 구수한 냄새이다.

작품의 구성과 주제

호메로스, 훌륭한 작시의 독보적인 존재
첫 출정 후 헛되이 십 년,
두 번째 출정 후 참혹하게 십 년,
어떤 이들에게는 안타까운 귀향의 십 년,
그들에게 일생이 전쟁이다.

전체 이야기로는
이야기꾼도 지치고
듣는 이도 지치며
읽는 이는 책장을 덮는다.

호메로스는 십 년 전쟁 중에
4일간의 전쟁을 노래한다.
트로이아 목마 이야기도 없고
아킬레우스의 죽음 이야기도 없다.
전쟁은 진행형이다.
호메로스의 시선은 전쟁의 원인인 헬레네에 오래 머무르지 않는다.

인간은 필멸의 존재란다.
죽음 앞에서 명예와 분노를 노래할 뿐이다.
전사들은 부모에게 자기를 길러준 은공도 갚지 못하고 쓰러진다.
처참함이 창처럼 꽂히고 화살처럼 날아다닌다.

이야기는 넘치지도 모자라지도 않게
전체를 쉽게 기억할 수 있을 만큼만 길다.
앞과 뒤가 없이 가운데만으로도 충분하다.

[서사의 구조와 표현]

아리스토텔레스의 『시학』은 서사시 구조의 이해에 도움을 준다.

아리스토텔레스에 의하면 서사시는 장중한 운율로 고매한 대상을 모방하며 한 가지 운율만을 사용하고 서술체를 사용한다.

그는 『일리아스』와 『오뒷세이아』가 플롯의 통일성을 갖추었다며 그 탁월성을 강조한다. 주인공에게 일어난 사건을 모두 다루지 않고 이야기하려는 통일된 행동만을 다루고 있기 때문이란다. 현대의 문학작품 구성 방식도 2,800년 전 호메로스가 했던 플롯과 같다. 파리스의 황금사과 심판부터 헬레네가 파리스를 따라 트로이아에 온 이야기는 없다. 10년 전쟁에서 단 4일간의 전쟁 부분을 상세히 서술할 뿐이다. 15,693행, 전체 50일간의 이야기 속에 4일간의 전쟁을 제외하면 단 몇 페이지이다. 아킬레우스의 분노에 초점을 둔 통일된 플롯이다.

아리스토텔레스에 의하면 사건의 여러 부분이 반드시 있어야 하는 사건으로 구성된 작품이 『일리아스』와 『오뒷세이아』이다. 전체를 쉽게 훑어볼 수 있는 한도 내에서 스토리는 길수록 좋다. 주인공의 운명이 필연적 과정을 거쳐 불행에서 행복으로 또는 행복에서 불행으로 바뀔 수 있는 길이이다. 이러한 기준을 TV 드라마에 적용해 보면 좀 더 쉽게 판단할 수 있다. 이러한 기준은 TV 드라마가 어느 길이여야 하고, 어떤 사건이 배치되지 않아야 하는지, 플롯이 어떻게 구성되어야 하는지 판단의 잣대로 삼아도 된다. 드라마가 한없이 길어질 때 시청자들은 지치고 불만을 제기하며 채널을 돌린다. 그 원인을 아리스토텔레스의 『시학』에서 찾아볼 수 있다.

아리스토텔레스의 『시학』에 따르면 『일리아스』는 급반전과 발견, 수난이라는 구성요소를 거의 동시에 갖춘 복합적인 플롯이다. 발견은 급반전과 결합하면서 연민이나 공포의 감정을 불러일으킨다. 그는 발견은 무지의 상태에서 앎의 상태로 이행하는 것이라며 『오이디푸스 왕』을 예로 든다. 최근 드라마에서 사용하는 출생의 비밀이 발견에 해당한다. 『일리아스』는 출생의 비밀 같은 발견은 없지만 아킬레우스가 파트로클로스의 죽음을 알게 되면서 사건의 전개는 '급반전'을 이룬다. 또한 친구의 죽음은 아킬레우스에게 고통을 야기하는 '수난'이 되면서 복합적 플롯의 조건을 갖춘다.

서술 패턴

음악은 패턴이다.

패턴은 대칭이며

패턴은 춤이다.

호메로스는 전쟁 이야기를 패턴으로 전한다.

패턴은 단순의 반복이며

단순은 기억의 창고가 된다.

싸움 전에 아군을 꾸짖고 용기를 북돋우는 패턴,

적군의 찬양과 비난 패턴,

그 중에 적군에게 애원하며 비는 패턴은 전리품을 유혹한다.

죽어가는 자에 대해서도

서술 패턴이 있으니

죽음도 더 크게는 모두의 패턴이다.

패턴은 관습이며

관습을 깨면 새로운 패턴이다.

세상은 단순한 패턴의 복잡한 종합이다.

[패턴의 기술]

단순함이 아름다움이다. 단순함이 예술이다. 단순함이 영원이다. 오랫동안 이어진 노래는 단순하다. 내용도 단순하고 전달방식도 단순하다. 전승의 효과적인 방식은 단순이다.

호메로스는 『일리아스』에서 단순한 방식의 패턴을 활용한다. 그 단순함이 여러 면에서 반복되면서 암기에 유용하고, 듣는 자들에게는 정리하기 좋다.

전쟁 서술 패턴

전쟁의 서술은 영웅들의 전투 중심이다. 메넬라오스와 알렉산드로스,

아이아스와 헥토르의 결투 장면, 디오메데스와 판다로스, 디오메데스와 아레스, 네옵틀레모스와 사르페돈, 파트로클로스와 사르페돈, 파트로클로스와 헥토르, 아킬레우스와 아이네이아스, 아킬레우스와 스카만드로스, 아킬레우스와 헥토르 등 영웅과 영웅의 전투를 상세히 묘사한다. 호메로스는 죽어가는 자에 대해 시선을 두고 그들의 고향과 부모, 가족 등을 서술한다. 영웅들이 위험에서 벗어나는 것은 신들의 도움이라고 호메로스는 노래한다. 호메로스는 눈에 보이지 않는 신들을 보는 눈이 있다. 그는 영웅들의 심리 변화를 신의 개입으로 본다. 호메로스의 전쟁에 대한 서술 패턴은 대부분 위와 같다.

싸움 전의 패턴

싸움 전의 패턴은 아군과 적군에 말하는 양상이 서로 다르게 일정한 패턴을 형성한다. 아군에게는 전쟁을 독려하기 위해 먼저 자신의 처지를 말한 후 상대의 용기 없음을 꾸짖은 다음 용기를 부여하는 형식이다. 장수나 병사 집안의 내력을 언급하면서 그들 조상이 얼마나 용감하고 훌륭한 사람이었는지 언급한다. 장수나 병사의 무기력을 탓하고 용기를 갖고 싸우라고 말한다. 예를 들어 나는 고향에 아내와 자식과 많은 재산을 놓고 왔다. 여기에서 얻을 것도 없는데 나는 적과 싸우기를 열망하고 있다. 그러니 그대도 우두커니 서 있지 말아야 한다. 적군에 돌진하라. 이와 같은 방식이다.

적군과 싸움을 하기 전에는 유명 장수들일수록 먼저 대화를 한다. "그대는 대체 뉘시오?"(6권 123) "그대는 왜 내 가문을 묻는 것이오?"(6권 144-145) 이후 그들은 자기 가문의 위대함을 나열한다. 위대한 조상을 둔 사람이 자신임을 밝히고 조상들처럼 용맹함으로 상대를 무너뜨리겠다는 식이다. 가문을 이야기하면서 가문들끼리 사이가 좋았거나 나빴던 것들이 그들 싸움에 영향을 끼친다. 디오메데스와 글라우코스는 싸우기도 전에 무구를 교환하고 조상들처럼 친구로 남는다. 헥토르와 아이아스의 무구 교환은 싸움이 끝난 후에 이루어진다는 점에서 다를 뿐이다.

적군에게 애원하는 패턴과 살상 전의 이야기의 패턴

트로이아의 안티마코스는 헬레네를 돌려주기를 누구보다도 반대한 사람이다. 그 아들이 아가멤논에게 수없이 많은 몸값을 지불할 것을 약속하며 목숨을 구걸하지만 아가멤논은 무자비한 목소리로 아비의 수치스런 행동의 대가를 치르라며 죽인다. 몸값을 바칠 것이라며 목숨을 구걸할 때는 자신의 고향의 아버지에게 청동, 황금, 무쇠 보물 등이 많음을 열거하며 상대의 마음을 사로잡으려 한다. 『일리아스』속에서는 재물 때문에 죽이지 않고 포로로 잡는 경우를 찾아볼 수 없다.

죽어가는 자의 서술 패턴

죽어가는 자에 대한 서술도 패턴을 형성한다. 과거의 훌륭함 또는 비열함을 나열하고 현재의 죽음을 서술하는 방식이다. 곧, 조상과 그들 삶의 내력-전쟁 참여 과정-전투-사망-아쉬움과 미래 약속 등의 패턴 양상을 쉽게 볼 수 있다. 예를 들면 다음과 같다. 안테노르의 아들 이피다마스였다. (중략) 그는 가엾게도 결혼한 아내의 곁을 멀리 떠나 도성의 백성들을 도우려다가 죽게 되었다. 그는 아내를 위해 재미도 못 보고 구혼 선물만 잔뜩 주었으니, 염소와 양을 합쳐 천 마리를 주기로 약속했다. (11권 241-245 참고)

아킬레우스의 죽음 대면, 반전평화의 진면목

연회나 전쟁터에서 조상의 내력을 묻거나 읊고
시체에서 갑옷을 벗겨 내거나 목숨 걸고 지킨다.
전쟁에서는 살아남거나 죽고
정복하거나 정복당한다.
인간 세상에서 신들의 총애를 받거나 저주를 받고
신들에게 헤카톰베를 바치거나 기원한다.

등장인물들은 명예를 위해 목숨을 바치고
목숨은 남겨진 가족에게 소문으로 배달된다.
죽음은 삶을 대면하게 하고
삶은 죽음을 응시한다.
전쟁은 평화를 노래하고
평화는 전쟁을 그리워한다.
영웅 아킬레우스는 전쟁이며 평화이다.
그의 삶은 전쟁이고
그의 죽음은 평화를 노래한다.
언제나 가지지 못한 것을 바라는 것이 삶인지 모른다.
아킬레우스처럼 장수와 명예, 그 둘을 가질 수는 없다.
평화를 위한 싸움에 싸우지 말라고 죽음의 싸움만 있다.

[참혹함의 상세한 표현, 처참한 묘사의 아이러니]

"나는 까맣게 잊고 있었다. 그 극단적인 잔혹함과 다정다감함을 까맣게 잊고 있다가, 이제 와서 15,693행에 이르는 『일리어드』의 이곳저곳을 펼쳐 읽으며 충격을 받았다."(『위대한 책들과의 만남』, 데이비드 덴비)

덴비는 인용한다. "창이 단단히 박혔지만 가슴은 아직 박동을 멈추지 않고 헐떡였고/ 창자루가 꿈틀거렸다."(13권 443~444행)

호메로스는 잔혹함과 다정다감함을 서사시에서 동시에 보여준다.

그러면서 덴비는 빌헬름 딜타이의 해석학적 순환을 말한다. 어떤 대상의 구조를 파악하지 못하면 그 세부사항을 모르고, 세부사항을 모르면 구조를 모른다. 이는 삶에도 적용되고 문학에도 들어맞는단다.

약탈한 헬레네를 되찾기 위해 시작된 전쟁은 전쟁의 원인을 잊고 전쟁이 전쟁을 부르는 형국으로 변한다. 아가멤논이 약탈해 온 크뤼세이스를 돌려주고 아킬레우스가 약탈해온 브리세이스라는 여자를 약탈하며 약탈자들끼리 격분하고 서로가 극단으로 치닫는다. 전쟁에서 여자 때문에 자기편이 패배하기를 기원하는 놀라운 사건이 펼쳐진다.

이후 전쟁은 처참하다. 그 처참함은 매우 사실적이어서 충격이다. 참혹함이 커질수록 아킬레우스가 명예를 회복할 기대는 커진다. 분노가 터지거나 방향을 틀면 이 서사는 종결된다. 그 분노의 정상은 친구인지 동성애자인지 파트로클로스의 죽음이다.

아킬레우스가 전쟁에 참여하도록 헬라스군은 선물을 제안한다. 세 발솥, 큰솥, 말, 황금, 여자 노예, 아가멤논의 딸, 브리세이스 등이다. 갈등을 일으킨 아가멤논이 자기의 딸을 신부로 제안하고, 자기가 명예를 내세우며 약탈해간 브리세이스를 돌려주겠다고 한다. 그러나 아킬레우스는 싸워서 많은 선물들을 얻을 수 있지만 목숨은 다시 약탈하거나 붙잡아 올 수 없다며 일언지하에 거절한다. 그는 인간의 죽음에 대한 깨우침을 언급한다.

죽음을 알면서 죽음에 다가간 영웅이 아킬레우스이다. 이 서사는 처참함을 숨기지 않으며 전쟁을 반대한다. 영웅 아킬레우스조차 어쩔 수 없는 것이 전쟁이고 그 결과가 죽음이라는 것을 호메로스는 처참함과 아킬레우스의 예견된 죽음으로 역설한다. 평화를 노래하고자 처참한 전쟁을 세세하게 묘사하는 것이다.

영웅도 전쟁으로 죽는다. 죽음은 인간이라면 누구나 겪는 운명이다. 이 죽음 앞에서 인간은 전쟁놀이를 한다. 지금 여기에서 행복하게 살기에도 시간이 부족한 인생에서 인간들은 죽음의 놀이를 한다. 신들의 이러한 경고를 호메로스는 서사시로 우리에게 전한다. 제발 전쟁은 그만 두고, 인간들이여 평화롭게 살라!

전쟁 전·중·후 행복한 이들이 어디 있나

전쟁이 일어나기 전은 언제나 불안 속에 사기가 하늘을 찌른다.
상대의 살갗을 찌르고
자신의 심장을 멎게 하는 싸움인지 모르고
응당 나서야 할 일이라 목청부터 흥분한다.

당자인 메넬라오스야 배반의 분노가 된다.
하지만 자기 여자도 아닌데 전사들이나 장수들이 덩달아 된다.
아킬레우스, 오뒷세우스조차 행복은 지금 자신의 자리임을 알지만
세상이 만든, 눈으로 볼 수 없는 명예가 이들을 전쟁터로 부른다.

전쟁은 소통으로 언제나 목숨이 오가는 곳,
약자는 강자에게 죽고, 강자는 더 강한 자에게 죽는다.
병사들은 병사들끼리 창을 던지고
지나가는 장수들의 창칼에 목숨이 우수수 진다.
파트로클로스도 죽고
사르페돈도 죽고
아킬레우스에게 헥토르, 펜테실레이아도 죽는다.
그리고 그 아킬레우스는 파리스에게 죽고 그 파리스도 또한 죽는다.
프리아모스의 고귀함도 죽는다.
전쟁은 신에게도 창을 겨누게 하고 상처를 낸다.
트로이아 여인들의 눈에는 고귀함이 사라지고
아카이오이족 고향의 처자와 부모는 전쟁의 상흔만 맞는다.
전쟁에서 행복한 자들은 누구인가?

전쟁이 끝난 후에도 전쟁이 가져온 불행의 씨앗은 계속 자라고
종종 함부로 수확할 수 없는 열매를 맺는다.
총사령관 아가멤논은 자신의 왕궁에서 부인의 칼에 심장이 뚫리고
여러 장수들은 고향에 돌아가나 장수들의 여인들은 바람이 나고
장수들은 왕의 자리마저 빼앗기거나 쫓겨난다.

제우스의 딸 헬레네는 인간이 어쩔 수 없는 여자,
그 여자의 남편 메넬라오스는 헬레네에 딸린 신의 운명이고

아이네이아스는 어머니 여신의 도움으로 유민을 끌고 훗날 로마 건국 신화의 주인공이 될 뿐이다.

오뒷세우스가 귀향하여 왕국을 되찾는 이야기가 그나마 행복한 이야기일 뿐이나

필멸의 인간 오뒷세우스는 귀향 중 얻은 아들에 죽는다.

오직, 전쟁은 호메로스의 묘사처럼 처참하고 끔찍할 뿐이다.

그러니 평화여 만세!

[이 서사의 주제는 반전평화, 전쟁으로 행복한 자는 없다]

이 서사의 주제는 반전평화, 전쟁을 반대하고 평화롭게 살자는 것이다. 그 근거를 전쟁 전, 전쟁 중, 전쟁 후로 나누어 살펴볼 수 있다.

먼저 전쟁 전의 행복과 거리가 먼 상황이다. 함선들이 풍랑으로 출항하지 못하자 아가멤논은 자신의 딸을 제물로 바친다. 큰 불행의 출발이다. 출항한다고 행복한 것은 아니다. 정녕 신들이 인간을 제물로 바치라고 했는가? 인간은 자신이 신의 말을 들은 것처럼 신의 행세를 한다. 필록테테스는 트로이아로 가던 중 뱀에 물려 10년 가까이 섬에 버려진다. 고통 속에서 사냥으로 연명하는 불행을 겪는다. 오뒷세우스와 아킬레우스는 행복한 궁전 생활을 떨치고 전쟁에 나선다. 전쟁으로 행복이 빼앗기는 장면들이다.

전쟁 중의 불행은 전사의 형태로 나타난다. 전쟁은 최고의 영웅에게조차 죽음을 선물한다. 프리아모스 왕가의 모든 이들은 죽는다. 아이네이아스만이 일부 유민을 이끌고 탈출할 뿐이다. 신의 아들 아킬레우스도 죽고, 여전사 아마조네스 여왕 펜테실레이아도 죽는다. 아킬레우스를 죽인 파리스도 죽는다. 아이아스도 미쳐서 자살한다. 살아남은 자들의 영광은 이 서사에 없다.

마지막으로 전쟁 후 불행이다. 전쟁이 끝나자마자 불행은 모두에게 이어진다. 트로이아인들은 도륙을 당하고 승자인 아카이오이족들은 귀향에

서 수많은 불행을 겪는다. 풍랑으로 지중해 연안을 떠돈다.

오뒷세우스는 10년의 고난 끝에 고향에 돌아간다. 돌아가서도 자신의 능력으로 왕비의 구혼자들은 물리친 후에야 자신의 왕위를 다시 차지할 수 있었다. 그러나 전쟁 참가자 중에는 행복한 사람이라 말할 수 있는 오뒷세우스조차 귀향 중에 낳은 아들이 아버지를 찾아 나설 때 아버지인 줄 모르고 아들은 아버지를 죽인다. 그가 전쟁에 참여하지 않았더라면 페넬로페의 30년의 고통이 없었을 것이고, 자신의 전쟁 10년과 귀향 중의 10년의 고난이 없었을 것이며, 자식에게 죽는 운명에서 벗어날 수 있었을 것이다.

아가멤논은 자신의 딸을 제물로 바쳤다는 이유로 그 부인과 정부에게 살해당한다. 이도메네우스는 귀향의 대가로 아들을 제물로 바친다. 그 때문에 역병이 돈다. 그는 크레테에서 추방당한다.

아이네이아스는 트로이아가 망하고 살아남은 인물이다. 그는 유민들을 이끌고 이탈리아로 가서 훗날 로마 건국신화의 신으로 등장한다. 여신 아프로디테의 아들이기 때문에 전쟁의 참화를 비켜난다.

호메로스가 전하는 전쟁 이야기는 끔찍하다. 그리고 모두 불행하다. 행복한 이들에 호메로스가 시선을 두는 경우는 그들이 죽어갈 때이다. 아킬레우스 방패에 새겨진 행복한 삶의 모습은 아킬레우스의 죽음과 대조적이다. 전쟁의 원인인 헬레네를 찾아서 행복하다는 이야기에는 시선을 두지 않는다. 눈이 맞아서 파리스를 따라 갔는지 납치당해서 트로이아에 갔는지 메넬라오스가 헬레네를 찾은 후 행복했을지에 대해 호메로스는 이야기하기 어려웠는지 모른다. 아폴로도로스는 메넬라오스가 8년 동안 귀향에서 어려움을 겪고 헬레네를 아이큅토스에서 찾아 스파르테로 돌아간 후 헬레네와 낙원으로 갔다고 서술하고 있다. 이들이 행복한 이유는 헬레네가 제우스의 딸이어서라고 그는 말한다.

『니벨룽의 노래』는 복수의 끝은 죽음뿐임을 노래한다. 그러니까『니벨룽의 노래』는 자신들의 명예, 자존심을 버리고 평화롭게 서로 사랑하며 살라고 우리에게 모든 이의 죽음으로 강렬하게 호소한다. 마찬가지로 『일리아스』 역시 전쟁은 모두에게 인간으로 감당할 수 없는 불행을 주기 때문에 서로 평화롭게 살아야 한다는 반전평화의 사상을 설파한다. 그 강렬한 주장을 위해 묘사는 끔찍하며, 가족을 희생제물로 바치게 하고, 가족이 가족을 살해하는 차마 입으로 담기 어려운 사건들이 이어진다. 이래도 전쟁을 할 것이냐고 호메로스는 말하는 것이다.

우주의 질서, 존경과 경로효친

삶은 부모에게서 시작하고
삶의 끝은 부모가 되어 끝난다.
내 몸은 부모 소유이기에
내 몸을 내가 해칠 수 없다.
내가 드러나면 부모가 드러나는 일이라서
영웅의 이름 앞에는 부모의 이름이 먼저 온다.
삶은 물려받고 물려주는 일이다.
채워지면 떠나고
비움을 채우면서 떠남을 준비한다.
젊다고 우쭐대지 말 일이다.
그 경험이 미미함을 노인들은 안다.
부모를 욕되지 않게 하려는 자가
우주의 질서를 따르는 자이다.

[경로효친의 질서]

우리 조상들이 읽고 암송하던 중국의 『효경』에서 효의 시작과 끝에 대해 말한다. 가장 유교다운 구절이다.

身體髮膚(신체발부)는 受之父母(수지부모)이니

不敢毀傷(불감훼상)이 孝之始也(효지시야)요
立身行道(입신행도)하고 楊名於後世(양명어후세)하여
以顯父母(이현부모)가 孝之終也(효지종야)니라
몸과 머리털과 살갗은 부모에게서 받은 것이니 감히 훼손하여 상하지
않게 하는 것이 효의 시작이요
몸을 세우고 도를 행하여 후세에 이름을 날려서 부모를 드러내는 것이
효의 마침이다.

『효경』은 공자와 제자 증자의 문답 기록이다. 효경은 효에 대한 경전이
란 뜻이다.

『일리아스』는 『효경』의 효를 가장 잘 드러내는 책이다. 호메로스는 거의
언제나 자식들을 아버지의 아들로 부른다. 우리나라에서 예전에 먼저 상
대방에게 아버지 이름이 무엇인지 물었다. 그리고 본관을 물었다. 먼저 그
사람의 뿌리를 물었던 것이다. 아트레우스의 아들, 펠레우스의 아들 등 이
서사시도 그렇다. 경로효친은 서양이건 동양이건 가장 크고 긴 인간의 공
통 뿌리이다.

우리 조상들이 자식 교육에서 우리 5대조 할아버지는 영의정을 하셨다
는 식이다. 할아버지, 아버지의 명예 때문에 잘못을 저지를 수 없다. 가문
에 흠칠을 해서는 안 된다. 행동 하나가 가벼울 수 없고, 말 하나도 경박할
수 없다. 이러한 전제가 사람을 만들었다.

나이 많음은 경험의 많음이다. 지금 힘이 없다고 목소리에도 힘이 없는
것이 아니다. 그의 말은 젊은이들에게 우렁차게 퍼진다. 수많은 영웅들이
그의 나이에 경의를 표하고, 그의 말을 따른다. 네스트로 노인이 대표적인
인물이다.

전쟁에 나온 전사들은 모두 고향에 돌아가는 꿈을 꾼다. 그러나 명예가
있어야 존중받는 것을 알기에 명예가 없다면 차라리 죽음을 택한다. 서사
시의 서술자는 명예를 얻지 못하고 죽어가는 전사들에 안타까움을 표현한

다. 고향에 두고 온 늙은 부모, 사랑하는 아내와 어린 자식은 전사자들이 돌아가야 할 곳이다. 자식들로부터 존경받아야 하고, 후손들에 부끄럽지 않아야 하기에 전사들은 목숨을 구걸하려 하지 않는다.

신의 상징 세계는 이와 반대이다. 크로노스가 그의 아버지 우라노스를 제거한 일, 제우스가 그의 아버지 크로노스를 제거한 일은 자연 질서의 흐름을 상징한다. 계절의 순환이며 우주의 운행 원리로 겨울을 봄이 물리침을 드러낸다. 겨울이 물러가지 않으려는 몸부림과 봄의 도래가 싸우는 모습의 형상화이다.

인간의 질서와 계절의 질서가 다르다. 그러나 먼저 잉태하고 뒤가 따르는 질서는 같다.

서술 방식, 묘사와 비유의 대상

서술자의 시선
호메로스는 신들의 심장을 드나든다.
호메로스는 사자와 염소를 보고
또한 밤의 친구도 되었다가 새벽이 옷 입는 것도 본다.
가끔 인간으로 세상을 기웃거린다.

[다양한 방식의 뛰어난 서술 방식]
묘사는 언어로 그린 그림이다. 언어로 그림을 그릴 수 있고, 언어 외의 다양한 방식으로도 그림을 그릴 수 있다.

비유는 보조관념을 통해 원관념을 효과적으로 드러내는 방식이다. 비유에는 직유, 은유, 풍유, 대유, 의인법 등이 대표적이다.

『일리아스』는 묘사와 비유가 뛰어나다. 이들을 통해 당시의 세계, 생활상, 인식 등을 살펴볼 수 있다. 이 서사에서 눈에 띄는 서술 특징은 다음과 같다.

작가의 개입

작가의 개입 또는 편집자의 논평은 서술자가 직접 내용에 개입하여 논하고 비평하는 것을 말한다. 이러한 서술 방식은 우리의 판소리계 소설에서 자주 나타난다. 판소리로 이야기를 전달하는 사람이 이야기에 자신의 목소리를 넣어 자신의 생각을 표현할 때 작가가 개입했다고 말한다. 이광수의 『무정』, 심훈의 『상록수』 등에도 일부 이러한 서술 방식이 등장한다.

『일리아스』도 이와 같은 서술 특징을 보여준다.

노래하소서, 여신이여! 펠레우스의 아들 아킬레우스의 분노를, (첫 행)

어리석도다! 그는 제우스가 꾀하고 있는 일들을 알지 못했으니,
(중략) 고통과 탄식을 가져다줄 작정이었던 것이다.(제2권 38~40행)

아래의 경우는 작가가 죽은 전사의 훗날 이야기를 서술하고 있다. 이야기를 전달하는 사람이 전지적 시각에서 죽은 자의 미래까지 서술한다.

이제 디오메데스가 이들을 둘 다 죽여 소중한 목숨을 빼앗고
(중략). 그래서 그의 재산은 방계 친족들이 나눠 가졌다.(5권158)

시간 표현

호메로스는 시간을 의인화하여 표현하고 있다. 자연의 질서를 인간이 따라야 한다는 점을 반영한 것도 특징이다. 치열한 전쟁도 밤이 다가오면 멈춘다. 특히 '잠'을 '선물'이라 표현하는 부분은 현대인이 눈여겨보아야 할 부분일 것이다. 새벽은 아름답다. 그래서 그는 샤프란 색

옷을 입은, 장밋빛 손가락을 가진 등으로 표현한다.

> 벌써 밤이 다가왔으니 밤에게 복종하는 것이 좋을 것이오. (7권 293)

> 이윽고 그들은 자리에 누워 잠의 선물을 받았다. (7권 마지막 행)

> 샤프란 색 옷을 입은 새벽이 온 대지 위에 퍼졌을 때 (8권 첫 행)

> 이제 새벽의 여신이 불사신들과 인간들에게 빛을 가져다주려고
> 당당한 티토노스의 곁 그녀의 잠자리에서 일어났다. (11권 1-2)

아침나절은 신성하다. 아침나절에 백성들이 무기로 서로 쓰러뜨린다. 전쟁이 자연의 질서에 맞서 싸워 쓰러지는 모습을 대비하여 표현하고 있다. 신성한 아침나절에 사람들이 쓰러진다.

> 신성한 날이 점점 자라나는 아침나절에는 양군의 날아다니는
> 무기들이 서로 상대방을 맞혀 백성들이 잇달아 쓰러졌다.(8권 66-67)

묘사를 통한 비유

호메로스의 비유는 적확하고, 적실하며, 여실하다. 그 비유의 대부분은 직유법과 의인법이다. 직유는 때로 몇 행씩이나 이어진다. '부리처럼 휜 함선'은 바이킹의 배를 떠올리게 한다. 이처럼 함선의 휘어진 모습을 새의 부리에 비유하는 것이 직유이다.

서사시에 등장하는 비유의 대상을 통해 당시 사람들의 삶의 모습을 유추할 수 있다. 그들의 삶에서 가장 유사한 상황을 묘사하여 직유의 방식으로 전달하기 때문이다. 비유의 대상은 자연현상, 사자와 양, 밀과 보리의 수확, 겨울철의 홍수, 해안의 파도, 파괴적인 불길 등 다양하다.

마치 잘 흩어지는 염소 떼가 목장에서 서로 뒤섞여도
염소치기들이 이들을 쉽사리 가려내듯이(2권 474-475)

그들이 모든 사람들 앞에서 말과 지략의 베를 짜기
시작했을 때 메넬라오스는 청산유수 같은 언변을 늘어놓았는데.(3권 212-
213)

그가 가슴에서 우렁찬 목소리로 겨울날의
눈송이와도 같은 언변을 토하자.(3권 221-222)

마치 어머니가 단잠이 든 아이에게서 파리를 쫓아버리듯(4권 130)

마치 양귀비가 정원에서 제 열매와 봄비의 무게를
이기지 못해 한쪽으로 고개를 숙이듯이, 꼭 그처럼
그는 투구의 무게를 이기지 못해 한쪽으로 고개를 숙였다.(8권 306-308)

날카롭고 쓰라린 화살이 해산하는 여인을 엄습할 때와도 같았다.(11권 271)

마치 게으른 당나귀가 들판을 지나다가 소년들에게 반항할
때와도 같이 ―당나귀는 이미 막대기가 수없이 부러지도록 매 맞은
경험이 있어 소년들이 막대기로 치는데도 막무가내로 무성한 곡식밭으로
들어가 닥치는 대로 뜯어먹는다. 소년들의 힘이 약하기 때문이다.
그래서 꼴을 실컷 먹은 다음에야 소년들은 당나귀를 간신히 끌어낸다 ―
꼭 그처럼 용맹무쌍한 토로이아인들과 널리 이름난
동맹군들은 이때 텔라몬의 아들 큰 아이아스의 방패 한복판을
창으로 치며 계속해서 그를 추격했다.(11권 559-565)

죽음 표현

처참한 죽음의 표현은 그 강렬함으로 현대 서양 드라마 또는 영화에서 그대로 재현된다. 이런 점에서 홍익인간(弘益人間), 널리 인간을 이롭게 한다는 우리 민족의 이념은 가장 인간적이며 가장 훌륭하다. 언젠가 세계의 모든 이념 중 이상적인 이념 하나만 남는다면 '홍익인간'이 될 것이다.

호메로스는 전쟁이 처참한 죽음을 가져온다는 점을 사실적으로 묘사한다. 이를 통해 전쟁을 똑바로 보고 전쟁을 멀리해야 함을 호메로스는 우리에게 말하고 싶은 것이다. 특별히 죽음을 처참하게 그리고 다양한 방식으로 표현한 의도를 우리가 제대로 해석해야 할 것이다.

창을 이마로 밀어 넣자, 청동 창끝이 뼛속을
뚫고 들어갔다. 그리하여 어둠이 그의 두 눈을 덮자
그는 격렬한 전투에서 탑처럼 쓰러졌다 (4권 460-463)

청동 날이 박힌 창대로 찔러 그의 사지를 풀어버렸기 때문이다.(4권 469)

창으로 그의 배꼽 옆을 찌르자 창자가 모두
땅 위로 쏟아졌고, 어둠이 그의 두 눈을 덮었다.(4권 525-526)

그의 오른쪽 엉덩이를 치자, 창끝이 곧장 방광을 지나
치골 밑을 뚫고 나왔다. 그래서 그는 비명을 지르며
무릎을 꿇고 쓰러졌고 죽음이 그의 주위를 내리덮었다.(5권 66-68)

날카로운 창으로 머리의 힘줄을 치자, 청동이 이빨 사이를
뚫고 나가며 혀뿌리를 잘랐다.(5권 73-74)

판다로스의 눈 옆 코로 인도하여 하얀 이빨들을 꿰뚫게 했다.

그리하여 닳지 않은 청동이 그의 혀를 뿌리째 자르고

창끝이 턱 밑으로 뚫고 나오니, 그는 전차에서 떨어졌고

그의 위에서는 번쩍이는 무구들이 요란하게 울렸다.(5권 291-294)

그는 백성들의 목자인 파시우스의 아들 아피사온의

횡경막 밑 간을 맞혀 그 자리에서 그의 무릎을 풀었다.(11권 578-579)

여자의 운명

이쁜 걸 어쩌란 말인가, 헬레네와 캇산드라의 시련

이쁜 것은 내 탓이 아니다.

내 삶도 내 탓이 아니다.

신이 그렇게 만들었는데 난들 어쩌란 말인가.

이리저리 끌려 다니는 것을 난들 어쩌란 말인가.

여기저기 수군거리는 것을 어쩌란 말인가.

추한 것도 내 탓이 아니다.

거들떠보지 않는 삶도 내 탓이 아니다.

아무도 바라보지 않는다고 해서 불행이 아니다.

그렇게 태어난 것을 난들 어쩌란 말인가?

내가 남들을 바라보아야 하는 것을 난들 어쩌란 말인가?

아무도 관심 없는 것이 어찌 나쁘단 말인가?

그 무관심이 주는 편안함이 또한 누릴 바 아닌가?

이것이 자신의 뜻대로 사는 삶이 아닌가?

이뻐서 던져진 운명인 것을

헬레네, 그리고 캇산드라의 어긋난 운명을 그들이라고 어쩌란 말인가?

[자신의 뜻과 다른 삶을 사는 미인들]

헬레네: "미인이라고 꼭 좋은 것은 아니야. 나는 아버지가 제우스신인
지 스파르테 왕 틴다레오스인지 잘 모르겠어. 엄마 레다가 백조 알로 태
어난 나를 키운 것만은 맞아. 엄마가 하루 저녁에 두 남자와 자면서 사랑
을 나누었는데 엄마라고 내가 누구의 딸인지 알겠어? 당연히 나도 내 아
버지가 누군지 진실로 몰라. 백조로 변신한 제우스의 딸이라면 나는 신
의 혈통이고, 틴다레오스 왕의 딸이라면 인간 혈통으로 스파르테(스파르
타) 공주야. 신의 혈통이라면 나는 신이니까 죽지 않을 거야. 내가 죽는
지 지켜보면 알 거야. 자매로 클리타임네스트라가 있지. 나중에 아가멤
논과 결혼하고 나는 메넬라오스와 결혼해. 그리고 나는 트로이아의 알
렉산드로스 왕자와 사랑에 빠지지. 사실 그게 사랑인지 나도 모르겠어."

테세우스: "헬레네는 인간 여성들 중 최고의 금발 미녀야. 아직은 어리
지만 미리 헬레네를 차지해야겠어. 미의 여신으로 아프로디테가 있고,
아프로디테가 질투했던 프시케는 에로스의 부인이 되었어. 프로메테우
스의 동생 에피메테우스의 아내 판도라도 미인이지만 내가 차지할 수
있는 여자는 헬레네야. 헬레네를 납치해야겠어."

(헬레네를 납치한다)

디오스쿠로이 형제: "감히 우리 여동생 헬레네를 납치하다니. 테세우스
가 없을 때 아테나이를 쑥대밭으로 만들고 여동생을 찾아오는 것은 일
도 아니지. 테세우스 어머니와 여동생 클리메네까지 잡아왔으니 두 여
자를 노예로 부려먹자."

(구혼자들이 몰려든 스파르테 궁전)

틴다레오스: "아비라서가 아니라 나의 딸 헬레네가 이쁘긴 하지. 아카이
오이족 전체 왕들이 구혼자로 수많은 지참금을 들고 몰려드는 것을 보

니 누구나 인정하는 절세미인이야. 구혼자 놈들이 강력한 스파르테 왕국을 노리고 헬레네에게 구혼하려는 것 아냐? 내 왕위까지 물려줄 사람은 가장 강력한 미케네 왕 아가멤논의 동생 메넬라오스가 낫겠어. 잘 생기기도 했잖아!"

아프로디테: "미의 여신인 내가 보아도 헬레네가 인간 최고의 미녀야. 황금사과를 가질 때 했던 약속으로 헬레네를 파리스와 사랑하게 하겠어. 아홉 살 헤시미오네 딸이 있는 유부녀 헬레네면 어때? 사랑은 용감한 자가 얻게 되는 것이니 파리스에게 용기도 불어 넣어야지. 파리스가 잘 생긴 미남이지만 아내가 있는데 남의 아내를 데리고 왕궁으로 돌아가기가 쉽지 않지. 내가 도와줘야지."

헬레네: "어머, 멋있는 왕자네. 유부녀인 내가 왜 이러지? 에로스가 사랑의 금 화살을 나에게 쏜 것이 틀림없어. 내가 파리스 왕자를 좋아하는 것은 내 탓이 아니야."

(헬레네가 트로이아로 갔는지 가지 않았는지, 납치되었는지 사랑을 따라 나섰는지, 트로이아 전쟁 후 행방이 어떠한지는 여러 설이 있다.)

크뤼세이스: "이쁜 것도 죄인가? 전쟁에서 패하면 여자들은 물건 취급당하는 신세가 되네. 그래도 총사령관 아가멤논이 나를 자기 아내보다 사랑하니 그나마 다행이지. 그런데 아빠 아폴론의 사제 크뤼세스가 나를 찾으러 오셨어. 나는 어디 있든지 이 미모로 사랑받으며 살 수 있는데. 아빠가 찾으러 왔으니까 아빠 따라가야겠네."

브리세이스: "아킬레우스가 내 부모 형제를 모두 죽이고 나를 사랑하는구나. 남자들은 전쟁에서 패하면 죽지만 여자들은 노예가 되는구나. 그런데 나는 아직 젊고 예뻐서 아킬레우스가 나를 아끼니 예쁜 여자의 운명을 어떻게 하겠어. 그런데 다시 아가멤논이 나를 빼앗아 가니 나는 뭐야? 주고 뺏고 내가 뭐 물건이야? 아가멤논이 빼앗고 다시 아킬레우스에게 나를 돌려주면 나는 어떻게 처신해야 해? 아킬레우스 품에서 웃어야 해? 아니면 울어야 해? 그것도 아니면 조선의 지조 있는 여자처럼 가족

의 복수를 꿈꾸어야 해? 조선 여인들의 은장도라도 준비해야 하는 거 아냐?"

캇산드라: "트로이아 왕가의 남자들은 미남이고, 여자들은 미인이라서 시끄러운 일이 많아. 파리스 녀석도 그렇고 나도 그렇잖아. 아폴론 신이 나에 빠져서 예언 능력을 주었는데 남자들은 젊고 이쁠 때만 여자에 관심이 있고, 나이 들고 병들면 다른 여자를 찾아가는데 아폴론과 함께 살면 그럴 운명이야. 아폴론의 사랑을 받아들일 수 없어. 설령 예언 능력이 설득력을 상실해도 내 인생이 슬퍼지면 안 돼. 늙어서도 사랑받지 못하는 사랑은 사랑이 아냐!"

(아가멤논 궁전)

클리타임네스트라: "아가멤논이란 남편이 캇산드라 여자까지 끌고 와 결혼을 하는구나! 내 장녀 이피게네이아를 제물로 바친 불한당이 그 끝을 모르는구나!"

아이기스토스: "큰아버지 아가멤논이 내 아버지 튀에스테스에게 한 일을 생각하면 내가 하는 행동도 이해할 것이오. 그대의 아내이자 나의 큰어머니 클리타임네스라는 나와 서로 사랑하는 관계요. 그대 먼저 가시오. 클리타임네스트라가 칼로 저세상에 보낼 것이오."

클리타임네스트라: "캇산드라, 너도 아가멤논과 함께 가거라. 에잇, 죽어라." (캇산드라가 클리타임네스트라가 휘두른 칼에 죽는다)

모두 미인이라서 겪는 시련이다.

미남미녀의 왕궁, 신이 사랑한 나라 트로이아
파리스는 미남이어서 황금사과 심판관이 되고
최고의 미인 헬레네를 두 번째 아내로 맞는다.
형 헥토르는 나무랄 데 없는 남자,
아버지 프리아모스는 아킬레우스마저 고귀한 용모와 언변에 감탄한다.

라오메돈 아들 티토노스는 새벽의 여신에 납치당해 두 아들을 얻고

일로스의 아들이 낳은 앙키세스에 아프로디테 여신마저 넋을 놓아

여신은 아들 아이네이아스를 이데산에서 낳아 준다.

일로스의 셋째 아들 가뉘메데스는 미남이어서 제우스의 술 따르는 시종이
된다.

아들들이 미남이면 딸들도 미녀가 되는 건 십중팔구,

프리아모스의 쌍둥이 딸 캇산드라는 태양신 아폴론의 사랑을 받는 미인이다.

신이 사랑한 나라 트로이아는

신들의 노여움으로 왕궁도 왕가도 전설 속으로 소멸하나

여신은 아이네이아스를 로마로 이끈다.

로마는 유럽으로 이리저리 길을 만들고

유럽의 길은 미국으로 터를 닦아 새롭게 로마를 부흥시킨다.

[트로이아 왕가의 계보]

트로이아 왕가의 남자들은 신들이 인정한 미남들이다. 파리스는 미남이어서 제우스가 황금사과의 주인공을 가리게 한다. 그의 형 헥토르와 아버지 프리아모스는 나무랄 데 없는 남자의 모습이다. 미의 여신 아프로디테는 미남 앙키세스에게 애욕을 품는다. 트로스의 아들 기뉘메데스는 제우스의 눈에도 미남이어서 독수리로 납치하여 하늘에서 술 따르는 시종으로 삼는다.

트로이아 왕가의 여자들은 신들이 애욕을 품는 미녀들이다. 프리아모스의 쌍둥이 예언자 캇산드라는 태양신 아폴론의 사랑을 받는 미인이다. 캇산드라는 아폴론이 준 예언 능력을 받고 아폴론의 사랑을 받아들이지 않는다. 아폴론은 그녀의 예언을 사람들이 받아들이지 않도록 만들어 버린다. 그녀의 예언은 대답 없는 메아리가 된다.

트로이아가 멸망하면서 왕가는 죽거나 종이 된다. 왕 프리아모스는 아킬레우스 아들 네옵톨레모스에게 살해당한다. 왕비 헤카베는 오뒷세우스의

종이 된다. 첫째 왕자 헥토르는 아킬레우스가 죽인다. 둘째 왕자 파리스는 아폴론 신의 도움으로 아킬레우스의 발을 쏘아 죽이지만 헤라클레스의 활과 화살을 물려받은 필록테테스의 화살에 맞아 죽는다. 아가멤논의 소유가 된 캇산드라는 아가멤논의 아내 클리타임네스트라가 죽인다. 딸 폴릭세네는 아킬레우스의 제물이 된다. 전쟁의 패배로 모든 것을 잃게 된다.

　트로이아 왕가의 역사를 살펴보자.

　신들의 왕 제우스와 아틀라스의 딸인 님페 엘렉트라 사이에서 이아시온과 다르다노스가 탄생한다. 이아시온은 여신 데메테르를 겁탈하려다 제우스의 벼락을 맞아 죽는다. 다르다노스는 일로스와 에릭토니오스 두 아들을 낳는다. 일로스는 자식 없이 죽고, 에릭토니오스는 트로스를 낳는다. 트로스는 왕위를 계승하자 나라 이름을 자기 이름을 따서 트로이아라고 부른다. 트로스는 세 아들 일로스, 앗사라코스, 가뉘메데스를 낳는다. 일로스는 프뤼기아에 가서 레슬링에서 우승해 얼룩빼기 암소 한 마리와 쉰 명의 소년과 소녀를 상으로 받는다. 신탁에 따라 암소가 누운 장소에 도시를 세우고 자기 이름을 따서 일리온이라 부른다. 둘째 아들 앗사라코스는 아들 앙키세스를 낳고 그 앙키세스에게 애욕을 품은 미의 여신 아프로디테는 아이네이아스와 뤼로스를 낳는다. 아이네이아스는 트로이아 전쟁에 참여하고, 훗날 트로이아 유민을 이끌고 이탈리아로 건너가 로마의 건국 서사시의 주인공이 된다. 셋째 아들 가뉘메데스는 제우스가 독수리로 납치하여 하늘에서 신들에게 술 따르는 시종이 된다. 일로스는 라오메돈을 낳고 라오메돈은 티토노스, 람포스, 크뤼티오스, 히케타온, 포다르케스를 낳고, 요정에게서 아들 부콜리온을 낳았다. 티토노스는 그를 사랑한 새벽의 여인에게 납치당해 아들 에마티온과 멤논을 낳았다. 인간 세상으로 유배를 온 아폴론과 포세이돈이 트로이아 성을 쌓았는데 라오메돈이 품삯을 주지 않자 두 신은 헤라클레스에게 해결을 요청한다. 헤라클레스의 요청에도 보상을 받지 못하자 헤라클레스는 막내 포다르케스만 남겨두고 모두 죽인다.

[표_6] 미남 미녀의 가문, 프리아모스 왕가의 계보

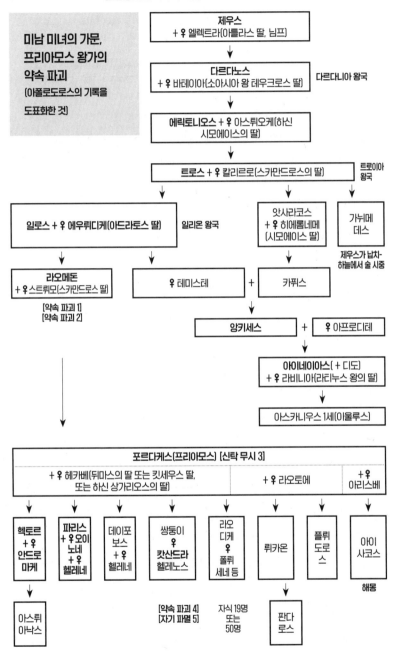

미남 미녀의 가문, 프리아모스 왕가의 약속 파괴
(아폴로도로스의 기록을 도표화한 것)

제우스
+ ♀ 엘렉트라(아틀라스 딸, 님프)

다르다노스
+ ♀ 바테이아(소아시아 왕 테우크로스 딸) — 다르다니아 왕국

에릭토니오스 + ♀ 아스튀오케(하신 시모에이스의 딸)

트로스 + ♀ 칼리르로(스카만드로스의 딸) — 트로이아 왕국

일로스 + ♀ 에우뤼디케(아드라토스 딸) — 일리온 왕국

앗사라코스 + ♀ 히에롬네메(시모에이스 딸)

가뉘메데스 — 제우스가 납치-하늘에서 술 시중

라오메돈 + ♀스트뤼모(스카만드로스 딸)
[약속 파괴 1]
[약속 파괴 2]

♀ 테미스테 + 카퓌스

앙키세스 + ♀ 아프로디테

아이네이아스(+ 디도) + ♀ 라비니아(라티누스 왕의 딸)

아스카니우스 1세(이울루스)

포르다케스(프리아모스) [신탁 무시 3]
+ ♀ 헤카베(뒤마스의 딸 또는 킷세우스 딸, 또는 하신 상가리오스의 딸) | + ♀ 라오토에 | + ♀ 아리스베

헥토르 + ♀ 안드로마케
파리스 + ♀오이노네 + ♀ 헬레네
데이포보스 + ♀ 헬레네
쌍둥이 ♀ 캇산드라 헬레노스
라오디케 ♀ 폴뤼세네 등
뤼카온
플뤼도로스
아이사코스 — 해몽

아스튀아낙스

[약속 파괴 4]
[자기 파멸 5]

자식 19명 또는 50명

판다로스

나중에 프리아모스(나는 산다는 뜻)로 불렸던 포다르케스는 아이아코스를 낳고 헤카베와 재혼하여 아들 헥토르, 파리스(하인이 주워다 기르면서 붙인 이름, 별명 알렉산드로스-보호해주는 남자)를 낳았으며 데이보포스, 헬레노스, 팜몬, 폴리테스, 아티포스, 힙포노오스, 폴뤼도로스, 트로일로스를 낳았다. 딸 크레우사, 라오디케, 폴뤽세나, 캇산드라도 낳았다. 다른 여인들에서 수많은 자식들을 낳았다. 헥토르는 안드로마케와 결혼한다.

알렉산드로스는 하신 케브렌의 딸 오이노네와 결혼한다. 오이노네는 레아한테 예언술을 배워 알렉산드로스에게 헬레네를 데려오지 말라고 경고한다. 알렉산드로스는 필록테테스가 헤라클레스의 활로 쏜 화살에 맞고 오이노네를 찾아가나 치료를 거절한다. 오이노에가 치료약을 가지고 찾아갔으나 이미 그가 죽은 것을 보고 목을 매어 죽는다.

트로이아 왕가는 멸망하고, 전쟁에 참여한 아이네이아스가 이탈리아로 유민을 이끌고 가서 로마의 건국 신화로 이어진다. 영국의 조상이 트로이아라고도 한다.

현재의 미국은 로마를 계승하는 것처럼 보인다. 워싱턴의 많은 관공서 건물들은 희랍이나 로마의 양식의 재현이다.

전쟁, 노예로 전락하는 왕가의 여인들

주인과 노예

승자와 포로

트로이아 왕가의 여인들은 전쟁에서 패한 후

포로가 되고 노예가 되고 전리품이 된다.

복수의 씨앗이 될 사내들은 아이조차

새로운 결실을 맺지 못하도록 뿌리째 캐어낸다.

헤카베, 안드로마케, 캇산드라, 폴뤽세네

그리고 트라케 왕에게 맡겨둔 폴뤼도로스

헥토르 아들 아스튀아낙스

영광의 이름들이 한 순간에 나락으로 곤두박질친다.

그들의 구원의 손길은 치욕이거나 죽음뿐이다.

이제

사람과 사람

인간과 인간

몰락한 왕가의 여인들은

어느 세월에 입센의 인형, 노라처럼 집을 나설까?

아마조네스족 여전사가 될까?

다시 왕가의 여인들이 될까?

미남미녀로 어느 세상에 환생이나 할까?

[서사 속 여인들의 운명]

(딸 폴뤽세네가 아킬레우스 제물로 끌려갈 때)

헤카베: "내가 낳은 자식, 파리스가 트로이아를 불바다로 만들었구나. 내 딸 캇산드라의 예언을 들었어야 했는데 후회막심하구나. 쉰 명의 자식을 낳은 아버지인 내 남편 프리아모스를 적군이 살해하고, 우리 왕가의 여자들은 승자들의 전리품으로 산산이 흩어지는구나. 전쟁 중에 첩자로 왔던 오뒷세우스를 내가 살려줬던 적이 있는데 오뒷세우스는 냉혈한처럼 내 딸 폴뤽세네를 살려 달라 애원해도 아무 소용이 없구나. 더구나 이 몸은 오뒷세우스에게 배정되었으니 배은망덕한 사람 밑에서 어찌 살겠나! 내가 살려준 사람이 내 애원을 들어주지 않고 내 가슴에 칼을 꽂아 내 가슴을 도려내는구나! 괘씸한 오뒷세우스! 왕비였던 몸이 늙어서 교활한 오뒷세우스의 종이 되다니 오래 살아서 한이 되는구나! 가련하게 나는 가장 나쁜 제비를 뽑았구나!"

(아들 폴뤼도로스의 시체가 바닷가에서 떠밀려 올 때)

헤카베: "프리아모스가 잘 지켜달라고 보물과 함께 트라케 왕 폴뤼메스토르에게 맡긴 아들이 시신으로 떠돌다니! 아가멤논 총사령관에 복수해주기를 애원해도 반응이 없으니 내가 처리해야겠어. (폴뤼메스토르에게) 보물을 좋아하는 트라케 왕이여, 트로이아의 황금을 묻어준 장소를 알려 주겠소. 그대와 아들이 함께 오시오. (그들 둘이 등장) 트로이아 여인들이여, 트라케 왕의 눈을 찔러 멀게 하고 아들들을 죽여라."

(폴뤽세내가 아킬레우스 혼령의 제물로 바쳐질 때)

폴뤽세네: "헤카베 어머니, 어머니가 애원해도 나는 아킬레우스 제물이 되고 마네요. 오빠 헥토르를 죽이고, 파리스에게 목숨을 빼앗긴 아킬레우스가 죽어서 그 혼백이 나를 요구하니 오뒷세우스가 나를 아킬레우스 무덤에 제물로 바치네요. 내 목숨은 그들 것이니 어찌하겠어요. 적군의 노예로 사느니 차라리 제물로 바쳐지는 것이 나을지도 몰라요. 어머니, 안녕히 계세요."

안드로마케: "내 주인은 오늘부터 아카이오이족이구나! 아아, 내 자식들! 내 자식과 함께 나는 전리품으로 노예가 되어 끌려가는구나! 폴뤽세네가 오히려 부럽구나! 남자와 동침하는 것에 대해 여자가 혐오감을 해소하는 데는 단 하룻밤이면 충분하다지만 나는 전남편을 잊고 다른 남자를 사랑하는 여자가 혐오스럽다. 내가 혐오스럽구나!"

탈튀비오스 전령: "그대 아들을 내놓으시오. 가장 용감한 아버지의 아들, 아스튀아낙스를 남겨두면 우리에게 불행이 될 수 있소. 아카이오이족이 그대 아들을 죽이기로 결정했소."

안드로마케: "내 남편을 죽인 아킬레우스, 그 아들 네옵톨레모스와 결혼하다니! 그리고 또 그가 헬레네의 딸 헤르미오네와 결혼하다니, 나는 노예로 와서 첩으로 사는구나!" (네옵톨레모스가 델포이에서 살해당한다)

안드로마케: "내 운명이 기구하구나! 내 남편 원수의 아들과 결혼해서 세 자식 몰로소스, 피에로스, 페르가모스를 낳다니. 네옵톨레모스가 죽어서 이제 다시 헥토르의 동생 헬레노스에게 넘어가는 신세가 되었구나. 내 뜻과 달리 세 번이나 결혼하는 신세가 되어버렸구나." (헬레노스와 사이에서 두 아들을 낳는다.)

안드로마케: "내 운명의 끝은 어디란 말인가! 헥토르, 네옵톨레모스, 헬레노스 모두 죽으니, 이제는 내 아들 페르가모스와 여생을 함께 해야겠네. 남편 원수의 아들의 자식이지만 내 자식이기도 하니 어미로서 다른 방도가 없네."

오이노네: "나는 파리스의 아내이지만 호메로스는 『일리아스』에 나를 등장시키지도 않았어. 아내인 내가 있는데 파리스는 헬레네를 데려왔어. 파리스가 밉지만 신들의 장난이니 어쩌겠어. 아, 이제 파리스도 죽었으니 나도 파리스를 따라 저 세상으로 갈 거야. 파리스가 없는 세상이 무슨 소용이겠어." (파리스를 따라 스스로 장작더미에 몸을 던져 목숨을 끊는다)

트로이아 왕가는 신들조차 탐내는 미남미녀로 이루어졌다. 남자들은 대부분 전투에서 죽고, 여자들은 전리품으로 아카이오이족의 장수들에게 배당된다. 그중 일부는 죽고, 일부는 남편이 죽을 때마다 다른 남자들의 여자로 삶의 위치가 달라진다. 늙은 헤카베는 노예로 살고, 캇산드라와 폴뤼세네는 죽는다. 안드로마케는 아카이오이족과 두 차례 결혼하여 자식을 낳는다. 이들이 자신의 운명을 알았다고 해서 운명을 극복할 수 있었을까? 운명을 극복하거나 극복하지 못하는 것조차 운명으로 정해져 있으니 인간은 주어진 삶에서 최선을 다할 뿐이다. 나머지는 하늘이 알아서 할 뿐이다.

바람난 여신들과 여인들의 길

헬라스 신화에서 신들은 인간의 또 다른 욕망의 화신이다.
인간의 내면에는 희랍 신들이 모두 들어 있다.
제우스 같은 상황에 놓이면 제우스처럼 행동하고
헤라의 처지가 되면 헤라같이 질투한다.

신화 속에서 많은 여자들은 남자를 피해 도망간다.
신이거나 인간이거나 여자들은 달아난다.
때로 아프로디테처럼 남자를 유혹하는 여자도 있고
아프로디테의 복수로 클리타임네스트라, 아이기알레이아처럼 변절한 여자
도 있다.
전쟁 때문에 헬레네처럼 운명적으로 결혼을 반복하는 여자도 있다.
페넬로페처럼 일편단심의 여인이었다가
짝을 잃은 후 새로운 아내가 되는 여인도 있다.

여신이 남자를 유혹하고
영웅이 여인에게 배반당할 때
필멸의 인간은 새로운 삶의 힘을 얻는다.

[여자의 선택과 운명]

대지의 여신 가이아는 아들 우라노스, 폰토스와 결혼하여 많은 신을 낳는다. 미와 사랑의 여신 아프로디테는 인간 앙키세스에 반해 이데 산에서 동침하여 아이네이아스를 낳는다. 다른 기록에서는 아프로디테는 바람둥이 여신으로 대장간의 신 헤파이스토스의 남편이지만 그 동생 아레스와 불륜의 사랑을 한다.

이를 소재로 한 그림에는 아프로디테(로마어 베누스, 영어 비너스), 아레스(로마어 마르스), 헤파이스토스(로마어 불카누스)가 함께 등장하여 그들의 불륜 현장을 신들이 구경한다. 가장 재미있는 그림은 헤파이스토스가 아프로디테의 불륜을 확인하려 할 때 그의 뒤에 아레스가 숨어 있는 모습이다. 한스 로텐해머의 〈Venus und Mars〉, 한스 콘래드 귀게르의 〈berraschung der Venus bei Mars durch Vulkan〉, 파리스 보로도네의 〈Mars and Venus, surprised by Vulcan〉, 마르텐 반 헴스케르크의 〈Vulcan, Venus and Mars〉, 요한 하이스의 〈Vulcan Surprising VENUS and MARS〉, 요하킴 브테바엘의 〈Mars and Venus Surprised by the Gods〉, 파도바니노의 〈Venus and Mars Surprised by Vulcan〉, 틴토레토의 〈Venus, Mars, and Vulcan〉 등이 유명하다.

인간 중에는 스스로 바람을 핀 여자보다는 운명에 끌려서 여러 남자와 결혼하는 여자들이 대부분이다.

헬레네가 대표적이다. 헬레네는 메넬라오스와 결혼하여 헤르미오네를 낳았지만 파리스를 따라 트로이아로 간다. 파리스와 결혼한 헬레네는 현 남편 파리스와 전 남편 메넬라오스가 일대일로 전투하는 장면을 지켜본다.

헬레네의 자매인 클리타임네스트라는 아가멤논의 아내이다. 트로이아 전쟁에 나간 사이 그녀는 아가멤논 가문인 아이기스토스와 정부 관계이다. 아가멤논이 돌아오자 클리타임네스트라는 남편을 죽이고 남편이 데려온 프리아모스의 딸 캇산드라도 죽인다. 왕비와 아이기스토스를 아가멤논의 아들 오레스테스와 딸 엘락트라가 살해한다. 고대 희랍 비극의 주요 소재이다.

헥토르의 아내 안드로마케는 남편을 죽인 아킬레우스의 아들의 아내가 된다.

지극한 일편단심의 사랑을 간직한 여성은 오뒷세우스의 아내 페넬로페다. 첫 전쟁에 나간 10년(이 10년에 대해서는 기록이 많지 않다), 두 번째 전쟁에 나간 10년, 귀향 10년 동안 수많은 구혼자를 물리치며 남편을 기다린다. 남편이 전쟁에 나갈 때 아기였던 텔레마코스가 성인이 되고, 아내 페넬로페는 추측건대 쉰 전후의 중년 여인이 될 때이다.

바람둥이 여신이나 여인과 달리 결혼을 하지 않는 신들도 있다. 제우스의 누이 헤스티아는 처녀로 산다. 포세이돈, 아폴론에게 구애를 받지만 평생 혼자 살기로 맹세한다. 헤스티아는 화로를 지키며 가정의 질서를 담당한다.

계절의 여신인 3자매 에우노미아(질서), 디케(정의), 에이레네(평화) 등 호라이는 결혼하지 않은 신들이다. 세 명의 운명의 여신 클로토, 라케시스, 아트로포스 등 모이라이도 처녀들이다. 음악과 시의 여신 아홉 명의 무사이 신들도 결혼하지 않는다. 서사시는 무사 여신에게 노래하게 해 달라고 기원하면서 시작한다.

우미(優美)의 세 여신 카리테스는 아프로디테를 수행하는 미혼의 여신들이다. 에우프로시네(명랑, 유쾌), 아글라에아(아름다움), 탈리아(발랄, 풍요) 등 카리테스는 언제나 셋이 등장한다. 보티첼리, 라파엘로, 루벤스는 카리테스 세 여신을 그렸다. 세 여신이 등장하는 그림은 거의 언제나 카리테스 여신인지 확인해야 한다.

춤과 술과 음식

윤무(輪舞), 남녀의 춤
프리아모스는 헥토르의 시신을 찾아 나서기 전

살아남은 자식들은 창피스런 것들뿐이라 말한다.
춤 잘 추고 윤무에서 발 구르는 데는 일등이란다. [24권 261행]

아킬레우스의 방패에는
대지와 하늘과 바다와 태양과 만월(滿月)을 새겼다.
대지의 한 도시에서는
축혼가가 높이 울려 퍼지고
젊은이들은 빙글빙글 돌며 춤을 추고
피리와 포르밍크스 소리가 높이 울린다.

황금 포도밭에서는
처녀총각들이 포도를 나르고 있고
그들 사이로 한 소년이 포르밍크스를 뜯으며
리노스의 노래를 부른다.
그 가락에 나머지는 발을 맞춰 노래하고 환호하며 춤춘다.

무도장에는
총각과 처녀가 서로 손목을 잡고 춤춘다.
소를 구혼 선물로 받은 처녀들은
린네르 의상, 아름다운 화관을 쓰고
총각들은 은띠에 황금칼을 찼다.
그들은 경쾌하게 원을 그리고
때때로 줄지어 서로 마주 달려가곤 한다. [18권 483행~끝]

세상살이 기쁠 때
저절로 더덩실 춤을 춘다.
축제 때는 신들을 기쁘게 하기 위해 무당은 춤을 추고

기쁨이 넘칠 때 인간들은 그 기쁨으로 춤을 춘다.
때로 남녀가 유혹하기 위해 춤춘다.
유혹은 혼인으로 이어지고
혼인은 행복으로 이어지나
그러나 사람들은 종종 춤을 잊고 산다.

[서사 속 춤 이야기]

현대 희랍 델피에서는 극장에서 부조키라는 음악에 맞추어 춤을 추는 공연을 한다. 희랍의 춤은 현재 200여 개 이상이라고 한다. 그중에 전통 춤으로 『일리아스』에 등장하는 윤무가 현재에도 이어지고 있다. 고대 희랍에서는 BC 11세기에 춤이 일반화되고 BC 5세기에 춤이 예술이 되었다고 한다. 고대 희랍은 신과 술과 춤의 나라이다.

'巫'는 '무당 무'라는 한자이다. 이 글자는 소맷자락을 길게 늘어뜨리고 춤을 추는 모양을 나타낸 상형문자이다. 무당은 신을 기쁘게 하기 위해 소맷자락을 날리며 춤을 춘다. 춤추는 모습을 보고 신이 기쁘면 신은 인간이 궁금해하는 답을 무당에게 전하고, 무당은 인간에게 신의 말을 전한다.

무당은 음악 소리만 나오면 춤을 추려 한다. 우리의 '봉산탈춤'에서 장구 소리가 나오니까 곧바로 무당이 춤을 추려는 장면이 그에 해당한다.

춤은 축제와 연관된다. 축제는 축하와 제사 의식이다. 곧, 신에게 기쁜 마음으로 제사를 지내는 일이 축제이다. 모든 축제는 반드시 어떤 형태로든 제사 의식이 있고 신을 기쁘게 하는 노래와 춤이 있다. 요즘은 제사 의식이 없더라도 축제라고 한다. 이를 의식해서 제사 의식이 없는 행사를 축제 대신 '축전(祝典)'이라는 용어를 사용한다. 이로 보아 춤은 신을 기쁘게 하는 일이 첫 번째 기능이다.

두 번째, 춤은 남녀 구혼의 문화 양식이다. 세계 대부분의 나라에서 민중들은 남녀가 춤을 추면서 짝을 찾는다. 구혼 양식으로써 춤의 공통점은 돌아가면서 춤을 추는 윤무이다. 여러 사람들과 춤을 추려면 윤무여야 하고 그 윤무 속에서 자신의 짝을 찾는다. 각 나라의 민속춤에서나 영화 속 유럽 상류층의 사교 모임에서 남녀가 추는 춤 등이 그렇다. 신분이 중요한 계급 사회에서는 계급 속에서 결혼한다. 제우스가 신들 속에서 배우자를 찾아야 했기에 누나 또는 누이인 헤라를 아내로 맞이하는 것과 같다. 부모에 의해 결혼 상대자가 결정되는 경우는 춤의 역할이 적거나 없을 수 있다.

남녀 구혼의 춤은 무도장에서 즐거움을 위한 춤으로도 나타난다. 세계 여행지마다 모두가 어울려 춤추는 모습은 즐거움을 위한 춤이다. 크루즈 여행에서는 밤마다 춤추는 공간에 술이 있고 음악이 신나게 울려 퍼진다.

프리아모스가 살아남은 자식들을 나무라는 것은 춤만 잘 추기 때문이다. 파리스의 경우도 그가 등장하는 그림에는 악기가 들려 있다. 행복이 악기와 춤에 있다 할지라도 프리아모스 입장에서는 나라가 위험할 때 역할을 다하지 못하는 자식들에 대한 분통이 춤으로 나타나게 된 것이다. 춤은 평화로울 때 행복의 몸짓이지만 전쟁에서 춤은 전쟁의 역할을 수행한 후에야 빛을 낸다. 자신의 역할을 다하지 못하고 춤만 추었던 자식들에 대한 미움의 표현이다. 그도 그럴 것이 프리아모스에게 쓸 만한 자식들은 다 죽었기 때문이다.

세 번째, 춤은 노동의 힘겨움을 즐거움으로 극복하는 수단이다. 이는 세계 보편적 현상이다. 우리나라의 경우 예전에 모내기를 할 때 논두렁에서 풍물을 치거나 모내기하는 사람들이 번갈아 가며 모를 손에 들고 춤을 추었다. 평생교육원이나 지자체 문화공간에서 많이 하는 라인댄스는 미국 서부 노동자들이 저녁에 술집에 모여 함께 발을 맞춰 가며 추던 춤이라고 한다. 노동을 하거나 노동이 끝나고 추는 춤은 힘겨움의 극복이나 즐거움의 표현 양식이다.

네 번째, 춤은 건강을 위한 스포츠 역할을 한다. 강렬한 운동만이 운동이 아니다. 오히려 춤이 건강에 더 좋다. 무리하지 않으면서 평소에 쓰지 않는 근육을 사용하여 몸을 움직이고 춤의 순서를 외워야 하기 때문에 육신과 정신의 건강에 도움이 된다. 춤은 함께 하기 때문에 사교에도 도움이 된다. 이러한 이유로 나이 들수록 건강을 위한 운동으로 춤을 권장하기도 한다.

전투와 포도주, 그리고 희석용 동이

쌀의 술 막걸리와 청주,
포도가 자라는 지역의 포도주와 코냑,
모두가 육신을 버리고 발효되어
술은 쌀과 포도의 영혼으로 인간의 영혼이 된다.

삶은 종종 잊어야 하고
때론 붕붕 띄워야 한다.
얼굴에 표정 없이 늙다가
근육조차 움직임이 없으면
휘어지지 않는 나무가 되고
굳은 나무는 물줄기를 빨지 못하고 뱉어낸다.

술은 인간을 부드럽게 한다.
때론 경건한 자를 휘청거리게 하고
전투에서 죽어가는 자에게까지 용기를 폭포수처럼 쏟아붓는다.
언제나 같은 자세로 걷는 직선에
술은 곡선을 그으며 원조차 그린다.
삶의 추위를 술은 잊게 하며
더 긴 영혼의 즐거움을 위해
그리고 더 큰 전쟁의 기대를 품고
전사들은 희석용 동이에 포도주를 넣고 물을 섞는다.
한두 잔으로 쓰러지기보다

심심할 때면 들어 올리는 기나긴 여운의 술잔이 좋다.
전쟁에서 술은 금지의 대상이며
사기충천의 근원도 된다.

포도주 원액에, 막걸리 원액에 물을 타고
위스키에도 코냑에도 물이나 얼음을 넣으면
술잔은 길어지고
술의 향기는 오래 머문다.
더 용감하려면 소주에 맥주를 섞고
위스키에 맥주를 섞는다.
아니면 콜라나 사이다도 좋다.
멋과 맛을 위해 삶은 술처럼 섞는 것이다.

[술의 기능, 그리고 희석용 동이에 섞어 마시기]

술을 세계보건기구(WHO)는 1급 발암물질로 지정하였다. 술은 물을 마시기 어려운 조건에서 특히 발달하였다. 물을 오래 보관하기 어려운 선원들이 술을 마신 경우가 이에 해당한다. 몽골의 마유주도 마찬가지이다. 석회질의 물이 많은 나라에서 맥주가 물을 대용하기도 한다.

동서고금에서 나라마다 조건에 따라 금주령이 내려져 왔다. 우리나라의 금주령은 대부분 흉년일 경우이다. 건강 문제로 인한 금주령은 환자 외에는 없다. 건강은 개인의 문제이다.

첫째, 술은 신을 위한 종교적 기능이 있다. 농경사회의 제천의식, 곧 제사의식에서 올리는 헌주, 천주교에서 미사를 올리면서 행하는 포도주 봉헌 등은 종교적 기능이다. 술은 대지의 영혼이다. 희랍신화에서 신들은 신들의 음료를 마신다. 알코올이 있는 술은 인간이 신들에게 올리는 인간의 음식이다. 『일리아스』에서 신들은 고기 태우는 냄새를 즐기며 암브로시아나 넥타르 등 신의 음료를 마신다. 희랍신화에서 신은 술을 마시지 않는다.

둘째, 술은 삶의 질을 높이는 문화생활의 기능이 있다. 이를 다르게 표현하면 사교와 향락, 연회를 위한 유희 기능이다. 술과 관련하여 다양한 문화 행사가 이에 해당한다. 독일의 맥주 축제, 유럽권의 와인 축제 등이 그렇다. 연회에서 술이 빠지는 일이 없다. 사람들은 저녁이면 음식과 함께 술을 마시며 삶을 즐긴다. 술은 음식과 함께 매일 접하는 일상의 문화 영역이다.

셋째, 건강 차원의 기능이다. 적당한 음주가 건강에 도움이 된다는 자료는 수없이 많다. 그러나 그 양은 매우 제한적이다. 절제의 문제가 해결될 때 건강에 도움이 된다.

술은 건강상의 문제, 타락한 생활 등으로 문제가 되기도 한다. 술을 적당히 마시기란 매우 어렵고 중독성으로 인해 부정적 기능이 문제가 된다. 음주문화는 지역에 따라 다르다. 사막 열대지방은 술을 금지하는 경향이 있고, 러시아처럼 추운 나라는 독한 술을 일상으로 마시는 경향이 있다.

BC 9,000년 경 메소포타미아에서 맥주를 만들어 마셨다. 고대 희랍에서 포도주를 마신 것이 『일리아스』에 등장한다. 보드카는 폴란드와 러시아에서 14~15세기부터 제조된다. 위스키는 동방의 증류 기술이 중세 십자군 전쟁을 통해 서양에 전래되어 스코틀랜드에서 위스키를 생산하기 시작한다. 우리나라의 술의 역사는 삼국시대 이전으로 올라간다.

모든 술은 곡물을 발효하며 만든다. 이를 발효주라 하는데 막걸리, 청주, 포도주, 맥주 등이 대표적이다. 발효주를 증류하여 만든 술을 증류주라 한다. 소주, 코냑, 고량주, 위스키, 보드카 등이 있다. 발효주는 대체로 알코올 농도가 낮아서 청주의 경우 보통 13~16%. 맥주 알코올 농도는 2~8%, 막걸리는 6~18% 등이다. 이들은 유효기간이 있다. 이들을 섞은 술을 혼성주라 한다. 이를 포함하여 술은 크게 발효주, 증류주 등 셋으로 나눈다.

증류주는 유효기간이 없다. 소주 중에 한국의 소주는 16~53%까지 다양하다. 중국의 소주는 바이주라 한다. 고량주는 수수로 만든 중국 증류주로

40~63%의 알코올 농도를 가진다. 코냑은 포도주를 증류하여 만들며 V.S, V.S.O.P, XO 등의 순으로 등급이 높아진다. 코냑은 프랑스산이 유명하다. 위스키는 스코틀랜드, 아일랜드, 미국, 캐나다 등이 주산지이다. 보드카는 러시아와 폴란드가 유명하고 무색(無色), 무취(無臭), 무미(無味)하며, 40% 이상의 알코올 농도를 갖는다.

우리나라의 소주에는 증류식 소주와 희석식 소주가 있다. 증류식 소주는 전통적인 '소줏고리'를 이용해 한 번 증류하여 곡물 발효주의 향기나 남아 있는 소주이다. 이때 증류한 소주에 물을 섞지 않는다. 안동소주, 죽력고, 이강주 등이 대표적이다. 희석식 소주는 증류기로 여러 차례 증류하여 95%의 주정을 만들고 이를 물과 감미료를 희석하여 소주로 만든다. 여러 차례 증류함으로써 곡물의 향이 없다. 고구마나 카사바 등을 원료로 하는 한국의 대중적인 소주가 이에 해당한다.

『일리아스』에서는 희석용 동이가 자주 등장한다. 희석용 동이란 포도주를 물과 섞는 동이를 말한다. 포도주 원액은 도수가 높고 양이 적어 물에 섞어서 마셨음을 알 수 있다.

포도주를 희석해서 마신 것은 우리나라에서 막걸리를 만들어 물을 섞어 마신 것과 같다. 포도주의 알코올 농도가 13~15%이고 물을 섞지 않은 막걸리가 18% 정도이다. 시중의 막걸리는 물을 타서 알코올 농도를 6%로 낮춘 것이다. 포도주를 막걸리처럼 6%로 맞춘다면 포도주 원액에 1~2.5배의 물을 넣어 섞어야 한다.

현대의 희랍 작가 니코스 카잔자키스의 소설 『그리스인 조르바』에는 마을 사람들이 라키(raki, 라크)를 마시는 장면이 나온다. 터키, 희랍, 이란, 발칸 반도 등에서 인기가 많은 술이다. 라키는 희랍에서 만들던 술을 발전시킨 형태이다.

라키는 포도 찌꺼기를 재양조하여 만든 증류주이다. 이 술은 무색인데 물을 타면 우유처럼 하얘진다. 아니스 향이 강하게 나기 때문에 호불호가 갈리는 술이다. 이 술 역시 고대 희랍인들이 포도주를 희석해서 마신 것처럼 물에 섞어 마신다. 희랍이나 터키 여행을 한다면 라키를 한 번쯤 맛보아야 한다.

술을 물에 타서 마시는 경우는 알코올 농도가 높은 경우이다. 현대에 와서 포도주를 물에 타서 마시는 일은 찾아보기 어렵다. 물을 타지 않은 막걸리는 16~18%의 소주를 마시는 것과 같다. 물을 섞어야 막걸리 잔에 마실 수 있는 술이 된다.

위스키나 코냑은 일반적으로 얼음에 타서 마신다. 고급술들은 향기로 마신다. 그런 까닭에 얼음보다 상온의 물을 타서 자기가 좋아하는 알코올 농도에 맞추어 향기를 함께 마시는 것이 좋다.

중국의 술은 알코올 농도가 높지만 매우 작은 술잔에 기름진 안주와 함께 마시기 때문에 물을 섞지 않는다. 최근 중국에서는 알코올 농도 2.5%~3%의 맥주를 판매한다. 현대에는 중국에서도 알코올 농도가 높은 술 대신 일상으로 음료처럼 마시는 술로 변화하고 있다.

보드카는 추운 지방에서 마시기 때문에 물을 타서 마시지 않는다. 러시아나 몽골 지역을 여행하면서 흔히 마시는 술이 보드카이다.

술에 술을 섞어 마시는 풍토가 있다. 폭탄주는 위스키에 맥주를 섞어 마시는 것을 말한다. 폭탄주는 그야말로 폭탄을 마시는 것과 같다는 의미에서 붙여진 이름이다. 위스키를 타서 맥주잔에 맥주처럼 마시면 취하지 않을 리 없다. 맥주 대신 콜라나 사이다를 타서 마시기도 한다. 일상적으로는 소주에 맥주를 섞어 마신다. 그 비율에 따라 맛이 다르다.

포도주의 신은 디오뉘소스이다. 라틴어로 바쿠스신이다. 음료 이름 박카스는 바쿠스에서 따왔다. 디오뉘소스는 포도주, 풍요, 광기, 다산, 황홀경, 연극의 신이다. '여성스런 남자'로 표현되며 술잔과 풍요의 뿔을 쥐고 있다.

『일리아스』에 포도주를 싣고 오는 이야기가 실려 있다. 제9권 72행에 다음과 같은 내용이 나온다.

"그대의 막사에는 포도주가 그득하오. 아카이오이족의 함선들이
매일같이 트라케에서 넓은 바다 위로 싣고 오기 때문이지요."

이로 보아 아가멤논은 트라케를 식민시로 삼아 포도주를 조달하는 것으
로 볼 수 있다. 아카이오이족의 트로이아 침략은 헬레네를 표면상의 이유
로 하여 트라케 지역 등 흑해의 해상 교통로를 확보하기 위한 것인지도 모
른다.

음식, 식량 보급
먹어야 싸운다.
전쟁에서 식량보급로 차단은 전쟁의 승패를 좌우한다.
빵을 굽고 염소와 양과 소를 잡으며 포도주를 곁들여야 힘이 솟는다.

배를 타고 트로이아로 건너가
십 년 전쟁을 버티는 방법은
금은 등으로 무역을 통해 양식을 구입하거나
아니면 트로이아 인근을 약탈하며
그 들판에서 염소와 양을 키우고
보리를 재배하는 일이다.
브뤼세이스와 크리세이스는 약탈의 증거물이다.
트로이아 인근의 식민시에서 포도주를 조달하고
때로 사냥감을 찾는다.
매일 창과 칼로 서로를 겨냥하면서 십 년은 가능하지 않은 일,
농사도 짓고, 일용할 동물도 키워야
십년을 채우는 전쟁이 가능하다.

신에게 바치는 헤카톰베에서 그들의 음식을 엿볼 수 있다. 염소고기, 양고기, 보리, 포도주 등이 신에게 바치는 음식이다. 아킬레우스가 프리아모스에게 대접한 음식은 은빛 숫양을 잡아 살코기를 꼬챙이에 꿰어 구운 고기와 빵이다. 현대 수블라키가 이와 비슷하다.

청동, 그리고 전사들의 무기

빛나는 청동은 날카로워서 무기가 된다.
청동은 칼이 되고 창이 되며 전차가 된다.
청동은 갑옷이 되고 투구가 된다.
화살이 화살통에 잠시 동안 머무를 때
전쟁의 근육은 이들 청동이나 활시위만큼 팽팽하다.
전사의 은신처, 방패는 동심원으로 세상을 겹겹이 막는다.

아카이오이족은 정강이를 보호하려고
정강이받이를 군인들이나 심마니들 각반처럼 대고
물푸레나무 창을 들어 그들의 용기를 하늘을 향해 자랑한다.
그들은 말 위에서 말처럼 뛴다.

창과 방패,
상대를 찌르고 자신은 보호하려는 모순,
전쟁은 모순이다.

청동을 재료로 만든 창과 칼, 방패가 전쟁의 무기이다. 전차를 타고 활을 쏘며 창과 칼로 전투를 했다. 전차의 장식을 청동으로 했다.
시기별로 구석기 시대, 신석기 시대, 청동기 시대, 철기 시대로 이어진다. 청동기 시대에 청동은 귀한 물건으로 특권층에서 사용하였다. 청동 창을 사용하는 사람들은 부유한 사람들이다.

『일리아스』에서 전쟁은 가진 자들의 싸움이다. 전차를 마부가 끌고 전사는 전차에서 창이나 칼을 휘두른다. 마부가 적군의 창에 맞아 죽는 장면이 서사시에 자주 등장한다.

청동은 구리와 주석의 합금이다. 시간이 지나면 산화하여 푸른색이 되기 때문에 청동이라 한다. 청동은 철보다 녹는점이 낮아 가공하기 쉽다. 청동기 시대에는 의식용 도구, 무기 등에 청동을 사용했다. 청동기 시대 청동은 주로 다른 금속과 합금이다.

청동은 철처럼 단단하지 않아 바위에 부딪치면 부서진다. 청동은 산화 피막으로 녹이 형성된 후 더 이상 부식되지 않는다. 철보다 좋은 점이다. 청동기 시대 청동은 청동 거울, 청동 방울, 청동 향로 등이 있다.

청동을 무기로 사용할 부자들의 전쟁, 귀족들의 전쟁이 트로이아 전쟁이다.

트로이아 이후 희랍과 트로이아 후예들의 전쟁

마라톤 전투

기원전 490년 페르시아는 희랍 도시국가 정복에 나선다. 페르시아의 침공은 에게해의 이오니아에서 아테나이인들이 반란을 일으켰다며 이를 응징하기 위한 명분을 내세웠다. 페르시아 앞 바다 섬들의 경우 거의 아테나이인들과 같은 민족이면서 아테나이 동맹이거나 식민지였다. 아테나이는 해양국가로서 영향력을 행사하고, 페르시아는 내륙국가로서 패권을 행사하였다.

아테나이는 스파르테에 지원군을 요청하지만 스파르테는 종교 행사로 전쟁이 끝난 후에 도착한다. 아테나이는 지휘관 밀티아데스의 지휘 아래

페르시아군을 측면에서 포위하여 공격함으로써 대규모 병력을 상대로 승리한다. 이를 기념하기 위해 마라톤 경기가 이루어졌다고 후세에 덧붙여진다. 이 전쟁의 승리로 아테나이는 희랍 동맹군의 중심이 된다.

테르모필레 전투

기원전 480년 페르시아의 크세르크세스 1세는 아테나이 원정에 나선다. 기록에 차이가 있지만 페르시아군은 20만 명의 병력, 1,200척의 함선으로 아테나이를 공격한다. 아테나이 연합군을 이끄는 스파르테 레오니다스왕은 스파르테군 300명을 주력군으로 하여 페르시아 군에 맞서 3일간 항전하다 전멸한다. 페르시아는 아테나이를 점령한다. 그러나 아테나이는 이미 빈 도시였다. 3일간의 항전으로 아테나이는 다음 전쟁을 위한 시간을 벌 수 있었다.

살라미스 해전

테르모필레 전투에서 승리한 페르시아는 아테나이로 진격한다. 그러나 아테나이 시민은 이미 살라미스 섬에 피신하였다. 기원전 480년 페르시아 해군은 좁은 아테나이 앞바다 살라미스에서 크세르크세스 1세가 보는 가운데 아테나이의 전략에 말려들어 막대한 피해를 입는다. 패전으로 페르시아는 아테나이에서 물러난다. 이후 아테나이는 희랍의 패권을 잡는다. 시간이 흘러 스파르테와 아테나이는 지금의 시칠리아 섬의 식민시 문제로 펠로폰네소스 전쟁을 일으켜 아테나이는 스파르테에 패배한다.

로마와 오스만의 지배

스파르테는 얼마 후 테바이에 전쟁에 패배하여 무너지고, 이후 희랍은 알렉산더 대왕의 마케도니아가 점령한다. 알렉산더 대왕의 영향력으로 희랍문화가 각 지역의 문화와 결합하여 헬레니즘 문화를 만들어 낸다. 이집트의 알렉산드리아는 알렉산더 대왕이 만든 가장 위대한 도시이다. 알렉산더 대왕이 죽고 난 이후 희랍은 로마의 식민지가 된다. 로마의 상류층들은 희랍인을 스승으로 두고 식민지 희랍의 문화를 받아들이는 데 힘을 쏟는다. 로마의 문화는 희랍 문화의 연장선상에 있다. 오랜 후에 로마인들은 식민지 희랍에서 벗어나려고 베르길리우스의『아이네이아스』를 그들 최고의 문학으로 떠받든다. 로마의 신들은 희랍의 신들을 로마식 이름으로 바꾸어 부르고 시저를 신으로 추앙하는 정도이다. 현재의 '그리스 로마 신화'는 없다. 사실 '그리스(희랍) 신화'만 존재할 뿐이다.

로마가 멸망하자 오스만 제국의 지배를 받는다. 오스만 제국의 지배는 터키의 지배를 뜻한다. 희랍은 1821년 독립운동을 시작한다.

발칸 전쟁

1912년 전쟁의 결과 희랍은 마케도니아, 이피로스, 크레테 섬을 차지하였다. 오스만 제국의 지배를 받고 있던 기독교 국가들, 곧 희랍, 세르비아, 불가리아, 몬테네그로 등 발칸 4국은 동맹을 맺어 약화된 오스만 제국에 선전포고를 하고 러시아의 지원을 받아 동맹군이 승리한다. 1913년 동맹국이던 불가리아가 마케도니아를 독차지하려 전쟁을 벌인다. 그러나 불가리아가 패하여 마케도니아는 희랍과 세르비아로 넘어간다.

제1차 세계대전

희랍은 제1차 세계대전 연합국으로 참전하여 승리함으로써 1919년 패전한 불가리아로부터 서트라키아를 할양받아 희랍은 현재의 국경이 거의 완성된다.

제2차 세계대전

1947년 제2차 세계대전에서 패배한 이탈리아로부터 로도스 섬 등 도데카니아 제도를 할양받았다. 희랍은 연합국으로 참전하여 승리함으로써 고대 희랍의 영토를 거의 되찾는다.

에게해 분쟁 현재 진행형

대륙붕 경계로 에게해는 희랍과 터키의 분쟁이 진행 중이다. 고대 희랍이 지배했던 섬들을 현대 희랍이 차지하고 있으나 대륙붕에서 석유 매장량이 확인되면서 대륙붕 경계로 분쟁이 일어나고 있다.

역사적으로 희랍과 터키는 지속적으로 분쟁이 이어졌다. 이는 인접국이 언제나 영토 등의 문제로 전쟁을 일삼은 것과 같은 상황이다.

『일리아스』와 함께 하는 희랍 터키 인문학 여행

신화 여행에서 에게해의 하얀 섬을 그린다

대부분 희랍은 터키와 묶어서 패키지여행이다.

그 여행에서 메테오라 수도원은 약방의 감초처럼 약이다.

희랍만 여행한다면 아테나이, 코린토스, 메테오라, 산토리니가 되고

더 한다면 신화 여행, 바다 휴양지 여행이다.

호메로스와 비극작가들,

그리고 역사를 읽지 않은 여행은 희랍의 헐벗은 산 같은 여행이다.

해양국가의 신민시를 운영하던 희랍을 보려면

크루즈 여행도 좋다.

어디나 만으로 이루어져 배가 정박하기 좋아

해양국가가 되기에 적당했던 그들을 배에서 볼 수 있다.

[신화 답사 여행과 에게해 섬 관광 여행]

희랍 여행은 신화와 수도원, 하얀 집의 섬 여행으로 요약할 수 있다.

여행의 중심은 아테나이, 코린토스, 델포이, 메테오라, 산토리니가 중심이다. 더 긴 여행에서는 크레테, 로도스, 사모스 등을 추가한다. 희랍은 신화 여행, 섬의 휴양지 여행으로 크게 나눌 수 있다. 아테나이, 코린토스, 델

포이, 크레테 등은 신화 여행이며, 사모스는 희랍과 페르시아 전쟁에서 자주 등장하는 역사의 섬이다.

희랍의 유네스코 세계유산은 20여 개 가까이 된다. 이 중 상당수가 고대 유적이다. 희랍의 세계문화유산은 다음과 같다. 아폴로에피큐리우스 신전(1986년 지정, 펠로폰네소스), 델피 고고유적지(1987, 아폴론 신전 등), 아테나이의 아크로폴리스(1987), 로도스 중세도시(1988, 남에게해), 메테오라(1988, 복합유산, 테살리아), 아토스 산(1988, 복합유산, 중앙마케도니아), 에피다우로스 고고유적(1988, 펠로폰네소스), 테살로니카의 초기 기독교 및 비잔틴 유적(1988, 중앙 마케도니아), 미스트라스 고고유적(1989, 펠로폰네소스), 올림피아 고고유적(1989, 펠로폰네소스 반도 서희랍), 다프니, 호시오스 루카스, 키오스의 네아 모니 수도원(1990), 델로스 섬(1990, 남에게해), 사모스 섬의 피타고리온과 헤라신전(1992, 북에게해), 베르기나 고고유적(1996, 중앙마케도니아), 미케네와 티린스 고고유적(1999, 펠로폰네소스), 성 요한 수도원과 파트모스 섬의 요한 계시록 동굴(1999, 남에게해), 코르푸 옛 마을(2007, 이오니아제도), 필리피 고고유적(2016, 동마케도니아 트라키) 등이다.

반도와 육지의 희랍 여행

아테나이, 신들의 도시

아크로폴리스는 아테나의 전설이 있는 곳이다. 디오뉘소스 극장, 아고라, 음악당, 파르테논 신전, 제우스 신전, 에레크테이온 신전 등이 아테나이가 신들의 도시임을 보여준다. 신 아크로폴리스 박물관 주변과 플라카 지구는 여행객들의 천국이다.

펠로폰네소스 반도의 관문 코린토스

코린토스는 반도의 입구에 있는 도시이다. 코린토스는 성경에 나오는 고린도 전후서의 고린도이다. 시시포스 왕이 창건하고, 로마가 이 도시를 무너뜨리고, 다시 로마 황제 줄리어스 시저가 재건했다. 코린토스로 들어가기 위해서는 코린토스 운하를 거쳐야 한다. 코린토스 다리는 펠로폰네소스 반도의 관문이다. 아폴론 신전, 시시포스 산이 있다.

미케네와 스파르테

이 지역은 고대 희랍의 역사에서 중요한 지역이지만 여행 상품은 찾기 어렵다. 미케네는 아가멤논, 스파르테는 헬레네와 메넬라오스가 다스린 나라이다.

올림피아

올림피아는 펠로폰네소스 반도 서쪽에 위치하며 여행자들이 많이 찾는 장소는 아니다. 올림피아에는 제우스 신전, 제우스 제단, 헤라 신전, 펠롭스 신전 등이 있다. 헤라 신전에서 4년마다 열리는 올림픽의 성화를 채화한다.

올림픽은 올림피아에서 4년에 한 번씩 제우스신과 펠롭스신에게 제물 봉헌 의식을 치르고 경기를 하였다. 이 기간에는 어느 도시국가라도 다른 나라를 침범하면 그에 대한 응징을 받았다. 우승자에게는 야생 올리브 가지 월계관을 씌워주었다. 기원전 776년부터 서기 393년까지 293회의 올림픽 경기가 열렸다. 393년은 로마의 테오도시우스 1세 황제가 모든 이단 숭배 및 예배를 금지한 해이다. 테오도시우스 2세 황제는 426년에 모든 희랍 신전을 파괴하라고 명령한다. 396년 또는 426년이 고대 올림픽 경기의 마지막으로 본다. 고대 올림픽 경기는 육상, 5종 경기(원반던지기, 창던지기, 달리기, 레슬링, 멀리뛰기), 복싱, 레슬링, 승마 경기가 있었다. 최초의 올림픽 경기는 달리기 한 종목이었다. 1896년에 다시 아테나이에서 제1회 올림픽이 열려 현재까지 이어진다. 현재 올림픽 경기는 하계와 동계로 나누어 열린다.

델포이, 신탁의 성지

이곳은 희랍 여행의 중심이다. 델포이는 아테나이로부터 약 178km 북쪽에 위치한다. 해발 550m의 델포이는 제우스가 세상의 중심이라며 기념비, 옴파로스(Omphalos)를 세운 곳이다. 옴파로스는 희랍어로 배꼽을 뜻하며, 고대의 종교적인 돌 유물이다. 제우스는 독수리 두 마리를 동쪽과 서쪽에서 날려 보내 세계를 가로질러 중앙에서 만나게 한다. 그 중앙이 델포이이다. 여행안내 책자에 의하면 델피는 매년 2천만 명이 방문하는 세계문화유산이다. 옴팔로스 주위에 신전을 지었다. 그리스도교가 퍼지면서 델포이는 쇠락한다. 예언의 신 아폴론을 모신 신전이 유명하여 신탁의 성지라 일컫는다. 기념비를 발굴한 결과 기념비들은 아폴론 신의 은혜에 감사하는 뜻으로 국가나 개인이 봉헌한 것들이다. 『일리아스』에서 아폴론은 트로이아 편에서 싸우는 전쟁의 신이기도 하다. 아폴론 신전 남쪽에 스핑크스가 세워져 있다.

아울리스와 테바이

아울리스는 다나오스 백성들의 연합군이 출항한 항구이다. 이곳에서 풍랑을 멎게 해 달라고 아가멤논이 자기 딸을 제물로 바쳤다. 테바이는 고대 희랍 문학 작품에 많이 등장하는 곳이며 아테나이, 스파르테, 테바이로 패권이 옮겨간 도시이다. 이들 지역 관광 안내도 찾기 쉽지 않다.

메테오라 중세의 수도원

이곳은 희랍 여행의 핵심이다. 메테오라 수도원은 희랍 북부에 있다. 깎아지른 듯한 바위산에 자리한 수도원은 중세 때는 20개가 넘었는데 제2차 세계대전 후 파괴되어 그 반도 남지 않았다. 1988년 유네스코 세계문화자연유산으로 등재되고, 영화 〈007〉에서 트리니티 수도원이 등장한다. 현재 수도원 5개와 수녀원 1개를 일부 공개한다.

지중해의 희랍 여행

산토리니 섬, 새하얀 교회

이곳은 여행자들이 몰리는 섬이다. 산토리니는 크레테 섬 위에 있는 작은 섬이다. 희랍 정교의 하얀 종탑이 푸른 바다와 뚜렷이 대비되어 아름답다. 신화나 『일리아스』에 등장하지는 않는다. 희랍의 정교회는 동로마에서 믿던 크리스트교로 예배는 같지만 신부가 결혼할 수 있고 직업을 가질 수 있다는 점에서 로마 가톨릭과 차이가 난다. 단, 주교는 독신자 사제 중에서 선출한다.

서양에서도 동방의 나라들이 정교회를 믿고 있어서 동방 정교회라 하며 정교회는 희랍, 동유럽, 러시아, 캅카스, 근동 지역에 분포하고 있다.

미코노스 섬, 풍차와 빨란 지붕의 교회

미코노스는 산토리니, 낙소스 섬보다 위에 있는 작은 섬이다. 이 섬은 세계적 휴양지로 유명하다. 풍차가 잘 보존되어 있고, 온통 하얀 건물 속에서 교회의 지붕은 빨갛다.

크레테 섬, 미노스 손자 이도메네우스의 나라

크레테는 희랍에서 가장 큰 섬으로 크노소스 궁전, 헤라클리온 박물관, 니코스 카잔자키스의 무덤 등이 수많은 관광객을 부른다. 크레테는 역사에서 크레테 문명으로 유명하다. 크레테는 또한 와인의 섬이다.

크레테는 제우스의 고향이다. 포세이돈이 보낸 황소를 잡기 위해 헤라클레스가 온 곳이다. 미노스 왕이 만든 크노소스의 전설로 유명한 섬이다. 지금의 레바논 지역의 페니키아에서 크레테, 미케네 등으로 고대 문명이 이동하는 지역이다. 희랍신화의 탄생지역이며, 유럽 문명의 출발점이다.

『희랍인 조르바』의 작가 니코스 카잔자키스의 고향이며, 그의 무덤과 박물관 때문에라도 찾는 섬이 크레테이다. 최고의 전경인 베네치아 성벽 위에 있는 카잔자키스의 묘지 앞에 십자가가 세워져 있다. 그 유명한 묘비명은 다음과 같다.

"나는 아무 것도 바라지 않는다.
나는 아무 것도 두려워하지 않는다.
나는 자유다!"

크레테는 『일리아스』 속 이도메네우스가 왕으로 있는 섬이다. 그는 많은 함선을 이끌고 트로이아에 갔다. 트로이아 전쟁에서 중요한 인물이다. 이도메네우스는 전쟁 후 귀향 중에 폭풍우를 만나자 포세이돈에게 약속한다. 집에 도착하면 처음 만나는 살아 있는 것을 제물로 바치겠단다. 처음 만난 사람이 아들이고 그는 아들을 제물로 바친다. 그 결과 전염병이 돌고 이도메네우스는 축출당한다. 그는 많은 함선을 이끌고 트로이아에 갔다. 트로이아 전쟁에서 중요한 인물이다.

터키 여행
트로이아, 프리아모스 왕궁의 도시

차낙칼레 남서쪽 30km에 위치해 있다. 고고학 박물관, 트로이 유적, 트로이아 목마 등을 관람할 수 있다. 『일리아스』를 읽고 가서 다나오스 연합군과 트로이군이 싸웠던 공간을 추측해보는 것도 좋다.

보스포로스 해협, 이오가 건넌 바닷길

터키 여행의 핵심은 이스탄불이다. 카파도키아, 파묵칼레, 셀축, 앙카라 등이 관광 주요 명소이며, 성지순례로도 유명한 곳이 터키이다.

보스포루스 해협에는 이스탄불이 있으며, 이스탄불은 고대 희랍, 로마, 수메르, 히타이트, 아시리아, 기독교와 이슬람 문명 등 문화의 보물 창고 같은 곳이다.

보스포루스는 '암소가 건넌 바다'라는 뜻이다. 강의 신 이나쿠스의 딸 이오와 제우스가 함께 있게 되자 제우스의 아내 헤라는 이를 질투한다. 제우스가 이오를 암소로 변하게 하자 헤라는 제우스에게 암소를 달라고 조른다. 헤라는 눈이 백 개 달린 아르고스에게 암소를 감시하게 한다. 제우스는 전령의 신 헤르메스에게 아르고스를 없애라고 명령한다. 헤르메스는 양치기로 변해 피리를 불어 아르고스를 잠재운 후 처치한다. 헤라는 아르고스의 눈을 자신이 사랑하는 수컷 공작새에 붙여 그를 기린다. 헤라는 아르고스가 죽자 등에(소 등에 붙어 있는 파리 종류)를 시켜 피를 빨아 먹게 하여 암소를 괴롭힌다. 이오는 이를 견디지 못해 보스포루스 해협을 헤엄쳐 건너간다. 이오는 이집트 나일강을 건넌다. 제우스가 이오의 목덜미를 쓰다듬자 이오는 요정으로 변한다. 이집트에서는 이오를 여신으로 받아들인다. 제우스와 이오의 아들 에파포스는 이집트 왕이 된다. 에파포스는 아피스라고도 불린다.

이오에서 이오니아 해, 보스포루스 해협, 목성의 위성 이오라는 이름을 따왔다.

| 제 7 장 |

『일리아스』의 영향과 평가

서양의 출발점, 이보다 나을 수 없다

페니키아 문자로 희랍 알파벳을 만들어

기록을 남기니 그 기록이 영원하다.

신화는 로마로 세계로 서서 죽지 않고 현재도 숨쉬며

올림픽의 건강한 육체미를 지금 성화로 채화한다.

미덕을 향해 삐뚜름하게 서 있는 세상을 재현하며

호메로스는 설교하지 않는다, 가르치려 들지 않는다.

문예부흥의 중심을 거쳐 현대의 인문학으로 제 자리를 찾아가면서

플라톤은 호메로스가 설교한다며 신과 영웅들에 대해 비판하고

루크레티우스는 종교가 악행을 저지른다고 목청을 돋운다.

희랍이 세계 문화에 끼친 영향

고대 희랍은 유럽의 뿌리이며 근간이다. 서양 문명의 기둥이며 대들보이다.

고대 희랍은 페니키아로부터 알파벳 문자를 수입하고 이를 수출함으로써 알파벳 중심의 문자를 확산시키는 계기를 만들었다. 페니키아 문자를 수입하여 희랍문자를 만들고, 로마는 이들 문자로부터 라틴 문자를 만든다. 고대 희랍문자로 그들은 신화, 문학, 역사의 수많은 기록을 남긴다. 과거는 문자를 통해 사실을 알 수 있고, 고고학을 통해 이를 과학적으로 증명한다.

　　고대 희랍은 신화의 세계이다. 희랍신화는 세계인들이 모두 아는 신화가 되었다. 희랍신화는 로마에서 로마신화로 이어진다. 희랍신화는 현대에도 살아 있는 신화가 되었다.

　　아테나이의 민주주의는 일부 한정된 자유민들의 민주주의라는 한계가 있지만 민주주의의 뿌리가 된다. 그들은 왕 대신에 자유민들이 모여서 의견을 표출하고 투표하여 나라의 중대사를 결정했다. 이 과정에서 수많은 모략가들이 등장하기도 한다.

　　아테나이는 특히 해양국가로 식민시를 광범위한 지역에서 운영하였다. 에게해 연안, 트라케 지역, 흑해 연안, 이탈리아 남부와 시라케 등 식민시로 그들의 부를 축적했다. 이러한 해양국가의 식민시 운영은 포르투갈, 스페인, 영국, 프랑스 등 훗날 세계 방방곡곡에 식민 국가를 만든 것의 뿌리가 된다.

　　현대의 올림픽은 고대 올림피아에서 실시하던 경기를 계승한 세계인의 운동 축제이다. 현재도 올림픽의 성화를 펠로폰네소스 반도의 올림피아의 헤라 신전에서 채화함으로써 올림픽의 시작을 알린다.

　　문학, 연극, 건축과 조각 예술 또한 고대 희랍에서 출발한다. 호메로스의 서사시, 고대희랍의 3대 비극작가의 비극, 그리고 희극, 건축, 조각 등은 예술작품으로 현대에까지 빛난다. 고대희랍의 조각에서는 남성들의 건강한 육체미가 두드러진다.

르네상스의 문예부흥, 그리고 세계의 재현

14세기에 시작하여 15세기에 절정을 이루고 16~17세기에 유럽 전역에 확산된 문예부흥, 르네상스는 인간의 현재 생활에 대한 관심에서 출발하였다. 이는 중세의 신 중심에서 인간 중심으로 전환을 뜻한다. 르네상스의 가장 두드러진 특징은 고대 희랍의 사상과 문학에 대한 관심이었다. 구체적으로는 희랍의 정신적 자유, 자연의 질서와 아름다움에 대한 감탄으로 이어진다. 그러나 호메로스에 대한 관심은 베르길리우스의 『아이네이스』를 중시하는 분위기에서 빛을 발하지 못한다. 18세기 괴테를 중심으로 하는 '질풍노도'의 문학에서 호메로스의 문학은 천재성, 사실성, 독창성으로 위대한 작품으로 우뚝 서게 된다. 문예 부흥기를 거치면서 세르반테스의 『돈키호테』, 셰익스피어의 『햄릿』, 토마스 모어의 『유토피아』 등의 작품을 생산한다.

"호메로스가 잘못을 있는 그대로 끌어안는다는 점이, 미덕을 향해서 제 식대로 삐뚜름하게 서 있는 특정 세상을 있는 그대로 그리고 있다는 사실이 우리가 그를 사랑하는 이유의 핵심이다."

애덤 니컬슨은 『지금, 호메로스를 읽어야 하는 이유』(정혜윤 옮김, 세종서적, 2016)에서 말한다. 그에 의하면 호메로스의 시들은 설교가 아니다. 호메로스는 답을 주지 않는다. 그의 지혜는 현실의 재현이다. 우리가 그의 서사시를 어떻게 읽어야 하는지의 문제만 남는다. 호메로스의 지혜는 무엇일까? 신들을 이해하고 오뒷세우스의 지혜보다 더 지혜로워서 신과 오뒷세우스를 노래한 그의 지혜는 무엇일까? 그의 지혜는 삶의 빛을 노래하려 하지 않았을까? 전쟁에 대한 찬양이 아닌 것만은 분명한 듯하다.

서사시 내용에 대한 플라톤과 루크레티우스의 비판

플라톤은 『국가』 등 그의 여러 저서에서 호메로스의 글을 빈번히 인용한다. 그가 호메로스를 매우 존경했음을 알 수 있는 직접적인 표현들도 자주 등장한다. 그러나 신에 관한 내용이나 영웅들의 행동에 대해서는 적극적으로 호메로스를 비판하고 있다.

"우리는 호메로스와 다른 시인이 신들에 대해 무식하게 다음과 같은 실언을 하는 것을 용납해서는 안 되네."

플라톤은 『국가』 제2권 379d 행에서 위와 같이 말한다. 그러면서 제우스의 궁전 바닥에 놓여 있는 두 개의 항아리 이야기를 인용하며 신들에 대해 실언하고 있다고 비판한다.

"하나에는 좋은 선물이, 하나에는 나쁜 선물이 가득 들어 있지요."

플라톤은 아이스퀼로스의 다음과 같은 말도 용납해서는 안 된다고 말한다.

"신께서 어떤 가문을 송두리째 망치고 싶으시면
사람들 속에 화근을 심으신다."

플라톤은 신은 좋은 것들의 원인이라서 호메로스나 아이스퀼로스의 말은 잘못이라며 이러한 발언을 용납해서는 안 된다고 주장한다.

그러면서 신이 여러 가지 형상을 띨 가능성은 적다고 말한다. 신들은 가장 아름답고 가장 선하기에 저마다 늘 변함없이 본래 형상을 지니기 때문이라고 언급한다. 그는 초자연적인 것과 신적인 것에는 어디에도 거짓이 없다고 단호히 말한다.

그는 호메로스의 많은 것들을 칭찬하더라도 영웅들에 대한 호메로스가 언급한 내용 중 절제에 도움이 되지 않은 것은 젊은이들의 교육을 위해 보여주지 말아야 한다고 주장한다.

아킬레우스는 아가멤논과 여자를 놓고 다툴 때 다음과 같이 말한다.

"그대 주정뱅이여, 개 눈에 사슴의 심장을 가진 자여!"

영웅들이 영웅답지 않은 말을 하는 것을 플라톤은 용납하지 않는다.

또한 신들도 왕들도 선물로 설득한다는 내용에 대해서도 비판한다. 아킬레우스가 아가멤논에게 선물을 받는다거나 아킬레우스가 아들 몸값을 프리아모스에게 받는다는 것은 돈을 밝히는 인물이라는 것인데 이에 대해 플라톤은 동의하지 않는다.

플라톤은 국가를 경영할 인재를 기르는 데 도움이 되지 않는 듯 보이는 신들과 영웅들의 행동에 비판을 가한다. 플라톤에게는 신은 신다워야 하고 영웅은 영웅다워야 한다.

아킬레우스의 어머니는 여신이고, 아버지는 가장 절제 있는 인간이며, 아킬레우스는 가장 현명한 케이론의 제자이기 때문에 아킬레우스가 헥토르의 시신을 끌고 파트로클로스 무덤을 돌았다거나 포로들을 도륙하여 장작더미에 던졌다는 내용에 대해 사실로 인정하지 않는다고 말한다.

플라톤은 신들이 악의 근원이고, 영웅들이 사람들보다 조금도 나을 게 없다고 젊은이들을 설득하려 해서는 안 된다고 주장한다. 이러한 시각은 현대에 와서 신들이나 영웅, 그리고 자유민들에 대한 엘리트적 시각의 반영이라는 비판을 받을 수 있다. 아가멤논이나 아킬레우스 같은 영웅이 없다고 말할 수 없기 때문이다. 또한 신들과 영웅들에 대한 이러한 시각은 호메로스의 관점이라기보다 그 시대에 전해오는 이야기를 우리에게 전달하고 있을 뿐이기 때문에 호메로스는 서사를 재현하는 사람으로 보아야지 이러한 내용이 마치 호메로스의 신념을 반영한 주장으로 받아들이는 것은 현대에 와서 비판의 대상이 될 수 있다.

루크레티우스는『사물의 본성에 관하여』에서 '인간의 삶이 무거운 종교에 눌려' 땅에 비천하게 누워 있다고 노래한다. 그의 책에 따르면 이를 처음으로 맞선 사람이 에피쿠로스이다.

루크레티우스는 종교가 죄악에 찬 불경스러운 행위들을 낳았다며 아가멤논의 딸 이피아낫사를 결혼의 순간에 피로 물들게 했다고 말한다. 종교는 이렇듯 악행을 저지른다고 비판한다.

『일리아스』제9권 145행에서는 아가멤논의 세 딸 중에 마음에 드는 딸을 아킬레우스에게 주겠다며 아킬레우스가 분노를 풀고 전투에 참여해 달라고 요청한다. 이때 언급하고 있는 딸은 크뤼소테미스, 라오디케, 이피아낫사이다. 루크레티우스는 여기에 등장하는 아가멤논의 딸 중 이피아낫사를 아르고스 연합군이 보이티아의 아울리스 항구에서 출항할 때 제물을 바친 여자로 언급하고 있다. 루크레티우스의 언급과 호메로스의 언급은 시간상의 모순을 보인다.

헤시오도스의『신들의 계보』, 아폴로도로스의『희랍신화』에 의하면 아가멤논과 클뤼타임네스라 사이에 아들 오레스테스, 세 딸인 엘렉트라, 이피게네이아, 크뤼소테미스 등이 있다. 호메로스나 루크레티우스가 언급한 이피아낫사는 헤시오도스가 말하는 이피게네이아라고 볼 수 있다.

『일리아스』, 시대의 한계를 모두 뛰어 넘을 수 없다

세상에 완벽이 어디에 있나.
옥에도 티가 있고
눈송이에도 먼지가 섞여있다.
증류수나 순수할 뿐
바깥세상과 이어진 모든 것에는
바깥세상이 묻어있기 마련이다.
호메로스라고 그의 서사시에 티가 없을 수 있나.
제우스도 눈치 보며 이야기하는데
호메로스라고 세상과 우주의 눈치를 보지 않을 수 있나.
서양과 귀족 남성의 고향과 자신의 이념을 벗어날 수 있나.

[현대에 비판받는 점들]

이 서사는 다음과 같은 점들에서 비판을 받는다. 이러한 비판은 시대의 반영의 결과이지만 더 훌륭한 책들은 시대의 한계를 넘어선다는 점에서는 변명의 여지가 없다.

하나의 개체로서 인간다운 삶은 동양의 시각에서 다르고 가장 낮은 자리의 사람에게 그 인식이 다르다. 여성의 입장에서 고대로 올라갈수록 많은 서사는 불편하기 짝이 없다. 또한 인문학의 입장에서는 물질 앞에서 정신의 가치가 소멸하는 안타까움을 본다. 개인의 삶의 행복이 개인으로 결정되지 못하는 데서 오는 세계 속의 괴리감도 느낀다.

인간을 포함한 동물은 언제나 살아 있는 당시로서는 가장 현명하다. 시대가 달라졌다고 그들을 지금의 시각으로만 보는 것도 옳지 못하다. 인간은 시대마다 최선을 다해 조금씩 환경에 적응해 왔다. 그 적응 위에서 문화가 발달하고 다시 그 문화에서 이후의 문화가 발달했다. 조금씩 쌓아온 발자취가 있었기에 현재가 존재한다. 이러한 이유로 미개인이나 원시인, 야만인이라는 말은 뿌리를 모르는 방자한 언어이다. 현재 인류가 그들의 환경에 놓인다면 우리가 미개인, 원시인, 야만인이라 부르는 행동에서 벗어나지 못할 것이다. 다시 말해 인간은 어느 순간 지금의 인간이 된 것이 아니다. 이런 점을 고려한다면 각 시대의 사람들은 그 시대의 시각으로 보되 그 상황에서 인간다움에 대한 고찰이 필요하다.

수많은 시간을 거쳐 도달한 지금의 관점으로 무조건적인 비판만이 능사는 아니다. 인간이 이전보다 더 인간답게 발전해온 원동력, 그 원자들을 살피는 일이 고전 인문학을 읽는 방법 중 하나일 것이다. 그러면서 인간다움을 위해 어떤 노력들이 현재 필요한지 토론하고 논의할 일이다. 과거를 쌓아 미래로 나아가기 때문이다.

위대한 작품은 그 당시의 시대보다 앞선 세계관을 갖는다는 점에서 그렇지 못한 작품들과 분명한 차이가 있다. 조금씩 앞선 세계관이 지금의 세계관을 형성했다는 점을 지나쳐서는 안 될 것이다. 완벽한 글은 없다.

이런 점을 고려하더라도 비판받을 점들은 있기 마련이다.

첫째, 서양 중심의 서사란 점이다. 호메로스는 동방과 서방의 전쟁을 서방의 시각에서 서술한다. 동방인 트로이아를 묘사하거나 서술하지 않는 것은 아니지만 동방에서 헬레네를 약탈하고, 그 응징으로 서방 세계가 뭉쳐서 동방을 침략했다는 이야기인 셈이다. 헤로도토스의 『역사』의 경우도 작가가 아테나이 계열의 사람이란 점에서 서방의 기록이라 할 수 있다. 한편으로는 동방의 기록이 호메로스나 헤로도토스의 기록을 능가하는 것이 없기 때문에 어쩔 수 없다고 반박할 수 있다. 서술자가 모두를 잘 알 수는 없다. 이러한 기록은 백인남성을 중심에 놓는 사고에 도움을 주었다고 볼 수 있다. 트로이아가 패망하자 아이네이아스는 유민을 이끌고 이탈리아 로마로 간다. 로마는 동방의 유민이 세운 나라이다. 그럼에도 동방과 서방은 이분법적 사고로 서로를 분할한다.

둘째, 영웅 중심의 서사란 점이다. 이 서사시에 등장하는 인물들은 영웅이거나 자유민이다. 곧, 폴리스를 이끌어가는 투표권이 있는 사람들의 서사이다. 그중에서도 호메로스는 일반 자유민보다 영웅들의 서사에 초점을 맞추고 있다. 아킬레우스와 아가멤논의 다툼, 파리스와 메넬라오스의 결투, 헥토르와 아이아스 그리고 파트로클로스, 디오메데스, 프리아모스 왕가의 인물 등 모두가 신의 자식이거나 영웅들이다. 마치 영웅들의 삶만이 삶인 것처럼 서사는 전개된다. 이 서사시뿐만 아니라 고대로 올라갈수록 모든 서사가 영웅들이 주인공이다. 이 서사에서 죽어가는 264명의 묘사도 대부분 이름 있는 전사들이다. 노예들은 전쟁 이야기에 없다. 그들이 전쟁에서 대부분의 심부름꾼이거나 했을 텐데 작가는 그들에 시선을 두지 않는다. 더 위로는 영웅들의 위에 신들이 인간을 지원하면서 등장한다.

헤시오도스의 서사시 「일과 나날」은 농민 계급의 입장을 노래한다. 그의 노래에는 영웅이 등장하지 않는다. 헤시오도스에 의하면 제우스는 전쟁이 일어나지 않게 한다. 헤시오도스는 그의 동생 페르세스에게 정의에 귀 기울이고 폭행을 늘리지 말라고 교훈적인 말을 전한다. 그러면서 일하는 자가 불사신들에게 훨씬 더 사랑을 받는다고 노래한다. 그러나 여자를 믿는 것은 사기꾼을 믿는 것이라고 여자를 불신한다. 또한 서른 살 전후가 결혼 적령기이니 이때를 넘기지 말라고 당부한다. 자연의 질서에 따라 일하며 성실히 사는 삶을 노래한다.

호메로스의 『일리아스』와는 전혀 다른 방식의 노래이다. 동일한 점은 불사신께 제물을 바치는 점이다. 호메로스의 변덕이 심하고 폭력적인 신들과는 달리 헤시오도스의 신은 전쟁을 멀리하고 정의를 지켜준다. 인간들이 신들에 거역하지 않는다면 인간은 신의 보답을 받는다. 호메로스와 헤시오도스의 신들은 전쟁이 인간을 파멸시킨다는 점을 공통으로 이야기한다.

호메로스는 영웅들의 처참한 전쟁을 통해서, 헤시오도스는 교훈적인 언사로 행복하게 사는 세상을 노래한다. 헤시오도스가 말하는 올바른 삶을 살지 않는다면 호메로스의 서사처럼 모두가 죽는다. 그런 면에서 두 서사시의 주제는 공통점이 있다.

셋째, 남성 중심의 서사란 점이다. 『일리아스』에 등장하는 여자는 헬레네, 크뤼세이스, 브리세이스 등 불화의 인물과 프리아모스 왕가의 여자들이다. 불과 몇 명만이 서사에 등장한다. 그들은 전쟁에 참여하지 않는다. 그들의 목소리는 없다. 단지 남편을 걱정하거나 패망했을 때의 탄식을 노래할 뿐이다.

여자는 주체적으로 사고하는 존재로 등장하지 않는다. 이러한 인식은 서양문화에 뿌리 깊게 박혀 이어져 왔다. 입센의 희곡 『인형의 집』은 이러한 인식에 정면으로 저항하는 작품이다. 서양의 경우 여성 투표권이 현대에 와서야 주어진다는 점은 서양이 가진 남녀불평등의 모습을 보여준다. 우리나라 사대부가에서 남편이 부인을 부인이라며 존칭을 쓰거나 하는 등의 모습보다 낮은 인식을 보여준다.

넷째, 물질 중심의 서사란 점이다. 전쟁에서 전사한 적군의 무구를 빼앗는 장면이 등장한다. 전쟁보다 전리품에 목숨을 거는 형국이다. 이에 대해 플라톤은 소크라테스를 통해 비판한다. (무구 약탈에 대한 내용은 앞의 제17권 파트로클로스 죽음 항목을 보라.)

물질 중심의 서사의 극치는 적군의 여자를 전리품으로 보는 시각이다. 아가멤논과 아킬레우스의 불화의 원인은 모두 전쟁에서 얻은 여자들 때문이다. 아가멤논에게 분배된 여자는 크뤼세이스이며 아킬레우스에게 주어진 여자는 브리세이스이다. 이들 여자는 적군의 여자들로 그들의 아버지나 남자들은 살해되었다. 살해한 적국 집안의 딸을 자신의 여자로 취한 것이다. 여자들이 자신의 주체적인 생각과 행동을 한다면 자기 가족을 학살한 다나오스 백성의 장수들에게 복수를 해야 맞다. 그런데 호메로스의 서사에서 여자들은 단순한 물건과 같이 놓여 있을 뿐이다. 이는 트로이아가 패망하고 왕가의 여인들이 다나오스 백성들의 왕들에 분배되는 것에서도 동일하게 볼 수 있다.

아가멤논이 아킬레우스를 설득하려 할 때에도 수많은 값나가는 물건과 자기 딸을 주겠다고 제안한다. 명예를 짓밟고 그 명예를 물질로 보상하려는 모습이다. 아킬레우스가 파트로클로스 추모 경기에서 많은 상금을 거는 장면도 마찬가지이다. 프리아모스 왕이 아킬레우스에게 헥토르의 몸값을 가지고 가는 것도 그렇다. 이런 면을 종합할 때 트로이아와 다나오스 백성들의 전쟁은 물질의 약탈과 보존이 그 목적이다. 인간 대신 물질이 앞선다. 물질 앞에서 인간의 생명은 잔인하게 부서진다.

다섯째, 집단 중심의 서사란 점이다. 이는 이 서사에 개인이 없다는 뜻이다. 전사의 행복은 전쟁에서 명예를 얻거나 전쟁에서 죽는 것에서 나온다. 호메로스는 개인이 고향에서 누렸거나 누릴 행복을 잊지 않고 묘사한다. 전사들은 왕을 따라 전쟁에 나온다. 그들은 헬레네의 구혼자도 아니다. 전쟁에 참여한 많은 이들은 전쟁의 이유도 잊고 10년 동안 싸운다. 20년 전에 있었던 헬레네의 납치, 아니면 헬레네의 가출은 전사들 개인과 무관하다. 그런데도 전쟁은 언제나 집단 중심이다.

여섯째, '서양-남성-영웅-물질-집단'의 종합으로써 해적의 약탈을 묘사한 서사이다. 서양의 역사는 끊임없는 해적의 약탈을 보여준다. 페니키아의 해상 약탈, 아테나이의 해상 진출과 식민시 건설, 포르투갈과 스페인과 영국의 해적질을 통한 식민지 건설, 바이킹의 해적 등이 대표적이다. 아테나이 등이 트로이아로 인해 트라케 지역이나 흑해 등의 해상 무역이나 약탈에 방해가 되기 때문에 침략한 것으로 본다면 트로이아 전쟁은 아테나이 중심의 아카이오이족이 일으킨 해적의 약탈 전쟁이라 할 수 있다.

헤로도토스는 『역사』에서 트로이아 전쟁의 원인으로 해적의 약탈을 기술하고 있다. 페르시아 전쟁도 헬라스인들과 비헬라스인들의 반목에서 출발한다. 그 출발이 포이니케인들이 아르고스에서 이나코스의 딸 이오를 납치하고, 그 뒤에 헬라스인들이 포이니케에 상륙하여 에우로페 공주를 납치한다. 헬라스인들은 콜키스로 가서 메데이아 공주를 납치한다. 이후 알렉산드로스가 헬라스에서 헬레네를 납치해 온다. 그로 인해 트로이아 전쟁이 일어난다는 설명이다. 페르시아 측의 주장에 따르면 아시아 측 사람들은 여인의 납치를 대수롭지 않게 여겼는데, 헬라스인들이 한 여인 때문에 대군을 일으켜 아시아로 쳐들어왔다는 것이다.

투퀴디데스의 『펠로폰네소스 전쟁사』에서는 헬라스인들과 비헬라스인들이 해적질을 생업으로 삼았다고 기술한다. 그에 따르면 해적질은 유력자들이 주도하여 개인적인 이익을 챙기고 백성들 중 약자를 먹여 살리기 위해서였다고 한다. 재물 약탈이 이들의 주요 생계 수단이며 일종의 영광스러운 행위로 간주되었다. 서로 간의 약탈은 육지에서도 이루어졌으며, 무기를 소지하는 것은 해적질을 하던 그들의 오랜 관습이라고 투퀴디데스는 서술한다. 그러한 모습은 현재 미국인의 무기 소지에서 볼 수 있다. 지금은 자신들을 보호하기 위한 것이라고 말하지만 그 뿌리는 해적의 약탈 문화이다.

호메로스는 그 당시 세계를 재현한다. 우리가 그것을 어떻게 비판적으로 읽을 것인지의 문제가 있을 뿐이다. 어떤 이들은 찬양으로 읽고 어떤 이들은 그 반대로 읽는다. 독서토론으로 찬양과 비판을 다듬을 필요가 있다.

고대 희랍과 현대 희랍

세계사는 한 시도 눈을 감을 수 없는 거센 파도이다.

해양국가의 힘으로 식민시를 건설하여

과거의 영광을 누렸던 희랍은

21세기에 들어서서 "우리 망했어요"라고 국가부도로 흐느낀다.

과거의 영광 관광국가, 아름다운 바다와 휴양도시의 나라가

망했다고 탄식한다.

한때 제국의 힘을 가졌던 아테나이는 주객이 전도되어

비잔티움 제국, 오스만 제국의 식민지로 눌리더니

일어설 근력을 아직 채우지 못하고 있다.

호메로스, 헤시오도스, 3대 비극작가에서 인간을 노래하더니

사포는 사랑을 노래하고

이솝은 빗대어 우화로 심장을 찌른다.

소크라테스가 지혜를 사랑하게 하더니

헤로도토스와 투퀴디데스가 현실의 삶도 펼친다.

카잔자키스가 외쳐도

그 외침은 희랍인들의 가슴에 스미지 못한다.

자유의 찬가를 노래해도 고대의 자유에 미치지 못한다.

[희랍의 과거와 현재, 그리고 문학]

고대 희랍에는 수많은 작가들이 있다. 호메로스, 헤시오도스, 아이스퀼로스, 소포클레스, 에우리피데스 등은 거의 같은 시대에 뿌리가 같은 이야기를 했다. 아리스토파네스의 희극도 현재까지 사랑받는다. 올륌포스 신화, 트로이아 전쟁, 오이디푸스의 이야기가 그 중심을 이룬다. 아홉 명의 무사이 여신 다음의 열 번째 여신으로 추앙받는 사포는 아름다운 문장으로 사랑을 노래한 세계 최초 여성 시인이다. 이솝 또한 고대 희랍 사람이다.

소크라테스의 사상을 그의 제자 플라톤이 우리에게 전달하고 아리스토텔레스는 알렉산드로스 대왕의 스승이 된다.

당시 희랍 문화권의 헤로도토스나 투퀴디데스의 역사 이야기는 지금도 고전의 반열에 들어 있다.

고대 희랍은 서양 문물의 요람이라 하지만 로마에 멸망한 이후 세계사의 주역에서 사라진다. 희랍은 니코스 카잔자키스(1885~1957, 크레타 섬 출생)에 와서야 세계의 주목받는 인물을 배출한다.

고대 희랍의 영광은 해양국가로서 힘을 발휘하면서부터이다. 그들은 희랍 주변의 나라들을 침략하여 식민시로 만들어 그들을 노예로 삼거나 세금을 징수하였다. 그 영역은 방대하여 이탈리아에서 흑해 연안까지 이어졌다. 이집트에서 식량을 수입하는 등 해양 무역으로 그들은 성장한다. 문자도 지금의 레바논 지역에 있던 페니키아 문자를 도입하여 상거래에 사용한다. 『일리아스』에는 트라케에서 포도주를 가져온다는 이야기가 있다.

헤로도토스의 『역사』와 투퀴디데스의 『펠로폰네소스 전쟁사』에는 식민시들이 세금을 거부하거나 반발하는 내용이 자주 등장한다. 이들의 부는 무역과 침략을 통해 얻은 부(富)인 셈이다.

군사력에서 해양국가의 면모를 살릴 수 없게 된 것은 로마의 식민지가 되면서부터이다. 이후 희랍은 현대까지 과거의 명성을 찾지 못하고 있다.

로마제국 이후 포르투갈, 스페인, 영국, 프랑스, 네델란드 등은 해양무역, 해적 활동, 아프리카와 아메리카, 그리고 태평양 상의 많은 섬들을 식민지로 만든다. 아시아 지역에까지 식민 국가를 만들어 많은 부를 축적한다. 그 기회를 희랍은 비잔티움 제국이나 오스만 제국의 식민지로서 잡을 수 없었다.

이제 카잔자키스가 사랑한 나라 희랍은 과거의 영광을 관광 산업에서 찾아야 하는지 모른다. 세계사 속에서 수많은 유럽인들이 고대희랍을 찬양하고 흠모했다. 그 흠모가 그들의 영광으로 다시 돌아올는지 지켜 볼 일이다. 그들은 '자유의 찬가'라는 국가를 부르며 과거의 영광을 회복하고자 한다.

유럽에서 가난한 나라 희랍을 우리나라 사람들은 예전에 우리나라와 지정학적으로 유사하다고 말해 왔다. 우리는 세계의 주역으로 등장하고 있는데 희랍은 아직도 과거의 영광과 거리가 멀다는 면에서 이제 유사점은 사라지는 듯하다.

| 제 8 장 |

『일리아스』외 다른 서사시들

메소포타미아『길가메시 서사시』, 가장 오래된 서사시

영원한 생명, 신의 비밀
불멸과 필멸,
영생과 소멸,
신과 인간

인간은 영생을 노래한다.
신들의 비밀을 인간은 알 수 없다.
알려준다고, 그래서 안다고
비밀이 펼쳐지지 않는다.

사랑이 영원할 수 없는 것은
영원하지 않은 생명 때문이다.
엔키두의 죽음은 길가메시를 부른다.

죽은 것만이 영원하다.

숨 쉬는 것은 언젠가 멈추기 마련이다.

고요만이 영원하다.

연극이 시작되기 전의 고요는

연극이 끝나고 나서 돌아가는 고향이다.

격동은 멎기 마련이고

심장은 지치면 쉰다.

단지 배우일 뿐인 인생이다.

오로지 뛰는 심장만큼 뛰어야 할 뿐이다.

길가메시는 신의 피조물로 신의 비밀을 알 뿐, 그러나 죽는다.

[서사의 전개]

『길가메시 서사시』는 기원전 3천 년경 메소포타미아(인류의 4대 문명의 하나, 티그리스 강과 유프라테스 강 사이 중심 지역)의 도시 국가 우룩(Uruk, 현재 이라크 남부)을 다스린 길가메시 왕의 이야기다. 호메로스의 『일리아스』보다 최소 1,500년 전의 이야기를 기록한 가장 오래된 서사시이다. 이 서사시는 19C 중반 이후 영국인들이 토판을 발굴함으로써 알려진다.

『길가메시 서사시』에는 대홍수 이야기가 나온다. 성경의 노아의 방주, 헬라스 신화의 데우칼리온의 방주, 길가메시 서사시 속 우투나피시팀의 방주는 모두 도가 넘은 인간을 벌하려는 신들이 내린 홍수 이야기이다. 신이 한 인간에게 방주를 만들게 하고 지상의 생명체들을 예비하라고 일러준다는 점이 공통점이다.

서사시의 시작은 이렇다.

지금부터 길가메시의 행적을 알리노라. 그는 신들만 알던 비밀을 알아냈고, 홍수 전의 세상에 대해 우리에게 알려주었다.

모든 위대한 서사시는 대개 이와 같이 시작한다.

길가메시는 신에게 완전한 육체를 받는다. 그는 3분의 2는 신이고, 3분의 1은 인간이다. 홍수 이후 다섯 번째 왕인 길가메시는 우룩에 가장 아름다운 성벽을 쌓는다. 우룩은 아브라함이 머물던 곳이라 한다.

길가메시의 방자함으로 우룩의 백성들이 불평한다. 창조의 여신 아루루(Aruru)가 우룩을 조용하게 할 인물로 엔키두를 만든다. 엔키두가 언덕에서 풀을 뜯어먹고 짐승들과 함께 지내던 어느 날 사냥꾼을 만난다. 사냥꾼이 데려간 창녀가 엔키두와 어울리며 그는 빵과 술을 마시는 풍습에 젖는다. 이후 짐승들은 엔키두를 멀리한다. 엔키두와 길가메시가 맞서다가 길가메시가 쓰러지자 길가메시의 난폭함이 사라진다. 둘은 우정이 싹튼다.

길가메시는 태양신 샤마시에게 고하고 엔키두와 훔바바를 찾아 떠난다. 그는 생명의 나라를 생각하며 대지 위에 악이 있기 때문에 향나무 숲으로 들어가 난폭한 거인 훔바바를 물리치려 한다. 그의 어머니 에갈마의 여왕 닌순은 샤마시에게 그를 위해 기도한다. 그리고 엔키두를 양자로 삼아 동행하게 한다. 훔바바를 잘 아는 엔키두는 숲에 이르자 숲에 들어가지 말자고 한다. 길가메시는 두려워하지 않는다. 길가메시는 엔키두의 조언대로 훔바바를 죽인다. 영혼의 신 엔릴은 화를 낸다.

아름다움에 매혹되어 유혹하는 이시타르를 길가메시는 거절한다. 하늘에 올라 이시타르는 아버지 아누, 어머니 안툼에게 길가메시를 쳐부수려 황소를 얻는다. 엔키두의 도움을 받아 길가메시는 하늘 황소를 처치한다. 길가메시는 수호신 루굴반다에게 그 뿔을 바친다. 엔키두는 꿈을 꾼다. 신들의 회의 중 아누가 엔릴에게 그들이 하늘 황소와 훔바바를 죽였으니 그들 중 하나는 죽어야 한다고 말하는 꿈이다. 꿈속에서 엔키두는 먼저 사냥꾼을 저주하고 다음에는 창녀를 욕한다. 샤마시가 이를 듣고 빵, 술, 옷, 친구를 주고 네가 죽으면 너를 위해 슬퍼해 줄 것이라고 말하자 저주를 번복하여 여인을 축복한다. 길가메시는 엔키두가 죽자 벌레가 그를 파먹을 때까지 그를 위해 운다.

이후 길가메시는 영원한 생명을 찾아 나선다. 그는 엔키두를 잃은 비탄에 빠져 외친다. 내 어찌 편히 쉬겠는가? 죽음이 두렵다. 그는 우트나피시팀을 찾아 먼 여행을 떠난다. 산의 문지기 스코르피온에게 문을 열어달라고 요청한다. 엔키두를 운명이 데려갔어요. 신에게 죽는 것과 사는 것에 대해 묻고 싶습니다. 샤마시는 걷고 있는 길가메시에게 영원한 생명을 구할 수 없을 것이라 말한다. 바닷가에서 술을 만드는 시두리라는 여인이 문에다 못을 박으며 빗장을 걸 때 길가메시가 말한다. 엔키두를 죽음이 잡아 갔소. 내가 죽음의 얼굴을 보지 않게 해 주시오. 그녀가 말한다. 신들은 인간을 만들 때 죽음도 함께 붙여주었습니다. 충고하지요. 좋은 음식으로 배를 채우시오. 밤낮으로 춤추며 즐기시오. 잔치를 벌이고 기뻐하시오. 깨끗한 옷을 입고 목욕하며 자식을 낳고 아내를 품어주시오. 이것이 인간의 운명이오.

길가메시는 그녀를 졸라 우투나피시팀의 뱃사공 우르샤나비를 찾아 방황하는 이유를 말한다. 내가 그렇게도 사랑한 엔키두를 죽음이 데리고 갔습니다. 어떻게 하면 내가 영원한 생명을 찾을 수 있겠습니까?

우투나피시팀이 대답한다. 영구불변하는 것은 없다. 약속이 영원히 지켜질까? 유산을 나눈 형제들이 영원히 자기 것에 만족할까? 강이 홍수를 견딜까? 껍질을 벗고 태양을 볼 수 있는 것은 잠자리의 요정뿐이다. 영구불변하는 것은 없다. 잠든 자와 죽은 자, 그것들은 색칠한 죽음과 같다. 재판관 아눈다키와 운명의 어머니 맘메툰이 인간에게 죽음을 주었으나 죽음의 날짜는 밝히지 않았다.

길가메시가 묻는다. 당신은 나와 다를 게 없는데 어떻게 영원한 생명을 얻었습니까?

우투나피시팀이 대답한다. 신들의 비밀을 알려주겠다. 예전에 유프라테스 강변 슈르루팍에 신들의 아버지인 대지의 신 아누와 참모 엔릴 등이 살고 있었다. 세상이 소란스러워 신들이 잠을 잘 수 없게 되자 대홍수로 인간들을 멸망시킨다. 에아가 꿈에서 신탁을 내려 배를 만듦으로써 나는 살아남았다. 신들을 모이게 하려면 여섯 날과 일곱 밤을 잠자지 않고 견뎌야 한다. 그 말을 듣는 길가메시에게 잠의 안개가 그를 덮친다. 우투나피시팀은 신들의 비밀을 알려준다. 바다 밑에 장미처럼 가시가 있는 식물이 살고 있다. 그것으로 젊음을 잃은 사람에게 젊음을 회복시켜 줄 수 있다. 길가메시는 그것을 얻는다. 돌아오는 길에 샘에서 목욕을 하려 할 때 뱀 한 마리가 나와 그 식물을 빼앗아 웅덩이 속으로 사라진다. 내 심장의 모든 피를 쏟은 결과가 이것이란 말인가? 길가메시는 주저앉는다. 그는 지친 몸으로 돌아온다. 그리고 그의 운명이 다해간다. 비록 왕이지만 영원한 생명을 얻을 수 없으니 이것이 그의 운명이다. 단지 이름이 영원할 뿐이다.

고대의 서사시는 삶과 죽음을 이야기한다. 『일리아스』는 불멸의 신과 필멸의 인간을 노래한다. 영웅 아킬레우스도 죽는다. 『길가메시 서사시』라고 다를 바 없다. 인간은 우투나피시팀이 말하는 것처럼 신이 내려 준 생명을 펼칠 뿐이다.

아우렐리우스 『명상록』에서처럼 인간은 배우처럼 감독이 무대에서 불러들일 때 소리 없이 나가야 한다. 언제 감독이 불러들일지 모르기 때문에 시두리의 충고처럼 지금 최선을 다해야 한다.

인도 신화 『라마야나』, 인도와 동남아 전역에 끼친 서사시

젊음과 아름다움은 급류와 같다

아내는 빼앗고 빼앗기는 존재,
아름다움은 쟁취하는 것인지 모른다.
빼앗고 빼앗기는 존재는
누군가에 상처 나기 마련이다.

평화와 관용과 정의,

부모에 순응하고
명예를 소중히 하며
약속은 깰 수 없는 것,
그 사이에 여자의 정절이 있다.

지금 남은 것은
라마의 시타에 대한 훼절 의심뿐이다.
만일 납치된 여자가 불가항력으로 훼절했다면
그 책임은 여자인가, 남자인가.
납치당한 책임은 누구인가.
고려시대 몽골에 끌려간 여인들은 훼절인가.
나라를 지키지 못한 남자들은 누구에게 돌을 던지는가.
시타 스스로 증명하려 해도
라마와 인도의 남자들은 정절 증명서를 읽지 않는다.

신의 아바타, 라마는
여자의 아바타 시타로 환생해야 한다.
강가를 따라 하늘로 솟는 나라,
십 억 인구가 넘는 인도의 아바타는 페미니스트로 다시 태어나야 한다.

[서사의 전개]

『라마야나』는 『마하바라타』와 함께 인도의 2대 서사시이다. 『라마야나』
는 7대 아바타 라마 왕의 일대기이며, 『마하바라타』는 8대 아바타 크리슈
나 이야기이다. 9대 아바타가 붓다이다. 『라마야나』는 지금도 인도인들의
사랑을 가장 많이 받는 서사시이다. 인도 최대 축제는 사악한 왕 라바나를
처단하고 돌아오는 라마를 맞이하는 불꽃 축제, 디왈리이다. 라마에 가슴
까지 열어 보이는 충직한 신하가 원숭이 얼굴과 사람의 몸을 가진 신, 하누

만이다. 인도에서 가장 많이 보는 신 중의 하나이다.

『마하바라타』속에 있는 시편(詩篇)『바가바드 기타』는 신에 대한 송가 (頌歌)로 힌두교인들이 최상의 성전(聖典)으로 존숭(尊崇)하는 경전이다. 『바가바드 기타』는 크리슈나가 유디슈트라에게 전쟁의 당위성을 설명하는 글로 아르주나의 타고난 운명, 다르마가 있기 때문에 그 운명에 따라야 한다는 내용이다.

기원전 1,500년부터 기원전 400년까지 창작 연대에 대한 연구는 다양하다. 저자 발미키는 인도의 고대 언어인 산스크리트어로 24,000연에 이르는『라마야나』를 지었다. 이 시는 영화, 드라마, 연극 등 지금도 여전히 생활 속에 살아 있는 서사이다. 『라마야나』는 멀리 베트남, 중국 등 동남아시아 전역에 널리 퍼져 있다. 동남아를 여행하다 보면 사찰에 그림으로 남아 있는 것을 볼 수 있다.

『라마야나』는 라마의 일대기, 라마의 길이란 뜻이다. 라마와 시타의 사랑 이야기, 라마의 모험 이야기, 주인공 라마가 세상의 악을 퇴치하는 민중의 열망에 대한 이야기이다. 비슈누신의 모습으로 등장하는 주인공 라마가 악을 퇴치하는 이야기이다. 악을 퇴치하고 선한 세상을 만드는 인간의 소망이 담긴 노래이다. 인드라, 브라흐마, 비슈누, 쉬바, 하누만 등 많은 신들이 등장하여 인도인들의 사상체계를 반영한다.

세상의 악을 제거하기 위해 비슈누의 화신으로 등장하는 라마가 강력한 힘을 가진 라바나에게 빼앗긴 아내 시타를 찾는 동안 벌어지는 모험담이 전체 줄거리이다.

인도 북부 코살라 왕국의 다사라타 왕은 아들 잉태를 위해 희생제를 올리고 그 결과 비슈누가 왕의 첫째 부인 카우살야의 몸을 빌려 맏아들로 태어난다. 이 인물이 라마이다. 둘째 부인 카이케이에게서 바라타가 태어나고, 계모 수미트라에게서 쌍둥이 락슈마나와 사트루그나가 태어난다. 현자 비스와미트라를 따라 라마와 락슈마나가 모험을 하고 현자로부터 많은 능력을 전수받는다. 우리의 영웅소설에 등장하는 조력자의 모습을 보는 듯하다. 시바신이 남긴 활을 부러뜨려 라마는 시타를 아내로 맞는다. 다사라타 왕이 육만 살이 넘어 몸이 쇠하자 라마에게 왕을 물려주려 할 때 둘째 왕비 카이케이가 자기 아들을 왕위에 앉힌다. 라마는 부인 시타, 동생 락슈마나와 함께 십사 년 동안 단다카 숲에서 고행을 한다. 이때 세계 최고 지배자인 마귀대왕 라바나의 누이 동생 수르파나카는 라마를 보고 라마에 빠져 결혼하자고 한다. 부인 시타를 없애면 자기 남자를 만들 수 있다는 생각에 시타를 납치한다. 이후 시타를 찾기 위해 라마는 온갖 장애물을 헤쳐나간다. 원숭이 왕 발리를 죽이고 그의 동생을 왕으로 만든다. 이후 통치자 수그리바의 친구이자 부하인 원숭이 하누만이 라마를 돕는다. 하누만의 도움으로 바다 건너 랑카(지금의 스리랑카)로 가서 라바나를 죽이고 시타를 찾는다. 라마가 시타의 정절을 의심하자 시타는 불에 뛰어든다. 불의 신 아그니가 시타를 보호해 준다. 이렇게 시타는 정절을 증명한다. 십사 년의 유배 생활이 끝나고 라마는 수도 아요디아로 돌아가 왕위에 오른다.

[중심 내용]

반복해서 나오는 구절을 중심으로 눈에 띄는 대목은 다음과 같다.

첫째, 비슈누 신이 라마로 환생한 목적은 아수라족의 우두머리인 라바나를 죽이고 세계에 평화와 관용, 정의를 확립하기 위해서이다. 선과 악의 대결에서 선이 승리하는 인간의 소망이 이 서사에 담겨 있다. 왕으로서 아들에게 베푸는 교육은 동정심, 정의감, 차별 없이 사람을 대하는 태도 등이다. 다사라타 왕이 라마에게 왕위를 물려줄 때 공명정대, 겸손, 부드러운 말을 당부한다. 정욕, 분노, 비열함이 있어서는 안 된다고 훈계한다. 왕의 역할과 덕목이 뚜렷이 나타난다.

둘째, 부모에 철저히 순응한다. 다사라타 왕이 혼란스럽게 내리는 명령이나 두 번째 부인의 유배명령에 대해 조금의 원망도 없다. 모든 것을 자기 탓으로 돌리거나 더 좋은 일이라고 답한다. 아리안족의 가부장제 모습이 그대로 나타난다.

셋째, 명예를 소중히 여긴다. 싸울 때 무기를 가지지 않은 자는 공격하지 않으며 뒤에서 활을 쏘지 않는다. 라마가 숨어서 원숭이 왕 발리를 죽인 일은 이 서사시에서 언제나 큰 논란거리이다. 원숭이라 하더라도 똑같다. 명예가 더럽혀졌다고 생각하면 불에 뛰어들어 자살한다. 자살하려는 사건들이 쉴 새 없이 등장한다.

넷째, 여자의 정절 문제이다. 시타의 고난보다 라마는 정절을 의심한다. 더럽혀진 몸은 죽음밖에 없다. 인도의 현재의 실상이다.

다섯째, 약속은 절대 어길 수 없다. 한번 한 약속은 설령 그것이 부당하더라도 지켜야 하며 돌이킬 수 없다. 라마에게 물려주려던 왕위는 그래서 바라타에게 십사 년간 넘어간다.

마지막으로 라마는 모든 이가 우러르는 완벽한 남성이다. 라마에 죽어가는 발리, 숨이 끊어지는 마귀대왕 라바나마저 라마를 칭송한다. 인도인들이 섬기는 최고의 인격신이며, 그 자체가 신이다. 그러나 원숭이 왕을 죽인 일이나 시타의 정절을 의심한 행위는 계속 논란이 된다.

세상은 악과 선이 싸우는 공간이다. 악은 힘을 바탕으로 평화의 질서를 무너뜨린다. 악은 언제든지 기회를 잡으려 한다. 선과 정의가 이들을 제압하지 못할 때 세상은 혼란에 빠진다. 이는 지금 현실에서도 그대로 재현된다. 좁게는 소우주라 불리기도 하는 인간 내부에서 선과 악의 싸움이 반복해서 나타난다. 인간 내부에서 악을 물리치려는 노력은 자기 수양을 통해 이루어진다. 구체적으로는 인도의 아쉬람처럼 명상이나 종교에 귀의하여 악을 다스린다. 『라마야나』가 이 때문에 생명력이 있다. 인도에서 라마의 성품은 지도자의 자질이고 인간이 도달해야할 최고선이다.

다음은 인상적인 구절의 하나이다.
'젊음과 아름다움은 급류와 같다.'

[인도신화] 힌두교 3대 신

3억 3천의 신들 중에서 가장 대표적인 3대 신은 창조의 신 브라마, 보존의 신 비슈누, 파괴의 신 시바와 그 배우자들이다.

1. 브라마(Brahma)는 창조의 신으로 머리 네 개를 가진 노인이 물 항아리를 들고 있는 모습이다. 딸을 아내로 맞이한 비윤리적인 신이기 때문에 사람들이 싫어한다는 설이 많다. 인도에 초라한 푸시카르 사원 하나뿐이다.

그 부인은 사라스와티(Saraswati)로 브라마의 딸이다. 지식과 예술의 신으로 순백의 옷을 입고 한 손에 비나Veena를 연주하며 한 손에 책을 든 모습이다.

2. 비슈누(Vishnu 위슈누)는 보존의 신으로 힌두교 대부분의 신자가 믿는 신이다. 푸른 몸과 화려한 의상, 오른손에 커다란 철퇴와 원반, 고동을 들고 있다. 세상이 혼란할 때 자신을 대신하여 아바타(화신, 아바타르, Avatar하강의 뜻에서 유래)를 보낸다. 현재까지 10명 중에 아홉 번째 아바타가 출현했다.

1) 거대한 물고기(대홍수와 방주)
2) 거북 쿠르마(생명수 보존)
3) 멧돼지 바라하(악마 히란야크샤 처단)
4) 나라심하(사자 얼굴에 인간의 몸, 악마 히란야크샤 쌍둥이 히란야크시푸 처단)
5) 난쟁이 바마나
6) 현자 파라슈라마(부모의 원수 갚기)
7) 라마
8) 크리슈나
9) 붓다Buddha
10) 칼키(아직 오지 않음) 등이 아바타이다.

비슈누의 수많은 이름 중 가장 많이 사용하는 이름이 나라얀이다. 천 개의 머리를 가진 뱀, 셰샤가 거대한 똬리를 틀고 수많은 머리가 커다란 소파처럼 뒤에서 감싸고 있는 곳에 비스듬히 기대어 앉아 있고 아내 락슈미가 발 안마를 해주는 모습이다.

그 아내는 락슈미이다. 락슈미는 재물을 관장하는 신으로 비슈누 신에게 기도하면 락슈미가 재물을 나누어 준다.

락슈미가 크리슈나의 부인 룩미니에게 답한다.

"공손하게 말하고 화내지 않으며, 절제할 줄 알고 올바르고 헌신적이며 감사할 줄 아는 관대한 사람에게 부를 나누어 주느니라."

마하바라트의 샤르다 틸락 경전에서 락슈미는 말한다.

"나는 불결하고 인내심 없는 알코올 중독, 마약 중독자 같은 사람들을 제일 싫어하느니라. 특히 더러운 옷을 입거나, 이를 닦지 않거나, 목욕을 하지 않거나, 과식하거나, 폭언을 하거나, 해가 뜬 뒤에도 잠을 자는 사람에게는 절대로 가지 않는단다."

3. 시바(Shiva)는 파괴의 신으로 인간의 욕망과 악업과 무지를 파괴한다. 헝클어진 머리카락에 낡은 호피무늬 옷을 입고 무시무시한 삼지창을 들고 명상하는 모습이다. 시바는 링가(남근상·다산 상징)로, 파괴는 창조임을 보여준다. 또한 시바는 나타라자(춤추는 모습)으로 생명을 뜻하기도 한다. 시타의 변형으로 두르가가 있다. 두르가는 여러 신들이 완벽하게 만든 신으로 천둥의 신 루드라가 준 삼지창, 신들의 왕 인드라가 준 번개, 비슈누가 준 원반 등 18개의 손에 각기 하나씩 무기를 들고 있다. 또 다른 변형인 칼리는 한쪽 발로 시바의 가슴을 밟고 있다. 악을 물리치기 위한 모습으로 목에 해골을 매달고 붉은 혓바닥이 길게 나와 있는 형상이다.

시바의 부인은 시타이다. 시타가 죽어서 환생한 사람이 두 번째 부인 파르바티이다.

가네슈는 시바와 파르바티의 아들이다. 사람의 몸에 코끼리 얼굴을 가진 신으로 인도에서 가장 많이 볼 수 있는 신이다. 장애물을 막고 복을 준다고 믿기 때문에 상인들은 아침에 문을 열기 전에 향을 피우며 가네슈와 락슈미 신에게 기도를 한다.

힌두교에서는 4단계로 시대를 구분한다. 크리타육 혹은 사티아육의 시대는 진실과 정의의 시대, 황금시대로 인간 수명이 4,000년이다. 트레타육은 지식의 시대, 인간의 욕심이 일어나는 시대로 인간 수명은 3,000년이다. 드와파르 시대는 질병, 가난, 재앙 등이 출현하고, 일부일처제, 카스트 제도 등이 만들어지며 인간 수명은 2,000년이다. 칼리육은 사티아육의 정의가 1/4만 남아 있는 지금의 시대, 암흑시대이다.

힌두교인들은 4가지 인생 기본 목표가 있다. 첫째, 다르마 Dharma 이다. 이는 도덕, 법, 행위 등을 뜻하며 흔히 자신의 의무를 수행하는 것을 말한다. 둘째, 아르타 Artha로 내 한 몸 편하게 쉴 정도의 재산을 마련해야한다. 셋째, 카마 Kama로 육체적인 쾌락과 정신적인 즐거움을 누릴 수 있어야 한다. 넷째, 모크샤 Moksha로 해탈, 마음공부를 할 수 있어야 한다. 마지막은 인생 후반기에 수행할 목표이다.

로마 건국 신화 『아이네이스』 서사시

로마의 신화화, 아프로디테 여신의 나라
트로이의 아이네이아스는 로마의 신이 된다.
헬라스어를 로마어로
헬라스 신화를 로마신화로 옮겨가면서
새로운 시작의 주인공이다.

베누스 여신의 아들 아이네이스는 인간 세상에서 신이다.
알파벳이 동방의 페니키아에서 헬라스로 태양을 따라 흘러가고
동방의 빛이 향하는 대로 서방으로 가는 깃발,
신화도 신들의 궁전도 서방으로 이사한다.
눈부신 햇살이 차가운 땅을 데우고

드디어 로마는 제국이 되고 황제는 신이 된다.

사랑은 끊어야 새로운 곳으로 나아간다.
디도의 사랑은 아이네이스의 무덤이다.
언젠가 한 번은 무덤으로 가지만
미리 무덤을 만들고 싶지 않던 영웅은
사랑하는 여인을 피로 물든 무덤으로 만든다.
그가 아니더라도 만들어질 나라가 무엇이길래
디도에게 나라마저 팽개치게 하는가.
굳이 신들의 일로 인간의 삶을 파멸시켜야 하는가.

[서사의 전개]

『아이네이스(Aeneis)』는 기원전 30~19년에 창작되었다. 호메로스의 작품이 24권으로 이루어진 것과 달리 『아이네이스』는 12권으로 이루어졌다. 전반부는 아이네이아스(라틴어 Aeneas, 희랍어 Aineias 또는 Aineas)가 트로이아를 떠나 이탈리아에 도착하기까지의 고난을, 후반부는 이탈리아에서 로마 건국의 기틀을 마련한다는 내용이다.

『아이네이스』는 다음과 같이 시작한다.

"무기들과 한 전사를 나는 노래하노라. 그의 운명에 의해 트로이아의/
해변에서 망명하여 ~ 잔혹한 유노가 노여움을 풀지 않았기 때문이다."

트로이아가 멸망하고 나서도 황금사과 때문에 유노(헬라스어 헤라)와 미네르바(헬라스어 아테나)는 토로이아 유민을 이끌고 떠나는 아이네이아스에게 노여움을 풀지 않는다. 트로이아를 빠져나온 아이네이아스는 시킬리아를 출발하여 표류하다가 카르타고에 정박한다.

일행은 여왕 디도의 환대를 받으며 지난 이야기를 들려준다. 디도는 아이네이아스를 사랑하게 된다. 이탈리아로 가서 새로운 도시를 건설해야 한다는 아이네이아스의 임무를 읍피테르는 메르쿠리우스를 통해 그에게 전한다. 디도의 애원에도 아이네이아스는 떠나고 디도는 슬픔을 이기지 못해 죽음을 선택한다.

그는 1년 전 아버지 앙키세스가 죽은 시킬리아에 와서 추모 경기를 하고 이후 이탈리아에 도착한다. 쿠마이에서 예언녀 시뷜라의 도움으로 저승으로 내려간 아이네이아스는 죽은 아버지를 만나고 미래의 로마의 위대한 역사와 인물들을 본다.

라티움 지방에는 라티누스 왕이 다스리고 있다. 딸 라비니아의 약혼자 투르누스와 아이네이아스 사이에 전쟁이 벌어진다. 하신 티베리스의 조언에 따라 아이네이아스는 헬라스 아르카디아의 에우안데르를 찾아가 도움을 청한다. 에우안데르는 그에게 아들을 맡기며 에트루리아인들과 손을 잡도록 한다. 이때 베누스(아이네이아스 어머니, 헬라스어 아프로디테, 영어 비너스)의 부탁으로 불카누스(헬라스어 헤파이스토스)가 악티움 해전의 활약상을 비롯하여 로마의 미래를 새긴 방패를 만들어 준다. 적장 투르누스가 아이네이아스가 동맹군을 찾아 자리를 비운 사이 트로이아인들을 포위한다. 팔라스가 투르누스에게 죽고, 아이네이아스에게 메젠티우스가 죽는다. 팔라스의 장례가 치러지고, 이탈리아의 여전사 카밀라가 전사한다. 아이네이아스는 일대일 대결에서 투루누스의 가슴에 칼을 꽂는다.

『아이네이스』는 미완의 작품이다. 미완성 시행이 50여 곳이 된다고 한다. 그러나 전체적 맥락에서 미완성은 아니다. 이 서사시로 베르길리우스는 시성(詩聖)으로 대우를 받는다. 로마 문학의 최고봉이다. 단테는 『신곡』에서 지옥, 연옥, 천국으로 이끌어주는 인도자로 『아이네이스』의 저자 베르길리우스를 내세운다.

역사적으로 서양의 가장 강대한 나라는 로마 제국이다. 로마 제국에서 학교 교재로 가장 널리 사용한 작품의 작가가 베르길리우스이다. 그의 대표 작품이 『아이네이스』이다. 로마의 황제들은 아프로디테, 곧 베누스의

후손으로 로마신화에서 신격화된다. 희랍신화에서라면 아이네이아스의
아버지가 인간이기 때문에 그는 신이 아니라 인간이다.

북유럽 바이킹의 신화 『에다』 서사시

바이킹은 발할라를 위하여

나 부끄럼 없이 용감하게 싸웠소이다
오딘이시여,
나를 발할라로 받아주소서
그곳에서도 내 영혼은 용감히 싸우겠소이다
발할라에 가지 못한다면
내 지금껏 살아온 인생은 한낱 먼지일 뿐이오
언젠가는 죽는 인생,
내 삶은 오직 발할라의 주인 오딘을 우러러 보는 일이오
발키리에 요정이여
싸움터에서 나의 일거수일투족을 빠짐없이 보시오
나는 발할라에 초대받을 자격이 있소
아낌없이 내 목숨을 바치지 않았소이까!
오, 발할라의 오딘이시여!

[북유럽 바이킹의 뿌리, 트로이아]

　노르만은 북쪽에서 온 사람이란 뜻으로 북유럽의 바이킹을 일컫던 말이
다. 북유럽은 노르웨이, 스웨덴, 덴마크, 핀란드 지방을 말한다. 기원전 8
세기 이후 바이킹은 생계를 위해 남쪽의 나라들을 약탈한다. 조선술, 항해
술, 전투력 등에서 우월한 바이킹은 아이슬란드, 영국, 프랑스 등을 침략
하고 영지를 얻어 정착한다. 신화는 바이킹의 약탈을 발할라 궁전으로 정

당화한다. 라그나뢰크(신들의 황혼)는 요한계시록처럼 악의 심판이다. 그들이 기독교로 개종하는 12세기에 와서 바이킹의 세력이 줄어든다. 헬라스 신화가 운명을 말한다면 게르만 신화는 모험을 이야기한다. 이는 현대에 헬라스 신화보다 게르만 신화를 선호하는 이유가 된다. 오딘이 눈을 내주고 삶을 향상시키려 한다. 오딘이 지혜의 샘을 찾고 마법의 술을 훔치는 것처럼 게르만인들은 삶을 향상시키려 노력한다. 오딘의 궁전 발할라를 꿈꾸는 삶을 지향한다. 그리고 악의 세계는 라그나뢰크로 사라진다. 북유럽의 신화인 운문『에다(800~1100년)』와 산문『에다(1222~1223년)』가 이 시기에 기록되어 전해진다. 독일의 서사시『니벨룽의 노래』의 내용도 담고 있다.

프랑스 위의 유럽 중북부 지역 게르만 신화는 미국 건설에까지 영향을 끼쳤다. 산문『에다』에서는 터키의 트로이에서 그들 인종이나 언어가 비롯되었다고 말하고 있다. 트로이를 다스리던 왕 무논 또는 메논이 프리아모스 왕의 딸과 결혼하여 트로르를 낳았는데 사람들은 그를 토르라 불렀다. 18세대가 지난 후 태어난 오딘의 뿌리는 동방의 트로이다. 나폴레옹의 이집트 원정(1798~1801) 이후 서양이 동양을 앞서기 시작한다는 점을 이 신화는 반영하고 있다. 지리적 측면에서 게르만 신화는 세계적이며 보편성을 획득하고 있다.

이 작품은 기독교적 관점이 드러난다.『에다』의 기록은 서기 1,000년경 기독교를 수용하면서 게르만 신들의 이야기가 사라지는 위기 속에서 그들의 신화를 보존, 계승하려는 노력의 일환이다. 늦게 기록된 이유는 그 지역에 독자적인 문자가 없었기 때문이다. 게르만 신화는 음유시인인 스칼드나 바르드에 의해 전해졌으며 기독교 문화와 함께 알파벳이 전파되면서 기독교 문화 속에서 살아남은 신화가 되었다. 작품 속 기독교 문화의 수용이 그 증거이다. 기독교 세계관으로 게르만 신화는 변방으로 물러난다.

『에다』가 희랍 신화와 다른 가장 큰 특징이라면 신들의 죽음과 폭력성이다. 화요일, 수요일, 목요일, 금요일은 북유럽 신들의 이름이다. 이 신화는 안데르센 동화에도 반영된다. 소설『반지의 제왕』이나 바이킹 영화 등은 북유럽 신화와 함께 펼쳐진다.

산문『에다』는 태초에 신이 세상을 창조하고 아담과 이브의 후손 중 여덟 명이 대홍수에서 살아남았다며 시작한다. 세상은 뜨거운 아프리카, 추운 유럽, 세상의 중심인 아름다운 아시아 대륙으로 나뉘어 있었다. 세상의 중심 근처 튀르크란드 트로이에 열두 왕국과 한 제왕이 있었는데 무논 또는 멘논의 왕은 위대한 제왕 프리아무스의 딸 트로얀과 결혼하여 토로르 또는 토로라는 아들이 있었다. 토르가 시빌과 결혼하여 낳은 자손 중에 보덴이 있었는데 오딘이라 불렸다. 그 부인은 프리기다였는데 프리그라 불렸다. 오딘을 튀르크란드를 떠나 작센으로 북진하여 큰아들 베그데그가 동부작센을 지배했다. 둘째 아들 벨데그는 발드르라 부르는데 베스트팔렌 지역을 차지했다. 셋째 아들 시기는 레리르라고 부르는데 프랑켄 지역을 다스렸고 후손이 뵐승족이다. 오딘은 북쪽으로 계속 여행하여 레이드고탈란드(지금의 유틀란트) 지역을 아들 스퀼드에게 맡겼는데 이 스퀼둥 가문은 덴마크의 왕가를 이루었다. 오딘은 궐피 왕이 다스리는 스웨덴으로 가서 지배자를 임명했다. 다시 북쪽으로 가서 세밍이라는 아들에게 노르웨이를 다스리게 했다. 아들 윙비는 오딘의 뒤를 이어 스웨덴 왕이 되고 후손이 윙링족이다. 이 종족이 확산되어 아시아인들의 언어가 이 모든 지역의 언어가 되었다.

스웨덴 궐피 왕이 아스족 사람들의 놀라움의 원인을 찾으러 노인의 모습으로 변장하여 아스가르드로 여행을 떠났다. 아스족의 성에 도착하여 강글레리라고 이름을 댄 뒤 질문하자 세 명의 지도자인 하르(높으신 분), 야픈하르(똑 같이 높으신 분), 트리디(셋째)가 번갈아 대답했다. 궐피는 세 명의 지도자의 이야기에 홀려서 라그나뢰크로 세상이 종말을 고하고 새로운 세상이 온다는 이야기를 듣는다. 예언에 의하면 새로운 세상은 천상의 김레에 있다. 니다 (검은 산맥)에 신드리라는 회관은 금으로 지어졌으며 성실하고 선한 사람들이 살게 될 것이다. 나스트뢴드(죽은 자들의 언덕)에는 독액의 강이 건물을 따라 흐르는데 맹세를 어긴 자들과 살인자들이 이 강을 건너게 된다. 비다르, 발리, 모디, 마그니, 발드르, 회드가 새로운 세상에 함께 한다. 세 지도자에 홀렸던 궐피가 정신을 차리고 보니 자신은 들판에 서 있었다. 그 후 그는 돌아와 이 이야기를 전파했다. 아스족이 아스신들과 동일하다고 믿었다. 토르는 헥토르가 보여준 위대한 행적이고, 오뒤세우스는 그들의 적이었기에 로키로 부른다고 사람들은 믿고 있다.

[신화 「에다」의 줄거리]

궐피가 세 지도자에게 들은 이야기는 다음과 같다.

물방울 거품에서 거인 위미르가 탄생하고 위미르에서 악한 서리 거인이 생겨났다. 서리가 녹아 암소가 생기고 암소가 얼음덩어리를 핥아 부리가 만들어진다. 그 아들이 보르이고 보르의 아들이 오딘, 빌리, 베이다. 오딘은 가장 위대하다. 보르의 아들들이 거인 위미르를 죽였다. 베르겔미라는 거인 하나만 살아남는다. 보르의 아들들은 위미르의 몸뚱이로 세상을 만든다. 보르의 아들들이 통나무 두 개로 남자(아스크)와 여자(엠블라)를 만들었다. 인간은 미드가르드에 살고, 신들은 사람들이 트로이라 부르는 아스가르드에 성을 짓고 살았다. 오딘의 부인은 프리그이다. 낮과 밤의 창조, 해와 달의 창조, 해와 달을 쫓는 늑대, 지상과 천상을 잇는 무지개 비프뢰스트, 난쟁이 등을 만들었다.

세계수 위그드라실 물푸레나무는 9개로 구성되어 있다. 전사 신족 아스가르드, 농경 신족 바나헤임, 요정 알프헤임은 초월적 존재들의 세계이다. 대지의 중앙에 인간 세계 미드가르드, 거인들의 세계 요툰헤임, 난쟁이 세계 니다벨리르가 지상에 있다. 죽은 자들의 세계는 헬, 니플헬, 니플헤임이 있다. 용맹하게 죽은 자들은 아스가르드에 있는 오딘의 발할로 간다.

신들의 이야기는 9개로 구성된 위드그라실에서 전개된다. 북유럽 신화 속 12신은 다음과 같다. 신들의 왕 오딘, 가정과 결혼의 여신인 오딘의 아내 프리그, 천둥의 신 토르, 풍요의 신 프레이르, 사랑의 여신 프레이야, 신들의 파수꾼 헤임달, 바다의 신 에기르, 시와 음악의 시인 브라기, 청춘의 여신 이둔, 빛의 신 발데르, 전쟁의 신 티르, 악의 화신이며 장난꾸러기 신 로키 등이다.

물푸레나무 이그드라실의 가장 깊은 뿌리에는 니드호그라는 용이 살고, 가장 높은 꼭대기에는 독수리가 산다. 그 사이에 다람쥐가 뿌리를 갉아먹으면서 니드호그가 내뱉는 욕설을 독수리에게 전하며 이간질한다. 두 번째 깊은 뿌리는 아스가르드로 향해 나 있으며 그 곳에는 과거, 현재, 미래를 담당하는 운명의 여신이 운명을 결정한다. 세 번째 깊은 뿌리에는 요툰헤임을 향해 나 있는데 현자 미미르가 지키는 샘물이 있다. 이 샘물을 마시면 진실을 알 수 있다.

황금과 탐욕의 마녀 굴베이그를 몰아 내지 못한 문제로 아스 신족과 바니르 신족이 싸운다. 토르는 모두를 지켜 줄 부메랑 능력이 있는 마법장치 묠니르를 난쟁이들로부터 얻어낸다.

로키는 서리거인인 앙그라보다 사이에서 늑대 펜리르, 큰 뱀 요르뭉간드, 분홍색 상체 엉덩이 아래 검은 색인 딸 헬을 낳는다. 운명의 여신 스쿨드는 그 아이들이 신들을 파멸로 이끌 것이라고 예언한다. 신들은 요르뭉간드를 바다에 던지고 헬을 지하세계 니플헤임에 던진다.

지혜의 샘물을 마시기 위해 눈 하나를 바친 오딘은 최고의 지혜를 얻기 위해 우주의 어머니 이그드라실에 거꾸로 매달려 자기 몸에 창을 찔러죽는다. 9일이 지나 죽은 상태로 세상을 뒤집어서 거꾸로 보다가 룬 문자를 이해한다. 그 순간 생명을 되찾은 오딘은 죽음을 통해 도움, 진실 등 18가지 마법을 이해한다.

신족들끼리 화해의 의미로 각자 뱉은 침으로 만든 현자가 크바시르이다. 난쟁이 형제 팔라르와 갈라르는 크바시르를 초대해 살해한다. 난쟁이들은 그 피에 꿀을 넣어 마법의 벌꿀 술을 만든다. 길링 부부를 살해한 난쟁이 형제는 길링의 아들 수퉁의 위협에 벌꿀 술을 준다. 오딘은 꿀 벌술

세 통을 훔친다.

오딘은 발할라로 유인하여 서리거인의 최강자 흐룽그니르와 토르가 결투를 하도록 한다. 토르가 묠니르로 승리한다.

가장 아름다운 여신 프레이야는 난쟁이 동굴에 가서 네 명의 난쟁이와 하루씩 지내고 아름다운 목걸이를 얻는다. 오딘은 로키를 통해 프레이야의 목걸이를 훔쳐오게 하고 프레이야는 목걸이를 찾기 위해 죽은 이를 살려내어 서로 싸우게 하라는 오딘의 제안을 받아들인다.

독수리로 변장하여 로키를 괴롭힌 서리거인이 땅에 내려놓는 조건으로 로키에게 젊음의 여신 이둔을 납치해 오라고 한다. 서리거인 티아시가 이둔을 납치하자 이둔이 주는 청춘의 사과를 먹지 못하는 신들은 늙어가기 시작한다. 오딘의 명으로 로키가 이둔을 찾아온다.

요정은 알프헤임에 산다. 난쟁이는 땅속의 보물을 지킨다. 난쟁이는 금과 은을 잘 다루며 탐욕, 질투, 공명심을 갖고 있다. 바깥 세상에 관심이 많은 난쟁이 알비스는 전쟁의 신 토르의 딸 투르드와 결혼하고 싶어 토르를 찾아간다. 토르는 자기 질문에 모두 답하면 자기 딸과 결혼하게 해 주겠다며 밤새 질문한다. 난쟁이는 신이 나서 답한다. 다음날 해가 뜨자 난쟁이는 돌이 된다. 신들은 난쟁이가 밝은 세계에 돌아다니지 못하게 태양에 노출되면 돌이 되게 만들었던 것이다.

바이킹이 죽어서 가고 싶어 하는 발할라는 신들의 궁전 아스가르드에 있다. 이 궁전의 주인 오딘은 바이킹들이 숭배하는 최고신이다. 발할라에 갈 수 있는 조건은 '용기'이다. 오딘의 시녀 발키리에는 전쟁터에서 용감하게 싸우다 죽은 전사들을 데리고 오는 역할을 한다. 발할라에서 전사들은 매일 전투 연습을 하며 저녁에는 성대한 연회가 벌어지고, 죽은 자는 다음날 살아난다. 바이킹 모두가 가고자 하는 세상이다. 발키리에 가운데 요정 브린힐드가 가장 유명하다.

오딘, 로키, 회니르가 인간세상 미드가르드에서 수달을 쏘아 죽인다. 농부 흐레이드마르는 수달로 변신한 아들을 죽인 몸값을 요구한다. 로키는 난쟁이 안드바리에게 가서 두 자루의 금과 난쟁이가 끼고 있던 반지를 빼앗아 온다. 난쟁이는 반지를 갖는 자에게 저주를 내린다. 반지는 반복해서 저주를 낳는다. 농부 집안은 황금을 받고 서로 싸워 먼저 아버지 흐레이드 마르가 죽고, 동생 레긴은 덴마크로 쫓겨 가 왕실의 대장장이가 된다. 큰아들 파프니르는 황금을 지키기 위해 용이 된다.

오딘의 혈통 뵐숭 왕의 외동딸 시그니는 고트족 왕자 시게이르가 마음에 들지 않지만 아버지의 뜻에 따라 결혼한다. 연회장에 오딘이 노인으로 변장하고 나타나 참나무에 칼을 깊이 박고 칼을 뽑는 자가 주인이라며 떠난다. 장남 시그문드가 칼을 뽑자 사위 시게이르가 질투심에 사로잡힌다. 다음날 시게이르는 시그문드에게 결혼 선물로 줄 수 없느냐고 하지만 그 칼은 오딘의 선물이라 줄 수 없다고 거절한다. 시게이르가 뵐숭 왕 일행을 고트족 궁궐에 초청하여 뵐숭 왕과 왕비를 죽이고 왕자 열 명을 하루에 하나씩 늑대가 잡아먹게 한다. 마지막 날 딸 시그니가 시그문드에게 칼, 그람을 가져다준다. 그 칼로 늑대를 살해하고 시그문드는 숲에서 지내면서 복수의 기회를 노린다. 시그니는 복수를 위해 다른 여자로 변장하여 오빠 시그문드와 근친상간으로 아들 신표틀리를 낳는다. 시그문드 부자는 고트족 왕궁을 불태우고 모두 죽인다. 시그니는 근친상간의 전말을 알리고 불에 뛰어들어 삶을 마감한다. 새로운 왕비는 신표틀리를 살해하고 추방된다. 시그문드는 훈딩족과 싸우다 전사한다.

시그문드의 왕비 효르디스는 시그문드의 아이를 밴 채 덴마크 왕자 알프와 재혼한다. 왕은 아들 시구르드를 대장장이 레긴에게 키우게 한다. 레긴은 용으로 변신한 자기의 형 파프니르를 죽이고 보물을 찾아오라고 시킨다. 시구르드는 애꾸눈 노인으로 변장한 오딘의 도움으로 아버지를 죽인 훈딩족을 몰살한다.

레긴은 시구르드와 함께 파프니프 동굴로 가서 용을 죽인다. 시구루드는 그 용의 심장을 구워 먹어 새들이 하는 말을 듣는 능력을 얻는다. 새들의 말을 듣고 탐욕스런 레긴을 죽인다.

[표_7] 게르만 신들의 계보

* ∞는 혼인관계

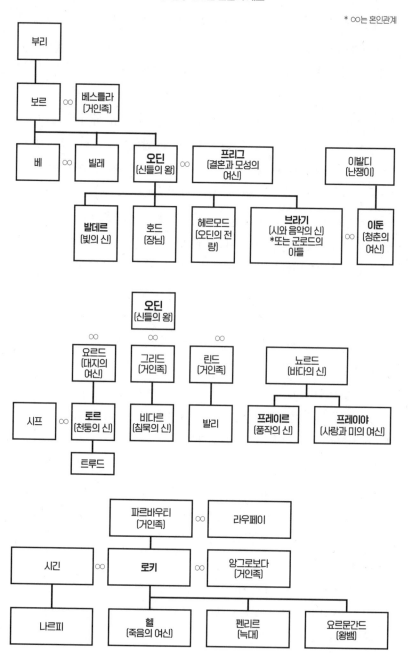

400

시구르드는 새들의 이야기를 듣고 산꼭대기 불 담장 안에 자고 있는 미
녀 요정 브륀힐드를 찾아 간다. 시구르드는 영원한 사랑을 맹세하며 청혼
하고 곧 돌아온다는 약속과 함께 떠난다. 시구르드는 기우쿠족의 왕이 사
위로 삼으려 하지만 브륀힐드에게 청혼한 상태라 거절한다. 이 때 왕비가
기억을 잃게 하는 마법의 술잔을 건네 시구르드는 공주 구드룬과 결혼한
다. 하루는 기우크족의 왕자 군나르가 산꼭대기 미녀와 결혼할 수 있게 도
와달라고 부탁한다. 군나르로 변신하여 시구르드가 브륀힐드를 말에 태
워 왕궁으로 데려와 군나르와 브륀힐드는 결혼한다. 결혼식 연회에서 브
륀힐드는 시그문드를 발견하지만 기억을 잃은 시그문드는 브륀힐드를 알
지 못한다.

브륀힐드는 침대로 다가오는 군나르를 거부한다. 시구르드가 군나르로
변장하여 도움을 준다. 3일째 시구르드는 자신의 반지와 브륀힐드의 반지
를 바꿔 낀다. 이 반지는 안드바리의 저주가 담긴 반지다. 브륀힐드는 시
구르드를 생각하며 이상히 여기고, 구드룬은 사흘 동안 남편을 빼앗긴 것
에 화가 나서 올케와 시누이 사이인 이 둘은 신분 문제로 충돌한다. 구드
룬은 그동안의 일을 밝히고 브륀힐드의 반지를 증거로 보여준다. 브륀힐
드는 남편 군나르에게 시그문드를 죽여 달라고 부탁한다. 군나르는 다른
형제인 구트호름에게 시구르드를 살해하도록 끌어들인다. 구트호름과 시
구르드가 죽는다. 브륀힐드는 속임수를 쓴 군나르를 거절하며 칼로 자신
의 가슴을 찌른다.

남편을 잃은 구드룬은 복수를 위해 훈족 왕 아틸라의 청혼을 받아들인

다. 훈족의 군대를 이용해 군나르와 회그니를 죽여 남편의 원수를 갚는다. 난쟁이 안드바리의 저주가 담긴 반지는 라인강에 던져진다. 브륀힐드와 군나르의 복수 이야기가 『니벨룽의 노래』의 뼈대이다.

청춘의 신 발데르는 죽음을 알리는 꿈을 꾼다. 오딘은 아들을 살리기 위해 니플헤임의 여자 예언자 무덤을 찾아간다. 죽음의 예언에서 아들을 지키려고 발데르의 어머니 프리그는 아홉 세상을 돌아다니며 발데르를 해치지 않겠다는 서약을 모두에게 받는다. 로키는 프리그를 찾아가 서약을 받지 않은 유일한 것이 겨우살이라는 것을 알아낸다. 겨우살이를 날카롭게 깎아 발데르의 동생이자 운명의 신, 장님 호드에게 주어 발데르를 찌르는 놀이에 참가하게 한다. 겨우살이에 찔려 발데르는 죽는다. 오딘의 아들 헤르모드가 헬에게 부탁하자 헬은 살아 있는 것이든 죽어 있는 것이든 발데르를 위해 운다면 살려주겠다고 한다. 로키가 울지 않아 발데르는 죽는다. 장례 후 로키는 숲으로 가서 숨는다. 오딘은 연어로 변장한 로키를 잡아 동굴에 가둔다. 로키는 세상이 끝날 때까지 독사의 독을 얼굴에 받는다. 늑대 스콜이 태양을 잡아 물고, 스콜의 동생 하티가 달을 잡아먹자 모든 족쇄와 사슬이 풀리면서 로키, 로키의 아들 늑대 펜리르가 풀려난다. 나팔소리에 달려온 오딘 세력과 로키 세력은 서로 싸우다가 모두 죽는다. 대지는 바닷속으로 가라앉는다. 신들과 거인들의 최후의 전쟁, 라그나뢰크로 세상의 모든 것은 파멸한다. 세계의 종말이다.

오랜 세월이 지나면서 대지는 다시 솟아오른다. 오딘의 아들 비다르와 발리가 살아남고 토르의 아들 마그니가 마법 망치 묠니르를 찾는다. 운명의 신 호드가 살아남아 미래를 예언한다. 우주나무 이그드라실에 숨었던 리프와 리프트라시르가 인류의 조상이 된다. 태양은 죽기 전에 딸을 낳아 세상을 비춘다.

독일 『니벨룽의 노래』, 복수와 파멸의 서사시

죽음의 행렬, 복수의 끝
죽음보다 더 끝이 있다.
여자라고
다르게 말할 것이 없다.

여자들의 명예로
복수는 복수를 낳고 복수가 복수를 끝낸다.
누가 더 높고
누가 더 낮으면
불명예가 된다.

한 여자의 철저한 응징,
크림힐트의 복수,
부르군트족과 니벨룽의 용사들이 전멸한다.

말의 칼이 명예의 옷을 찌르고
살갗도 아닌 옷이 더 성을 낸다.
그게 삶의 이유인지 모른다.

존중해야 사랑인지 죽어서야 안다면
미리 죽어야겠지.

[서사의 전개]
『니벨룽의 노래』는 서기 1,200년 경 궁정 서사시로 정리된 작자 미상의 문학작품이다. 게르만족의 대이동 시기인 5~6세기경부터 대중들의 구전으로 이어지면서 여러 판본이 전해진다. 중세 최고의 베스트셀러로 독일 예술에 가장 크게 영향을 끼친 작품이다. 바그너의 가극 〈니벨룽의 반지〉의 원전이 이 서사시이다. 현재 우리나라에 서사시답게 운문 형태로 제대로 번역한 책은 없는 듯하다.

서사시는 이렇게 시작한다(『니벨룽의 노래』, 허창운 옮김, 범우사).

"옛날 얘기들 중에는 우리들에게 많은 놀라운 것들이 전해지고 있지요."

그리고 마지막은 이런 문장으로 끝맺는다.

"나는 여러분들에게 그 뒤 무슨 일이 일어났는지 말할 수는 없습니다."

부르군트 왕족(중세 초기 프랑스 부르고뉴, 이탈리아 사보이아 일대에 존재했던 왕국) 군터, 게르노트, 기젤헤어, 우테 대비 등이 사는 왕궁에 크림힐트 공주가 어느 날 꿈을 꾼다. 그녀가 애지중지하는 매를 독수리 두 마리가 물어 찢는 꿈이다. 그녀의 어머니는 사랑하는 남자가 일찍 죽을 꿈이라고 해몽한다.

네델란드 크산텐(현재 네델란드에 인접한 독일의 도시)에서 지크프리트가 양친 지크문트와 지크린트에게 기사 교육을 받는다. 지크프리트는 크림힐트에 구혼하려 한다. 그는 소수의 수행원을 거느리고 보름스(독일 남서부) 궁으로 간다.

바다 가운데 이젠슈타인 성에는 힘센 처녀여왕 브륀힐트가 세 가지 힘 겨루기에서 자기를 제압하는 자에게만 사랑을 허락한다고 말한다. 그녀에 대한 군터의 구혼을 도와주겠다며 지크프리트는 그 대가로 자기와 크림힐트의 결혼을 허락해 달라고 한다.

지크프리트는 마법의 망토로, 동작만 취하는 군터를 대신해서 시합을 이긴다. 브륀힐트는 신하들을 군터에게 충성하도록 한다. 지크프리트는 크림힐트의 친절한 영접과 선물을 받는다.

군터와 브륀힐트의 영접 행사가 끝나고 지크프리트와 크림힐트는 혼인을 한다. 브륀힐트는 크림힐트가 비자유민 신분의 신하와 결혼하는 것을 수치스럽게 생각하며 눈물을 흘린다. 결혼 첫날밤에 브륀힐트는 군터를 결박하여 벽에 매달아놓는다. 지크프리트가 남의 눈에 띄지 않게 침실에 나타나 브륀힐트를 꼼짝 못하게 하고 반지와 허리띠를 빼앗아 그것들을 나중에 크림힐트에게 선물한다. 브륀힐트는 군터에게 몸을 허락한다.

지크프리트는 크림힐트와 크산텐으로 돌아와서 통치권을 넘겨받는다. 크림힐트와 브륀힐트는 각기 아들을 낳는다. 부륀힐트는 지크프리트와 크림힐트를 초대하는 축제를 연다.

기사들이 마상시합을 하는 동안 크림힐트와 브륀힐트가 남편들의 사회적 지위를 놓고 다툰다. 브륀힐트가 지크프리트가 비자유신분이라고 말하자 크림힐트는 브륀힐트를 자기 남편의 첩이라며 반지와 허리띠를 내보이고 브륀힐트의 첫날밤의 비밀을 폭로한다.

하겐은 왕비의 대변자임을 자처하면서 군터에게 지크프리트 암살 음모에 가담하도록 설득한다. 작센인(영어 색슨족)과 덴마크인들의 선전포고가 실제인 것처럼 꾸며진다. 전쟁은 취소되고 사냥으로 음모를 변경한다. 하겐이 우물에 허리를 굽혀 물을 마시는 지크프리트를 창으로 찌른다. 그가 도둑들에 살해되었다고 거짓으로 알린다.

시체를 크림힐트 방 앞에 가져다 놓고 하겐이 다가서자 상처에서 피가 흐른다. 크림힐트는 하겐을 추궁한다. 지그프리트의 아버지 지그문트 왕은 크림힐트를 데려가고 싶어 한다. 그러나 보름스에 머문다.

크림힐트는 군터와 화해하지만 하겐과는 화해하지 않는다. 그녀가 선심 공세로 많은 용사들이 자기에게 봉사하도록 의무를 부여하자 하겐은 위험을 느낀다. 하겐의 충고에 따라 보물을 크림힐트에게서 빼앗아 라인강 속에 수장한다.

훈족 왕 에첼은 홀아비다. 측근들의 충고로 크림힐트에 구혼하려 뤼디거를 보름스로 보낸다. 크림힐트는 결혼을 거절하다가 복수의 약속을 받아내자 자신의 결심을 바꾼다. 하겐이 자신의 남은 재산조차 박탈했기 때문이다. 빈에서 결혼하고 크림힐트는 아들을 낳는다.

훈족 왕의 왕비가 된 크림힐트는 오랜 시간이 흐른 뒤 보름스의 친척들을 축제를 열어 초대한다.

축제가 끝난 후 하겐과 폴커가 보초 근무를 섬으로써 훈족의 기습 공격이 실패한다. 다음날 부르군트족과 훈족이 미사에 참여하고 이어지는 마상시합에서 폴커는 훈족의 기사를 죽인다. 하겐은 훈족의 왕자 에첼의 아들 목을 친다. 홀 안에 있는 훈족을 모두 살해한다.

싸움은 밤을 지나 다음날 아침 다시 이어진다. 크림힐트는 홀에 불을 지르게 한다. 부르군트 편은 군터와 하겐만이 살아남고 아멜룽겐 편은 힐데브란트만 남아 디트리히에게 돌아온다.

디트리히는 하겐을 최후의 육박전에서 제압하여 결박한 후 크림힐트에 넘긴다. 군터도 제압한다. 크림힐트는 하겐에게 보물을 인도하라 요구한다. 주인을 배반할 수 없다며 거절하자 크림힐트는 군터의 목을 베어 들고 하겐 앞에 내민다. 크림힐트는 하겐을 죽인다. 그러자 힐데브란트가 크림힐트를 벤다. 디트리히와 에첼이 죽은 자들을 애도한다.

『니벨룽의 노래』는 하겐의 지그프리트 살해와 아내 크림힐트의 하겐에 대한 복수 이야기다. 살해의 동기는 여자들의 명예이다. 크림힐트와 브륀힐트, 이 둘은 시누와 올케 사이다. 브륀힐트가 크림힐트에게 남편의 신분이 낮다고 멸시하고 크림힐트는 지그프리트가 브륀힐트를 첩으로 만들었다며 공격한다. 군터의 신하 하겐은 지그프리트를 음모를 꾸며 살해한다. 크림힐트는 복수해 줄 훈족의 왕과 결혼한다. 하겐을 의심하며 축제에 군터 일행을 초대하여 잔치를 벌인다. 양측이 모두 죽을 때까지 이어지는 처절한 싸움으로 서사시는 막을 내린다. 명예는 삶의 원동력이다. 명예를 잃는 순간 삶은 죽음이나 마찬가지다. 『일리아스』처럼 죽음보다 명예가 더 소중하다. 분란을 잠재우는 일은 상대의 명예를 높여주는 일이다. 상대의 명예에 손찌검을 하면 분노가 벌떡 일어선다.

한국의 영웅 서사시 「동명왕편」

동명왕, 남의 떡이 크다 한다

우리에게까지 서양 신화가 있다.

중국의 신화 전설이 우리 문학 작품에 스며 있다.

우리는 우리의 신화를 허황된 이야기라 한다.

다 같은 신화인데

남의 신화만 신화라 하는 사람들이 존재한다.

남의 떡만 눈에 들어오는 이들이 있다.

신화는 사람들의 정신세계,

헛된 이야기처럼 보여도

신화를 만든 사람들의 가슴이 들어 있다.

이규보는 처음 동명왕 이야기를 읽고

허황된 이야기라 했다.

다시 읽고 또 읽어

성인의 성스러운 신화라 그는 동명왕편 서사를 시로 쓴다.

남의 떡이 커 보인다.

녹두장군 전봉준이 키는 작아도 크다.

주몽 신화가 헛된 이야기가 아니다.

허황된 이야기처럼 들리는 신화이다.

이제 신화가 된 이야기를 역사의 뿌리로 읽어야 한다.

[서사의 전개]

이규보는 26세에 서사시 「동명왕편」을 짓는다. 그는 시를 짓는 이유를 『동국이상국집 권3』에서 밝힌다.

세상에서 동명왕(東明王)의 신통하고 이상한 일을 많이 말한다. 비록 어리석은 남녀들까지도 흔히 그 일을 말한다. 내가 일찍이 그 얘기를 듣고 웃으며 말하기를,

"선사(先師) 중니(仲尼)께서는 괴력난신(怪力亂神)을 말씀하지 않았다. 동명왕의 일은 실로 황당하고 기괴하여 우리들이 얘기할 것이 못된다."

하였다. 뒤에 『위서(魏書)』와 『통전(通典)』을 읽어 보니 역시 그 일을 실었으나 간략하고 자세하지 못하였으니, 국내의 것은 자세히 하고 외국의 것은 소략히 하려는 뜻인지도 모른다. 지난 계축년(1193, 명종 23) 4월에 『구삼국사(舊三國史)』를 얻어 동명왕본기(東明王本紀)를 보니 그 신이(神異)한 사적이 세상에서 얘기하는 것보다 더했다. 그러나 처음에는 믿지 못하고 귀(鬼)나 환(幻)으로만 생각하였는데, 세 번 반복하여 읽어서 점점 그 근원에 들어가니, 환(幻)이 아니고 성(聖)이며, 귀(鬼)가 아니고 신(神)이었다. 하물며 국사(國史)는 사실 그대로 쓴 글이니 어찌 허탄한 것을 전하였으랴. 김부식(金公富軾) 공이 국사를 중찬(重撰)할 때에 자못 그 일을 생략하였으니, 공은 국사는 세상을 바로잡는 글이니 크게 이상한 일은 후세에 보일 것이 아니라고 생각하여 생략한 것이 아닌가?

당현종본기(唐玄宗本紀)와 양귀비전(楊貴妃傳)에는 방사(方士)가 하늘에 오르고 땅에 들어갔다는 일이 없는데, 오직 시인(詩人) 백낙천(白樂天)이 그 일이 인멸될 것을 두려워하여 노래를 지어 기록하였다. 저것은 실로 황당하고 음란하고 기괴하고 허탄한 일인데도 오히려 읊어서 후세에 보였거든, 더구나 동명왕의 일은 변화의 신이(神異)한 것으로 여러 사람의 눈을

현혹한 것이 아니고 실로 나라를 창시(創始)한 신기한 사적이니 이것을 기술하지 않으면 후인들이 장차 어떻게 볼 것인가? 그러므로 시를 지어 기록하여 우리나라가 본래 성인(聖人)의 나라라는 것을 천하에 알리고자 하는 것이다.

「동명왕편」은 오언 282구, 약 4,000자로 이루어진 한문 장편 서사시이다. 서장(序章)에서 동명왕 탄생 이전의 계보를 밝히고, 본장(本章)에서 동명왕의 출생에서 건국에 이르는 과정을 서술하고, 종장(終章)에 후계자인 유리왕의 경력과 작가의 느낌을 덧붙였다. 내용을 서사시 취지에 맞게 요약하여 정리하면 다음과 같다.

한 덩어리 원기가 갈라져서
전욱 복희씨 수인씨 요임금
태고적 신령함 다 기록 못하나
성인이 간혹 나기는 하나
한 나라 신작 삼년 첫여름
공중에서 오룡거로 내려오니
천명 받은 임금은 하늘이 주니
하늘에서 땅까지 2억 8,780리
성 북쪽 청하에 하백의 세 딸,
사냥하다가 왕이 마음에 두니
왕이 땅을 그어 궁전을 짓고
하백이 노하여 사자를 보내니
상제의 아들이면 시험하여 보자
하백이 꿩이 되자 왕은 매가 되고
서로 기뻐 술자리가 넘쳐
왕이 홀로 적소를 타고 올라
하백이 딸 입술을 석 자나 늘이고

천황씨 지황씨가 되어 기이함이 많도다
신농씨 여와씨 우 임금 황제 헌원씨
후세 인정 경박, 풍속이 사치해지니
신령한 자취 보인 적이 적도다
해동 해모수 진정한 하느님 아들,
백여 인 고니 타고 채색 구름 떴구나
아침에 인간세상, 저녁에 천궁이라
아침저녁 임의로 오르내리노라
압록강 웅심 물가에서 노닌다
뒤를 이을 아들 낳기가 급함이라
궁으로 와서 놀던 맏딸 유화를 잡았어라
천제의 아들이 혼인을 청했다네
하백이 잉어가 되니 왕은 수달이 되어 잡고
하백이 사슴이 되자 왕은 승냥이가 되어 쫓으니
딸을 실은 수레도 넘치도다
소식 없이 다시 돌아오지 않으니
우발수 속으로 비복 둘과 추방하였도다

어부가 금와왕에 고하여 쇠그물 던져
왕이 해모수 왕비임을 알고
되만한 알을 마구간 말이 밟지 않고
어미가 기르니 한 달에 말을 하고
부여왕의 태자가 투기가 생겨
왕이 시험 삼아 말을 기르게 하니
남쪽 땅으로 세 어진 벗과 남쪽으로
엄체수에 배가 없어 하늘을 탄식하니
비둘기 한 쌍 신모(神母)의 사자가 되어
애달프다 비류왕이여,
동명왕이 서쪽 순시 때
장마비가 이레를 퍼부어
동명왕이 채찍을 들어 물을 멈추니
홀연 운무가 흩어져 궁궐이 우뚝하니
원자 유리가 칼을 얻어 왕위를 잇고
내 성품이 질박하여 기이함을 멀리하니
서서히 보니 변화를 의논하기 어려워
신이하여 만세에 아름다운 일이니
유온이 큰 못에서 쉬다가 신을 만나
곧 임신이 되어 유계를 낳았도다
자고로 제왕에 징조와 상서가 있으나
수성하는 임금은 삼가고 경계하여

건져 낸 여자 입술을 세 번 자르니 입을 여네
별궁에 두니 계해년 해를 품고 주몽을 낳았도다
산 속에 버렸더니 온갖 짐승이 옹위하도다
활과 화살로 파리 잡기 백발백중이도다
주몽의 후환을 걱정하여 일찍 도모하려 하는구나
천제의 손자가 말 기르는 것을 부끄러워하여
준마를 찾아 타고 달아나는구나
고기와 자라가 다리를 이루어 쫓던 군사 떨치도다
형세 좋은 땅에 왕도를 개설하였도다
어찌 천제의 손자 존귀함을 모르는가
하늘이 비류에 비를 내려 표몰시키라 하니
송양이 근심하고 두려워하는구나
송양이 나라를 들어 항복하였도다
왕위에 오른 지 19년 만에 하늘에 오르도다
동이 구멍을 막아 남의 꾸지람을 막았구나
처음에 동명왕을 요술, 귀신으로 의심하였다
직필로 한 글자도 헛됨 없이 기록하였다
창업하는 임금이 성신이 아니겠는가
우레 번개에 교룡이 서려 있더니
이가 적제의 아들이니 특이한 복조가 많도다
끝 자손은 게을러 선왕의 제사를 끊는구나
너그럽고 어짊, 예와 의로 나라를 통치하는도다

『동명왕편』외에 한국의 대표적인 서사시에는 「용비어천가」, 김동환의 『국경의 밤』신동엽의 『금강』 등이 있다.

신동엽의 서사시 「금강」은 전봉준 장군에 대한 이야기 시이다. 전체 26 장에 후화가 덧붙어 있다. 시 한 편이 한 권의 책이다.

[한국의 신화]

한국의 신화는 이규보의 『동명왕편』 일연 스님의 『삼국유사』 등에 기록되어 있다. 창세가, 마고할미, 바리데기, 삼신할미, 성주풀이, 도깨비 등이 신화의 계통에 속한다. 한국 신화는 천신, 영웅신, 장군신, 서낭신 등 산신이 큰 주류를 형성한다. 산신제는 지역 곳곳마다 지금도 행해지고 있다. 『한단고기』 속에서도 신화를 찾을 수 있다.

『삼국유사』에 기록된 「단군신화」의 홍익인간의 정신은 다른 나라의 신화가 폭력과 약탈에 바탕을 두었다는 점에서 탁월한 차이점을 보여준다. 널리 인간을 이롭게 한다는 홍익인간의 정신은 인문학의 최고봉이라 할 수 있다. 고조선 단군신화, 부여 해모수 신화, 고구려 주몽 신화, 백제 온조 신화, 신라 박혁거세, 석탈해, 김알지 신화, 가락국의 수로왕 신화, 후백제 견훤신화, 고려 왕건 신화 등은 영웅 신화이다.

하나의 계통으로 정리되지 않은 점이 희랍신화와 다르다.

[참고] 중국의 진기한 신화 「산해경」

『산해경』은 지리, 역사, 종교, 문학, 철학, 민족, 민속, 동물, 광물, 의약 등 저자를 알 수 없는 중국 고대의 신기한 기록의 책이다. 최근에는 신화와 관련하여 관심이 높은 책이다.

현대에 작성된 위엔커의 『중국신화전설』은 여러 책에 전해 내려오는 중국의 신화를 정리하였다.

중국의 창조신은 반고이다. '반고는 용의 머리, 뱀의 몸이며 바람과 비를 마시고 번개와 우레를 불어낸다. 그가 눈을 뜨면 낮이고 눈을 감으면 밤이다. 죽어서 뼈마디가 산이 되고, 몸은 강과 바다가 되었다. 피는 도랑을 이루고 몸의 털은 풀과 나무가 되었다. 반고가 18,000년이 지나 하늘과 땅이 갈라지고 그 사이에 삼황오제가 나타난다. 삼황오제 이후의 기록은 중국 역사서에 두루 등장한다. 역사 이전인 요임금과 순임금 시기까지를 중국의 신화라고 받아들이는 것이 무난할 것이다.

치우는 전쟁의 신으로 형제가 81명이다. 구리 머리, 철 이마, 눈 4개, 팔 6개, 소의 넓적다리, 사람의 몸, 구리 어금니와 날카로운 이빨, 쌍뿔 머리, 귀밑머리의 형상을 가진다. 철과 돌멩이로 식사한다. 중국 남방 묘족이 후예라고도 한다.

중국 신화에 등장하는 신들은 많은 경우 신선이다. 우리 고전 문학에도 자주 등장하기 때문에 친숙한 이름들이다. 대표적인 신들은 다음과 같다.

인류의 시조인 복희는 누이 여와와 결혼하는 시조신으로 팔괘를 발명한다. 여와가 황토로 사람을 빚어 숨결을 불어넣었다고도 하며, 복희와 여와가 사람 머리에 승반신은 서로 안고 있고 뱀의 하반신은 서로 새끼줄처럼 꼬며 인류를 잉태하고 있다고도 한다.

서왕모는 도교에서 신봉하는 여신이다. 전신에 호피 무늬, 표범꼬리, 호랑이 이빨이며 휘파람을 잘 분다. 『산해경』에서는 불로장생의 상징의 여신이라고 한다. 적송자는 중국 신화 속 신선으로 신농 시기에 비를 관장하던 신이다. 적송자는 가끔 인간계에 내려와 노닐었다. 후대에 도교에서 모시는 신선이다.

상부인 또는 상수의 부인은 요임금의 딸로 순임금의 비이다. 아황과 여영이 순이 순행 중 서거하자 상수 가의 대나무 숲에 눈물을 뿌리고 상수에 몸을 던져 여신선이 된다.

항아는 월궁 선녀이다. 후예의 아내였는데 신선의 약을 훔쳐 먹고 월궁으로 날아가 광한궁의 주인이 되는 선녀이다.

팽조는 전욱의 고손자로 800세에도 양생법으로 늙어 보이지 않는다.

우임금은 곤의 아들로 하족의 조상신, 치수의 신, 사직의 신이다.

| 제 9 장 |

『일리아스』의 종합적 이해

『일리아스』와 인문학의 관계

　서양 인문학의 출발은 호메로스이다. 헬라스인은 인간의 다양한 형상으로 신을 창조했다. 신은 인간의 모습이고 인간의 존재를 극복하게 해주는 소망의 표현이다. 니체에 의하면 헬라스인은 살기 위해 신을 창조했다. 신들은 인간의 삶을 살아가면서 인간의 삶을 정당화한다. 신과 인간들의 이야기인 『일리아스』는 인본주의, 인간주의의 표현이다. 이 서사시는 소크라테스의 철학에서 인간의 삶을 논의하게 한다. 또한 서사 속 신화는 역사로 이어진다. 나아가 헬레니즘 작가들은 인간의 비극을 탄생시킨다. 현재까지 호메로스는 서양 예술의 출발이며, 유럽 예술 기행의 시작이다. 이 서사는 인간적인 행위와 비인간적인 행위의 교차를 통해 인문정신을 우리에게 깨우쳐 준다. 오래도록 사람들의 입에 오르내리는 이유를 몇 가지로 정리해 볼 수 있다.

　첫째, 인본주의 정신이다. 인본주의는 한 여인, 헬레네를 찾으려는 전쟁에서부터 나타난다. 구혼자들이 헬레네가 불행에 처할 경우 도와준다는 약속을 지키려 목숨을 걸고 전쟁에 나선다. 인간이 불행에 빠진 인간을 돕는다. 인간들의 약속은 인간의 신뢰에 바탕을 둔다. 그러나 한 여인을 찾아오기 위해 수많은 생명을 걸어야 한다는 점은 모순이다. 헬레네를 찾으려는 인간적인 행위와 아가멤논이 자신의 딸 이피게네이아를 제물로 바치는 비인간적인 행위는 정반대이다. 이러한 모순의 출발은 인간에 대한 예의에서 출발한다. 비인간적인 행동을 한 아가멤논은 훗날 죽음으로 그 보답을 받는다. 인간적인 예의에도 절제를 요구한다. 예전이나 지금이나 플라톤이나 아리스토텔레스의 말처럼 절제는 최고의 덕목이다.

트로이아 궁전에서는 전쟁의 화근이 된 헬레네를 탓하지 않는다. 인간의 힘으로 어쩔 수 없는 운명이라고 본다. 신들의 장난이므로 인간 탓이 아니다. 프리아모스 왕이거나 헥토르 등 트로이아 왕가에서는 헬레네를 따뜻이 대한다. 인간의 힘으로 어쩔 수 없는 일들을 그들은 신들 탓으로 돌린다. 최소한 호메로스의 서사시에서 헬레네에 대한 비난을 찾기 어렵다. 그들은 사람을 적이 아니라 사람으로 대한다.

둘째, 전쟁의 처참함에 대한 생생하게 묘사이다. 이는 인간에 대한 연민의 다른 표현이다. 전쟁에서 죽어가는 전사들에 대한 끔찍한 묘사는 반전평화의 강력한 반어적 재현이다. 많은 고대 서사시가 인간의 죽음을 노래한다. 인간의 영원한 과제가 죽음이다. 신들에게 붙는 수식어는 불사이며 인간의 수식어는 필멸이다. 이런 반복적인 표현은 운율 때문이기도 하겠지만 인간은 반드시 죽는다는 사실의 끊임없는 환기이다. 니체는 실레노스의 말투를 따라 이렇게 말한다. 헬라스인들에게 가장 나쁜 것은 머지않아 죽는다는 것이며, 그 다음으로 나쁜 것은 누구나 언젠가는 죽는다는 것이다. 『일리아스』는 인간을 위한답시고 인간을 처참하게 살해하는 전쟁에 대한 고발이다. 이런 이유로 작가는 죽어가는 전사자들의 모습을 생생하게 묘사하여 끔찍함을 우리 눈앞에 보여준다. 아킬레우스의 전우 파트로클로스도 죽고 영웅 헥토르도 죽는다. 신과 같은 사람도 죽어간다. 아킬레우스의 분노는 명예를 잃은 것에서 출발하고, 그 분노는 영웅의 죽음으로 가라앉는다. 호메로스는 죽어가는 이들의 고향과 행복에서 시선을 거두지 않는다. 이로 볼 때 이 서사시는 유한한 인간이 전쟁으로 죽어서는 안된다는 평화를 위한 노래이다.

셋째, 상대와 연장자에 대한 공경이다. 『일리아스』가 인문학의 전범이라 할 수 있는 또 하나의 이유이다. 전투에서 장수들은 상대를 존중한다. 서로 가문을 묻고 선물을 교환하고 전투를 중지한다. 디모메데스와 글라우코스가 청동무구와 황금무구를 교환한다. 상대와 대등한 능력일 때 서로를 존중하며 아이아스와 헥토르가 무구를 교환한다. 전쟁은 전쟁이고 친분은 친분이며 상대에 대한 존중은 존중이다. 많은 전투에서 때때로 상대를 비난하며 공격하지만 고귀한 이들은 전쟁에서도 고귀하다. 또한 네스토르 노인 같이 나이 많고 경험 많은 장수가 하는 말을 젊은이들은 공경하고 존중한다. 사람을 죽이고 내가 언제 죽을지 모르는 상황에서 호메로스는 인간다움을 서술한다. 죽어가는 전사의 고향에서 기다릴 부모를 서술하면서 부모의 은공도 갚지 못하고 죽어가는 안타까움에 서술자의 시선이 머문다. 십 년 전쟁을 50일로 줄여가면서도 그들에 시선을 두는 것은 인간에 대한 애정이다. 특히 아들의 시신을 찾기 위해 목숨을 걸고 밤에 아킬레우스에게 가는 프리아모스의 고매한 인격과 그를 대하는 아킬레우스의 언어는 찬미하지 않을 수 없다. 아들을 잃은 아버지의 제안에 아킬레우스는 열이틀 간 장례의 시간까지 얹어준다. 전쟁은 신들이 인간에게 부여한 시련이지만 인간은 인간다움을 잊어서는 안 됨을 보여준다.

마지막으로 죽은 자에 대한 예의이다. 전사자는 살아 있는 전사보다 더 명예롭다. 전사들은 산 자의 목숨을 걸고 죽은 자의 시신을 거둔다. 일리아스 첫날의 전투가 끝난 후 죽은 전사들의 시신을 화장하고 무덤을 만들어 주기 위해 다음날 전투를 멈춘다. 친구가 죽었을 때 아킬레우스는 죽은 전우를 위해 장례식을 치르고 많은 상금을 내걸고 장례 경기를 연다. 프리아모스는 아들 헥토르의 장례를 열하루 동안 진행한다. 죽음은 삶의 끝이고 그 끝은 살아 있는 자만큼 존중받아야 한다. 이는 현재의 전투에서도 마찬가지여서 6. 25가 끝난 지 두 세대가 지났지만 정부는 전사자 유해를 계속 발굴하고 그 유해를 가족들에게 최대의 예의를 갖추어 보내드린다. 인간이 만물의 영장이라면 인간이 우주에서 가장 귀한 존재임에 틀림없다. 귀한 만큼 인간은 귀하게 존중받아야 한다. 가장 고귀한 인간을 전쟁이란 이름으로 서로 죽이는 일은 인간 삶의 가장 큰 모순이다. 이를 서사시는 보여준다.

『일리아스』는 고대 희랍인들의 오랫동안 누적된 인간에 대한 보고서이다. 치욕과 명예 이야기로 인간의 품격을 높이는 서사시이다. 인간이 죽음 앞에서 어떻게 인간답게 살아가야 하는지를 보여주는 문학이다. 헬라스인들은 아킬레우스의 방패에 그려진 삶을 꿈꾸지만 그 방패를 내세우면서 죽는 존재이다. 인간에 대한 예의, 전쟁에서 죽어가는 전사자들의 모습, 전쟁 중 적에게조차 상대를 공경하는 태도, 죽은 자에 대한 예의는 인문학의 중심이다. 인간다움, 인간이 만든 질서를 파괴한 자들에게는 신의 복수가 따른다. 그 신은 가장 인간다운 대리인이다.

스토리텔링과 『일리아스』

전체는 처음과 중간과 끝을 갖는다. 스토리는 대략적인 윤곽을 잡은 뒤 그 스토리에 일화를 집어넣는다. 이야기의 길이는 작품의 처음과 끝을 훑어볼 수 있을 정도면 된다. 이것이 아리스토텔레스가 『시학』에서 말하는 이야기의 구조다. 이런 면에서 아리스토텔레스는 호메로스를 찬양한다. 최초의 완전한 이야기꾼은 완성체로서 서사시를 쓴 호메로스이다. 기원전 12세기 전후에 일어난 트로이아 전쟁 이야기가 전승되어 오면서 많은 이야기꾼들이 그 이야기에 첨삭을 하고 기원전 8세기 호메로스에 와서 서사시는 완성된다. 호메로스는 최종 작가로서 현대에도 감탄할 방법으로 우리에게 이야기를 전해준다. 스토리텔링의 완벽한 최초 작품이 호메로스의『일리아스』이다.

　이야기 방식의 가장 큰 특징으로 첫째,『일리아스』는 스토리텔링의 구조가 뛰어나다는 점이다. 이 서사의 길이는 처음부터 끝까지 훑어볼 수 있는 구조이다.『일리아스』는 트로이아 전쟁 10년 중 단 50일을 다루고 있다. 파리스의 심판부터 영웅들의 귀향과 그 후의 이야기가 서사시로 읊어졌다. 그 중『일리아스』와『오뒷세이아』만이 현재 온전히 전해진다고 한다. 즉, 10년 전쟁, 전쟁 후 귀향 10년 이야기, 그리고 그 후의 이야기 중에서 가장 완성된 서사시가『일리아스』이다. 트로이아 함락의 오뒷세우스 목마 이야기는『일리아스』에 없다. 아카이오이족의 영웅 아킬레우스의 죽음도 없다. 50일간의 이야기 중에서 전쟁은 단 나흘이다. 아카이오이족에 역병이 창궐한 날짜들이나 파트로클로스 장례, 헥토르 장례 등의 날짜는 길지만 서술은 몇 줄, 몇 쪽에 불과하다. 정리하면 이 서사시가 여러 서사시 중에서 가장 완성된 서사라는 말이다. 이러한 이유로 이 작품에서 파생된 비극 작품이 다른 서사시에 비해 현격히 적다고 한다.

　다음으로 이 서사는 인과 관계에 따른 완결된 행위를 다룬다.『일리아스』는 유기적 통일성을 지닌 생명체 같은 작품이다. 역사는 상호 관련이 없으면서도 독립된 사건을 나열할 수 있다. 그러나 문학은 하나의 행위,『일리아스』의 경우 아킬레우스의 분노로 모든 행동이 모아진다. 전우의 죽음으로 영웅의 분노는 아가멤논에서 헥토르로 방향을 바꾼다. 제우스는 아킬레우스의 어머니 테티스의 부탁대로 아킬레우스의 명예를 높이고자 전쟁의 흐름을 조절한다. 아킬레우스가 속한 아카이오이족이 패주하고 파트로클로스가 죽는다. 이러한 사건은 명예를 잃어 분노하게 한 영웅에게 더 큰 명예를 위한 준비 사건이다. 많은 사건은 아킬레우스가 더 큰 분노 앞에서 처음의 분노를 버리는 역할을 한다. 마침내 영웅은 헥토르를 죽이고 잃었던 명예보다 더 큰 명예를 얻는다. 아킬레우스가 브리세이스 여인을 빼앗겨 명예를 잃어 분노하고, 전우 파트로클로스를 죽인 분노 때문에 헥토르의 숨통을 끊는다. 마침내 그는 잃어버린 자신의 명예를 되찾는다. 전체의 이야기는 갈등이 생기면서 스토리가 시작되고 갈등이 해소되면서 이야기는 끝을 맺는다. 완결된 하나의 행동에 대한 서술이다.

아리스토텔레스는『시학』에서 초보 작가들은 이야기의 구성보다 언어의 배열이나 성격 묘사에서 성공을 거둔다고 말한다. 이는 훌륭한 작가들이 플롯을 잘 짜고 강력한 이야기 구조를 만드는 능력을 갖추고 있다는 지적이다. 이야기는 플롯이 생명이다. 다양한 일화는 아킬레우스의 행동으로 집중된다. 그 행동은 인과관계를 중심으로 전개된다. 아킬레우스가 분노하여 전쟁에 참가하지 않자, 아카이오이족은 패주하고 급기야는 전우 파트로클로스가 참전하지만 전사한다. 전우의 죽음은 수많은 선물과 영웅들의 설득에도 마음을 바꾸지 않던 아킬레우스를 일어서게 한다. 분노가 일고 그 분노가 가라앉으면 그 다음에는 아무것도 존재하지 않아 이야기는 자연스레 끝난다.

두 번째, 시인은 다양한 일화로 긴장과 흥미를 불러일으킨다. 서사의 분량이 방대하지만 서사의 스토리는 간단하다. 이 속에서 이야기를 이끌어가는 것은 다양한 일화다. 일화에는 사건과 성격을 포함한다. 하나의 통일성 속에 제시되는 다양한 일화는 작가가 천재적인 이야기꾼임을 보여준다. 오래도록 구전되어 오는 우리의『춘향전』도 다양한 일화를 포함한다. 그러나『일리아스』만큼 통일성을 갖추지 못한다. 『춘향전』은 오히려 부분의 독자성을 강조하여 장면 장면을 극대화하면서 통일성을 해친다. 동일하게 청중을 대상으로 했던 노래란 점에서 볼 때 커다란 차이가 난다. 이는『춘향전』고유의 큰 특성이다. 글라우코스와 디오메데스 조상 내력 이야기, 큰 능력을 발휘하지 못하고 죽어가는 전사들의 고향 부모들의 이야기 등등 많은 일화는 전쟁과 죽음, 명예와 고향의 행복한 삶을 일관되게 이야기한다.

다음으로 세밀한 묘사와 은유의 적절한 사용이다. 시인은 등장인물들의 가계를 세밀하게 전하면서 이야기의 재미를 더한다. 이는 서술자의 목소리로 전달할 때도 있고, 등장인물의 목소리로도 전해준다. 청동창이나 칼

날이 어떻게 사람의 몸을 뚫고 지나가 생명이 다하는지 구체적으로 묘사한다. 당시의 문화와 생활을 반영한 비유적 표현은 듣거나 읽는 재미를 준다. 새벽을 샤프란 옷을 입은 생명체로 의인화하고, 잠을 선물로 받는다. 죽어가는 이들에 대한 다양한 묘사는 사람만큼 다양하다. 스토리텔링에서 묘사를 통해 그들의 삶, 그들의 꿈, 그들의 죽음을 끊임없이 생생하게 언급한다.

『일리아스』는 스토리텔링의 모범이다. 스토리텔링은 이야기하고자 하는 바를 플롯과 성격, 시점을 적절히 활용하여 효과적으로 전달한다. 이 중에 이야기꾼은 인과관계에 따른 플롯을 구성하는 능력이 뛰어나며, 유기적 통일성 능력 또한 탁월하다. 10년 전쟁 중 아킬레우스의 며칠간의 분노에 맞춰 이야기를 구성하고 그 속에 다양한 일화를 삽입한다. 생생한 묘사와 적절한 비유를 통해 작가가 말하고자 하는 바를 효과적으로 담는다. 인간이 창조한 신들을 등장시키며, 헬레네를 찾기 위한 인간적인 행위가 더 큰 비인간적인 행동으로 나아간다. 영원히 해결하지 못하는 인간사의 문제를 작가는 서사시로 제기하고 있다. 『일리아스』는 스토리텔링의 전범으로 현대에까지 지속해서 고민해야 할 문제를 담은 고전이다.

『일리아스』와 비극의 관계

『일리아스』를 읽다 보면 의아스러운 면이 많다. 서사시에서 간간이 언급하는 『일리아스』 전과 후의 이야기는 더욱 그렇다. 이러한 의아함은 희랍 비극을 통해 구체화한다. 총사령관 아가멤논의 귀향 후 일어나는 비극은 칡덩굴처럼 얽힌다. 트로이아 여인들 역시 수많은 비극 작품의 소재가 된다. 『일리아스』 속에서 탄생한 비극을 통해 인간 삶을 더 높은 차원으로 승화시킨다.

다양한 비극 작품, 헬라스인들의 예술성과 비극 사랑

인구 3만 명 정도의 고대 아테나이는 무역으로 융성한 도시이다. 이러한 경제적 바탕이 기원전 5세기에 철학, 역사, 극, 토론 문화를 만들어 낸다. 범 아테나이 경연대회에 다른 도시국가들이 참여하고 이 때 극장이 만들어진다. 도취와 환락의 신 디오뉘소스 극장에서 비극, 희극, 사티로스극이 공연되면서 3대 비극 작가가 나타난다. 기원전 472년 아이스퀼로스의 『페르시아인들』에서 시작하여 70여 년 정도 비극은 융성기를 누린다.

아가멤논 관련 비극으로 아이스퀼로스의 『아가멤논』, 『제주를 바치는 여인들』, 『자비로운 여신들』 등이 있고, 그 외에 『테바이를 공격한 일곱 장수』, 『탄원하는 여인들』, 『결박된 프로메테우스』 등이 있다.

『일리아스』와 관련하여 소포클레스는 『아이아스』, 『엘렉트라』, 『필록테테스』 등의 비극을 남기고, 오이디푸스와 관련하여서는 『오이디푸스왕』, 『안티고네』, 『콜로노스의 오이디푸스』 등을 남긴다.

에우리피데스는 『일리아스』와 관련하여 『헤카베』, 『안드로마케』, 『트로이아 여인들』, 『엘렉트라』, 『헬레네』, 『타우리케의 이피게네이아』, 『오레스테스』, 『아울리스의 이피게네이아』, 『퀴클롭스』, 『레소스』 등의 작품을 쓴다. 그의 중요한 비극으로 『박코스의 여신도들』이 있다.

인간 최악의 비극은 가정에서 이루어진다. 아가멤논은 딸을 제물로 바치고, 그의 아내가 남편을 죽인다. 아들은 어머니를 죽인다. 오이디푸스의 경우처럼 친부 친모 살해는 헬라스 비극의 주요 소재이다. 여인들의 삶도 비극의 주요 소재가 된다.

비극 속 인간의 고민

니체는 비극의 근원을 디오뉘소스 제의에서 찾는다. 무아지경에 빠진 열광을 합리성을 대표하는 아폴론 신에 의해 정돈된 예술이 비극이라고 그는 말한다. 살인, 간통, 인신공양 등으로 고뇌하는 인간의 모습이 비극의 주요 내용이다. 헬라스 비극은 그 속에서 선과 선의 대결을 보여주며 갈등하게 만든다. 크레온은 국가의 법과 왕권 측면에서 선이며, 이에 저항하는 안티고네는 가족애, 신에 대한 숭배 등으로 선이다. 이 선의 충돌로 인간 갈등은 답이 없다. 이런 이유로 헬라스의 비극은 영원한 비극이 된다. 딜레마에 빠진 비극이 많은 고민을 안겨준다.

『박쿠스의 여신도들』에서 디오뉘소스는 과도한 합리성을 배격하고 생명력을 표출한다. 이 극에서 디오뉘소스 신을 거역하면 저주받고, 그 신에 대한 숭배가 지나쳐도 파멸한다. 비극은 인간 삶에 중용을 지시하고 있는지 모른다. 『일리아스』의 비극적인 죽음들은 비극을 인식하고 비극을 벗어나게 하려는 작가의 강한 의도의 반영으로 읽을 수 있다. 비극은 그러므로 인간 삶의 정상화를 위한 장치인 셈이다.

비극의 효과, 삶의 건강성과 카타르시스

희극은 우리만 못한 인간을 모방하려 하고, 비극은 우리보다 더 나은 인간을 모방하려 한다고 아리스토텔레스는 『시학』에서 말한다. 비극은 디오뉘소스를 따르는 자들인 사튀로스로 분장한 자들이 춤추고 노래하는 사튀로스 극을 곁들인 디튀람보스에서 유래한다고 대부분의 학자들이 받아들인다. 디튀람보스는 술의 신 디오뉘소스를 찬미하는 합창가이다. 디오뉘소스적 성격의 비극에서 감동은 급반전과 발견이 들어있는 플롯이다. 이 플롯이 공포와 연민의 감정을 불러일으키며 감정의 카타르시스를 실현한다. 이를 위해 선택한 소재가 가문의 비극이다. 비극은 감정의 정화로 삶의 건강성을 가져다준다. 니체의 말처럼 비극은 회복의 음료수이다.

니체는 그의 저서 『비극의 탄생』에서 비극을 쇠망케 한 원인으로 도덕적 소크라테스주의를 지목한다. 그에 의하면 예술의 발전은 아폴론적인 것과 디오뉘소스적인 것의 결합으로 탄생한다. 헬라스 비극의 주인공들은 인간의 힘찬 모습을 표현한다. 니체에게 비극의 수용은 인생의 긍정이다. 고대 헬라스인들은 『일리아스』와 그 이후의 이야기, 그리고 테바이 서사에서 예술성과 비극성을 찾는다. 우리보다 더 나은 인물들의 비극에서 카타르시스를 경험하고 인생의 활력을 얻는다. 예술가들은 아폴론적인 합리성과 디오뉘소스적 무아지경의 열광과 환희로 예술을 창조한다.

낯선 『일리아스』의 충격적 외침

『일리아스』는 낯설면서 익숙하다. 기원전 8세기의 작품, 지금으로부터 약 2,800년 전의 이야기라서 낯설다. 하나의 통일성 있는 이야기 구조로 현대의 소설이나 영화 같아서 익숙하다. 신화를 아는 이들에게는 신들이 등장하기 때문에 익숙하다. 그러나 낯선 것이 더 많다. 신들의 부도덕함과 신들의 인간 조종, 전쟁의 잔혹성, 운문으로 전개되는 서사시 형태 등이 그렇다. 전쟁의 방식이나 가문의 내력을 이야기하는 것도 낯설기는 마찬가지이다.

신들의 부도덕함, 플라톤의 공격

이 서사시에는 신들의 음모와 싸움이 빈번하게 등장한다. 수많은 신들의 등장은 현대 종교인들에게 특히 맨 처음 다가오는 당혹감이다. 더구나 신들이 부도덕하다. 거짓말을 잘하고 인간들이 패를 나누어 싸우도록 뒤에서 조종한다. 때로는 고매한 인간보다 못한 존재가 신들로 등장한다. 신들은 평범한 인간들과 다를 바 없다. 절대적인 선으로서 종교의 대상인 신과 다른 점을 어떻게 볼 것인지 혼란스럽다. 플라톤은 『국가』에서 소크라테스의 입을 통해 이를 비판한다. 신이나 영웅의 본성을 나쁘게 묘사하는 작가는 추악한 거짓말을 한다고 소크라테스는 공격한다. 그에 의하면 신들끼리 전쟁을 하고 음모를 꾸미고 싸움질한다는 이야기는 사실이 아닌 만큼 허용해서는 안 된다. 신은 진실로 선하기 때문에 선하게 묘사되어야 한다고 그는 강조한다. 그는 당시의 신들의 부도덕성은 사실이 아니라고 말한다. 후에 니체는 소크라테스를 내세워 이러한 주장을 하는 플라톤을 비판한다. 헬라스인들은 그들의 필요성에 의해 신을 창조하고, 그 신들은 스스로 인간의 삶을 살아감으로써 인간의 삶을 정당화한다고 니체는 주장한다. 모두 낯설다.

신의 조종과 인간의 자유의지

신들이 하늘에서 인간을 조종하고 인간은 자유의지를 박탈당한 꼭두각시 같다. 지상에서는 인간들이 전쟁을 하고 하늘에서는 신들이 싸움을 돕는다. 인간은 신의 아바타일 뿐인 셈이다. 이를테면 선택은 아킬레우스가 명예를 선택하고 일찍 죽을 것인가, 장수를 선택하고 명예를 버릴 것인가의 선택일 뿐이다. 이것도 사실은 신들이 더 높은 차원에서 결정한 일이다. 인간은 신이 정해놓은 운명의 그림자일 뿐이다. 고대 헬라스인들의 큰 관심사는 운명이다. 신탁으로 그들은 신의 뜻을 알고 그에 따라 행동한다. 오이디푸스처럼 운명을 벗어나려고 할수록 신탁의 예언에 가깝게 다가간다. 헬레네를 되찾기 위해 수많은 전사들이 처참하게 죽어가는 모순을 본다. 죽음은 아킬레우스의 말처럼 약탈해 올 수도 없는 것인데 그조차 죽음 대신 명예를 선택한다. 죽음과 명예를 선택하는 제한된 선택만 존재한다. 인간의 자유의지란 기껏해야 주어진 운명 안에서 최선을 다하는 것인지 모른다.

신체 훼손의 잔혹성과 고향, 부모의 환기

전쟁의 장면은 잔혹하다. 창과 칼에 찔려 죽어가는 모습은 끔찍한 영화에서조차 보기 쉽지 않다. 가슴에 박힌 창자루가 꿈틀거린다는 표현은 섬뜩하다. 내장이나 골이 쏟아지고 창이 혀와 이를 뚫고 나오는 묘사는 상상하기조차 싫은 장면이다. 눈을 가리면서 손가락 사이로 슬며시 이런 장면을 바라보는 것이 인간인지 모른다. 고대 희랍인들의 취향은 살인을 소재로 하는 소설이나 영화를 즐기는 청소년들의 모습과 다를 바 없다. 신화학자 조셉 캠벨이 말한 것처럼 인간은 잔혹하고 식인종적 모습을 본래 가지고 있는지 모른다.

끔찍하게 죽어가는 전사자를 묘사한 다음에는 전사자의 고향과 그 부모, 아내, 자식을 서술한다. 끔찍한 대조이다. 많은 이들이 행복한 고향을 버리고 죽는다. 전쟁의 끔찍함을 가장 극적으로 보여주는 셈이다. 그러니 싸우지 말고 행복하게 살아야 한다고 작가는 말하고 싶은 것인지 모른다.

반복성

반복을 특징으로 하는 것에 운율이 있다. 『일리아스』는 서사시이다. 시는 운율을 바탕으로 한다. 당연히 호메로스의 시에는 반복성이 나타난다. 방대한 분량을 노래했던 시인들에게는 반복이 필요하다. 우리의 고소설에서는 앞의 내용을 요약하여 전달하지만 호메로스 서사시에서는 앞의 내용을 전달할 때 그대로 반복한다. 각 인물들을 지칭할 때도 그 특징을 이름 앞에 언제나 반복한다. 이러한 방식은 현대인들에게 낯설다. 이러한 반복은 대상에 대해 매번 본질을 생각해보도록 환기한다. 인간에게 '필멸의'라는 수식어는 인간은 죽는다는 사실을 잊지 말도록 요구한다. 반복은 운율로 전달하는 시인에게 음악성을 부여한다. 고대로 올라갈수록 시가에서 운율이 차지하는 비중이 높다.

더 크게는 이야기 구조의 반복이다. 전쟁은 맹세, 전투, 연회가 반복된다. 전쟁과 휴전이 반복된다. 영웅들의 자랑이 반복된다. 신들의 개입도 반복된다. 독자가 작은 반복은 쉽게 인식하지만 긴 반복은 잘 인식하지 못한다. 반복은 음악성을 주고, 구조를 간결하게 하며, 강조의 효과가 있다.

저자의 부재

모든 독자가 이야기를 알고 있다고 생각하며 저자는 숨은 채 이야기를 우리에게 전달한다. 호메로스의 서사시뿐 아니라 헬라스 비극의 내용을 당시 모든 독자가 알고 있었던 것으로 보인다. 우리의 경우 『춘향전』이나 『심청전』과 같이 청중 모두가 익숙하게 아는 내용을 매번 다시 즐겨 노래하고 듣는다. 이와 비슷하다. 그 속에서 저자는 간혹 나타나기도 하지만 대체로 숨은 채 장면을 서술과 묘사를 통해 재현한다. 저자는 신의 입을 통해 노래한다. '노래하소서, 여신이여!'라고 『일리아스』는 시작한다. 제 우스의 뜻이 이루어진 이야기를 신의 입을 통해 우리에게 전한다. 호메로 스가 신들 앞에 나서지 않는다. 아킬레우스가 분노하고 그 분노가 헥토르 를 죽임으로써 해소되고 이야기는 끝을 맺는다. 여기에서 작가는 그저 보 여주면서 노래로 전할 뿐이다. 우리는 신들이 벌인 이야기의 경과를 본다. 그 결과 현대 독자의 해석은 다양하다. 영웅의 분노에 대한 노래, 인간의 죽음에 대한 노래, 전쟁을 찬양하는 노래, 처참한 전쟁을 통한 반전평화 의 노래, 부조리 속 불가사의한 인간에 대한 노래 등 독자마다 해석이 다르 다. 이는 저자가 이야기의 전면에 나서서 이야기하고자 하는 바를 쉽게 드 러내려고 하지 않은 결과이기도 하다.

현대와 시공간적 거리가 먼 작품일수록 낯설다. 『길가메시 서사시』의 경우처럼 고대 서사시들은 신과 인간이 대면하고 대화하는 놀라운 시대이 기 때문이다. 이러한 낯섦은 잔혹하거나 비인간적 행위와 고상하거나 가 장 인간적인 행위가 섞여 있기 때문에 종종 당혹스럽다. 호메로스의 서사 시도 마찬가지이다.

아킬레우스는 여자를 빼앗겨 명예를 잃고, 막사에서 명예를 노래하다가 더 큰 명예를 찾아 전투에 나선다. 그 큰 줄기 속에 다양한 일화가 흥미와 놀라움을 준다. 신들의 부도덕과 음모, 신들의 조종에 따라 움직이는 인간 의 자유 의지 여부 문제, 전쟁의 끔찍한 살인 행위와 고향 가족의 정겨움, 수식어와 비유와 구조의 반복, 저자의 부재, 인간의 부조리 속에서 인간의 고상함, 명예로운 삶에 대한 호소, 잔혹함과 고귀함의 공생 이야기를 통해 잔혹함 속에서도 인간은 고귀해야 함을 이야기한다. 낯섦 속에 익숙함, 비 인간적인 전쟁 속에서 인간적인 고결함 등 호메로스의 서사는 평범한 생 각에 충격의 돌을 던진다.

『일리아스』의 주제

주제란 글의 중심 사상이다. 문학의 경우 주제는 인물과 사건에 대한 해석이 주를 이룬다. 소재를 다루는 통일된 어떤 것이 주제가 된다. 대체로 주제는 작가의 사상을 형상화하기 때문에 작가의 중심 사상이라고 흔히 말한다. 그러나 주제는 작가의 사상과 일치하는 것만은 아니다. 형상화한 내용에 대한 해석이 작가의 사상과 반드시 일치하는 것은 아니기 때문이다. 또한 주제는 종종 시대에 따라 다르게 나타난다. 작가를 중시하는 시점에서는 작가의 의도에 초점을 두고 주제를 파악하려하고, 독자의 반응에 관심을 두는 시기에는 독자의 해석에 따라 주제가 다르게 인식된다. 사실주의적 관점이 힘을 얻을 때는 시대 환경에 맞추어 주제를 파악한다. 페미니즘적 시각에서 주제에 접근할 수도 있다. 이러한 점을 고려하여『일리아스』의 주제에 접근해 보자.

표면적인 주제

표면에 드러난 주제는 아킬레우스의 분노이다. 영웅의 분노가 아카이오이족에게 수많은 고통을 가져오고, 그 고통의 끝에서 분노가 적에게 향한다. 영웅이 분노하면 더 많은 사람들이 고통을 겪게 된다는 내용이다. 그 분노가 전쟁의 향방을 바꾼다는 의미도 포함된다.

덧붙이면 이 서사시의 주제는 영웅의 명예와 분노이다. 영웅의 분노는 명예가 짓밟힌 결과이고 더 높은 명예 앞에서 분노는 사라진다. 인간 개개인의 싸움의 원인은 자신의 이익을 지키려는 데서 온다. 그 갈등 과정 중에서 상대의 명예를 짓밟을 경우 싸움은 표면화하고 심각해진다. 상대의 자존심을 깎아내림으로써 명예가 실추됐다고 생각하는 순간 정작 싸움의 원인을 잊고 분노한다. 일상에서 흔히 접하는 문제이다. 『일리아스』의 경우에도 아가멤논이 아킬레우스에게 브리세이스를 빼앗아 명예를 박탈하면서 아킬레우스의 분노가 포효하기 시작한다. 전쟁의 원인은 잊은 지 오래다. 파리스에 대한 분노나 헬레네에 대한 미움도 아카이오이족에게 나타나지 않는다.

아가멤논이 총사령관으로서 전쟁이 불리해지자 아킬레우스에게 많은 선물을 제안하지만 아킬레우스는 수용하지 않는다. 이미 자존심에 상처를 입었기 때문이다. 여자를 돌려주면서 수많은 선물을 주어도 아킬레우스는 움직이지 않는다. 친구의 죽음이 그를 일으켜 세울 뿐이다. 호메로스의 입을 통해 무사의 여신은 인간들의 모습을 그렇게 드러낸다. 불합리하게 분노를 가라앉히지 못하는 인간의 모순을 보여준다. 명예는 복원되는 것이 아니다.

명예는 전사들이 서로에게 말을 걸 때 가문의 영광과 위업을 노래하는 것을 통해서도 알 수 있다. 전사들은 조상들의 명예를 지키고 조상들보다 더 명예롭게 전투에 나서고자 한다. 우리 조상들이 몇 대조 할아버지가 영의정을 했다거나 하는 의식을 갖도록 끊임없이 자식 교육을 했던 점은 명예의 문제이다. 이 명예 의식이 고결한 행동으로 이끈다. 명예를 존중하는 이들은 명예를 추락시키는 행동을 할 수 없다.

표면적인 주제의 또 다른 하나는 인간의 죽음이다. 『일리아스』는 수많은 사람들의 죽음을 보여준다. 죽음을 생생하게 표현하는 방식만도 헤아릴 수 없다. 여신 테티스의 아들 아킬레우스도 죽는다는 암시를 한다. 가장 존귀한 헥토르도 죽는다. 헬라스인들은 왜 인간사의 가장 큰 고민인 죽음까지 내걸고 전쟁을 하는가의 문제를 이 서사는 제기한다. 그 죽음 앞에 아킬레우스의 명예가 놓여 있다. 명예와 죽음의 문제를 이 서사는 다룬다.

간혹 이 서사의 주제를 전쟁의 찬양으로 보려는 이들이 있다. 처음부터 마지막까지 영웅들의 용맹한 싸움에 초점을 두고 있으니 그럴 만도 하다. 누가 더 힘이 세고 누가 더 싸움을 잘하는지 문제를 보여준다는 것이다. 이는 파트로클로스 추모 경기에서도 나타난다. 현재의 올림픽 경기에서 누가 더 잘하는가 경쟁하는 것과 같다. 모든 스포츠가 승리를 목표로 움직인다. 전쟁은 인간사 중에서 가장 극렬한 스포츠나 마찬가지다. 이런 면에서 용맹한 전사들의 전쟁을 찬양하는 내용이라 할 수 있다. 그러나 인간의 죽음, 전쟁의 참혹함 등을 생생하게 묘사하여 우리에게 보여주는 무사 여신의 뜻은 그 반대이다. 전쟁에 대한 찬양이 이 서사의 주제라면 그토록 오래 읽혀질 수 없다. 전쟁은 배격되어야 할 것이기 때문이다. 모두가 참혹하게 죽으니 전쟁을 하지 말라는 이야기이다. 물론 전쟁을 좋아했던 사람들은 이 책을 전쟁의 승리에 초점을 맞추어 읽기도 했다. 마케도니아 왕 알렉산드로스가 『일리아스』를 늘 소지하며 읽었던 경우가 이에 해당할는지 모른다.

이면적인 주제

전쟁의 관점에서 볼 때 이 서사의 진정한 주제는 반전평화이다. 10년 전쟁에서 단 4일 간의 전쟁을 다루는 이유 중의 하나는 그 전쟁의 끔찍한 참상을 천천히 그리고 자세히 들여다보게 하려는 의도로 읽을 수 있다. 그 표현이 생생한 묘사이다. 창과 칼에 찔려 죽어가는 자들에 대한 끔찍한 묘사의 생생함은 어떤 문학 작품에서도 찾기 쉽지 않다. 그러면서 고향의 부모에 대해 은공을 갚지도 못하고 죽어가는 전사를 호메로스는 응시한다. 전쟁 중에 상대에 말을 걸면서 상대의 가문을 묻고 자신의 조상의 내력을 이야기한다. 신들은 인간이 바치는 헤카톰베에 움직인다. 하루의 전투가 끝나면 전사자들의 시신을 거두어 화장을 하고 무덤을 만든다. 가장 강력한 아킬레우스의 방패에는 당시 가장 행복한 삶의 모습을 담는다. 프리아모스는 아들의 시신을 찾기 위해 목숨을 걸고 적진으로 가고, 아킬레우스는 그런 프리아모스 왕을 존중하고 아들의 시신을 돌려준다. 그리고 아들의 장례를 잘 치를 수 있도록 열하루 동안 휴전한다.

어쩔 수 없이 전쟁을 치른다 해도 그 바탕에는 인간이 있다. 헬레네 하나를 찾기 위해 그토록 많은 사람들이 행복을 던지고 전쟁터에 나와 죽어가는 것은 분명 모순이다. 인간적인 관계로 약속을 지키기 위해 더 비인간적인 전쟁을 벌이는 인간의 모순을 보여준다. 아킬레우스의 말처럼 사람의 목숨은 한번 밖으로 나가면 약탈해 올 수도 구할 수도 없다. 그런 목숨을 걸고 아킬레우스는 명예를 선택한다. 그 명예는 인간에 대한 예의이다. 개인에게는 모든 것이라 할 수 있는 목숨은 인간적인 삶을 위한 것이어야 하고, 더 인간적인 것은 전쟁을 하지 않아 사람의 목숨을 소중히 여기는 것이다. 저자는 반전평화를 명시적으로 말하지 않는다. 그냥 반복해서 죽어가는 전사들의 모습을 생생하게 묘사할 뿐이다. 그리고 그 죽어가는 전사들의 고향과 부모와 처자식을 언급한다. 죽어가는 모습도 독자 청중의 인식의 끈을 놓지 않게 하려고 다양한 비유로 다양한 언어를 사용하여 묘사한다. 똑같은 말을 반복하는 노래에서 죽음에 대한 표현은 매우 다양하게 나타난다.

인간의 의지 측면에서 볼 때 이 서사의 주제는 자유의지를 실현하는 인간에 대한 탐구이다. 고대 희랍 문학은 운명론이 지배한다. 운명을 벗어나려고 발버둥질할수록 운명에 가까이 다가가는 오이디푸스가 대표적이다. 인간은 선택의 여지가 없다. 그런데 아킬레우스에게는 두 개의 선택지가 있다. 장수하면서 명예를 얻지 못하는 삶, 단명하면서 명예를 얻는 삶이다. 아킬레우스는 길고 소소한 행복보다는 짧고 굵직한 명예를 선택한다. 물론 이것조차도 신들이 정해놓은 운명이기는 하다. 정해진 운명 안에서일지라도 인간이 자신의 의지로 자신의 삶을 선택하는 문제를 이 서사는 언급한다. 헬레네도 자신이 파리스를 따라오게 된 이유를 신들의 탓으로 돌린다. 희랍인들은 그런 신들을 창조하여 인간의 실수를 덮고 용서하고 수용한다. 그들은 신이 마련한 운명에서 영웅 아킬레우스를 통해 인간의 자유의지를 조금이나마 말하고 싶었던 것이다.

인간의 행위의 측면에서 볼 때 고결한 인간의 질서와 예의가 주제이다. 동양의 언어로 말하면 경로효친이다. 경험 많은 네스트로 노인은 언제나 존경받는다. 자신을 길러준 포이닉스 노인에게 아킬레우스는 아버지라 부른다. 죽은 헥토르를 찾으러 온 프리아모스 왕에게 아킬레우스와 프리아모스는 인간적인 예의를 갖춘다. 영웅들은 전투를 하기 전에 상대의 가문을 묻는다. 이 때 상대를 존중하고 예의를 갖추어 말한다. 간혹 그 조상들이 좋지 못한 행동을 한 경우는 예외다. 강자에게 인간은 머리를 숙인다. 신들의 세계 또한 같다. 제우스의 명령에 거역할 수 없다. 신들에 거역하는 인간은 그 보답을 받는다. 인간 세계가 이러한 질서 속에서 예의를 갖추어 사는 세상임을 이 서사는 보여준다.

페미니즘 측면에서 볼 때 이 서사의 주제는 여성을 전리품으로 보는 야만적 사고의 표현이다. 여성이 주체로 등장하는 인물은 없다. 사제의 딸 크뤼세이스나 브리세이스 등은 전리품으로 오간다. 그녀들의 생각은 없다. 브리세이스는 아킬레우스에게 가족이 모두 죽었다. 그런데도 그녀는 아킬레우스의 여자가 된다. 흔히 이런 경우 여자는 가족의 복수를 위해 마음의 갈등이 묘사된다. 헥토르의 아내 안드로마케나 왕비 헤카베가 가족을 걱정하는 수준의 묘사가 등장할 뿐이다. 이 서사에서 헬레네의 감정이 약간 드러날 뿐이다. 전남편과 현재 남편의 결투를 바라보는 헬레네의 모습, 트리이아 왕가에서 헬레네를 대하는 태도 등 일부 감정의 표현이 그렇다. 파트로클로스의 시신을 보면서 브리세이스는 자신에게 친절했던 그에게 오열한다. 등장 여성들은 여성을 남성에 종속된 부수적 존재로 본다. 남성들의 야만적 사고의 표현이다.『일리아스』이후에 등장하는 아마조네스 여인족은 그런 남성들에 대등한 존재로 등장하지만 여왕은 아킬레우스에게 죽는다.『일리아스』를 읽다보면 여성들의 삶에 대한 궁금증이 지속해서 일어난다. 여성들의 삶은 희랍비극에 와서야 비로소 주체적인 여성으로 서서히 등장한다.

신들의 세계를 중심으로 보면 이 서사의 주제는 인간의 다양성에 대한 복원이다. 많은 신들은 인간의 다양한 심리의 표출이다. 신의 조종으로 인간이 움직인다는 설정은 인간 심리의 변화를 설명하기 위함이다. 바람둥이 제우스는 인간 남성들이 제우스 같은 위치에 놓일 때 제우스 같이 행동하는 것을 설명하려는 듯하다. 부인으로서 헤라 여신, 딸로서 아테나 여신의 모습은 인간의 모습이다. 질투와 음모, 찬양과 존경 등 이해할 수 없는 인간의 모습을 신들을 창조하여 등장시킴으로써 보여준다. 신들의 모습은 인간 군상의 다양한 감정의 상징적 표현이다. 그 속에서 어떻게 고결한 삶을 살아갈 것인지 청중에게 묻는다.

시각에 따라 주제는 다양하게 나타난다. 주제는 작가의 입장, 독자의 입장, 시대의 반영, 텍스트 내부의 구조 등에서 파악할 수 있다. 정신 분석적 입장, 페미니즘 시각 등도 하나의 방법이다.

텍스트의 표면적인 주제는 아킬레우스의 분노이다. 그 분노는 명예를 빼앗긴 결과로 나타난다. 인간은 존중받고 싶어 하는 존재임을 이 서사는 보여준다. 명예는 죽음보다 크다고 아킬레우스는 우리에게 역설한다. 다른 측면에서 볼 때 상대를 존중하고 인간적인 예의를 다하는 고결한 삶을 이 이야기는 보여준다. 참혹한 전투 속에서도 인간은 예의를 갖추고 명예를 존중한다. 악의 구렁에서도 인간은 인간다운 존재여야 한다. 경험 많은 연장자를 존중하고 능력이 많은 자에게 머리를 숙이는 인간, 경로효친의 삶으로 행복한 일상을 유지하는 인간 세계를 이 서사는 우리에게 말하고 있다. 끔찍한 장면을 즐기는 것이 아니라 그런 끔찍한 세계를 만들지 않도록 노력해야 함을 무사 여신은 호메로스를 통해 우리에게 보여주고 있다.

인류의 위대한 저서, 고전은 현재에 살아 있는 책이다. 고전은 현재의 시각에서도 끊임없이 인간의 근원적인 문제에 대해 끝없이 생각할 거리를 제공한다. 해석은 끝없이 열려 있다. 책은 닫힌 이야기가 아니라 언제나 당대의 현실을 반영할 것을 요청한다. 그런 점에서 이 서사의 주제는 한둘로 단정할 수 없다.

『일리아스』와 정전 이데올로기

정전(正典, canon)이란 흔히 세계명작 또는 고전을 말한다. 정전은 통시적, 공시적으로 영향력을 행사하며 끊임없이 재해석되고 향유된다. 허친스와 아들러가 시작한 서양의 위대한 저서의 기준은 시대의 시험을 견뎌낸 책, 예술성과 교양적 기술의 걸작으로 끊임없이 대답할 수 없는 문제들을 제기하는 책이다. 위대한 저서는 언제나 현재적이면서 영속적으로 해결되지 않는 채로 남아 있는 인생문제들을 다룬다. 위대한 저서는 기본적인 관념과 문제들을 다양한 방식으로 다룬다. 이러한 기준에도 불구하고 그동안의 정전은 서양 백인 남성 등으로 한정되었다. 그동안의 정전에 대한 해체는 오리엔탈리즘, 페미니즘 등의 시각에서 여류 작가와 제3세계 작가의 요구를 반영하면서 펼쳐진다.

이러한 경향을 반영할 때 호메로스의 『일리아스』는 현재에도 정전으로서 가치가 있는가를 검토하여 그 위치를 확인할 필요가 있다. 정전은 흔히 정치적 결정의 결과물로 위장된 이데올로기의 선봉이라는 비판적 시각이 존재하기 때문이다.

이 문제를 살피기 전에 먼저 기존의 서양 백인 남성의 시각을 검토해 보자.

서양 중심이란 측면은 서양이 주류임을 반영하는 말이다. 비주류는 소외되거나 언급조차 없어 왔다. 그런 면에서 『일리아스』가 정전이 된 점이 있다. 호메로스 작품보다 훨씬 오래된 『길가메시 이야기』가 있는데도 호메로스 작품이 위대한 저서 첫 번째 목록으로 언제나 기록되는 점이 그 근거라 할 수 있다. 동양의 『길가메시 서사시』는 비주류이고 호메로스의 서사시는 주류로 분류되는 것은 호메로스의 서사시가 서양 문학이기 때문으로 볼 수 있다. 그러나 호메로스의 작품이 후대에 지속적으로 영향을 끼쳤기에 정전이 되었다는 측면은 비판받을 일이 거의 없다. 기원전 8세기 전후에 완성된 작품이면서 후대에 발견된 『길가메시 이야기』보다 훨씬 오랫

동안 서양에서 광범위하게 지속적으로 영향력을 끼쳐 왔다는 점, 끊임없이 논의의 대상이 되어 왔다는 점에서 호메로스의 서사시를 정전으로 삼는 것은 당연하다. 삶과 죽음의 문제를 이야기하는 동양의 『길가메시 이야기』가 호메로스보다 훨씬 이전에 생산된 작품이라는 점을 중요하게 반영하지 않은 것은 분명 검토의 대상이 된다.

『일리아스』는 서양의 아카이오이족 연합군이 동양의 트로이아를 공격하여 함락시킨 이야기라는 점에서도 서양의 시각이 반영되었다. 그러나 이 시기 전후에 소아시아 지역의 대표적 작품이 없다는 점에서 서양의 작품일지라도 위대한 저서 목록에 넣을 수밖에 없다. 과거에 위대한 작품이 있었다하더라도 후대에 끼친 영향이 미미하여 소멸했다면 살아남은 작품을 정전으로 선정할 수밖에 없다.

백인 중심이란 측면에서도 『일리아스』의 정전화에 문제를 제기할 수 있다. 인도의 마하바라타 등 서사시, 중국의 신화 등은 백인이 아니라는 점에서 소외된 점이 있다. 인도의 신화나 중국의 신화는 유럽을 합한 인구보다 많은 인구를 자랑하는 인도, 그리고 중국에서 절대적인 영향을 끼쳤다. 단순 인구수를 비교하면 최근 유럽은 7억 명이 조금 넘는다. 이에 비해 인도는 13억, 중국은 14억 명이다.

현대 페미니스트들은 이 서사가 남성 중심이라고 문제를 제기한다. 『일리아스』에서 여자는 남자의 전리품, 남자의 소유물이다. 여자는 남자에게 명예의 선물이다. 여성은 주체적으로 살아 있는 생명체로 등장하지 않는다. 심각한 남성 중심 시각이다. 남자는 여자 몸에서 태어난다. 여자가 모태인데 남자는 여자를 물건으로 취급하고 저급한 인간으로 대한다. 모순이다. 이 서사시는 페미니즘적 사고를 분기시키는 역할을 수행한다. 『일리아스』를 정전화하고 이를 읽을 때 페미니스트적 시각으로 반성적 읽기를 통해 이를 보완할 필요가 있다. 단지 아마조네스 족 전사들 이야기가 『일리아스』 후편으로 등장하는데 이들 여왕조차 아킬레우스에게 죽음으로써 여성들의 역할이 한계가 있음을 확인해 준다. 페미니즘 입장에서 이를 정전화하는 데 문제가 있다. 페미니즘을 기준으로 본다면 현존하는 얼마간의 정전은 재정비가 될 것이다.

호메로스의 서사시의 정전화는 승자에 대한 기록이란 측면에서 정치적 이데올로기의 반영이라 할 수 있다. 패자의 기록은 거의 없으며 있다 해도 관심사가 아니다. 트로이아 유민들이 로마로 이동하는 아이네이아스의 이야기가 이어진다 해도 이는 『일리아스』이후의 기록이다. 아이네이아스의 후손들의 영광이 있었기에 아이네이아스의 서사도 중요하게 전승된다. 서사시『아이네이스』를 정전으로 삼는다면 먼저『일리아스』또한 정전으로 대접을 받아야 할 것이다.

이 서사에 윤리적 가치의 배제와 연민의 부재 측면은 다양한 정치적 이념을 피해 갈 수 있어 그나마 다행이다. 이로 인해 해석은 다양해진다. 호메로스의 서사시는 그저 보여줌으로써 깨닫게 한다. 그만큼 작품의 주제에 대한 해석의 스펙트럼이 커지고 인식의 차이가 크게 날 수 있다. 어떤 이들은 인본주의 작품이라 하고 어떤 이들은 결코 인본주의 작품이 아니라 한다. 이런 점에서 계몽적 교훈으로 이끌고 가려는 시도도 없다.

서양 백인 남성의 이데올로기가 반영되어 호메로스 작품이 정전이 되었다는 주장이 있다. 이는 작품의 탄생 시기를 고려한다면 호메로스 작품 전후의 이렇다 할 작품이 많지 않다는 점에서 동의하기 어렵다. 서양 백인 남성의 시각이 반영된 점은 시대상의 반영이다. 이제는 그러한 문제를 비판적으로 살펴 접근해야 한다. 더욱이 많은 독자를 갖고 있는 작품이기에 이를 소재로 다양한 논의가 일어날 수 있다는 점에서 역설적으로『일리아스』가 정전으로서 확고하다 할 것이다.

정전화가 갖는 문제를 해결하기 위해서는 각 나라의 신화, 문학, 역사서들이 끼친 영향을 객관화할 필요가 있다. 객관화한 자료를 정전화함으로써 기존의 정전의 문제를 보완하여 정전을 확장하는 것이 바람직할 것이다. 기존의 고전을 끌어내리기보다 기존의 가치 있는 도서를 고전으로 끌어올리는 일이 정전을 풍요롭게 할 것이기 때문이다.

『일리아스』속 신화의 해석학적 이해

희랍신화의 제우스가 바람둥이라는 사실은 우리를 혼란스럽게 한다. 인간보다 비도덕적인 신을 볼 때 당혹스럽다. 신들이 근친결혼을 하고 아들이 아버지를 죽인다. 아버지는 그 권력을 유지하기 위해 자식을 낳는 족족 집어삼킨다. 우리가 생각하는 신의 모습과는 너무 다르다. 과연 이들이 우리를 지배하고 우리가 믿어야 할 신인가하는 의문이 들지 않을 수 없다.

신들은 이러한 행동을 통해 우리에게 무엇을 말하려는 것일까? 비도덕적인 신의 행위들을 이해할 방법이 있기나 한가? 여기에서 해석의 문제가 발생한다. 모든 언어나 행동은 하나의 뜻만을 가지고 있지 않다. 그런 이유로 성경 해석학, 법률 해석학, 문헌 해석학 등 해석학이 등장한다. 그리고 수많은 해석이 나온다. 제우스 집안의 신들을 우리는 어떻게 해석하고 이해할 것인가?

『일리아스』에서 신들이 전쟁을 둘러싸고 인간들과 유사한 행동을 한다. 신들 이야기는 당시 전해오는 것의 기록이다. 물론 헤시오도스와 호메로스가 차이를 보이고 있지만 크게 다르지 않다. 이들의 서사가 그 자신 한 사람의 창작이라면 비난의 대상일 수도 있다. 그러나 전해오는 이야기를 하나의 서사시로 정리한 사람이라면 헤시오도스나 호메로스에 대한 비난보다 고대 희랍 세계의 복원, 재현이라고 보아야 할 것이다. 이 경우 호메로스의 서사시를 읽는다는 것은 그 당시 사람들의 세계관을 읽는 것이다. 이는 우리가 하나의 신화, 하나의 문학 작품을 읽고 이해하는 방식과 다를 바 없다. 오래된 작품에는 역사라는 간격이 존재한다. 또한 우리와 다른 그 지역의 정서가 놓여 있다. 이들을 종합하여 현시대에 고대의 세계를 이해하는 것은 쉬운 일이 아니다.

신화에 대한 이해는 두 가지로 접근할 수 있다. 하나는 창조 신화를 자연의 물리적 현상의 반영이라고 보는 견해이다. 자연 현상의 반영이라는 측면으로 보면 아들 크로노스가 그 아버지 우라노스를, 제우스가 그 아버지

크로노스를 제거하는 것을 계절의 순환으로 해석할 수 있다. 이는 우리의 봉산탈춤에서 미얄할미가 첩 덜머리 집에게 밀려나는 것을 해석하는 방법과 같다. 즉, 겨울이 물러나고 봄과 여름의 풍요를 기원하는 우의적 표현이다.

또 다른 하나는 인간 정신에 내재된 본능의 표현이라고 보는 견해이다. 이런 방식을 적용하여 연구한 결과들에서는 아프로디테와 아레스의 간통을 서로 대립되는 세계의 화해로 해석한다. 아가멤논은 하늘, 아킬레우스는 해로 해석하는 경우도 있다. 이러한 해석들에 따르면 크로노스 신을 시간과 동일시한다. 어쩌면 제우스 집안의 신들을 인간의 다양한 감정의 신격화라고 해석할 수 있다. 어느 순간에 남성은 제우스나 아레스 감정이 있고 여성은 헤라 또는 아프로디테의 감정이 있을 수 있다.

해석학에는 문법적 해석과 우의적 해석이 있다. 문법적 해석은 문자적 의미이며 과거의 이해할 수 없는 단어를 현재의 이해할 수 있는 어휘로 바꾸는 일이다. 문법적 해석은 1차적 해석으로 문자의 번역이며 통역인 셈이다. 우의적 해석은 호메로스의 신들에 대한 묘사에서 출발한다. 호메로스 이후 크세노파네스, 헤라클레이토스, 플라톤 등은 호메로스가 신들을 부도덕하게 묘사한 것을 비판한다. 이들은 신들이 완벽하다는 것이다. 이런 점에서 헤시오도스나 호메로스는 신들을 불경하게 서술하고 있다. 신들에 대한 가장 오래된 기록인 두 시인에 대해 후대의 철학자들은 비난한다. 문학과 철학의 관점이 다름을 보여준다. 문학은 해석이 전제되고 철학은 설득하려 한다. 신화는 문학이므로 문학 해석학으로 접근해야 할 것이다. 문학으로서 신화는 신들의 행위를 통해 인간들을 철학자들이 말하는 도덕에 도달할 수 있게 한다. 방법의 차이로 인해 충돌이 빚어진 것이라 볼 수 있다. 그러나 종교라는 측면에서 보면 후대에 와서 비도덕적인 것들을 제거하며 더 완성된 신으로 탈바꿈한다. 고대 희랍에서는 종교의 대상으로 부도덕한 신들을 모시면서 도덕적 삶을 꾸려나갔다. 그런 점에서 목표는 과거나 현재나 동일하다. 다만 신들은 인간과 다르다는 점에서 큰 차이를 보인다.

신화는 문학으로써 문학과 마찬가지로 여전히 해석의 대상이다. 지리 역사적 측면에서 보면 각 지역의 신화가 더 큰 영향력과 더 큰 명예를 위해 제우스와 연결시키는 과정에서 바람둥이로서 역할이 등장한 것으로 해석 할 수도 있다. 이런 면에서 바람둥이로서 제우스신은 고대 희랍 신들의 통 합의 신이다. 문명을 통합하고 민족을 하나로 엮는 역할을 위해 제우스신 은 분주했던 것이다. 인간 내면의 표현으로서 신들을 해석할 경우에는 우 리 정신세계를 이해하는 한 방법이 된다. 무의식의 인간 세계의 표현으로 해석이 가능하기 때문이다.

신화는 당시 사람들의 세계관의 반영이다. 역사적 거리를 제거하고 지 금의 시각으로 비판만 한다면 신화는 필요 없을 것이다. 신화는 인간의 오 래된 사고와 삶의 표현이다. 현재적 의미가 무엇인지 살필 일이다.

[지도] 트로이아 전쟁 진영 대치 상황(지형 예상도)

아이가이온 해

현재 해안선(점선)

트로아스(터키)

아카이오이족
주둔지

트로이아 만

시모에이스 강

트로이아 성

스카만드로스 강
(크산토스 강)

지형 예상도 이미지 출처: BBC 뉴스 2003년. 2월 7일 11:42 GMT 등록 기사
(http://news.bbc.co.uk/2/hi/science/nature/2736059.stm)

[지도] 트로이아 전쟁 진행 상황[참고: 『아폴로도로스의 도서관(Bibliotheke by Apollodoros)』]

▲ 올림포스 산(12신들의 거처) ▲ 펠리온 산(펠레우스와 테티스의 결혼식) ▲ 이데 산(목동 파리스의 황금사과 심판, 아프로디테가 앙키세스를 유혹한 장소)

● 델포이(신탁으로 유명한 아폴론의 신전이 있는 곳으로 세계의 중심이라 믿던 곳) ● 스파르테(헬레네 왕궁, 메넬라오스와 결혼) ● 아울리스 항구(아르고스 연합군이 출정한 항구) ● 트로이아(프리아모스 왕궁)

① 헬레네와 메넬라오스 결혼(스파르테=라케다이몬) ② 알렉산드로스의 황금사과 심판(이데 산) ③ 알렉산드로스가 스파르테 방문 ④ 헬레네 납치(스파르테 궁전→트로이아 궁전), 제우스가 헬레네를 유명해지도록 하기 위함 ⑤ 1차 원정(헬레네 납치 2년 후 아울리스 항구 출항) 실패(뮈시아를 트로이아로 알고 공격) *함선 1013척, 43명의 장수, 30개 부대, 아킬레우스의 나이 15세에 출전 ⑥ 2차 원정(1차 원정 후 8년째 아울리스 항구에서 이피게네이아를 제물로 바친 후 출항), 10년만에 트로이아 함락 ⑦ 메넬라오스와 헬레네의 8년간의 방랑과 귀향(헬레네 납치 후 20년째 : 수니온 곶→크레테→리뷔에→포이니케→퀴프로스→아이귑토스→뮈케나이, 헬레네는 납치 후 28년만에 스파르테(라케다이몬)에 돌아온다. [*번호는 사건이 일어난 순서)

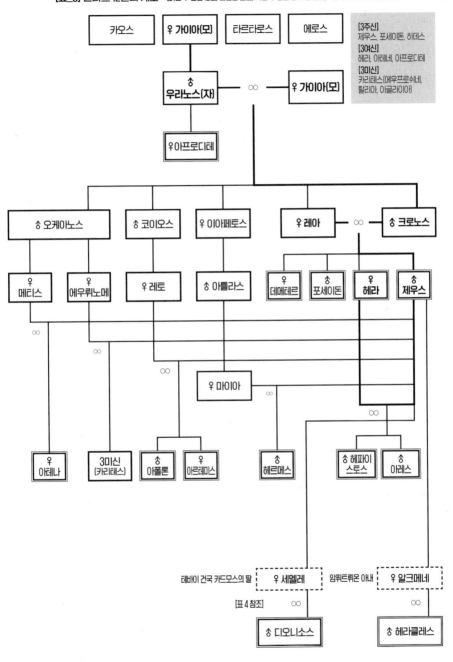

| 참고문헌 |

N.K. 샌다즈 저, 이현주 역(2002), 『길가메시 서사시』, 범우사.

R. K. 나라얀 저, 김석희 역(2012), 『라마야나』, 아시아.

고르기아스 저, J. Dillon and T. Gergel(2003), 「헬레네 찬사」

김영지 역(2008), 『산해경』 안티쿠스.

니코스 카잔차키스 저, 안정효 역(2008), 『영혼의 자서전 1,2』, 열린책들.

니코스 카잔차키스 저, 이윤기 역(2009), 『그리스인 조르바』, 열린책들.

데이비드 덴비 저, 김번, 문병훈 역(2008), 『위대한 책들과의 만남』, 씨앗을뿌리는사람.

루크레티우스 저, 강대진 역(2012), 『사물의 본성에 관하여』, 아카넷.

매들린 밀러 저, 이은선 역(2020), 『아킬레우스의 노래』, 이봄.

베르길리우스 저, 천병희 역(2007), 『아이네이스』, 숲.

소포클레스 저, 천병희 역(2008), 『소포클레스 비극 전집』, 숲.

스노리 스툴루손 저, 이민용 역(2013), 『에다 이야기』, 을유문화사.

아폴로니오스 로디오스 저, 김원익 역(2018), 『아르고호의 모험』, 메티스.

아리스토텔레스 저, 천병희 역(2017), 『수사학/시학』, 숲.

아이스퀼로스 저, 천병희 역(2008), 『아이스퀼로스 비극 전집』, 숲.

아폴로도로스 저, 천병희 역(2004), 『원전으로 읽는 그리스 신화』, 숲.

에우리피데스 저, 천병희 역(2009), 『에우리피데스 비극 전집 1』, 숲.

에우리피데스 저, 천병희 역(2009), 『에우리피데스 비극 전집 2』, 숲.

오비디우스 저, 천병희 역(2017), 『변신 이야기』. 숲.

이규보, 『동국이상국집 권3-동명왕편』, 한국고전종합DB.

이소크라테스, 「헬레네 찬사」

이진성 저(2016), 『그리스 신화의 이해』, 아카넷.

임한순, 최윤영, 김길웅 공역(2015), 『Edda 에다』, 서울대학교출판문화원.

조셉 캠벨, 빌 모이어스 저, 이윤기 역(2020), 『신화의 힘』, 21세기북스.

증자 집주, 임동석 역주(2009), 『효경』, 동서문화사.

토머스 불핀치 저, 박중서 역(2022), 『신화의 시대』. 열린책들.

투퀴디데스(Thoukydides) 저, 천병희(2011), 『펠로폰네소스 전쟁사』, 숲.

플라톤 저, 천병희 역(2012), 『플라톤전집 I 소크라테스의 변론/크리톤/파이돈/향연』, 숲.

플라톤 저, 천병희 역(2019), 『플라톤전집 IV 국가』, 숲.

허창운 역(2014), 『니벨룽겐의 노래』, 범우사.

헤로도토스 저, 천병희 역(2009), 『역사』, 숲.

헤시오도스 저, 김원익 역(2003), 『신통기』, 민음사.

헤시오도스 저, 천병희 역(2009), 『신들의 계보』, 숲.

호메로스(Homeros) 저, 천병희 역(2015), 『오뒷세이아』, 숲.

호메로스(Homeros) 저, 천병희 역(2015), 『일리아스』, 숲.

일리아스의 거의 모든 것

시와 해설로 읽는 신화 인문학

발행일 1쇄 2023년 2월 20일

지은이 최기재

펴낸이 여국동

펴낸곳 도서출판 인간사랑

출판등록 1983. 1. 26. 제일-3호

주소 경기도 고양시 일산동구 백석로 108번길 60-5 2층

물류센타 경기도 고양시 일산동구 문원길 13-34(문봉동)

전화 031)901-8144(대표) | 031)907-2003(영업부)

팩스 031)905-5815

전자우편 igsr@naver.com

페이스북 http://www.facebook.com/igsrpub

블로그 http://blog.naver.com/igsr

인쇄 하정인쇄 **출력** 현대미디어 **종이** 세원지엽사

ISBN 978-89-7418-615-9 04080
    978-89-7418-611-1   (세트)